피라미드 코드

피라미드 코드

1판 1쇄 발행 2018. 8. 24.
1판 2쇄 발행 2018. 11. 12.

지은이 맹성렬

발행인 고세규
편집 권순범 | 디자인 홍세연
발행처 김영사

등록 1979년 5월 17일 (제406-2003-036호)
주소 경기도 파주시 문발로 197(문발동) 우편번호 10881
전화 마케팅부 031)955-3100, 편집부 031)955-3200, 팩스 031)955-3111

값은 뒤표지에 있습니다.
ISBN 978-89-349-8252-4 03900

홈페이지 www.gimmyoung.com 블로그 blog.naver.com/gybook
페이스북 facebook.com/gybooks 이메일 bestbook@gimmyoung.com

좋은 독자가 좋은 책을 만듭니다.
김영사는 독자 여러분의 의견에 항상 귀 기울이고 있습니다.

이 도서의 국립중앙도서관 출판시도서목록(CIP)은 서지정보유통지원시스템 홈페이지(http://seoji.nl.go.kr)와 국가자료공동목록시스템(http://www.nl.go.kr/kolisnet)에서 이용하실 수 있습니다.(CIP제어번호 : CIP2018024218)

인류 문명의 숨겨진 기원을 가리키는 단서
기자 대피라미드 탐사 보고서

맹성렬 지음

피라미드 코드

과학의 눈으로 인류 최고最古의 미스터리를 파헤치다

PYRAMID CODE

김영사

지금부터 5천 년 후의 미래 세상을 한번 상상해보자. 현재의 세계 곳곳 대도시들은 여전히 그곳에 존재하고 있을까? 대한민국 수도 서울은 그때까지도 한반도를 대표하는 도시일까? 앞으로 일어날지 모를 세계대전이나 심각한 기후 변화 또는 소행성 충돌로 어쩌면 서울은 황량한 벌판으로 변해 있을지도 모른다. 설령 지속적으로 발전에 발전을 거듭해 그때도 여전히 한반도를 대표하는 도시의 면모를 유지한다 해도 현재의 모습은 사실상 흔적조차 찾아보기 어려울 것이다. 허물어진 건물 위에 새로운 건물을 반복해서 지을 경우 현재의 건물들 잔해가 지하 수십 미터 아래에서 유적으로 발견될 수도 있다.

이제 당신이 5천 년 후의 고고학자로서 21세기 서울 유적 탐사에 나섰다고 상상해보자. 21세기 문헌 등이 거의 전해지지 않아 현재 우리가 사용하는 미터법을 알지 못한다고 가정했을 때 당신은 얼마 되지 않는 21세기 유적지에서 당시 건축에 사용한 기본 측정 단위를 얼마나 정확히 확인할 수 있을까? 현재 대한민국에서 적용하는 건축법 규정에 따르면 건축물 허용 오차는 3퍼센트 이내다. 따라서 5천 년 후 현재의 우리가 1미터를 측정 표준 단위로 사용했음을 알아낼지라도 확인할 수 있는 실제 측정 수치는 0.97미터에서 1.03미터 사잇값이다. 반복적인 측정으로 그 평균값이 1미터 근처라는 것을 알아낼 수도 있으나 그 오차는 상당할 것이다. 오늘날 우리가 건축에 그다지 엄격한 허용 오차를 적용하지 않기 때문이다.

이제 시선을 과거로 돌려 현재의 고고학자가 5천 년 전에 사용한 측정 단위를 어디까지 정밀하게 추정할 수 있는지 생각해보자. 당시 이론적으로 어떤 표준 단위를 적용했는지 알 수 없으니 이는 순전히 유적의 길이 측정으로 알아낼 수밖에 없다. 5천 년 전 건축물 중에서 이런 시도가 가능한 것은 많지 않으며, 그나마 기자의 대피라미드가 그중 가장 확실한 건축물이다. 놀랍게도 이 건축물은 0.3퍼센트 정도의 허용 오차를 적용하고 있어 당시 기본 측정 단위를 오늘날 건축물에서 얻을 수 있는 것보다 훨씬 더 정확히 도출해낼 수 있다.

인류가 수렵 채취 생활을 하던 미개한 수준에 수백만 년을 머물다 지금으로부터 1만 년 전쯤 농업 혁명을 일으키고, 5000~6000년 전 최초로 문명을 일궈 오늘에 이르렀다는 식으로 인류 역사를 간단하게 요약 정리하는 학자들의 글을 읽을 때마다 나는 참을 수 없는 답답함을 느꼈다. 그것이 내가 전작《아담의 문명을 찾아서》를 쓰기로 마음먹은 직접적인 계기였다. 그 책이 나오고 나서 두 가

▲ 도판1 기자 대피라미드.

지 반응이 있었다. 첫째는 확실한 증거 없이 너무 상상력을 발휘한 게 아니냐는 것이었고, 둘째는 인류의 과거사를 다시 생각해보도록 동기를 제공한다는 것이었다. 《피라미드 코드》는 이 두 가지 반응 모두에 화답하기 위해 기획되었다.

이집트의 기자 피라미드군은 지금부터 5천여 년 전 '피라미드 시대'라 불리는 고대 이집트 고왕국 시대에 건축했다는 것이 정설이다. 그런데 이 사실은 우리를 상당히 당혹스럽게 만든다. 역사 교과서에 따르면 그 시기는 인류가 고대 문명에 막 들어선 때이기 때문이다. 특히 쿠푸 왕이 건축했다는 대피라미드는 연구하면 연구할수록 경이롭기만 하다. 규모도 규모지만 거기에 적용한 초정밀 측정 기술은 오늘날에도 구현하기 어렵고, 더구나 그 바탕에는 정밀과학이 내포되어 있다.

전작 《아담의 문명을 찾아서》에서 밝혔듯 나는 처음 지구 크기를 제대로 측정한 인물이 고대 그리스 시대의 에라토스테네스가 아니라고 믿는다. 그렇게 결론을 내린 데는 여러 가지 이유가 있으며 나는 특히 오래전부터 직관적으로 지구 크기 측정에 동원한 과학기술 수준이 대피라미드와 긴밀한 연관이 있다고 생각해 왔다. 동기는 조금 다르지만 고전 역학 체계를 처음 세운 아이작 뉴턴이나 그의 후계자를 자처한 피에르-시몽 라플라스Pierre-Simon Laplace도 이렇게 생각했다.

고고학계와 역사학계의 주류를 이루는 인문사회 학자들은 대피라미드에 적용한 과학기술 수준을 대체로 과소평가하는 경향이 있다. 하지만 과학기술자의 관점에서 그것은 인류 최대의 미스터리다. 그 기저에 내포된 정밀과학이 18세기 근대 문명이 성취한 수준과 맞먹기 때문이다.

또한 대피라미드의 이면에 엿보이는 축적된 많은 지식 중 가장 먼저 뇌리를 스치는 것은 대양 항해와 관련된 천문학과 여기에 기반을 둔 측지학이다. 서구 각국이 지리상의 발견 시대 이후 식민지 개척을 위해 가장 심혈을 기울인 학문이 바로 그런 분야였다. 당시 세계 지도를 제작했고 덕분에 지구 구석구석까지 대양 항해가 가능해졌다. 그렇다면 고대 이집트인은 원래 대양 항해를 하던 민족이었을까? 기자 피라미드군 근처에서 콜럼버스가 아메리카 대륙을 탐험할 때 타고 간 산타마리아호보다 두 배나 큰 목선을 발견했지만, 지금까지 역사학자들이 조사한 바로는 고대 이집트인이 왕국 건립 초기에 나일강을 멀리 벗어나 대양을 항해했다는 증거는 없다고 한다.

기자에서 발견한 목선은 종교 의례용으로 만들어졌다는 것이 정설인데 이는 파피루스 갈대를 엮어 만든 배를 나무로 흉내 낸 것이다. 고대 이집트 신화는 신들이 갈대배를 타고 다녔다고 묘사하고 있다. 흥미롭게도 노르웨이 탐험가 토르 헤위에르달Thor Heyerdahl은 고물과 이물을 높게 제작한 이런 갈대배의 대양 항해 가능성을 증명한 바 있다. 나는 기자 대피라미드에 엿보이는 고도의 천문학이 먼 옛날 망망대해를 누볐던 고대 이집트인의 조상에게서 물려받은 것일 수 있다고 생각한다.

이 책은 18세기 말에 이뤄진 나폴레옹의 이집트 원정으로 시작하지만 전반부의 상당 부분을 지리상 발견 시대의 지도와 항해 관련 미스터리에 할애했다. 그런 내용을 지루할 정도로 다룬 이유는 그것이 기자 대피라미드에 적용한 과학기술과 밀접하게 관련이 있다고 보기 때문이다. 기자 피라미드군, 그중에서도 대피라미드에 관한 본격적인 이야기는 후반부에 나오며 그 주된 관심사는 거기에 지구 크기를 가리키는 암호가 숨어 있느냐에 있다. 오직 기자 대피라미드에만 관심이 있는 독자라면 이 책 후반부만 읽어도 좋다. 그렇지만 정말로 기자 대피라미드에 지구 크기에 관한 정보가 담겨 있는지 궁금한 독자라면 인내심을 갖고 처음부터 끝까지 읽어보기를 권한다.

Contents

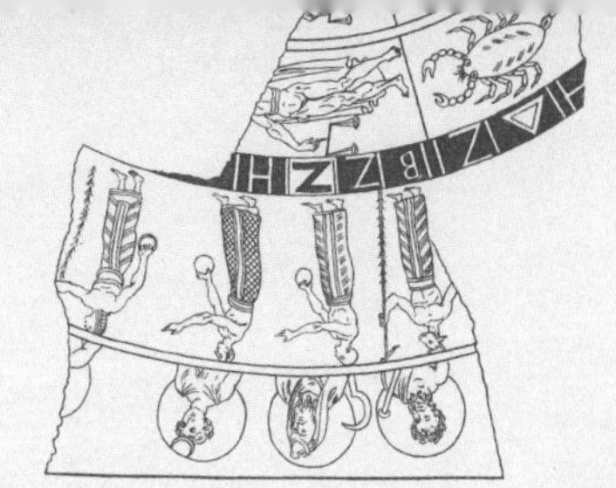

Echelles de 50 60 70 80 90 100 Centimètres
3 Pieds.

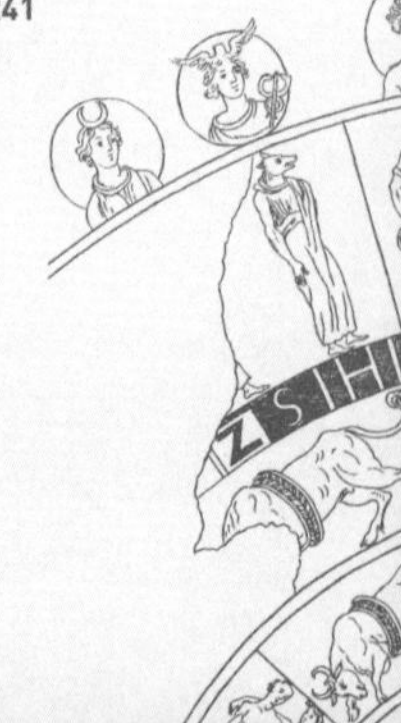

1장

나폴레옹의 이집트 원정

PYRAMID CODE

라플라스의 만찬

1822년 늦여름, 노년에 접어든 피에르-시몽 라플라스 후작은 국내외 저명 과학자들을 초청해 만찬을 열었다. 만찬이 있기 1년 전 영국령 세인트헬레나섬에 유배 중이던 나폴레옹 보나파르트가 그곳에서 파란만장한 생을 마쳤다. 나폴레옹 실권과 함께 왕정복고를 이룬 루이 18세는 프랑스 대혁명의 기본 정신을 최소한으로 인정하고 입헌군주제를 실시하면서 온건 정책을 취했다. 동시에 그는 국정 안정을 꾀하는 한편 혁명 당시 외국으로 쫓겨난 귀족과 성직자의 복귀를 도와 잃었던 그들의 특권을 상당 부분 회복하게 해주었다.[1]

프랑스 대혁명은 1789년 7월 파리 시민들이 바스티유 감옥監獄을 습격하면서 시작되었다. 앙시앙 레짐Ancien Régime(프랑스 혁명 전의 절대왕정 체제를 일컫는 용어) 폐지를 요구하는 시민들의 요구가 넘쳐나면서 결국 루이 16세는 단두대에서 목숨을 잃었다. 프랑스 대혁명 기간인 1789년에서 1805년 사이에 라플라스는 인생 최고의 황금기를 보냈다. 처세에 능한 그는 정치적 환경이 변할 때마다 자신의 입장을 바꿔가며 상당한 영향력을 유지했다. 특히 프랑스 대혁명기의 중요한 화두였던 도량형 개혁에서 선봉에 선 그는 학자를 넘어 정치인의 면모까지 과시했다.[2]

프랑스 대혁명으로 폐지해야 할 대표적인 구체제 중 하나가 무질서한 도량형이었다. 혁명이 일어나자마자 프랑스 과학아카데미는 도량형 개편 논의를 시작했다.[3] 그 이전에도 지역과 도시마다 달랐던 도량형을 통일하자는 의견은 숱하게 나왔지만 번번이 무산됐다. 영주들이 농민을 수탈하는 데 유리한 제각각의 척도를 선호한 탓이었다. 도량형 개편은 혁명 세력에게 기존 질서를 부정하고 새 세계를 건설하겠다는 의지의 표현이었다. 1790년 새로 구성한 국민공회는 프랑스 과학아카데미가 완성한 도량형 개혁안을 통과시켰고, 1792년 루이 16세는 왕으로서 마지막 업무로 이 안을 승인했다(루이 16세는 1793년에 처형되었다).

라플라스는 국회에서 통과된 도량형 개혁안을 구체화하기 위해 구성한 특별위원회에서 주도적인 역할을 수행했다.[4] 도량형에서 가장 핵심적인 내용은 지구 크기를 기준으로 한 미터법이었고, 라플라스는 1798년 미터법의 국제 승인을 얻기 위한 국제 학술대회를 주관했다. 그리고 1799년 쿠데타에 성공해 임기 10년의 통령이 된 나폴레옹은 프랑스 전역에 미터법을 실시했다. 미터법 제정 과정에서 주도적 역할을 한 라플라스는 내무부장관에 올라 미터법 보급에 힘썼다.[5] 그렇게 잠시 내무부장관을 역임한 그는 다시 상원의원으로 활동했다.[6] 수학과 과학을 좋아한 나폴레옹은 학자로서 그를 총애했고, 덕분에 자유분방한 사상가였던 그의 위험한 생각은 성직자나 신학자의 공격으로부터 보호받을 수 있었다.[7]

▲ 도판2 라플라스.

라플라스는 아이작 뉴턴의 만유인력 법칙을 우리 태양계 모든 행성에 적용하는 데 성공하면서 명실상부한 뉴턴의 후계자로 자리매김했고 '프랑스의 뉴턴'이라 불렸다.

뉴턴은 신의 존재를 굳게 믿었다. 신의 보살핌으로 우주 체계가 유지된다고 생각한 것이다.[8] 반면 뉴턴의 후계자를 자처한 라플라스는 신의 존재를 부정했다. 자신이 개발한 미분 방정식으로 거의 완벽하게 우리 태양계 행성의 운행 법칙을 설명한 그는 더 이상 신의 존재에 관한 가설은 불필요하다고 봤고 이를 나폴레옹 앞에서 스스럼없이 선언하기까지 했다.[9] 당연히 라플라스는 성직자들에게 눈엣가시와 같은 존재였다. 그럼에도 불구하고 라플라스는 정치적 환경 변화에 따라 자신의 입장을 바꾼 덕분에 1815년 이후의 왕정복고기에도 여전히 학계의 영향력 있는 자리를 차지하고 있었다. 루이 18세는 그를 깊이 신임했고 그에게 후작 작위까지 수여했다.[10]

라플라스의 만찬에 초대받은 이들은 대부분 당시 프랑스의 수학과 과학을 이끌던 학자였다. 그중에는 파리 에콜폴리테크닉대학 천문학과 교수를 역임하고 프랑스 과학아카데미의 종신 사무총장이자 수학자인 장 바티스트 조제프 푸리에Jean Baptiste Joseph Fourier, 에콜폴리테크닉대학 해석기하학 교수이자 파리 천문대 종신 천문학자인 도미니크 프랑수아 아라고Dominique François Arago, 콜레주드프랑스 물리학 교수 장-바티스트 비오Jean-Baptiste Biot, 저명한 화학자로 프랑스 상원 부의장을 역임한 클로드 루이 베르톨레 Claude Louis Berthollet 그리고 특별히 영국에서 온 최초의 원자 발견자 존 돌턴John Dalton이 포함되어 있었다. 평소 그들의 모임에서는 당시 현안인 과학계의 핫 이슈가 주요 화제였으나 이날의 만찬은 달랐다. 그들의 대화는 그해 여름 이집트에서 프랑스로 반입한 귀중한 유물에 집중되어 있었다. 도대체 그것은 무엇일까?

나폴레옹, 이집트 원정에 나서다

왕정 폐지 이후인 18세기 말, 제1공화정 총재 정부가 이끄는 프랑스는 겉보기에 안정을 찾아가는 듯했다. 그러나 그 속을 들여다보면 당시 뛰어난 전공戰功으로 국민에게 인기가 높던 코르시카 출신의 젊은 영웅 나폴레옹이 쿠데타를 일으킬지 모른다는 우려가 팽배했다. 1798년 초 총재 정부는 한 가지 꾀를 냈다. 나폴레옹에게 이집트 원정을 권유한 것이다. 명분은 지중해와 인도양 등에서 해상권을 거머쥔 영국에 일격을 가해야 한다는 데 있었다. 사실 이것은 위협적인 인물을 멀리 쫓아내려 한 노림수였다. 나폴레옹은 그 속셈을 꿰뚫고 있었지만 오히려 이집트 정벌로 자신의 쿠데타를 정당화할 명분을 쌓을 수 있을 거라고 판단해 이를 받아들였다.

몽상가였던 나폴레옹은 단순히 그 시대를 대표하는 인물이 아니라 역사에 길이 남을 위인이 되고 싶어 했다. 그의 꿈은 이집트를 정복한 다음 인도에서 영국군을 몰아내고 오스만제국의 수도 이스탄불을 점령한 뒤 유럽을 공격해 동서양의 거대한 제국을 완성하는 것이었다. 실제로 이집트 원정에는 세계 정복이라는 상징성이 있었다. 대표적으로 고대 그리스의 알렉산드로스와 로마제국의 아우구스투스가 그러했다. 이 역사적 영웅들은 이집트 원정으로 세계사에 자신의 족적을 확실히 남겼다. 나폴레옹은 단지 프랑스의 영웅이 아니라 세계적인 영웅, 나아가 역사에 길이 남을 영웅이 되길 원했다.[11]

나폴레옹의 속마음을 알지 못한 총재 정부는 마침내 이집트 원정을 공식 결정했다. 나폴레옹의 지휘 아래 출발한 함대의 총병력은 육군 3만 8000명, 해군과 일반 선원이 1만 명이었다.

알렉산드리아에 첫발을 내딛다

나폴레옹군은 영국 해군의 감시를 피해 몰래 이집트로 향했고, 1798년 7월 이집트의 고도古都 알렉산드리아에 도착했다. 알렉산드리아는 기원전 4세기경 고대 그리스의 건축가 디노카레스가 이집트 땅을 정복한 알렉산드로스의 명에 따라 설계한 유서 깊은 도시다.[12] 알렉산드로스 자신은 이 도시의 완성을 못 본 채 동방 원정 중에 사망했고 그의 부하 클레오메네스가 건설을 완료했다. 알렉산드로스 사후 그의 친구이자 부하였던 프톨레마이오스는 이집트의 프톨레마이오스 왕조를 창건하고 알렉산드리아를 수도로 삼았다.

프톨레마이오스 왕조 초기의 왕들은 알렉산드로스의 후계자로 알렉산드리아에 살던 그리스인들의 통치자 역할에 만족했다. 그렇지만 곧 이집트 전역을 제대로 통치하려 했고 이를 위해서는 중요한 의례를 통과해야 한다는 것을 깨달았다. 고대 이집트의 파라오는 원래 호루스라는 신과 자신을 동일시해 그 권능으로 나라를 통치했다. 여기에는 종교적 대관식이 필요했는데 이는 죽은 파라오의 장례식과 동시에 거행했다. 고대 이집트 신왕국 말기에 이르러 호루스 신은 아문-라Amun-Ra 신으로 대체되었고, 프톨레마이오스 왕조의 왕들은 그 신과 합일하는 종교 의식을 거행해야 비로소 이집트 땅의 파라오가 될 수 있었다.[13]

이후 알렉산드리아는 헬레니즘 시대를 대표하는 도시로 성장했고 기원전 2세기경 인구가 백만 명에 달했다. 기원 전후 시대에 지중해 무역 중심지가 된 그곳은 세계의 경제적, 문화적 수도로 발돋움했다. 각지에서 배들이 몰려들었고 고대 7대 불가사의 중 하나로 16층에 달했던 알렉산드리아 등대가 이들을 항구로 안내했다. 항구에 들어온 배들은 법에 따라 배에 실린 문헌을 의무적으로 제출해야 했는데, 원본은 알렉산드리아 도서관에 보관하고 이를 필사한 필사본은 배에 되돌려주었다.[14]

알렉산드리아 도서관과 부속 박물관은 가히 세계 최초의 대학이라 불릴 만했다. 알렉산드로스의 스승 아리스토텔레스는 이집트를 통치한 프톨레마이오스 왕조의 왕들에게도 상당한 영향력을 끼쳤고 그들이 도서관에 많은 학술 자료를 모으도록 했다.[15] 이런 이유로 지중해 각지의 유학생이 알렉산드리아로 몰려들었는데 그곳 학자들은 자연과학, 예술, 무역, 투자 등 여러 학문을 연구했다. 특히 항해와 관련해 천문학, 수학, 기하학, 해양학, 조선학이 발달했으며 600여 년 동안 이 분야에서 첨단 연구를 진행했다. 항해가 가장 중요한 무역 수단이었던 당시에 이는 실용적인 학문이었고 이로써 역사상 세계 최초의 산학 협력이 이뤄진 셈이었다.[16] 기원전 1세기경 에라토스테네스는 알렉산드리아 도서관 관장을 지냈는데, 그는 지구의 경위도 개념을 최초로 확립했다고 하며 지구 크기도 최초로 정확히 측정했다고 한다.

이 역사적 명성 때문에 나폴레옹과 그의 부하들은 그 도시에 커다란 환상을 품고 있었다. 그러나 그들이 목도한 현실은 전혀 딴판이었고 그곳은 한낱 허름한 어촌 마을에 불과했다. 왜 헬레니즘 문명의 중심지인 알렉산드리아가 그처럼 폐허가 된 것일까? 비극은 로마제국 몰락과 함께 교역량이 점점 줄어들면서 시작되었다. 또 3세기경 로마제국이 기독교 국가가 되면서 도서관을 포함해 이교도적인 그리스 로마 문명의 잔재를 파괴했다.[17] 7세기에는 동로마제국 멸망과 함께 아랍인에게 점령당했고 그들이 인근에 새로운 이슬람 도시를 건설하면서 작은 어촌 마을로 쇠락해버린 것이다.

피라미드 전투와 스핑크스의 코

나폴레옹은 알렉산드리아에 병력 2만 명을 주둔시키고 나일강을 따라 배로 이동하면서 순조롭게 이집트를 정복했다. 그나마 이집트의 수도 카이로 입성을 눈앞에 두고 기자 피라미드군 인근에서 벌어진 전투가 비교적 치열했는데, 이때 프랑스군은 약 300명의 사상자를 낸 반면 저항한 이집트군은 무려 2만 명에 달하는 병력 손실을 입었다.

기자의 대스핑크스 코가 깎인 것이 나폴레옹군과 이집트군의 전투 때 빗맞았다거나 나폴레옹군이 스핑크스 코를 목표로 포격 훈련을 했다는 등의 이야기가 나돌지만 이는 모두 근거가 없다. 전투는 기자 피라미드군과 멀리 떨어진 곳에서 치러졌고 포탄이 그곳까지 날아갈 일은 없었다. 또 나폴레옹은 병사들의 행동에 주의를 기울여 고대 이집트 유적을 철저히 보호하는 한편 관련 학자까지 데려갔다.

실제로 나폴레옹은 기자 피라미드군을 비롯한 고대 이집트 유적에 경외심을 품고 있었고, 자신의 그 심경을 병사들에게 적절한 방식으로 전달했다. 예를 들면 피라미드 전투 개시를 앞두고 "병사들이여, 피라미드 꼭대기에서 4000년 역사가 여러분을 지켜보고 있나!"라는 식으로 사기를 북돋웠다.[18] 덴마크 탐험가 프레더릭 루이스 노르덴Frederic Louis Norden이 1737년에 그린 대스핑크스 그림을 보면 당시 이미 코가 없었음을 알 수 있다.[19]

▲ 도판3 나폴레옹의 피라미드 전투. 지평선에 기자 피라미드군이 보인다.

쿠데타 성공

순조롭게 카이로에 입성한 나폴레옹은 술탄의 궁정을 집무실로 사용했고, 이집트의 유력자들을 모아 추밀원을 구성하는 등 식민 통치에 들어갔다. 통치자로서 그는 도서관 설립, 화학 실험실 건립, 의료 서비스 체계 구축 등에 힘썼고 천문대와 식물원도 지었다. 이는 자신이 단순히 정복자가 아니라 이집트 땅에 서구 문물의 혜택을 전해주려는 계몽 군주임을 각인하기 위한 노력의 일환이었다.[20]

그러던 중 지중해에서 영국 함대를 이끌던 허레이쇼 넬슨Horatio Nelson이 프랑스 함대를 뒤쫓아와 알렉산드리아 인근에 정박 중이던 프랑스 함대를 전멸시켰다. 이 때문에 프랑스의 이집트 원정대는 본국과의 연락에 어려움을 겪었다. 여기에다 그즈음 오스만

터키가 영국, 러시아와 동맹을 맺고 프랑스에 선전 포고를 했다. 군사·외교적으로 난관에 빠진 나폴레옹은 이를 타개하기 위해 1799년 2월 시리아로 쳐들어갔다. 그러나 영국군의 지원을 받은 터키 수비대의 강력한 저항에 부딪쳐 이집트로 회군할 수밖에 없었다.

이후 나폴레옹은 이집트로 진격해온 터키군을 물리치고, 남부 이집트에서 일어난 폭동을 제압하는 등 고군분투하며 인도 정벌을 준비했다. 그런데 그해 7월 넬슨의 영국 함대가 지중해에 있던 프랑스의 주력 함대를 격파하면서 나폴레옹의 이집트 원정군은 이집트 땅에 고립되고 말았다. 나폴레옹은 본국과의 연락이 끊기자 준비하던 인도 원정을 포기했다. 그는 그해 10월 쿠데타를 일으키기로 결심하고 장 바티스트 클레베르Jean-Baptiste Kléber를 이집트 원정군 총사령관으로 임명한 뒤 영국 함대의 추적을 피해 몰래 프랑스로 귀국해 정권을 잡았다.[21]

원정대의 학술 활동

이집트 땅에 주둔한 클레베르와 그의 후임 자크 프랑수아 드 므누Jacques-François de Menou는 전투와 협상을 수차례 거듭하다가 1801년 9월 조건부 항복을 했다. 결국 프랑스군은 이집트를 침입한 지 3년 3개월 만에 이집트를 떠나야 했다. 프랑스 입장에서는 아쉽게도 너무 짧은 점령 기간이었다. 이처럼 나폴레옹의 이집트 점령은 군사·외교적으로는 성공하지 못했지만 학문적으로는 커다란 성과를 냈다. 나폴레옹이 예술, 어문학, 과학, 공학 등 각 방면의 전문가와

▲ 도판4 기자 피라미드군.

학자 167명을 데려가 고대 이집트의 유물과 유적을 직접 조사하게 했기 때문이다.[22]

특히 나폴레옹은 이집트 학사원을 설치했는데 현지에서 그가 가장 신임한 수학자이자 측량 및 축성 전문가인 가스파르 몽주Gaspard Monge에게 그 운영 책임을 맡겼다. 이 학회에는 수학, 물리, 정치·경제, 문학·예술의 4분과를 두었고 나폴레옹은 몽주와 함께 수학 분과에서 활동했다. 이 학술 활동 결과로《이집트 견문기Description de l'Egypte》를 발간했는데 여러 권의 큰 판형 책자로 구성한 이것은 클레베르가 제안한 것으로 '고대', '현대 상황', '박물지', '지지地志'라는 네 가지 큰 주제로 정리되어 있다. 프랑스 학자들의 대대적인 학술 활동은 근대 이집트 연구의 기원으로 평가받는다.[23]

나폴레옹의 이집트 원정 이전에 서구에서 고대 이집트 유적을

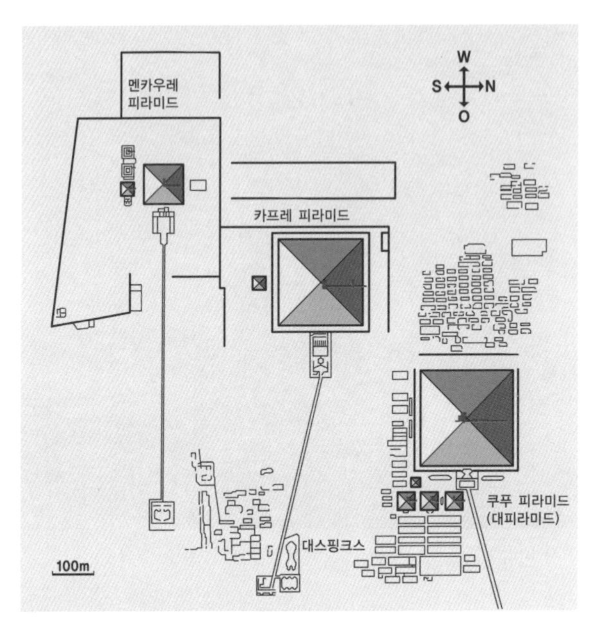

▲ 도판5 기자 피라미드군의 평면 배치도.

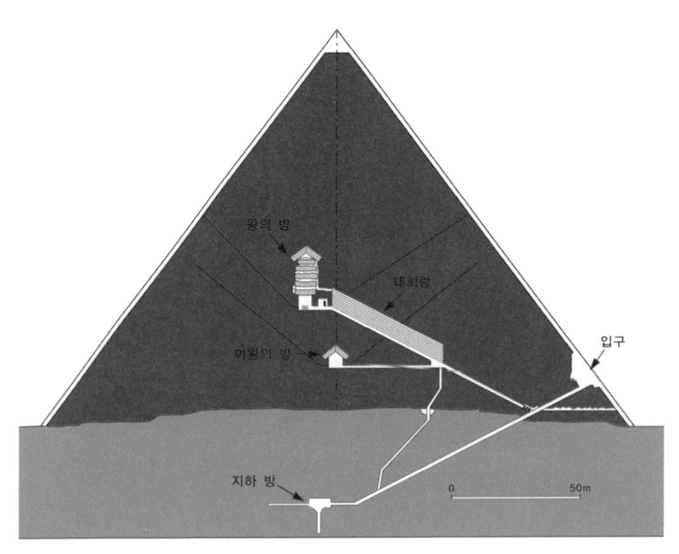

▲ 도판6 기자 대피라미드의 내부 구조.

처음 과학적으로 연구 조사한 이는 1600년대 중반 영국 옥스퍼드 대학교 그레샴칼리지의 기하학 교수 존 그리브스John Greaves였다. 그는 이탈리아, 터키, 지중해 일대, 이집트를 여행하며 유적지를 측량했다. 또한 당시까지 부정확하던 이스탄불과 로도스, 알렉산드리아의 정확한 위도를 결정하는 작업을 수행했다. 하지만 뭐니 뭐니 해도 그의 최대 업적은 기자 대피라미드 측량이었다.[24]

나폴레옹 원정에 따라간 프랑스의 측량 전문가 사이에서도 가장 큰 관심 대상은 기자 피라미드군, 그중에서도 단연 대피라미드였다. 대피라미드의 내부 조사는 장-마리-조셉 쿠텔Jean-Marie-Joseph Coutelle 대령과 건축가 자크-마리 르 페르Jacques-Marie Le Père가 맡았고, 외부 크기와 피라미드군의 전체 구도 조사는 에듬 프랑수아 조마르와 토목공학자 프랑수아-샤를 세실François-Charles Cécile이 담당했다.[25] 몽주는 세 피라미드에 쓰인 석재를 모두 합하면 어느 정도일지 어림 계산을 해보았다. 그 결과가 높이 3미터, 폭 1미터의 돌담으로 프랑스 전체를 둘러쌀 양으로 밝혀지면서 나폴레옹과 그의 학자 모두가 경탄을 금치 못했다고 한다.[26]

대피라미드와 나폴레옹

템플 기사단 단원임을 자처하는 해리 에번스Harry R. Evans는 나폴레옹이 세계 정복을 꿈꾼 계기를 기자 대피라미드와 연관짓는다. 그는 나폴레옹이 기자 대피라미드를 방문해 세상을 통치할 철학과 영감을 얻었지만 지나친 야심이 그를 몰락의 길로 이끌었다고 주장한다.[27] 이 주장과 관련해 나폴레옹이 이집트 원정 중 홀로 기자 대피라미드의 '왕의 방'에 있었다는 일화가 전해져온다. 왕의 방은 대피라미드 중앙부에 화강암으로 조성한 직육면체 공간으로 발굴 초기부터 가장 중요한 장소로 알려져 있었다. 그 안에 있는 석관 때문에 파라오의 미라를 안치하기 위해 만든 공간으로 여겨져 왕의 방이란 이름이 붙었다. 일화에 따르면 대피라미드 내부로 진입한 나폴레옹은 왕의 방에 도달한 후 부하들을 나가게 한 다음 혼자 그곳에 머물렀다. 몇 시간 뒤 거기서 나온 나폴레옹은 하얗게 질려 있었는데 그 안에서 어떤 체험을 했는지 아무에게도 구체적인 내용을 밝히지 않았다. 측근들은 그가 자신의 미래 운명을 보았을 것으로 추측했다고 전해진다.[28]

이것은 전혀 근거가 없다. 나폴레옹의 친구이자 이집트에서 그의 개인비서로 일한 루이 앙투안 포블레 드 브리엔Louis Antoine Fauvelet de Bourrienne의 기록에 따르면 나폴레옹은 기자 대피라미드 안에 한 번도 들어가지 않았다고 한다. 그가 고고학에 관심이 많긴 했어도 직접적인 현장 조사는 데려간 학자들에게 일임했다는 얘기다.[29] 무엇보다 당시 대피라미드 내부는 질식할 정도로 공기가 나빴고 박쥐 똥이 수북이 쌓인 불결한 장소라 나폴레옹에게 그곳에 들어갈 의지가 있었더라도 브리엔이 말렸을 것이다.[30]

2장

덴데라 사건

PYRAMID CODE

덴데라 12궁도

나폴레옹이 데려간 일행 중 예술가 도미니크 비방 드농D. Vivant Denon은 1801년까지 이어진 정복 기간 동안 이집트에 산재한 여러 유적을 스케치했다. 그중에는 기자 대피라미드도 있었는데 드농은 이 초거대 유적에 경외감을 표하는 대신 그것을 건축하느라 많은 사람을 강제로 동원했을 폭군에게 분노를 보였다고 한다. 고대 그리스의 역사학자 헤로도토스가 대피라미드를 건설한 것으로 알려진 파라오 쿠푸를 광기에 사로잡힌 폭군으로 묘사했기 때문이다.[31]

당시 기자 피라미드군은 유럽의 여러 탐험가와 호사가 덕분에 널리 알려져 있었다. 그 규모나 조형미는 충분히 탄성을 자아낼 만했으나 예술품 거래상이기도 한 드농은 그 거대한 유적보다 규모가 작아 반출할 수 있는 유물에 더 관심이 많았다.[32]

상이집트로 진군하던 나폴레옹의 이집트 원정대는 카이로에서 남으로 600킬로미터 떨어진 덴데라에 도착했을 때 모래에 반쯤

▲ 도판7 드농이 묘사한 덴데라 신전.

묻혀 있던 하토르 신전을 발견했다.[33] 모래를 걷어내고 신전 안으로 진입한 일행 중에는 드농도 있었고 그는 그곳에서 마침내 자신이 바라던 온갖 유물을 품고 있는 거대한 유적과 마주했다. 감동에 사로잡힌 그는 자신이 이집트 전제 군주를 비난했다는 것도 잊은 채 유럽인에게 최초로 덴데라 신전의 존재를 알리며 자신이 받은 강렬한 인상을 묘사했다.

"이 거대한 건축물을 지은 통치 체제 때는 무소불위의 권력, 엄청난 부와 풍요 그리고 자원의 과잉을 누렸을 것이 틀림없다."[34]

신전 내부를 둘러본 그는 건축·회화·조각부터 문의 벽 구멍, 미세한 장식 등 모든 것에서 경이로움을 느꼈고 그 감동을 이렇게 고백했다.

"그렇게 숭고한 물건을 그리는 내 그림 실력이 불충분하다는 사실에 수치심을 느꼈다."[35]

이 중에서 그가 가장 큰 감동을 받은 것은 신전 옥상에 있는 오시리스 예배당 전실의 천장 그림 12궁도였다. 1822년 늦은 여름, 라플라스의 만찬에 초대받은 과학자들이 화제 대상으로 삼은 고대 이집트 유물이 바로 이것이었다.

▲ **도판8** 덴데라 12궁도.

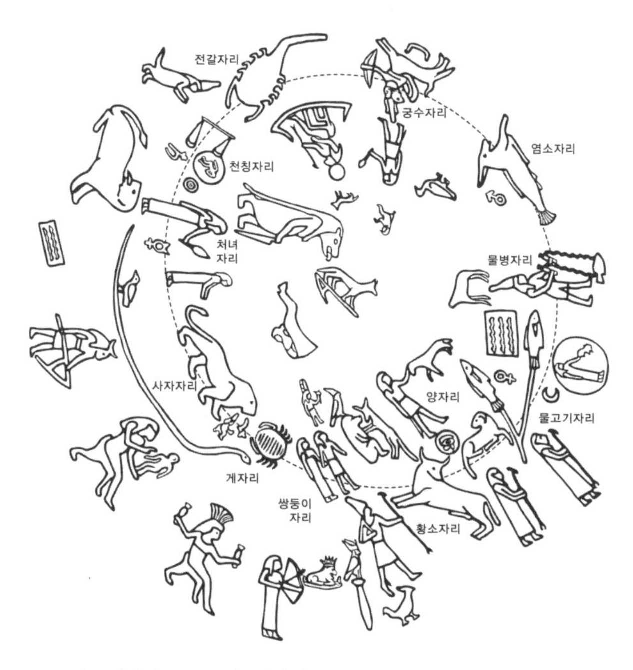

▲ **도판9** 덴데라 12궁도 속 별자리.

1802년 그는 《하下이집트·상上이집트 여행Voyage dans la Basse et la Haute Égypte》이라는 삽화집을 펴냈다. 이 삽화집은 프랑스에서 선풍적 인기를 끌었고 곧 베스트셀러가 되었다. 여기에 담긴 그림 중에서 가장 주목받은 것이 덴데라 12궁도다. 이것은 그리스-로마 시대 이전에 만든 가장 완벽한 12궁도였다. 물론 바빌로니아나 고대 메소포타미아에서 12궁도를 구성하는 동물과 상징 요소를 부분적으로 발견하긴 했지만 이처럼 완벽한 구성체는 처음 발견한 것이었다.

과학계와 종교학계의 논쟁

라플라스의 만찬이 있기 1년 전인 1821년 파리의 유력 인사들을 후원자로 둔 프랑스의 기술자 장 르 로랭Jean Le Lorrain은 한창 화제로 떠오른 황도 12궁도를 프랑스로 가져올 음모를 꾸몄다. 몰래 이집트로 잠입한 그는 톱과 끌, 화약을 사용해 덴데라 하토르 신전의 오시리스 예배당 전실 지붕을 뜯어냈고 1822년 여름 영국군의 감시를 피해 프랑스로 반입하는 데 성공했다.[36] 이 사건은 파리 사교계에 큰 화제를 불러일으켰다.

1822년 늦은 여름 라플라스와 그의 만찬에 초대받은 학자들도 예외는 아니었다. 그들은 만사를 제쳐놓고 덴데라 12궁도를 주제로 열띤 토론을 벌였다. 프랑스를 대표하는 이들 과학자는 덴데라 12궁도에 천문학적, 수학적 정보가 담겨 있다고 굳게 믿었고 이를 해독하면 덴데라 신전을 건축한 시기를 알아낼 수 있을 거라고 예측했다. 이에 따라 그 시기를 알아내고자 활발하게 논의했던 것이다. 그러나 신학자, 신화학자, 서지학자 들은 덴데라 12궁도는 단지 고대 이집트의 종교적 상징일 뿐이며 여기에서 어떤 천문학적 연대를 도출한다는 것은 터무니없는 일이라는 입장이었다.

덴데라 사건

재집권한 부르봉 왕조 옹호파와 가톨릭 학자들은 나폴레옹 시절에 새로운 학문적 부흥을 이끈 여러 과학자에게 반감이 있었고, 이집트 유적을 놓고 벌이는 그들의 그릇된 논의가 주로 신앙에 의지해 유지되어온 사회 안정성을 해칠 수 있다고 보고 예민하게 반응했다. 이로 인해 이른바 '덴데라 사건'이 벌어지고 만다.[37]

당시 프랑스의 많은 과학자와 지성인이 덴데라 12궁도를 그동안 기독교를 지탱해오던 몇몇 이데올로기를 부정하는 데 이용했다. 조제프 푸리에와 장-바티스트 비오 같은 이들은 예수가 태어나기 오래전이자 구약에 기술한 천지창조 시기인 기원전 4004년보다 더 오래전에 덴데라 12궁도가 만들어졌고, 이것은 기독교 세계관과 전혀 무관한 고대 이집트 문명의 찬란한 유산이라고 주장했다. 신학자 쪽에서는 과학이 과거의 정보를 얼마나 정확히 계산해낼 수 있는지에 의문을 제기하면서 이 주장을 맞받아쳤다. 덴데라 12궁도에 국한되었던 처음의 논쟁은 고대 유적을 정확히 판정할 자격을 갖춘 사람이 과학자나 공학자인지 아니면 서지학자, 언어학자, 역사학자인지의 논쟁으로 번져갔다.[38]

이 논쟁은 나중에 서지학자 장 프랑수아 샹폴리옹Jean-François Champollion이 덴데라 신전 입구에 쓰인 글을 해독해 덴데라 신전이 기원전 1세기경에 지어졌음을 밝히면서 막을 내렸다. 과학자 측은 낙담했고 종교계 인사들은 환호했다. 특히 기원전 4004년이 천지 창조 시기라는 구약 연대표를 지키게 해준 것이 고마웠던 교황은 무신론자에다 공화주의자이자 기혼자인 샹폴리옹에게 추기경 자리까지 제안했다.[39]

12궁도란 무엇인가

지금까지 19세기 프랑스에서 덴데라 12궁도를 둘러싸고 벌어진 대논쟁을 소개했다. 당시 라플라스와 그 주변 과학자들은 12궁도의 기원이 아주 오래되었다고 주장했다. 왜 그랬는지 파악하려면 먼저 12궁도가 무엇인지 알아야 한다.

대낮에 태양을 보면 주변에 아무런 별도 존재하지 않는 듯하다. 이는 태양빛이 너무 강해 주변 별자리가 보이지 않는 것일 뿐 태양은 언제나 어느 별자리든 지나고 있다. 아침에 먼동이 틀 때 이를 확인할 수 있는데 이러한 별자리는 1년 동안 다양하게 변한다. 이것은 지구 공전으로 태양 뒤쪽 배경의 별들이 바뀌기 때문이다. 별자리 바뀜은 1년을 주기로 이뤄진다.

1년 동안 태양이 지나는 길에 배경처럼 펼쳐지는 주변 별자리는 수십 개에 이른다. 그중 태양이 지나는 길인 황도를 30도씩 12등분해 각 구역에서 태양에 가장 가까운 별자리 12개를 뽑은 것이 도

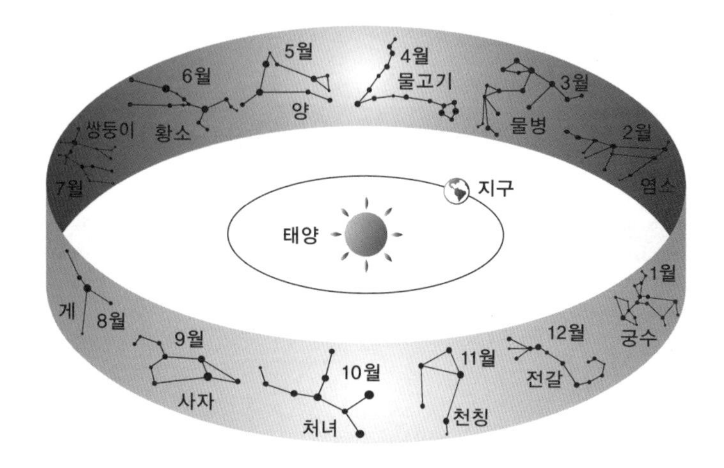

▲ 도판10 황도 12궁의 별자리.

판10과 같은 12궁도다. 표1은 12궁도에 대응하는 월별 날짜까지 자세히 기술해놓은 것이다.

염소자리	물병자리	물고기자리	양자리	황소자리	쌍둥이자리
1월 15일~ 2월 14일	2월 15일~ 3월 14일	3월 15일~ 4월 14일	4월 15일~ 5월 15일	5월 16일~ 6월 15일	6월 16일~ 7월 15일
게자리	**사자자리**	**처녀자리**	**천칭자리**	**전갈자리**	**궁수자리**
7월 16일~ 8월 15일	8월 16일~ 9월 15일	9월 16일~ 10월 15일	10월 16일~ 11월 15일	11월 16일~ 12월 15일	12월 16일~ 1월 14일

▲ 표1

그림과 표가 보여주듯 1월 중순부터 2월 중순까지는 태양이 새벽에 염소자리에서 떠오른다. 2월 중순부터 3월 중순까지는 물병자리에서 떠오른다. 또 3월 중순부터 4월 중순까지는 물고기자리에서 떠오른다. 따라서 춘분春分인 3월 21일 태양은 새벽에 물고기자리에서 떠오른다.

12궁도와 점성술

물병자리	물고기자리	양자리	황소자리	쌍둥이자리	게자리
1월 20일~ 2월 18일	2월 19일~ 3월 20일	3월 21일~ 4월 19일	4월 20일~ 5월 20일	5월 21일~ 6월 20일	6월 21일~ 7월 22일
사자자리	**처녀자리**	**천칭자리**	**전갈자리**	**궁수자리**	**염소자리**
7월 23일~ 8월 22일	8월 23일~ 9월 22일	9월 23일~ 10월 22일	10월 23일~ 11월 21일	11월 22일~ 12월 21일	12월 22일~ 1월 19일

▲ 표2

점성술에서는 한 개인의 생일이 속하는 12궁 별자리를 중요시한다. 해당 별자리가 당사자의 성격과 운세에 영향을 끼친다고 보기 때문이다. 표2는 점성술에서 사용하는 12궁도와 이에 대응하는 생일을 정리한 것이다. 그런데 잘 살펴보면 뭔가 이상하지 않은가? 앞서 태양이 새벽에 12궁과 함께 떠오르는 날짜를 적어놓은 것과 대략 한 달의 차이가 난다.[40] 어째서 이런 문제가 발생하는 것일까? 그 이유는 현재 점성술에서 사용하는 12궁도가 2천여 년 전에 만들어진 데 있다.[41] 그러면 세월이 지나면서 하늘의 별자리가 바뀐다는 말인가? 그렇다.

세차 운동

세월이 흐르면 태양이 새벽에 떠오르는 12궁 별자리가 바뀐다. 오늘날 '황도 12궁' 하면 대체로 점성술을 떠올리지만 처음부터 이것을 점성술에 쓰려고 만든 것인지는 의문이다. 고대인은 오랜 시간 동안 태양이 지나는 별자리를 관찰했고 결국 별자리 이동이 있음을 알아차렸다. 그들은 이것을 긴 시간을 측정하는 용도로 사용했다. 말하자면 12궁도는 장주기의 천문학적 현상을 활용해 고안한 천체 달력이다.[42] 도대체 세월이 흐르면서 태양이 떠오르는 궁도가 바뀌는 이유는 무엇일까?

지축은 황도면(태양이 연중 지나는 길을 이어 만든 원반면)을 기반으로 대략 67.5도 각도를 유지하는데 세월이 흐르면서 그 지향 방향이 조금씩 바뀐다. 이것은 적도가 조금 부풀어 있어서 발생하는 것으로 이를 세차 운동이라고 한다.[43] 세차 운동은 약 2만 5920년 주기로 이뤄지며 이로 인해 태양과 함께 새벽에 떠오르는 별자리가 서서히 바뀐다. 언제부터인지는 모르지만 고대인은 춘분에 태양이 떠오르는 궁도를 중요시했고 이것은 세차 운동 주기의 1/12인 2160년마다 바뀐다.

어쩌면 독자 여러분은 현재 인류가 물고기자리에서 물병자리(보병궁)로 접어들기 직전이라는 말을 들어봤을지도 모른다. 학자에 따라 시기에 조금씩 차이가 있지만 이것은 향후 200년쯤 후 춘분에 태양이 떠오르는 별자리가 물병자리가 된다는 얘기다.[44] 현재 태양은 춘분 새벽에 물고기자리에서 떠오르고 있다.

예수가 탄생하던 즈음인 기원전 1년경에는 춘분 새벽에 태양이 어느 별자리에서 떠올랐을까? 도판11에서 찾아보면 물고기자리에 막 접어들었음을 알 수 있다. 신약성서의 오병이어 기적을 별자리와 연관짓는 해석이 나온 이유가 여기에 있다.[45] 그럼 기원전 2000년경에는 춘분에 태양이 어느 별자리에서 떠올랐을까? 도판11을 보면 양자리에 막 접어들었음을 확인할 수 있다. 이 그림으로 알 수

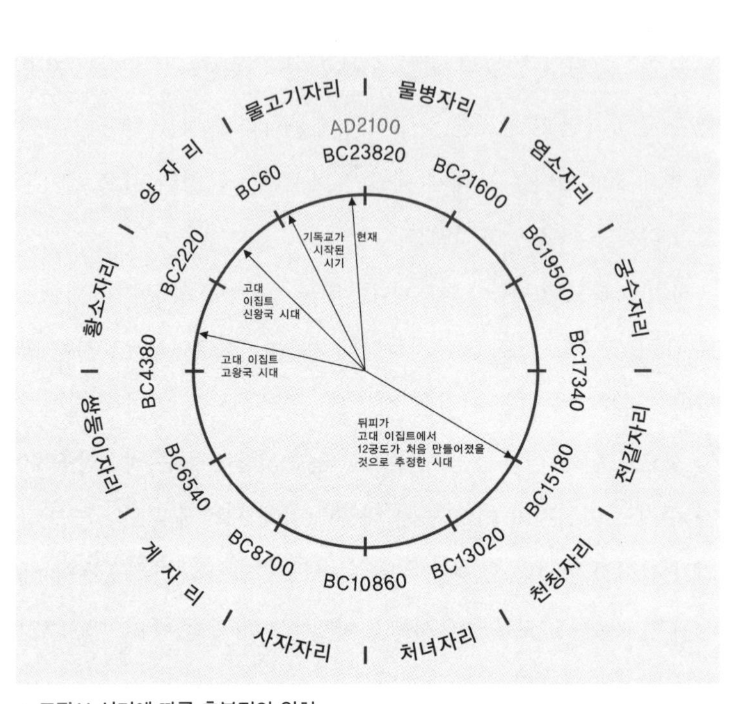

▲ 도판11 시기에 따른 춘분점의 위치.

있는 것은 오늘날 점성술에서 보편적으로 사용하는 12궁도가 춘분에 태양이 양자리에서 떠오르던 마지막 시기인 기원전 2세기경을 기준으로 만들어졌다는 사실이다.[46] 이처럼 태양이 춘분 때 어디에 있었는지 알면 그 시대가 언제인지 알 수 있다. 고대인은 이런 방식으로 긴 세월의 흐름을 파악했다.

3장

이집트 문명의 새로운 기원

PYRAMID CODE

세차 운동을 알았던 고대 이집트 문명

미국의 저명한 수학자이자 천문학자로 아칸소대학교 천문학과 교수였던 아서 하딩은 1935년에 저술한 《천문학Astronomy》에서 덴데라 하토르 신전의 12궁도를 기원전 2만 6000년경에 처음 고안했을 가능성을 제기했다.[47] 그에 따르면 고대 이집트에는 오래전부터 세차 운동 지식이 있었고, 이집트 문명 탄생을 기념하기 위해 세차 운동 1주기에 해당하는 2만 6000여 년 후 덴데라 신전에 기록으로 남겼다는 것이다. 하딩의 주장은 주류 이집트학 학자는 물론 일반인에게조차 굉장히 파격적이다. 물론 이 주장을 일소에 부칠 수도 있다. 그러나 고대 이집트인이 언제부터 세차 운동을 알고 있었는지 화두를 제시했다는 점에서 그런대로 평가해줄 만하다.

몇몇 학자는 고대 이집트 왕조 시대 전부터 세차 운동이 알려져 있었다고 주장한다.[48] 실제로 그런 증거가 존재한다. 제1왕조기 시작 무렵인 기원전 3100년경 고대 이집트에는 황소 숭배가 압도적이었다. 예를 들어 사카라에 있는 초기 왕조의 한 마스타바Mastaba는 황소들을 미라로 만들어 매장한 묘지로, 호루스와 결합한 오시리스 신을 황소 모습으로 묘사한 '아피스Apis'를 최고 신성한 동물로 숭배했다.[49]

신왕조기인 기원전 2000년경부터는 아문 신을 양의 모습으로 묘사해 최고 신성한 동물로 숭배했다.[50] 이러한 숭배가 일어난 시기는 각각 태양이 춘분 때 황소자리와 양자리에서 떠오르던 시기다. 이는 고대 이집트에서 세차 운동에 따른 별자리 변화를 감지하고 있었다는 증거라는 얘기다. 고대 이집트인은 정말로 왕조 시대 이전부터 세차 운동을 알고 있었을까?

덴데라 하토르 신전의 역사

덴데라 하토르 신전은 기원전 54년경 이집트 파라오 프톨레마이오스 12세가 건축하기 시작해 로마제국 황제 티베리우스 통치기인 1세기경에 완공했다. 샹폴리옹은 티베리우스가 지은 신전 성소聖所 앞 문간방pronaos에서 얻은 단서로 덴데라 황도 12궁도가 그레코-로만 시대에 그려졌다고 단정했다. 그러나 신전 건축을 맡은 프톨레마이오스 왕조의 파라오들은 그 훨씬 이전부터 동일한 목적의 신전을 그곳에 지어왔음을 기록으로 남겼다. 실제로 하토르 신전 지하에서 기원전 1450년경 신왕국의 투트모스 3세가 지은 신전 유적을 발견했는데, 그가 최초로 그 신전을 지은 것이 아니라 고왕국 시대인 기원전 2350년경 페피 1세가 건립한 신전을 재건축한 것으로 밝혀졌다.[51] 그런데 페피 1세 때 건축한 것으로 보이는 신전 벽의 기록에 따르면 왕조가 성립되기 훨씬 전부터 있었던 '호루스의 추종자들Followers or Disciples of Horus, Shemsu Hor' 시대에 양피지에 쓰인 구도대로 하토르 신전을 건축해왔다고 한다.[52]

이것이 사실이라면 덴데라 12궁도는 현재의 덴데라 하토르 신전이 지어진 때가 아니라 '호루스의 추종자들' 시대나 그 이전의 언젠가를 반영했을 수 있다. 호루스의 추종자들이 살던 시대는 언제일까? 고대 이집트 역사를 기록한 토리노 파피루스에는 호루스의 추종자들이 고대 이집트 왕조 시대 전에 1만 3400년을 다스렸다고 나온다.[53] 현대 이집트학 학자들은 고대 이집트 왕조 시대 시작을 대략 기원전 3100년으로 보고 있다. 이에 따르면 호루스의 추종자들이 존재한 시기는 기원전 1만 6500년부터 기원전 3100년 사이라고 볼 수 있다.

12궁도의 상징은 이 정도로 오래된 시대를 반영하는 것일까? 오늘날 주류 이집트학 학자들은 이런 문제 제기에 코웃음을 칠지도 모른다. 하지만 고대 이집트인이 자신들의 종교적 유산을 긴 세월 동안 주기적으로 종교 의식에 맞춰 세상에 펼쳐놓았다가 감추기를 반복했다고 믿는 나는 이 주장을 터무니없는 것으로 치부할 수 없다고 본다.

기원전 1만 5000년경의 12궁도

고대 이집트 신전에 묘사한 많은 상징은 철저히 오시리스 시대 복원을 목적으로 하고 있다. 파라오가 죽으면 그의 미라는 오시리스와 동일시해 종교 의식에 사용했고, 그 뒤를 잇는 새 파라오는 오시리스의 아들 호루스로서 아버지의 장례식을 집전했다. 사실 이 의식은 연상의 호루스가 연하의 호루스로 다시 태어나는 의식이기도 했다.[54] 결국 덴데라 신전의 오시리스 예배당 전실은 오시리스 시대를 상징하는 많은 것으로 장식했다고 봐야 한다. 즉, 그곳 천장의 황도 12궁도는 건축물이 지어진 시대를 나타내는 게 아니라 오시리스 시대를 표시하려는 목적으로 그렸다고 봐야 한다는 것이 내 생각이다. 그 신전의 건축 연대와 무관하게 12궁도가 가리키는 연대 추적이 필요한 이유가 여기에 있다.

혁명 정부의 문화 자문역을 맡은 프랑스 학자 샤를 프랑수아 뒤피Charles F. Dupuis는 고대 신화와 천문학 간의 관련성을 연구해 기독교가 고대 이집트 종교의 천문학적 상징에 대한 오해에 의해 비롯되었다고 생각했다. 이 가정을 바탕으로 그는 예수가 역사적 실존 인물이 아니라 점성술과 관련된 허구적 존재라는 '예수 신화설'을 주장했다.[55] 한편 그는 덴데라 12궁도가 나타내는 바는 먼 옛날 이집트 땅에서 실제로 일어난 일을 바탕으로 구성한 것이라고 생각했다.

▲ **도판12 덴데라 12궁도 속 염소자리와 처녀자리 그림.**

그는 먼저 염소자리를 나타내는 동물이 엄밀히 말해 온전한 염소가 아니라는 점에 주목했다. 도판12에 나타나 있듯 자세히 보면 이 염소는 물고기 꼬리를 달고 있다.[56] 뒤피는 이 동물이 상징하는 것은 나일강이 막 차오르기 시작하는 것이라고 했다. 앞부분은 뭍을 상징하는 염소지만 뒤에 물고기 꼬리를 달아 뭍의 일부가 물로 덮이는 것을 나타냈다는 얘기다. 또 물병자리와 물고기자리는 각각 나일강 홍수로 인한 수위 증가와 감소 시기를 나타낸다고 보았다.[57] 황소자리는 그 뒤를 이은 농경 시기를[58], 여인이 곡식 이삭을 들고 있는 것으로 묘사한 처녀자리는 수확기를 상징하는 게 틀림없다고 그는 주장했다.

고대 이집트인은 360일을 1년으로 하는 달력을 만들어 사용했는데 1년은 네 달(120일)을 한 계절로 해서 세 계절로 구성했다. 한데 이러한 계절은 강의 수위와 긴밀한 관련이 있었다. 첫째 계절은 '범람의 계절Season of Inundation, Akhet'이라 불리는 120일로 나일강이 범람해 땅이 물에 잠겨 있는 기간에 해당한다. 둘째 계절은 '싹이 나오는 계절Season of Coming Forth, Peret'이라 불리는 120일로 이 시기는 파종한 씨앗에서 새싹이 돋는 농사의 계절이다. 셋째 계절은 '물이 잦아든 계절Season of Deficiency of Water, Shomu'로 수확하는 시기다.[59] 실제의 1년인 365일 중 360일을 뺀 나머지 5일은 오시리스를 비롯한 주신들이 태어난 시기로 기념했다.

고대 이집트인이 12궁도에 뒤피가 주장하는 상징성을 부여했는지 확인하려면 먼저 물이 불어나기 시작하는 첫째 계절의 첫 달이 언제인지 알 필요가 있다. 나일강 수위가 올라가는 시기는 언제일까? 그때는 고대 이집트인에게 하지인 6월 21일이었다.[60] 그래서 고대 이집트인은 하지를 새해 첫날로 기념했던 것이다. 그럼 농경을 시작하는, 즉 싹이 나오는 시기는 언제일까? 하지에서 네 달이 지나고 다섯 달째로 접어드는 10월 후반으로 황소자리에 해당한다. 고대 이집트인의 파종은 소들이 땅바닥을 밟게 하는 것으로 시작했다.

수확의 계절은 언제부터일까? 파종기에서 네 달이 지난 2월 중후반으로 처녀자리에 해당하는 시기와 일치한다.[61] 이 이론에 따라 연대를 구성해보면 하지 때 염소자리가 시작되어야 하므로 다음 표로 나타난다.

염소자리	물병자리	물고기자리	양자리	황소자리	쌍둥이자리
6월 21일~ 7월 22일	7월 23일~ 8월 22일	8월 23일~ 9월 22일	9월 23일~ 10월 22일	10월 23일~ 11월 21일	11월 22일~ 12월 21일
게자리	**사자자리**	**처녀자리**	**천칭자리**	**전갈자리**	**궁수자리**
12월 22일~ 1월 19일	1월 20일~ 2월 18일	2월 19일~ 3월 20일	3월 21일~ 4월 19일	4월 20일~ 5월 20일	5월 21일~ 6월 20일

▲ 표3

표3이 보여주듯 춘분인 3월 21일 새벽 태양과 함께 떠오르는 별자리는 천칭자리로,[62] 그 시대는 기원전 1만 5200년에서 기원전 1만 3000년 사이이다. 뒤피는 이 사실을 바탕으로 고대 이집트에서 12궁도를 처음 만든 시기를 기원전 1만 5000년경으로 추정했다. 전갈자리에서 천칭자리로 시대가 바뀔 즈음 12궁도를 만들었다고 본 것이다. 뒤피의 가설은 이집트 원정 중이던 나폴레옹에게 깊은 인상을 주었고 그는 이를 보다 세밀히 파악하고자 상이집트에 탐사 팀을 파견하기까지 했다.[63]

‘기원전 1만 5000년 설’을 지지한 푸리에

젊은 시절 포병 장교였던 나폴레옹은 수학에 관심이 많았고 프랑스 수학자들과 밀접히 교류했다. 그는 자신이 포병 장교가 될 때 인터뷰를 한 라플라스를 잠시 내무부장관으로 등용했으며 이집트 원정길에 데려간 조제프 푸리에를 하이집트 총독으로 임명하기도 했다.[64]

라플라스와 푸리에는 고대 이집트 문명의 위대함에 크게 감명을 받았다. 특히 라플라스는 오래전 이집트 땅에 최초로 천문학 발전을 이끌었지만 현재는 그 자취조차 찾을 수 없는 초고대 문명인이 존재했을 거라고 철썩 같이 믿었다.[65]

우리에게 ‘푸리에 변환’으로 친숙한 푸리에는 인류의 예술과 과학이 고대 이집트 문명에서 출발했다고 생각했다. 나아가 그는 이집트에서 공부한 학자들이 메소포타미아 땅에서 천문 관측을 했고, 그들이 기하학과 천문학의 기본 법칙을 발견했다고 확신했다.[66] 푸리에는 덴데라 사건에 깊숙이 개입해 고대 이집트 문명이 기원전 1만 5000년에 시작되었다는 뒤피의 주장을 적극 지지했다. 이 사실은 그가 이집트 원정길에 동행한 화학자 클로드 베르톨레에게 보낸 편지에 잘 나타나 있다. 편지에서 그는 고대 이집트 문명이 기원전 1000년경 시작되었다는 뉴턴의 주장[67]을 비판하고, 이집트 최초의 왕인 오시리스 시대를 기원전 1만 5500년경으로 추정한 헤로도토스의 견해[68]를 지지했다. 그리고 이 주장이 뒤피의 12궁도 해석과도 일치한다는 것을 강조하고 있다.[69] 훗날 그는 하지에 시리우스 성좌가 태양과 동시에 떠올랐던 때가 이집트 문명의 시작이라는 샹폴리옹의 주장을 받아들였다. 그 시기를 기원전 2500년경으로 계산한 샹폴리옹은 이집트 땅에서 4500여 년 전 처음 문명이 시작되었다고 보았다.[70] 그렇다면 결국 뒤피의 주장은 터무니없는 것일까?

4장

고대 그리스 과학의 뿌리

PYRAMID CODE

덴데라 12궁도의 기원

주류 역사학자나 고고학자는 기원전 1만 5000년경 고대 이집트에서 12궁도를 발명했다는 주장을 얼토당토않은 이야기로 받아들인다. 원래 바빌로니아 땅에서 달이 지나는 길인 백도 주변의 12궁을 사용하다가 기원전 400년경 황도 12궁으로 대체했다는 것이 오늘날 정설로 받아들여지고 있다.[71] 백도는 황도에서 5도 정도 기울어져 있어 별자리에 약간 차이가 있다.

바빌로니아에서 황도 12궁을 처음 사용하기 시작했다고 주장하는 이들은 덴데라 12궁도를 고대 이집트의 고유 사상에서 나온 게 아니라 그리스나 바빌로니아의 12궁도에 그들의 사상을 섞은 것에 불과하다고 평가절하한다. 이를테면 루브르 박물관 고대 이집트 유물 부서의 마르크 에티엔Marc Étienne은 12궁도와 관련된 기호들이 그레코-로만 시대 이전에 이집트에서 등장한 일이 없다는 사실을 강조한다. 이에 따라 덴데라 12궁도는 기원전 8세기와 기원전 6세기에 아시리아인과 바빌로니아인이 이집트 땅으로 밀려 들었을 때나, 기원전 6세기와 기원전 4세기에 페르시아와 그리스가 침공했을 때 도입된 것으로 봐야 한다고 결론짓는다.[72] 또한 당시 바빌로니아와 그리스에서 12궁도는 천문학적 측면보다 점성술적 측면이 훨씬 더 강했고, 덴데라 12궁도에도 천문학적 정보가 아닌 점성술적 상징 체계를 반영했을 것이라는 게 그의 견해다.

영국의 이집트학 대가 윌리스 버지도 이와 비슷한 견해를 피력한 바 있다. 그는 12궁도를 나타내는 기호들은 고대 이집트에서 기원한 것이 아니며 바빌로니아에서 천문학적 지식을 많이 습득한 고대 그리스인에게 그것을 빌려왔을 것이라고 추정한다.[73] 이러한 추정에는 확실한 근거가 있는 것일까? 고대 그리스 역사가들은 고대 그리스 학자가 이집트 땅에서 천문학을 비롯해 많은 과학기술적 지식을 습득했다는 기록을 남겼다.

이집트로 유학 간 그리스 학자들

지금부터 고대 그리스 문명이 메소포타미아와 이집트 중 어느 곳에서 과학기술을 받아들였는지 생각해보자. 헤로도토스는 고대 그리스의 중요한 종교, 예술, 문화적 전통이 고대 이집트에서 전해져왔음을 기록한 초기 역사가다.[74] 그렇다면 과학기술도 이집트의 지대한 영향을 받지 않았을까?

알렉산드리아 도서관 관장을 맡았던 고대 그리스 천문학자 에라토스테네스는 서사시 《일리아스》와 《오디세이아》를 쓴 호메로스를 고대 그리스 최초의 지리학자로 꼽았다.[75] 기원전 8세기경에 활동했을 것으로 보이는 그는 오르페우스나 헤시오도스 등과 함께 고대 그리스의 영웅시대를 이끈 학자였다. 오늘날 일부 역사가는 그를 실험지리학 학자로 평가하는데 이는 그가 서사시 곳곳에서 지리학적으로 중요한 내용을 다루고 있기 때문이다.[76] 그가 고대 이집트의 과학기술을 접한 뒤 이를 자신의 서사시에 묘사했다고 주장하는 학자들도 있다.[77] 실제로 《일리아스》와 《오디세이아》에는 고대 이집트와의 접촉을 암시하는 구절이 여럿 등장한다.[78]

이처럼 고대 이집트와 고대 그리스는 상당히 오랜 기간 교류했을 가능성이 있다. 그렇지만 19세기 영국의 정치가이자 고대 그리스 역사학자인 윌리엄 뮤어는 그리스가 고대 이집트의 수학과 과학을 수입했음을 인정하면서도 그 시기가 영웅시대까지 거슬러 올라가지는 않는다고 보았다.[79] 그러면 고대 이집트 과학기술은 언제부터 본격적으로 그리스 땅에 알려지기 시작했을까?

고대 그리스 역사학자들은 이구동성으로 기원전 6세기 초 이집트에서 수학을 도입해 고대 그리스의 수학적 형식을 결정한 주역은 탈레스라고 했다. 그럼에도 불구하고 오늘날 주류 학자들은 그리스인이 이집트가 아닌 바빌로니아에서 수학을 도입했다고 보고 있다.[80]

탈레스를 비롯해 피타고라스, 솔론 등 고대 그리스의 대표적인 학자는 모두 이집트에서 장기간 유학 생활을 했다. 고대 이집트가 그리스에 영향을 미치는 과정에서 교육은 대단히 중요한 역할을 했다. 오늘날 학문과 문화가 발전한 구미 각국으로 유학생이 몰려드는 것과 비슷한 현상이 일어난 것이다. 당시 이집트는 그리스인에게 중요한 학문적 중심지였다.[81] 만일 당대에 바빌로니아가 이집트보다 학문 수준이 더 높았다면 이들이 굳이 이집트로 유학을 갈 이유가 있었을까?

고대 그리스의 많은 학문적 성취가 고대 이집트 문명의 영향을 받은 것으로 볼 이유는 충분하다. 천문학도 예외는 아니다. 헤로도토스는 탈레스가 일식을 예측할 수 있었다고 기록했다.[82] 실제로 탈레스는 이집트에서 수학뿐 아니라 천문학도 공부했다고 한다. 일식 예측은 고도의 천문학적 지식을 요하며 이로 미뤄볼 때 당시 이집트의 천문학 수준이 상당히 높았음을 알 수 있다.

지구 크기를 최초로 언급한 아리스토텔레스

고대 그리스에서는 기원전 500년경부터 지구가 둥글다는 사실이 알려져 있었다. 기원전 300년경에는 지구 크기도 어림 계산하고 있었다. 지구 크기를 상당히 그럴듯하게 추정한 최초의 학자는 아리스토텔레스다. 그는 고대 그리스 시대에 다양한 분야에 기여한 대학자로 그의 중요한 업적 중에는 지구가 구체球體임을 논증한 내용도 포함되어 있다. 그의 저서 《천구에 관하여On the Heavens》에 보면 다음과 같은 대목이 나온다.

> 월식 때 달에 생기는 그림자의 외곽은 항상 곡선이다. 월식은 태양과 달 사이에 놓인 지구의 그림자가 달 표면에 나타나는 것이니 당연히 그림

자의 모습은 지구 표면의 모습을 반영한다. 따라서 지구는 둥글다. (…) 우리의 천문 관측에서도 이 사실은 명백한데 지구는 단지 둥글기만 한 게 아니라 그리 크지도 않다. 우리가 남쪽에서 북쪽으로 조금만 이동해도 지평선이 크게 바뀐다. 우리 머리 위에 나타나는 별들은 더 확실히 변한다. 우리가 남쪽에서 북쪽으로 조금만 이동해도 나타나는 별자리가 바뀐다. 실제로 이집트나 사이프러스에서는 관측 가능하지만 북쪽 지역에서는 찾아볼 수 없는 별들이 있다. 그리고 북쪽에서는 항상 밤하늘에 머물지만 이집트와 사이프러스에서는 지평선으로 뜨고 지는 별들도 있다. 이 모든 것은 지구가 구체일 뿐 아니라 별로 크지 않다는 사실을 보여준다. 만일 그렇지 않다면 그토록 작은 위치 이동 때문에 그처럼 큰 변화가 생길 수 없다.[83]

아리스토텔레스는 지구 크기가 어느 정도라고 추정했을까? 아리스토텔레스는 어떻게 그 값을 얻었는지 밝히지 않고 지구 둘레가 약 6만 4000킬로미터라고 했다. 실제로 지구 둘레는 약 4만 킬로미터로 아리스토텔레스의 추정치는 실제보다 50퍼센트 정도 크지만, 인류 최초의 기록치고는 상당히 정확한 셈이다.[84]

지구가 둥글다는 사실을 기술한 아리스토텔레스의 글을 읽으면 그가 매우 과학적인 방법으로 논증한 것처럼 보인다. 그러나 자세히 살펴보면 뭔가 석연찮은 점이 눈에 띈다. 당시 월식이 지구 그림자와 관련이 있다는 주장은 그 자체로 놀라운 발상인데, 도대체 이 사실을 그가 어떻게 알고 있었을까? 또한 밤하늘의 별자리가 위도에 따라 바뀐다는 사실을 논증할 때 이집트와 사이프러스를 언급하며 마치 자신이 직접 관측한 것처럼 말하지만 그가 이집트 땅에 갔었다는 기록은 어디에도 없다. 아리스토텔레스는 이런 지식을 어디서 입수했을까? 그가 이집트를 언급한 것으로 미뤄보아 그 지식은 이집트 학자가 아니면 이집트를 가본 누군가에게 입수했을 가능성이 크다.

지구에 대한 지식의 출처

아리스토텔레스에게 지구가 둥글다고 가르친 이는 그의 스승 플라톤임이 분명하다.[85] 주류 학계에선 의심하고 있지만 그의 제자 헤르모도루스Hermodorus의 기록에 따르면 스승 소크라테스가 죽은 뒤 플라톤은 이탈리아를 거쳐 이집트로 갔다고 한다.[86] 플라톤이 정말 이집트로 유학을 갔는지는 아직도 학계에서 논란 중이다. 여하튼 그가 이집트의 학문을 전수받았다는 점에는 의심의 여지가 없다. 그의 학문이 피타고라스학파의 영향을 많이 받았기 때문이다. 그가 둥근 지구 사상을 퍼뜨린 데는 이 같은 학문적 배경이 있었다.

인류 최초로 지구가 공 모양이라고 주창한 이는 피타고라스다.[87] 자신의 이름이 붙은 직각삼각형 정리로 우리에게 친숙한 그는 수학자이자 천문학자일 뿐 아니라 당대의 위대한 철학자였다. 그리고 그는 이집트 유학파였다. 그의 스승 중 한 명으로 젊은 시절을 이집트에서 보낸 탈레스가 피타고라스에게 이집트 유학을 권했다고 한다. 피타고라스는 이집트에서 신비주의에 입문했다. 22년간 이집트에 머물며 공부하던 그는 기원전 525년경 페르시아가 이집트를 침공했을 때 포로로 잡혀 바빌론으로 끌려갔다가 겨우 탈출해 그리스로 돌아왔다. 이후 그는 대학자로 추앙받으며 고대 그리스 학문 발전에 크게 공헌했다.

지구가 둥글다는 사실을 피타고라스가 누구에게 배웠는지는 구체적으로 알려진 바 없지만 상식적으로 이집트의 누군가에게 배운 것이라고 추정할 수 있다. 그는 최초로 지구가 별들과 함께 단일한 우주 속에서 공존한다는 생각을 했다. 나중에 피타고라스학파의 일원인 필롤라오스Philolaus는 지구 중심의 우주관을 부정하고 지구와 태양과 별이 보이지 않는 중심의 불 주위를 돈다고 가르쳤다. 이는 현대 천문학이 우리 태양계가 우리 은하계의 다른 별들과 함께 은하 중심의 보이지 않는 거대 블랙홀 주변을 돈다고 가르치는 것과 흡사하다.

이 정도면 지구가 공 모양이라는 아리스토텔레스의 주장이 어디서 비롯되었는지 충분히 짐작할 수 있다. 그는 직간접적으로 피타고라스의 영향을 받은 것이 틀림없다. 아리스토텔레스의 스승 플라톤은 자신이 세운 학교인 아카데미를 위해 필롤라오스의 책을 구입했고, 피타고라스학파의 일원으로 당대 최고 수학자인 아르키타스Archytas와도 교류했다. 그 결과 많은 피타고라스적 사상이 플라톤 체계와 그리스 사상의 주류로 흘러들었다.[88] 아카데미에서 가장 뛰어난 학생이던 아리스토텔레스는 플라톤만큼 피타고라스학파를 좋아하지 않았지만 그들의 사상을 많이 받아들였다. 그중 지구가 공 모양이라는 사고가 포함되었을 것이 틀림없다. 그렇다면 그가 추정한 지구 크기도 이미 피타고라스학파에게 알려진 수치였을 것이다.

피타고라스와 이집트의 정밀과학

오늘날 알려진 바로는 수학을 비롯해 바빌로니아의 여러 학문이 이집트보다 훨씬 더 발전했다고 한다. 이런 사실로부터 대부분의 관련 학자들은 피타고라스가 그리스에서 가르친 대다수 학문의 유래를 바빌로니아로 본다.[89] 정말 그럴까? 고대 그리스 학자들이 남긴 많은 기록을 보면 고대 이집트가 그들 정밀과학의 원천이었음을 확인할 수 있다.[90] 피타고라스는 무려 22년간 이집트에서 수학했다. 탈레스가 그에게 바빌로니아가 아닌 이집트를 추천한 것은 그곳이 학문적으로 더 발전했기 때문일 것이다. 만약 피타고라스가 그리스에서 펼친 학문이 20여 년이나 머문 이집트에서 배운 게 아니라 잠깐 포로로 머물며 비참한 생활을 했을 바빌로니아에서 익힌 것이라면, 그가 많은 시간 동안 헛고생했다는 말이 된다.

고대 이집트가 고도의 정밀과학, 그중에서도 특히 고도의 천문학을 구가했음은 분명하며 이는 고대 그리스 학자들의 기록에서도 엿볼 수 있다. 스스로 도서관을 소유했던 아리스토텔레스는 이집트인과 바빌로니아인이 오래전부터 천문학적 연구를 해왔고, 우리 인류가 여러 천체에 관한 신빙성 있는 많은 자료를 그들에게 넘겨받았다고 쓰고 있다.[91] 언급한 순서로 미뤄볼 때 그는 이집트가 바빌로니아보다 천문학에서 우위에 있거나 최소한 동등하다고 볼 만한 충분한 자료를 확보했던 듯하다. 고대 그리스의 역사학자 헤로도토스도 비슷한 말을 했는데, 그는 이집트인이 1년이란 개념을 발견해 최초로 12등분했고 그 개념을 별들의 운행을 관측해 습득했다고 기록했다.[92] 기원 전후로 활동한 역사학자 스트라본Strabon은 당대 이집트 신관의 천문학 수준이 최고였고, 그리스 학자들이 수차례 간청해 겨우 몇 가지 덜 중요한 지식을 얻어냈다고 쓰고 있다.[93]

그럼에도 불구하고 오늘날 우리가 접하는 고대 이집트 정밀과학의 직접적인 증거가 거의 없는 것처럼 보이는 이유는 무얼까? 과학사학자 오토 노이게바우어Otto Neugebauer는 고대 이집트 문명이 고도로 발달했으면서도 수학, 물리학, 천문학 등 정밀과학에서 현대 문명에 거의 기여하지 못한 것은 매우 희한한 일이라고 말했다. 그는 고대 메소포타미아 문명이 설형문자로 기록한 점토판을 남겨 고대 그리스 시대에도 잘 알려지지 않았거나 후대에 제대로 전달되지 않은 내용까지 현대에 알려진 것이 많다면서, 보존성이 떨어지는 파피루스에 기록을 남긴 고대 이집트는 높은 수준의 정밀과학을 보유하고도 후세에 기록으로 전달하는 데 실패했다고 지적한다.[94] 실제로 파피루스는 화재 등 천재지변에 취약하다는 문제가 있는데, 특히 알렉산드리아 도서관 대화재 때 대다수 고대 이집트 자료가 소실된 것이 틀림없다. 오늘날 메소포타미아의 점토판이 이집트의 파피루스보다 더 많이 발견되는 이유가 여기에 있다. 이런 이유에 더해 중요한 지식을 전수해오던 고대 이집트 신관들이 지식을 외부로 유출하는 것을 극도로 꺼렸다는 사실도 고려해야 한다. 그러면 고대 이집트의 정밀과학은 그 증거가 전무하다시피 한 것일까? 아니다. 그 어떤 수단으로 남긴 기록보다 더 확실한 증거가 있다. 바로 기자 대피라미드다. 이 점은 15장부터 심도 있게 파헤쳐볼 것이다.

고대 이집트 천문학의 성과

나는 덴데라 12궁도가 고대 이집트의 고유 지식에 기반을 둔 것이라고 확신한다. 그렇다면 혹시 오히려 고대 이집트에서 고대 메소포타미아로 12궁도 지식을 전파한 것은 아닐까?

사실 메소포타미아 지역은 이집트 땅에서 가깝고 이들은 수천 년 동안 교류했다. 이에 따라 동시대에 항상 문명이 앞섰던 이집트에서 메소포타미아 땅으로 12궁도 지식이 다른 과학 지식과 함께 전파되었을 것이라고 주장하는 이들도 있다.[95] 그러나 서로 지식 교류가 거의 없던 기원전 2000년경부터 12궁도 지식이 메소포타미아 땅에 존재했으므로 고대 이집트가 고대 메소포타미아로 전파해 그 지식을 공유했다고 보기는 어렵다. 덴데라 12궁도와 동시대 또는 그 이전의 바빌로니아 12궁도가 유사한 것은 두 문명이 하나의 모체 문명에서 분기했기 때문이라는 가정으로 설명이 가능하다. 나는 《아담의 문명을 찾아서》에서 기원전 1만 년 이전에 동남아시아에 있던 순다랜드에서 4대 문명이 비롯되었다는 주장을 소개한 바 있다. 아마도 이집트와 메소포타미아가 이 정도로 오래된 시대의 12궁도에 대한 지식을 공유했을 수 있다.[96]

펜실베이니아대학교 이집트학 교수이자 펜실베이니아 박물관의 이집트관 담당 큐레이터인 데이비드 실버맨은 오늘날 서구의 12궁도는 밤하늘을 관찰한 고대 이집트인의 관점을 반영한 것으로 보이며, 특히 덴데라 12궁도가 이를 대표하는 작품이라고 주장한다.[97]

미국 로스앤젤레스 그리피스 천문대 책임자로 고대 천문학과 관련해 다수의 논문과 저술 작업을 해온 에드 크럽 박사는 기록상 기원전 2세기의 고대 그리스 천문학자 히파르코스Hipparchos가 최초의 세차 운동 발견자로 되어 있다고 말한다. 이와 함께 그는 고대 이집트 신전에 여러 별자리가 정렬되어 있다는 사실을 영국 천문학자 노먼 로키어가 알아냈다는 점을 근거로, 그보다 훨씬 이전에 고대 이집트에서 세차 운동을 알아차렸을 가능성이 있음을 지적했다.[98]

5장

고대의 12방위 체계

PYRAMID CODE

동양의 12간지

서양에 12궁도가 있다면 동양에는 12간지干支가 있다. 우리는 12간지 하면 먼저 '띠'를 떠올린다. 우리나라의 띠는 중국어로 '선샤오生肖'라고 하는데 이는 '사람의 출생 연도를 표기하는 12지의 열두 가지 동물'을 이르는 말이다. 이처럼 우리에게는 출생 연도와 관련된 12간지가 익숙하지만 고대 중국에서는 원래 12궁도로 사용했다.

그들은 1년 중 태양이 지나는 28개 별자리를 12구간으로 나눠 30도마다 성좌를 배열했는데 이는 서구의 12궁도와 사실상 동일한 개념이다.[99] 하지만 기본 개념은 유사해도 각 구간에 배치한 내용은 다르다. 서구의 12궁도에는 물고기, 양, 황소, 쌍둥이, 게, 사자, 처녀, 천칭, 전갈, 궁수, 염소, 물병을 배치한다. 중국의 12간지는 쥐, 소, 호랑이, 토끼, 용, 뱀, 말, 양, 원숭이, 닭, 개, 돼지를 배치한다. 서구의 12궁도와 중국의 12간지에는 어떤 연관성이 있는 것일까?

중국 학자 궈모뤄는 중국의 12간지가 고대 메소포타미아 황도

▲ **도판13** 12궁도와 12간지.

12궁도에서 기원했다고 본다. 그는 이른바 '선샤오' 문화가 동방에 한정된 게 아니라 인도, 바빌로니아, 그리스, 이집트에도 존재한다는 것에 주목했다. 중국에서는 12간지와 관련된 유물이 기원후 100년 뒤부터 출토되는 것으로 보아 그 기원이 오래되지 않았다고 판단했다. 그는 중앙아시아인이 바빌로니아의 황도 12궁을 본떠 12선샤오를 만들었고 그 시기는 대략 서역과 교역을 시작한 기원전 120년 전후로 추정했다.[100]

물론 이런 이론이 주류학계에서 널리 받아들여지는 것은 아니다. 중국의 12간지가 서양의 12궁 개념과 여러모로 다르다는 주장을 하는 학자들은 이들 사이의 연관성을 전면 부정한다.[101] 하지만 원을 12등분했다는 점에서 이 두 시스템이 완전히 별개라고 보기도 어렵다. 아마도 1만여 년 전 순다랜드에서 분리되기 이전에 모체 문명에서 공유되었던 관련 지식이 존재했다고 봐야 하지 않을까? 한데 12간지는 성좌뿐 아니라 방위와도 관련이 있었다.

나침반 방위

나침반은 정확히 언제 발명된 것일까? 자기磁氣와 관련된 가장 오래된 기록은 중국에서 볼 수 있다. 기원전 4세기 춘추전국 시대의 학자 귀곡자鬼谷子는 "천연자석은 철을 끌어당긴다"는 기록을 남겼다. 나아가 그는 청주青州(현대의 산둥성) 사람들이 자신의 위치를 "남쪽을 가리키는 바늘指南針"을 이용해 알 수 있었다고 기록했는데 영국의 동양학자 조지프 니덤은 이것을 나침반의 최초 사용으로 보았다.[102] 나침반을 처음 항해용으로 사용한 시기도 9~11세기 중국으로 알려져 있다.[103] 이후 이슬람을 통해 서구에 소개되었다는 것이 정설이다.

항해가 주요 교역 기반이던 바빌로니아나 페니키아인이 일찍이 나침반을 사용하지 않았을까 하는 의심도 해볼 수 있으나 아직 그 증거가 나온 바 없다. 단지 그들이 태양, 별, 바람 등으로 항해를 위한 방위 개념을 확립했을 것이라는 게 오늘날 학계의 공통된 견해다.[104] 그렇다면 고대 이집트에서는 방위를 정할 때 나침반을 사용하지 않았을까? 사실 나침반은 정확히 북쪽을 가리키지 않기 때문에 상당히 오차가 크다. 고대 이집트인은 강박적으로 방위에 집착했고 그 정확도를 매우 중요시했다. 이것이 종교 의식과 깊은 관련이 있었던 까닭이다. 따라서 나침반의 원리를 알았더라도 처음부터 그 사용을 철저히 배제하고 주로 천체 관측에 의존했을 가능성이 크다.[105]

오늘날 우리가 사용하는 나침반은 기본적으로 북, 북동, 동, 남동, 남, 남서, 서, 북서의 8방위로 이루어져 있다. 인류는 언제부터 이와 같은 8방위 체계를 사용했을까? 캐나다의 칼럼니스트 팻 왓슨은 고대 측지학자들이 8방위를 만들었는데, 점성술사들이 애용한 12궁도를 나침반 눈금에 반영하면서 12방위가 생겼다고 말한다.[106] 즉, 아주 오래전부터 8방위를 먼저 사용하기 시작했고 나중에 12방위를 함께 사용했다는 얘기다. 정말 그랬을까?

중국과 그리스의 12방위

지구의 북극과 남극을 잇는 가장 짧은 길이의 원을 영어로 머리디언Meridian이라 부른다. 이것은 우리말로 자오선子午線이다. 여기서 '자'와 '오'는 각각 무엇을 의미할까? 도판14를 보면 12간지에서 정북은 쥐를 가리키는 '자子', 정남은 말을 가리키는 '오午'임을 알 수 있다. 이 두 방위에 놓인 동물을 잇는 선이 자오선이다. 고대 중국인은 12간지를 토대로 등간격의 12방위를 나누었다.[107] 그렇다면 혹시 서구에서도 오래전부터 12방위계를 사용했을까?

▲ 도판14 12간지와 12방위.

서구에서는 고대부터 방위계Compass Bearing System를 풍향 표시계Wind System와 동일한 의미로 사용했다. 고대 메소포타미아에서는 태양이 뜨고 지는 방향과 바람이 불어오는 방향을 중요시했으며, 이를 정확히 표시하는 방법을 알고 있었다.[108] 이처럼 처음부터

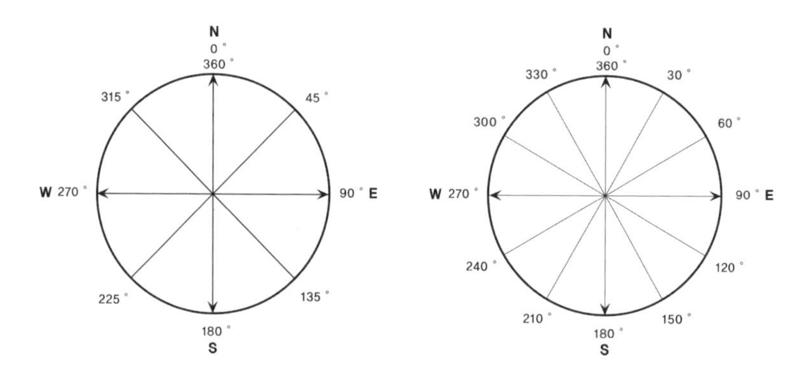

▲ 도판15 8방위계와 12방위계의 비교.

방위계가 풍향과 밀접한 관련을 맺은 것은 방위 결정이 항해에 필수적이고, 바람의 방향 또한 항해에 매우 중요했기 때문으로 보인다. 우리에게 익숙한 8방위계는 기원전 2세기경 알렉산드리아 도서관 관장이던 에라토스테네스가 최초로 도입했다.[109]

그 이전에는 어떤 방위계를 사용했을까? 고대 그리스에서는 원래 12풍향계를 사용해 방위를 표시했다. 로마제국이 멸망하기 전까지 지중해를 항해한 뱃사람은 대부분 12방위계를 사용한 것이다.[110] 원래 8방위계가 있었는데 12방위계도 함께 사용한 게 아니라 8방위계를 도입하기 이전에 12방위계가 먼저 존재했다는 얘기다![111] 이 사실은 아리스토텔레스가 언급한 바 있는데 이 방위계에서 모든 방위 간 각도는 30도였다.[112] 서구에서도 중국에서와 마찬가지로 오래전부터 12방위계를 사용했던 것이다.

6장

베니스 지도의 미스터리

PYRAMID CODE

12방위의 흔적이 담긴 중세 지도

에라토스테네스 이후 지도는 대부분 8방위계에 기초해 작도했다. 그런데 일부 중세 지도에서는 오래된 12방위계 흔적이 보인다. 1511년 이탈리아 베니스에서 제작한 베르나르두스 실바누스Bernardus Sylvanus 지도와 1540년경 독일의 세바스찬 뮌스터Sebastian Münster가 제작한 세계 지도Typvs Universalis가 대표적이다. 이들 지도를 잘 살펴보면 지도 주변 둘레 12군데에 배치한 인물이 입으로 바람을 부는 삽화가 그려져 있다. 이는 고전적인 12풍향 표시법을 흉내 낸 것으로 고대 지중해 세계에서는 이런 풍향 표시판을 방위계로 사용했다.

이들 지도에 12방위법의 흔적이 남아 있는 것은 에라토스테네스가 8방위법을 도입한 후에도 항해자 중에 12방위법 체계를 지킨 이들이 있었음을 방증한다. 실제로 크리스토퍼 콜럼버스가 대서양을 횡단할 때 사용한 풍향 표시판은 12풍향법으로 작도한 것

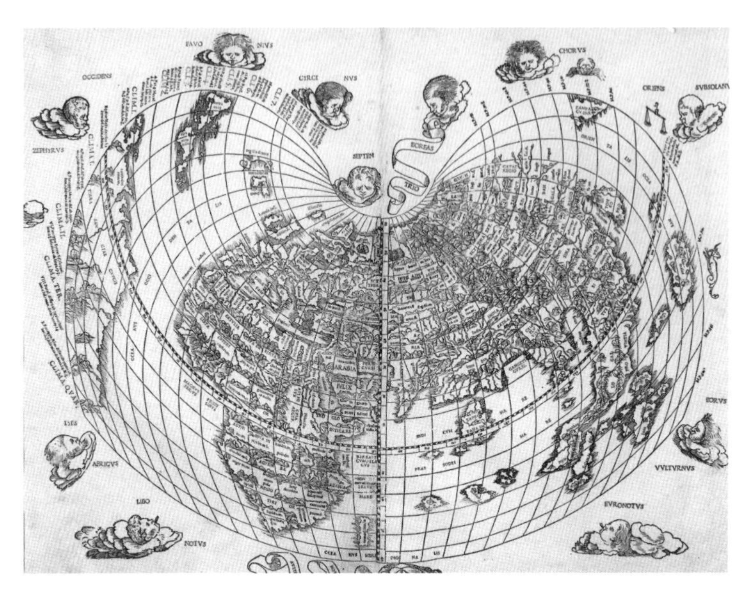

▲ 도판16 실바누스 세계 지도.

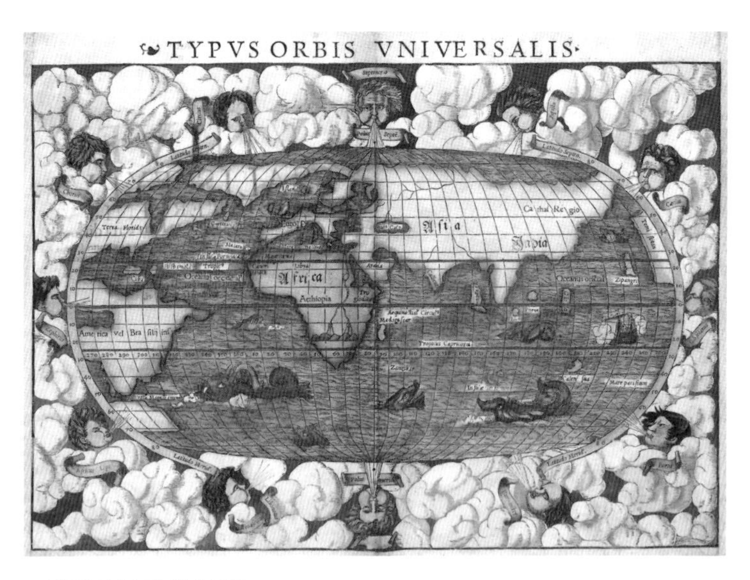

▲ 도판17 뮌스터 세계 지도.

이다.[113] 그런데 앞서 예로 든 두 지도 중앙에 묘사한 아프리카 대륙이 상당히 사실적으로 보이지 않는가? 마치 현대 지도를 보는 듯한 느낌이 든다. 이 문제는 잠시 후 살펴볼 칸티노 지도Cantino Map에서 본격적으로 다룬다.

중세 지도들 중 단지 흉내만 낸 것이 아니라 실제로 12방위법을 적용해 작도한 지도가 극소수나마 존재하는데, 14세기에 그린 이들 지도의 정확도가 오히려 15세기보다 더 뛰어난 경우도 있다.[114] 12방위법에 따라 작성한 15세기 지도 중에도 오늘날 지도와 맞먹을 정도의 정확도를 보여주는 것이 존재한다.

베니스 지도의 미스터리

1484년 이탈리아에서 오늘날 베니스 지도The Venetian Chart라고 불리는 서아프리카 지도를 제작했다.[115] 이 지도에는 산타마리아곶(오늘날의 앙골라)이 그려져 있는데 당시 이곳은 인도를 향한 항해로를 개척하던 포르투갈인이 막 첫발을 디딘 문자 그대로 신천지였다. 주앙 2세가 아프리카 서안 항로 개척의 총책임자로 임명한 디오구 카웅Diogo Cáo은 1482년 여름 리스본을 출발해 아프리카 서안 탐사에 나섰다. 거센 조류와 역류를 이겨낸 그는 유럽인 최초로 남위 4도에 위치한 콩고강 하구를 거쳐 남위 13.5도 부근의 산타마리아곶까지 탐험한 뒤 고생 끝에 1484년 봄 리스본으로 돌아왔다.[116]

카웅이 리스본에 돌아온 때가 4월이었으니 1484년에 제작한 지

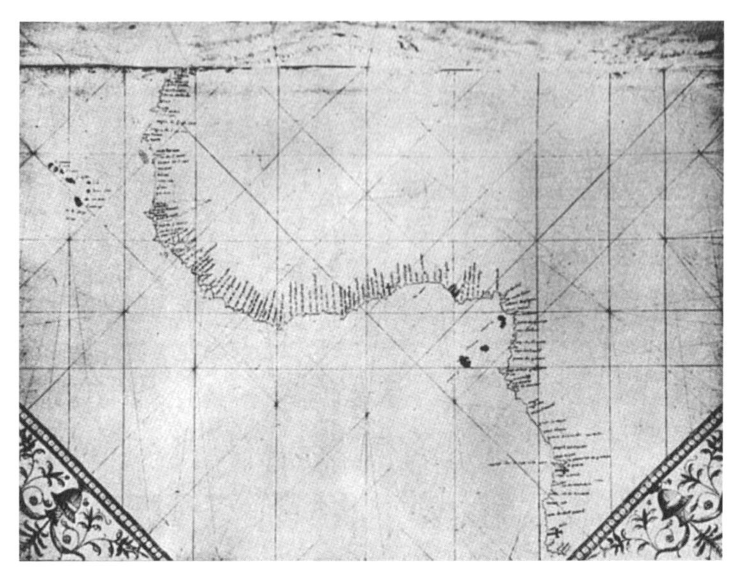

▲ 도판18 베니스 지도.

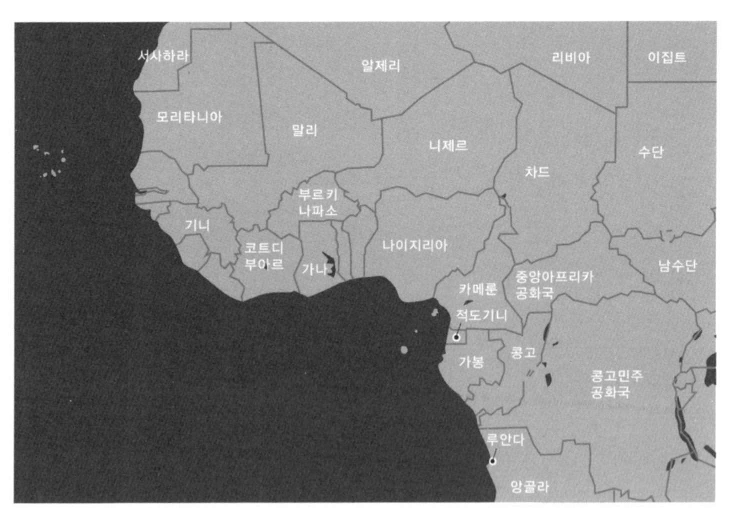

▲ 도판19 베니스 지도의 영역에 해당하는 현대 지도.

도에 산타마리아곶이 표시된 것은 이상하지 않다. 그러나 이 지도를 포르투갈이 아닌 이탈리아에서 제작한 것은 좀 이상하다. 당시 지도는 국가의 가장 소중한 자산이었다. 어떻게 포르투갈의 1급 비밀이 그토록 빨리 이탈리아로 넘어간 것일까? 더 이상한 점은 세밀한 해안선 묘사를 고려할 때 지도 제작 시기가 너무 이르다는 사실이다. 어떻게 최초 탐사 지역의 상세 지도를 같은 해에 제작할 수 있었던 것일까? 제대로 된 지도를 제작하려면 조각조각 기록한 원래의 기본 측지 자료를 토대로 복잡한 편집 과정을 거쳐야 한다. 이런 문제로 인해 일부 학자는 베니스 지도의 제작 연대를 1489년으로 보기도 한다.[117] 설령 그럴지라도 이상한 점은 여전히 남는다.

해안선 지도를 제작하기 위해서는 항해자들이 연안에 바짝 붙어 항해해야 한다. 하지만 연안 항해의 위험성을 잘 알고 있던 포르투갈 항해자들은 그렇게 항해할 수 없었다. 지중해와 달리 대서양은 조수간만의 차가 심하다. 또 상대적으로 해안 경사가 완만하고 바닷물이 탁해 물속을 들여다보고 해심을 파악할 수 없어 자칫 좌초될 위험이 컸다.[118] 여기에다 적도 부근 아프리카 대륙 연안 근처에는 무풍지대Doldrums가 있어서 이를 피해 대서양 쪽으로 우회해야 했다. 대륙 근처 곳곳에는 해류가 거센 지점도 많고, 해안 가까이에는 지형에 따른 국소적인 급류가 존재해 위험했다. 더구나 해안에 너무 바짝 붙어 항해하면 암초를 만날 가능성이 컸다. 비록 암초를 미리 발견해 피해 가도 종종 해안 쪽으로 몰아치는 갑작스러운 강풍 때문에 절벽에 부딪혀 배가 부서질 위험성이 있었다.

전인미답의 아프리카 서안을 따라 남하하던 항해자들이 어떤 돌발 상황이 발생할지 전혀 예측할 수 없는 상황에서 위험을 감수하고 해안선에 바짝 붙어 항해할 수는 없었다. 이로 인해 포르투갈의 연안 항해자들은 해안에서 멀어졌다 다시 가까이 접근하는 식으로 항해했다. 기상 여건이 아주 좋아도 10여 킬로미터만 벗어나면 해안선이 잘 보이지 않는다. 그 탓에 연안 항해라고는 해도 해안선을 제대로 볼 기회는 그리 많지 않았다.[119] 도판20은 카웅의 항해 경로를 나타낸 것이다. 여기서 보듯 그는 아프리카 대륙에서 상당히 떨어져 항해했다. 이 같은 상황에서 해안선을 제대로 관찰

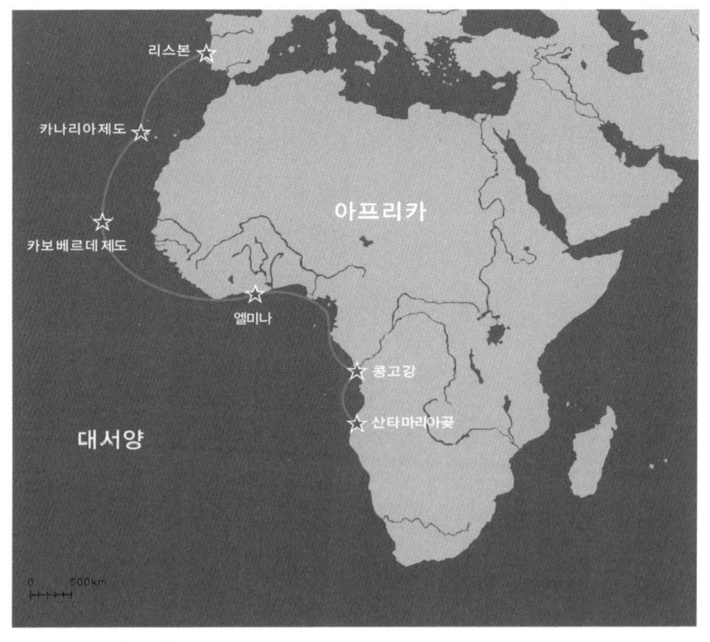

▲ 도판20 카웅의 항해로.

하는 것은 불가능하다.[120]

결정적으로 이상한 점이 한 가지 더 있다. 흥미롭게도 베니스 지도와 오늘날의 지도를 나란히 놓고 비교해보면 그 제작 감각이 현대적이란 느낌이 든다. 현대 지도와 굉장히 닮았다는 얘기다. 오늘날 지도는 경위도를 기준으로 그린다. 베니스 지도가 현대 지도와 닮았다는 사실은 그 지도도 오늘날과 비슷한 정밀도로 경위도에 기반해 작도했음을 시사하는데 이는 말이 되지 않는다. 15세기 서구의 지도 제작자들은 경위도의 존재는 알았지만 이를 정확히 측정하지 못했거나 그 측정 방법을 알지 못했다.

1440년대부터 항해 왕자 엔리케는 사그레스의 '빌라 두 인판테Vila do Infante(왕자의 마을)'에 항해자와 지도업자를 모아 항해 및 지도 제작에 필요한 천문학, 항해술 발전을 후원했다. 그 결과 포르투갈의 지도 제작이 동시대 서구의 다른 나라들보다 상당히 앞선 것은 사실이다.[121] 그렇지만 그들의 천체 관측과 좌표 계산에는 뚜렷한 한계가 있었다.[122]

남반구에서 위도 측정 문제

1460년 엔리케가 죽자 그의 조카로 당시 포르투갈의 왕이던 아폰수 5세는 아프리카 서해안 항로 개척보다 무어인이나 스페인과의 분쟁에 더 몰두했다. 그 와중에도 간헐적인 아프리카 서해안 항로 개척은 있었고 1461년 페드루 데 신트라Pedro de Sintra가 북위 8.5도의 시에라리온에 도달했다.

1469년 아폰수 5세는 서해안 항로 개척을 페르낭 고메스Fernão Gomes에게 위임했는데, 매년 해도를 그리지 않은 지역을 300마일(약 480킬로미터)씩 개척한다는 조건으로 독점권을 주었다. 그 후 5년여 동안 고메스의 지시를 받은 선장들은 서아프리카 해안을 남위 4도까지 탐험했다.

서구에서 별 관측을 점성술이 아닌 학문적 목적으로 본격 연구하기 시작한 쪽은 항해천문학Nautical Astronomy 분야였다. 이 분야는 15세기부터 포르투갈과 스페인을 중심으로 발전했는데 초기 목표는 항해 중에 위도를 정확히 측정하는 데 있었다. 항해천문학은 위치천문학Positional Astronomy으로 불리기도 한다. 이는 천문학자들이 태양, 달, 행성 운동에 따라 변화하는 천체들 간의 상대적인 거리 측정으로 항해 중 배의 위치를 결정하려 했기 때문이다. 이처럼 항해에서 어느 특정한 날의 천체 위치와 운행 상황을 알아내는 것은 지리상의 발견 시대에 천문학자와 수학자에게 부과된 중요한 임무였다.[123] 이 문제는 특히 포르투갈 항해자들이 적도 근처까지 다다르면서 굉장히 중요해졌다.

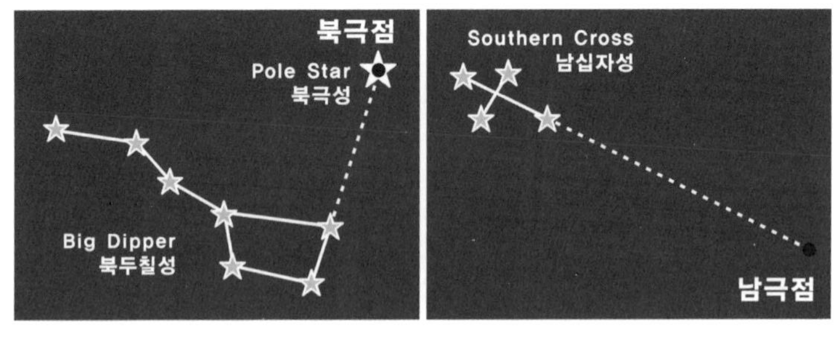

▲ 도판21 북극성과 남십자성으로 북극점과 남극점을 찾는 방법.

포르투갈 항해자들은 마드리드를 출발해 북위 28도인 카나리아제도까지 도달하는 동안 다소 오차는 있었지만 자신들 위치의 위도 결정에 큰 어려움을 겪지 않았다. 이미 15세기 중반부터 야간에 북극성이 해수면과 이루는 각도를 측정하면 위도를 알 수 있었다.[124] 그러나 북위 8.5도인 시에라리온에 도달하면서부터 북극성을 제대로 관측하기가 힘들어졌다. 이를 대체해 주극성週極星(북극점 주변 가까이를 회전하는 별)이 자오선 위를 지날 때 해수면과 이루는 각도를 측정하는 방법을 사용했으나 아무래도 위도 결정에 오차가 더 커질 수밖에 없었다.[125] 적도를 지나 남반구로 넘어가자 아예 주극성도 관측이 불가능해지면서 위도 측정에 지표가 되어줄 새로운 별자리로 남십자성Southern Cross를 찾아냈는데 그때가 1503년경이다.[126] 그러면 포르투갈인이 적도를 지나고 희망봉을 돌아 인도 항로를 개척하던 15세기 말에는 어떤 방법을 사용했을까? 당시 위도 결정은 오직 정오 때의 태양 고도를 측정해야만 가능했다.[127] 비교적 정확한 지축 기울기가 알려져 있었기에 동·하지나 춘·추분의 정오 때 태양 고도를 측정하면 북반구뿐 아니라 남반구에서도 3도 정도 오차 범위 내에서 위도를 알 수 있었다.[128] 그런데 이 방법을 적용하려면 우선 정오 때가 언제인지 정확히 결정해야 했다. 흔히 그림자가 제일 짧은 때를 정오라고 말하지만 실제 상황에서 이 순간을 정확히 포착하는 것은 쉽지 않다.[129] 포르투갈 항해자들은 시간을 정확히 측정하고자 모래시계를 사용했으나 항해가 길어지면 시간이 점점 부정확해지는 문제가 발생했다.[130]

특별한 날이 아닌 평일에 항해자들이 자신의 위도를 알려면 태양의 고도를 측정하는 것은 물론 태양의 적위赤緯도 계산해야 했다. 그러나 베니스 지도를 제작할 무렵 포르투갈 천문학자는 그런 작업을 할 수준이 아니었다. 이 문제는 1496년 포르투갈에서 위도에 따른 태양의 천중적위天中赤緯를 계산한 《천측력Almanach Perpetuum》을 라틴어판으로 간행하면서 공식적으로 해결이 가능해졌다. 원본은 히브리어로 작성했는데 1492년 스페인에서 추방된 유대인 천문학자 아브라함 자쿠토Abraham Zacuto가 포르투갈로 넘어오면서 가져왔다.[131]

사실 포르투갈 항해자들은 이전부터 이 천측력을 사용하고 있었다. 어떤 역사가는 1483년에 이미 포르투갈 항해자들이 천측력을 사용했음을 확인할 수 있다고 주장한다.[132] 하지만 포르투갈의 주앙 2세가 수학자로 구성한 위원회를 소집해 태양 관측에 따른 위도 결정 방법을 고안하라고 지시한 때가 1484년이니 이보다 이후에 사용했을 가능성이 크다. 위원회는 1485년 자쿠토 천측력을 요약한 편집본을 만들어 최고 수준의 항해자들이 사용하게 했다.[133]

따라서 1482년 여름 리스본을 출발한 카웅이 항해하며 천측력을 사용했을 것 같지 않지만, 설사 그가 이 계산표를 갖고 갔을지라도 두 가지 문제로 인해 이를 제대로 사용하지 못했을 것이다. 첫째는 정확한 정오를 알 수 없었다는 점이고, 둘째는 천체 측정 기구 문제다.

15세기 중반 이후 포르투갈 항해자들은 사분의나 이보다 개량한 아스트롤라베라는 천체 측정 기구를 사용했다. 이들 관측 장비는 자쿠토의 천측력과 함께 1498년 바스쿠 다가마 항해에서 사용

▲ 도판22 사분의를 사용하는 모습.

▲ 도판23 항해용 아스트롤라베.

했으며, 자쿠토는 직접 포르투갈 항해자들에게 천측 기구와 천측력 사용법을 가르쳤다.[134] 그런데 이들이 가져간 관측 장비는 육지에서는 0.5도까지 정확히 북극성과 태양의 각도를 측정할 수 있었지만, 배 위에서는 흔들림과 바람 때문에 5도 정도까지 오차를 냈다.[135] 흔들리는 배 위에서 큰 오차 없이 천체 각도를 측정할 수 있는 항해용 아스트롤라베는 16세기 중반에 이르러서야 사용이 가능했다.

이 문제를 16세기 초까지 해결하지 못했다는 증거가 있다. 1500년 페드루 알바르스 카브랄Pedro Álvares Cabral을 따라 브라질까지 항해한 항해자 메스트레 조앙Mestre Joao은 국왕에게 쓴 편지에 선박의 미동에도 4~5도의 측정 오차가 난다고 불평하고 있다. 결국 해안의 위도를 제대로 알려면 배에서 내려 흔들리지 않는 육지에서 측정해야 했다.[136]

그러면 카웅은 얼마나 자주 해안에 내려 이런 측정을 했을까? 카웅은 몇몇 기착지를 제외하고 많은 시간을 배 위에서 보냈다. 이는 대부분의 여정 동안 제대로 측정하지 못했음을 의미한다.

한데 어떻게 현대 지도와 비슷할 정도로 정확해 보이는 지도를 그린 것일까? 앞서 지적했듯 현대 지도와 비슷하다는 것은 위도뿐 아니라 경도도 정확히 측정했음을 의미하며 이는 완전히 난센스다. 15세기 수준에서 경도 측정에는 위도 측정과 달리 도저히 해결할 수 없는 중요한 문제가 있었기 때문이다.

경도 측정 문제

포르투갈의 항해사를 다룬 몇몇 역사책은 카웅이 아프리카 서부 해안선에서 자오선 눈금매기기Graduation of Meridians로 해안 면적을

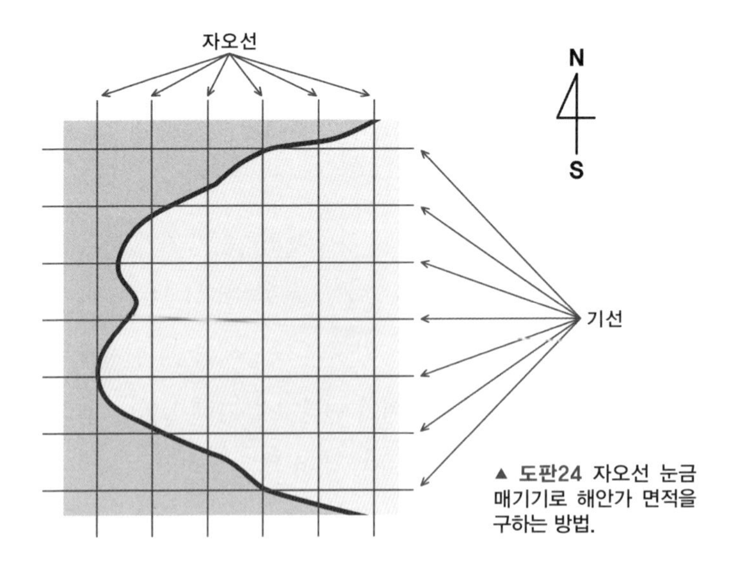

▲ 도판24 자오선 눈금 매기기로 해안가 면적을 구하는 방법.

새로 정했다고 주장한다.[137] 이 말은 도판24에 나오듯 그가 해안선에서 가까운 등간격의 자오선을 그린 뒤 그 자오선에 수직인 등간격의 기선Baselines을 표시함으로써 해안가 면적을 어림했다는 얘기다.

카웅이 사용한 방법은 오늘날 행정구역 획정이나 토지 분할 등에 사용한다. 미국은 19세기에 나침반이 달린 측지 장비로 자오선을 결정했고 거기에 수직인 기선은 태양 측정법을 사용해 정했다. 그러다가 19세기 말 자오선 결정에 나침반 사용을 전면 금지했다. 통상 나침반으로 나침의선Compass Line이나 자기자오선Magnetic Meridian을 측정한 후 보정으로 진자오선True Meridian을 정할 수 있지만 주변에 철광산이 존재하면 상당한 왜곡이 생긴다. 미국에서 나침반을 사용한 측량을 전면 금지한 이유가 여기에 있다.[138]

카웅이 근대 서구처럼 나침반을 사용해 진자오선을 어림했을 수 있다. 태양을 이용해 역시 진자오선에 수직인 기선을 정했을 수도 있다. 이를 통해 해안가 면적을 측정했을지도 모른다. 그렇지만 이 방법을 지도 제작에 활용할 수는 없다. 해안선의 경도를 정하려면 기선 길이를 경도로 환산해야 하는데 카웅의 시대에는 이게 불가능했기 때문이다. 같은 기선 길이도 위도에 따라 그 경도 환산치는 달라진다. 이 변화를 알려면 지구의 크기를 정확히 알아야 하는데 지구 크기 측정은 17세기에나 가능했다.[139]

15세기 말 포르투갈 항해자들을 괴롭힌 남반구에서의 위도 결정 문제는 16세기 중반쯤 천측력 보급과 천문학적 소양을 갖춘 항해사 양성, 항해 중에 사용 가능한 천측 기구 개발 그리고 남반구

별자리 파악 등으로 극복했다. 그러나 경도 측정은 여전히 커다란 문제였다.

15세기 이베리아반도에서 시작된 서구의 항해천문학은 이후 3세기 동안 크게 발전했다. 해상권을 쥐고 있던 서구 각국 정부가 이 분야에 많이 지원했기 때문이다. 그 이유는 오직 한 가지였다. 항해 중에 경도를 정확히 측정할 필요가 있어서다.[140] 갈릴레오 갈릴레이, 조반니 도메니코 카시니Giovanni Domenico Cassini, 크리스티안 허위헌스Christiaan Huygens, 아이작 뉴턴 등 서구의 위대한 천문학자들이 18세기에 이를 때까지 경도 결정법 연구에 몰두했을 정도였다.[141] 이를 뒤집어 말하면 18세기에 이르기까지 경도를 정확히 측정하는 방법이 등장하지 않았다는 얘기다.[142]

지구 크기를 모르는 상황에서 15세기 당시 알려진 경도 결정법으로 서로 다른 두 곳에서 동시에 관찰한 일월식의 진행 시간차를

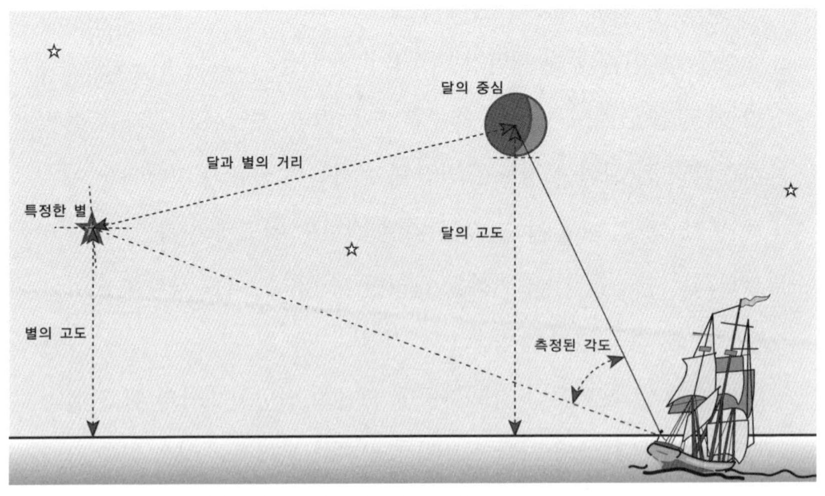

▲ 도판25 달과 별의 거리를 이용해 경도를 측정하는 방법.

구하는 방법이 있었다. 또 달이 시간당 달 직경만큼의 거리(각도로 약 30분)로 빠르게 다른 천체 사이를 움직인다는 점에 착안해 달과 다른 천체와의 각거리를 측정하는 방법도 있었다. 이론적으로 달의 운행 궤도에 관한 정확한 데이터만 있으면 관측 위치의 경도 정보를 알 수 있다.[143]

포르투갈 항해자들이 남반구에서의 위도 측정 문제로 골머리를 썩느라 미처 경도 측정 문제에 신경 쓰지 못한 15세기 말, 콜럼버스에게는 경도 측정 문제가 더 중요했다. 그는 북위 28도인 카나리아군도에서 대서양 항해를 시작했고 일본의 위도가 대략 그 정도일 것이라고 생각했기에 계속 그 위도를 유지하려 노력했다. 콜럼버스는 틀림없이 아브라함 자쿠토의 《천측력》을 가져갔을 것이므로 그가 가져간 천측 기기로 낮이든 밤이든 위도 측정에 큰 문제는 없었을 것이다.[144] 다만 그는 경도를 알아야 했는데 이는 참고용으로 가져간 지도에 나타난 동아시아와 자신의 배가 얼마나 멀리 떨어져 있는지 수시로 확인해야 했기 때문이다. 그러나 10명 가까운 그의 항해사 중 누구도 경도를 측정할 수 있는 사람은 없었다.[145]

콜럼버스는 1492년에서 1493년 사이의 첫 번째 항해에서 일식을 이용한 방법으로 경도 측정을 시도했다고 한다. 기록에 따르면 1492년 10월 21일 새벽 일식이 일어났고 그는 이를 관측해 신대륙의 경도를 측정했다.[146] 그 결과에 관해 알려진 게 없는 것을 보면 만족할 만한 성과를 거두지 못한 것으로 보인다. 두 번째 항해 때인 1494년 9월 14일 콜럼버스는 오늘날의 도미니크공화국 사오나섬에서 새벽 2시경 개기월식을 관측했다. 그 이전에 독일의 천문학자 요하네스 뮐러Johannes Müller가 포르투갈의 세인트빈센트곶에서 아침 7시 30분에 개기월식이 일어날 것을 예측했으므로 그의 측정 결과대로라면 사오나섬은 그곳으로부터 약 5시간 30분, 즉 경도로 약 80도 서쪽에 위치하고 있었던 셈이다.[147]

세인트빈센트곶은 서경 9도쯤에 위치하고 사오나섬은 서경 69도 정도에 위치한다. 두 곳의 경도차는 약 60도로 시간 차이는 4시간 정도여야 하므로 관측치는 실제보다 1시간 30분 벗어난 셈이다. 그런데 콜럼버스가 실제로 월식을 관측한 게 아니라 자신의 추측 항해 결과로 경도를 추산했을 가능성이 농후하다.[148]

일·월식은 특정 지역에서 몇 년에 한 번 일어날까 말까 하기 때문에 실용성이 별로 없지만, 달거리 측정법은 매일 달과 행성이 어느 경도에 위치하는지 예측할 수 있는 천체 추산 위치표가 있으면 이를 활용해 자신의 경도를 결정하는 것이 가능했다. 달거리 측정법은 1475년 요하네스 뮐러가 최초로 제안했고 그는 이를 위해 직접 《천문력Ephemerides》을 만들었다. 크리스토퍼 콜럼버스는 신대륙을 향한 두 번째와 네 번째 항해에 자쿠토의 《천측력》뿐 아니라 이 《천문력》도 가져갔다.[149]

달거리 측정법을 제대로 알지 못한 콜럼버스는 《천문력》을 일·월식 관측에 따른 경도 결정에만 사용했을 것이다.[150] 비록 그가 달거리 측정법을 알아 이를 경도 결정에 사용했어도 실패했을 것이 틀림없다. 그가 가져간 사분의와 아스트롤라베 모두 경도 측정에 필요한 정밀도를 충족시키지 못했기 때문이다. 달거리 측정을 하려면 달과 별 또는 달과 태양 간의 중심 거리를 측정해야 하는데 당시 천측 기구로는 달이나 태양의 중심을 정확히 지정하는 것이 힘들었다(이 문제는 육분의 발명으로 어느 정도 해결했고 망원경이 등장해 육분의와 결합하면서 완전히 해결했다).[151] 이것은 흔들리는 배 위에서가 아니라 육지에서의 문제였다. 항해할 때 흔들리는 배 위에서 경도를 측정하는 것은 사실상 불가능했다. 이보다 더 중요한 문제는 뮐러의 《천문력》이 매우 부실했다는 점이다. 기록한 달이나 다른 천체들의 궤적이 엉터리라 항해자들에게 전혀 실용적이지 않았다.[152]

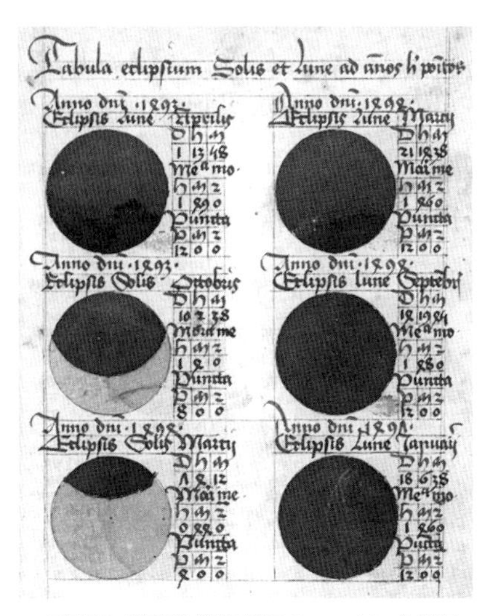

▲ 도판26 뮐러의 《천문력Ephemerides》 부분.

이처럼 15세기 말 몇몇 학자가 경도 측정과 관련해 이론적 제안을 했으나 항해자들이 이를 제대로 활용할 여건이 아니었다. 이는 콜럼버스뿐 아니라 포르투갈 항해자들이 아프리카 연안 항해를 마치고 인도양에서 대양 항해를 시도했을 때도 맞닥뜨린 문제였다.

베니스 지도와 12방위법

카웅 이전의 항해자들은 비교적 자주 아프리카 서안 곳곳에 상륙해 아스트롤라베로 북극성의 고도를 1도 안팎의 정밀도로 측정했을 수 있다. 하지만 남반구에 가까워지면서 측정 오차가 나기 시작했고,[153] 적도 인근부터는 아예 북극성이 보이지 않아 다른 방법을 찾아야 했다. 다른 방법이란 태양의 적위를 측정하는 것인데 정확한 정오를 알 수 없었기에 위도를 제대로 정하는 것이 불가능했다. 여기에다 태양의 적위부터 측정지 위도를 계산하는 표를 당시엔 아직 사용하지 않았다.

따라서 1470년대의 아프리카 서안 탐험에서는 제대로 된 해안선의 위도 측정치가 나올 수 없었다. 1480년대 들어 천측력을 사용하기 시작했지만 이를 사용했을지도 모를 카웅의 경우 실제 아프리카 서안을 볼 수 있는 시간이 길지 않았다. 기착지 몇 곳을 제외하고는 대부분의 시간을 선상에서 보냈고 그가 위도를 측정했을지라도 5도 정도까지 오차가 불가피했다. 경도의 경우 15세기 말의 항해자가 제대로 측정할 방법은 어떤 것도 알려져 있지 않았다.

그런데 어떻게 15세기에 놀라울 정도로 현대 지도를 빼닮은 베니스 지도가 튀어나온 것일까? 비밀은 이 지도를 12방위법에 기반해 작도했다는 사실에 있는 듯하다.[154] 앞서 말한 것처럼 이것은 12방위법으로 그린 지도가 8방위법으로 그린 것보다 더 정확한 대표적인 경우다. 12방위법에 의거해 제대로 그린 지도(12방위법을 흉내만 낸 게 아니라)를 지리상의 발견 시대의 포르투갈인이 그린 게 아니라는 점은 명백하다.

한데 16세기 초 8방위법으로 작도한 지도 중 오늘날의 지도와 놀라우리만큼 정밀도가 근접한 지도가 존재한다. 그것은 바로 1502년 이탈리아에서 제작한 칸티노 지도다.

7장

칸티노 지도의 미스터리

PYRAMID CODE

위도상 2도에 불과한 오차

1502년 이탈리아에서 제작한 한 세계 지도에 칸티노 지도라는 이름이 붙어 있다. 지도에는 보통 제작자의 이름이 붙으므로 이 지도의 제작자가 칸티노라고 생각하기 쉽지만 그렇지 않다. 세계 지도 수집에 열정적으로 몰두한 이탈리아의 페라라Ferrara 공작에게 밀명을 받고 포르투갈 지도 제작자를 금화 12개로 매수해 사본을

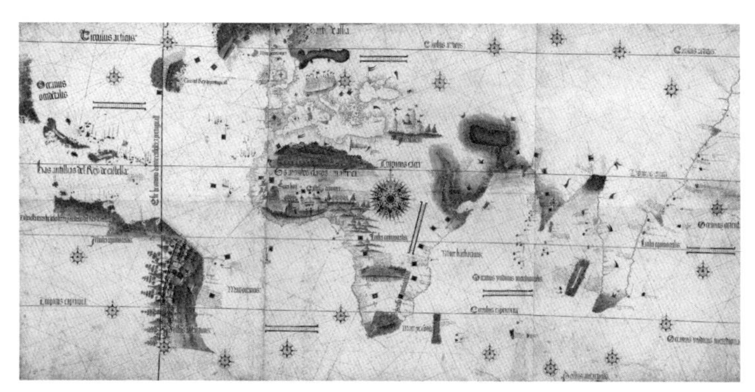

▲ 도판27 칸티노 세계 지도.

▲ 도판28 브라질을 발견한 카브랄의 모습.

빼돌린 그의 하수인 알베르토 칸티노Alberto Cantino의 이름이 붙은 것뿐이다.[155] 이 지도의 원제작자는 불분명하지만 모든 정황상 포르투갈인이 제작한 것으로 보는 것이 상식적인 판단이다. 그런데 이 지도에도 이해하기 어려운 측면이 존재한다.

칸티노 지도가 등장한 때는 아프리카 해안을 빙 둘러 항해하는 인도 항로를 막 개척한 시기다. 1484년 카웅의 항해 이후 포르투갈의 최대 관심사는 아프리카 대륙 남단을 확인하는 것이었다. 이 임무는 1487년에서 1488년 사이 바르톨로뮤 디아스가 완수했다. 이후 인도 항로 개척까지는 10년이 더 소요되었다. 1497년부터 1499년 사이에 바스쿠 다가마는 희망봉을 지나 동아프리카의 기항지 말린디Malindi를 거쳐 인도 캘리컷까지 갔다가 다시 포르투갈로 돌아왔다. 그다음 해인 1500년에는 총사령관 페드루 알바르스 카브랄이 디아스와 다가마를 거느리고 인도 항해에 나섰다. 그는 대서양을 횡단해 브라질까지 갔다가 다시 희망봉으로 되돌아와 인도로 건너갔다. 거기서 그는 한바탕 전투를 치러 전리품을 잔뜩 챙긴 후 1501년 포르투갈로 돌아왔다.

이처럼 아프리카 서해안과 동해안을 모두 탐험한 시점에 등장한 칸티노 지도에는 아프리카의 모든 해안선이 그려져 있다. 이는 그리 놀라운 일이 아니지만 상세한 해안선 지도가 그렇게 이른 시기에 이탈리아에 등장했다는 사실은 앞서 언급한 베니스 지도와 동일한 의문점을 던져준다.

무엇보다 칸티노 지도는 그때까지 제작한 다른 어떤 세계 지도보다 위도 표시가 정확하다. 포르투갈의 지도역사학자 마리아 알레그리아와 그의 동료들은 칸티노 지도에 위도의 척도 표시가 없는데도 북회귀선, 적도, 남회귀선 위치를 정확히 표기하고 있음을 지적한다.[156] 그렇다면 얼마나 정확히 위도 표시를 했다는 말일까? 영국의 지도학자 존 헤일은 이 지도의 모든 아프리카 해안선이 2도 이내에 들어올 정도로 정확하다고 평가한다.[157] 만일 포르투갈 항해자들이 해안에 자주 상륙해 위도를 측정했다면 이런 지도 제작이 가능했을 수 있다. 디아스, 다가마, 카브랄은 얼마나 자주 육지에 머물렀을까?

볼타 도 마르

앞서 베니스 지도와 관련해 카웅을 비롯한 포르투갈 항해자들이 동아프리카 해안선에 바짝 붙어 항해할 수 없었다고 밝힌 바 있다. 그들은 해안에 자주 상륙하지도 못했다. 이후의 항해자인 디아스, 다가마, 카브랄도 도판29에서 보듯 해안선에서 아예 멀리 떨어지거나 원호를 그리며 멀어졌다 가까워졌다 반복하는 항해를 했다. 이것은 대륙 가까이에서 항해할 때의 위험성 때문이기도 하지만 그보다 더 중요한 이유가 있었다.

앞서 인도 항로를 개척하던 포르투갈 항해자들이 적도 부근 아프리카 대륙 연안의 무풍지대에서 대서양 쪽으로 우회해 항해했다고 말했다. 이 방법을 당시 포르투갈 항해자들은 '볼타 도 마르Volta do Mar'라고 불렀는데 말 그대로 이는 '바다에서의 선회'를 의미한다. 그들은 일찍이 북대서양에 시계 방향으로 선회하며 불어오는 바람이 있다는 것을 알고 이를 '볼타'라고 부르며 항해에 활용하고 있었다.[158]

이 바람은 포르투갈 근처에서는 남서쪽인 대서양 방향으로 불었다. 따라서 대서양 깊숙한 곳까지 항해할 배가 필요했는데 주로 비교적 잔잔한 지중해에서 운항하던 당시의 배들은 대서양 같은 대양의 격랑을 헤치고 빠르게 나아갈 만큼 튼튼하지 못했다. 엔리케 왕자의 업적 중에는 대양 항해용 배 캐러벨선Caravel을 연구 개발하게 한 것도 포함된다.[159] 엔리케 왕자의 주도 아래 이뤄진 아프리카 동안 탐사에도 당연히 '볼타 도 마르'를 적용했는데 1446년 북위 11도에 위치한 기니만까지 도달한 항해자들이 이 기법을 사

용했다는 증거가 있다.[160]

포르투갈의 인도 항로 개척자들은 적도 근처에서 더 이상 남하하기 어려워지자 과감히 대륙에서 벗어났고 대서양 깊숙이 들어가 새로운 항로를 찾았다. 그들은 운 좋게 남대서양에서도 북대서양에서와 비슷한 남향 바람을 만났다. 이것은 북대서양에서와 비슷한 볼타였지만 그 방향이 반시계 방향, 즉 남동쪽이라는 점이 달랐다.[161]

디아스는 아프리카 동안을 따라 적도 아래로 남하하는 항해에서 역풍인 남동무역풍과 역류인 벵겔라 해류Benguela Current를 만나 고전했다. 남하 속도를 높이려면 대서양 쪽으로 나아가 볼타를 타고 남하하다 선회해 편서풍을 타고 아프리카 대륙 기착지로 항해하기를 수차례 반복해야 했다. 남위 29도쯤 위치한 볼타스곶Cape Voltas에 이르러서는 볼타를 타고 대서양 깊숙이 진입했다가 남위 40도에서 선회해 아프리카 대륙 쪽으로 향했으나 너무 남쪽으로 내려가는 바람에 육지를 발견하지 못해 큰 곤경에 처했다. 그는 며칠을 헤매다가 결국 북상해 겨우 아프리카 대륙으로 돌아갈 수 있었다.

디아스의 조언을 들은 다가마는 아예 처음부터 볼타에 의지해 아프리카 서안에서 500킬로미터 넘게 떨어진 북위 15도의 카보베르데Cabo Verde제도까지 나아갔다가 대서양을 빙 돌아 남하했다. 그가 이끈 선단의 아프리카 대륙 첫 기착지는 남위 33도쯤에 위치한 세인트헬레나만이었다.[162] 카브랄은 카보베르데제도에서 좀 더 볼타를 이용하려고 욕심을 내 대서양 쪽으로 나아갔다가 잘못하여

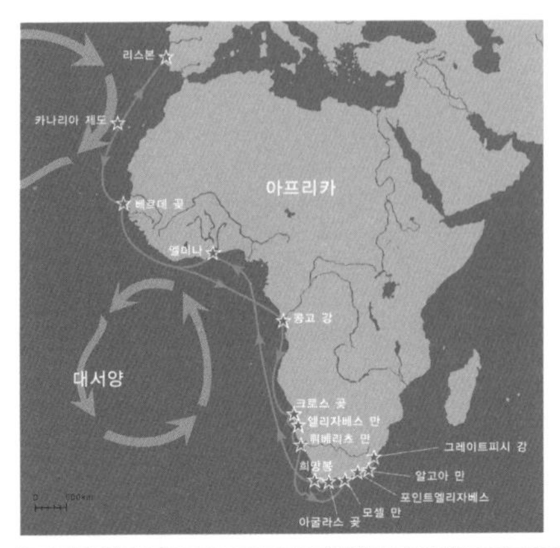

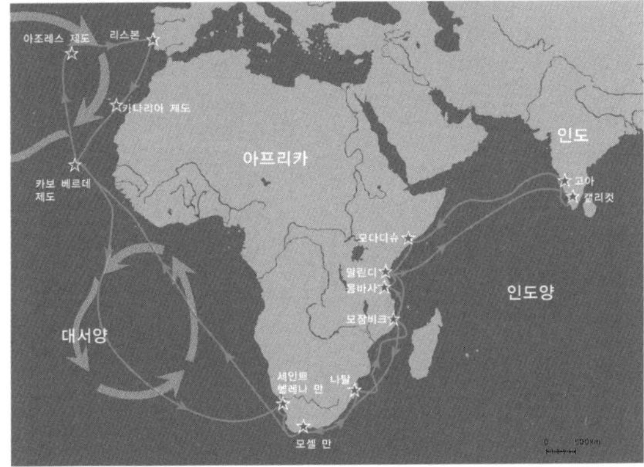

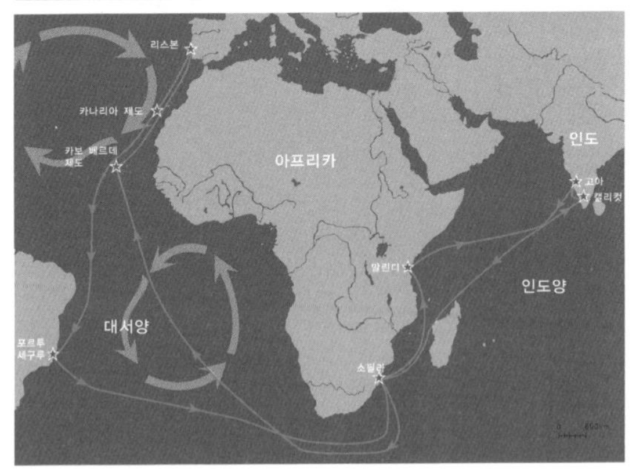

▲ 도판29 디아스, 다가마, 카브랄의 항해로. 디아스와 다가마의 항해로를 보면, 해안선에서 멀리 떨어져 항해했음을 알 수 있다. →항로, ➡볼타 도 마르.

남미 대륙 브라질까지 도달하고 말았다. 무역풍을 타고 가까스로 희망봉까지 되돌아왔으나 그 와중에 동행한 바르톨로뮤 디아스가 실종되었다.[163]

이처럼 인도 항해로 개척에 공을 세운 포르투갈 항해자들은 주로 아프리카 해안에서 멀리 벗어나 항해했기에 몇 곳의 기착지 근처를 제외하고는 해안을 제대로 볼 기회가 없었다. 결국 칸티노 지도의 아프리카 대륙 해안선 위도가 2도 안쪽으로 정확하다는 점은 커다란 미스터리가 아닐 수 없다.

놀라운 정확성

칸티노 지도의 정확성은 지도 문외한에게도 바로 느껴질 정도다. 아프리카 대륙 해안선이 현대 지도에 나타낸 것과 굉장히 흡사해 대개는 깜짝 놀란다. 이는 단지 내 주관적인 생각이 아니다. 텍사스주립대학교 전 지도역사학 교수 데이비드 뷔세레트는 그의 저서 《지도 제작자의 추구: 르네상스기 유럽에서의 신대륙 표시The Mapmakers' Quest: Depicting New Worlds in Renaissance Europe》에서 칸티노 지도의 아프리카 대륙 해안선 묘사가 "엄청나게 정확하다extraordinary accuracy"라고 지적하고 있다.[164]

뷔세레트뿐 아니라 지도역사학자 피터 화이트필드도 칸티노 지도에 그려진 아프리카 대륙이 "놀랍도록 정확하다startling accuracy"라고 지적한다.[165] 어바인에 있는 캘리포니아주립대학교 역사학과 교수 패트리샤 시드는 "칸티노 지도 위에 현대 지도의 같은 지역을 겹쳐놓으면 그 정확도가 놀라울 정도placed atop a modern map of the same region, the level of accuracy is startling"라고 말한다. 특히 "아프리카는 현대 지도를 보는 것 같다Africa look the way they do on a contemporary map today"고까지 한다.[166] 이렇듯 현대 지도를 보는 것처럼 정확하다는 표현은 이 지도의 경도가 위도 못지않게 정확하다는 것을 의미한다. 어떻게 지리상의 발견 초기에 제작한 지도에 이처럼 정확한 표시가 되어 있는 것일까?

일본 리츠메이칸대학교의 오지 도시아키 교수는 그의 저서 《세계 지도의 탄생世界地圖の誕生》에서 당시 포르투갈인이 최첨단 항해 기술, 측량 기술, 지도 작성 기술 등을 총동원해 칸티노 지도를 제작했다고 지적한다. 그 지도는 현장을 실측해 전체적으로 정확한 세계 묘사에 성공했고 특히 아프리카 해안선 묘사가 "훌륭하다"고 말한다.[167] 그럼 이 지도를 제작하기 위해 누가 주도적으로 측량을 했을까?

뷔세레트와 화이트필드, 시드는 당시 디아스나 다가마 또는 카브랄의 항해로 입수한 지리적 정보를 기반으로 포르투갈의 뛰어난 지도 제작자가 칸티노 지도를 제작했을 것으로 추정한다.[168] 하지만 그들이 정확한 지리적 정보를 확보할 수 없었다는 것은 앞에서 밝힌 바 있다. 항로 개척에 급급했던 그들은 많은 시간과 노력, 인력이 필요한 측량 작업에 매달릴 여유도 없었고[169] 해안에서 멀리 떨어져 주로 선상에서 시간을 보냈기 때문에 정확한 위도 측정이 불가능했다. 위도 측정뿐 아니라 이와 성격이 전혀 다른 경도 측정은 훨씬 더 큰 문제였다.

칸티노 지도의 미스터리

디아스, 다가마, 카브랄 등 당시 포르투갈 항해자들은 천측 항법Celestial Navigation을 도입하려 노력했으나 여건상 상당한 오차 범위에서 위도를 파악하는 수준에 머물렀고[170] 천측을 통한 경도 결정은 사실상 불가능했다. 그들은 주로 차트와 나침반, 지도를 바탕으로 한 추측 항법Dead Reckoning에 의존해 경도를 어림했으며 중요한 결정이 필요할 때 위도를 파악하기 위한 천측 항법을 보조적으로 행했다. 그들이 이렇게 항해했다는 증거는 카브랄이 1500년 인도를 향해 항해하며 참고한 다가마의 항해 지침서에서 확인할 수 있다. 이 지침서에는 남대서양을 따라 쭉 내려가다가 희망봉의 위도까지 간 다음 동쪽으로 가라는 식의 엉성한 내용만 담겨 있다.[171]

추측 항법은 배의 이동 속도를 고려해 특정 방향으로의 이동 거리를 추정하고, 여기에 배가 운행한 방향의 방위각으로부터 동쪽이나 서쪽 방향의 이동 거리를 계산해 경도 변화를 추론하는 항해법이다.[172] 이런 어림 계산을 할 때 나침반은 필수적이다. 한데 이 방법은 그 측정법 자체의 오차에 더해 해류의 흐름 방향과 속도, 풍향, 풍속을 제대로 반영하지 않은 탓에 상당한 오차가 불가피했다. 그럼에도 불구하고 15세기 말의 포르투갈 항해자들이 인도 항로를 개척할 수 있었던 것은 주로 아프리카 해안을 따라 도는 연안 항해였기 때문이다. 아프리카를 벗어나 인도로 대양 항해를 하면서 문제가 생기자 다가마는 인도로 가는 뱃길을 잘 아는 인도인 항법사를 구했다.[173]

다가마나 카브랄은 운이 좋은 편이었다. 이후 본격적인 인도 진출이 이뤄지면서 해상 사고가 속출했다. 1498년부터 1510년까지 10여 년 동안 무려 서른 척의 포르투갈 배가 침몰했는데 주로 인도양에서 사고가 잇달았다.[174] 이는 아프리카 연안 항해를 벗어나 인도양으로 항해하는 데 필요한 경도 지식이 없었기 때문이다. 이 문제를 해결하기 위해 포르투갈의 천문학자 페드루 누네스Pedro Nunes는 1540년대에 일·월식을 주요 기반으로 경도를 결정한 해도를 제작했다. 크게 기뻐한 포르투갈 왕 동 주앙 3세는 자국 선원들에게 이 해도를 이용해 인도의 고아Goa로 항해할 것을 명령했다. 그러나 그것을 사용하면서 배가 난파하거나 실종되는 일이 더 잦아졌다. 해도에 표시한 경도가 부정확했기 때문이다. 16세기 후반에 이르기까지 인도 항로로 떠난 선단의 3분의 1이 실종되거나 난파했다.[175] 경도 측정 문제는 정확한 시계를 발명하고 제대로 된 달의 궤적이 알려진 18세기에야 해결할 수 있었다.[176]

대항해 시대 초기에 위도 측정은 가능했으나 이런저런 이유로 그 정확도에 문제가 있었다. 경도는 아예 제대로 측정할 방법이 없었다. 이처럼 제대로 된 경·위도 결정이 불가능하던 시절에 등장한 칸티노 지도는 인류 역사상 커다란 미스터리로 남아 있다. 도대체 누가 칸티노 지도의 원제작자일까? 독일 요한볼프강괴테 대학교의 자연과학사 석좌교수 푸앗 세즈긴은 바스쿠 다가마가 아프리카를 일주할 때 이미 존재한 고지도에 의존했을 것이라고 추정한다.[177]

8장

피리 레이스 지도 미스터리

PYRAMID CODE

피리 레이스 지도

1929년 독일의 신학자 구스타프 아돌프 다이스만Gustav Adolf Deissmann은 터키 정부와 계약을 맺고 톱카프 궁전 도서관의 비이슬람 유물을 정리하다가 독특한 지도를 발견했다.[178] 독일의 동양학자인 파울 칼레Paul E. Kahle에게 의뢰해 그 지도의 출처를 확인해 보니 1513년 오스만터키제국의 대함대를 이끈 해군제독 피리 레이스Piri Reis가 제작한 것으로 밝혀졌다.

1936년 스위스 제네바대학교에서 공부하고 있던 터키 출신의 여성 역사학자 아페티나A. Afetina는 피리 레이스 지도를 연구해 1937년 제네바 지리학회에 그 결과를 발표했다. 그녀는 아프리카 대륙과 남아메리카 사이의 거리, 상대 위치라는 측면을 볼 때 피리 레이스 지도가 16세기에 제작한 다른 세계 지도와 비교할 수 없을 만큼 정확하다는 결론을 내렸다. 심지어 그녀는 현대 지도와 비교해도 손색이 없다고 주장했다.[179]

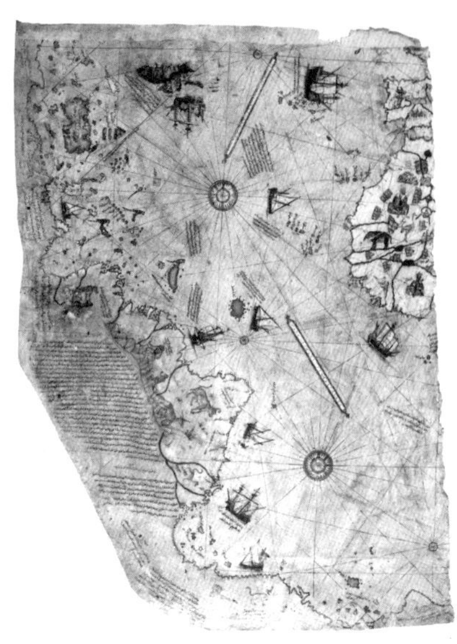

▲ 도판30 피리 레이스 지도.

아프리카 대륙과 남아메리카 대륙 간의 거리는 지구의 경도 지식 없이는 정확한 측정이 불가능하다. 그런데 칸티노 지도에서 설명했듯 16세기 지도학자에게는 경도를 정확히 측정할 수 있는 지식이 없었다. 결국 아페티나의 주장은 피리 레이스 지도는 당시 존재할 수 없는 지도라는 얘기다. 그녀의 지적은 과연 옳은 것일까? 이를 확인하려면 지도 제작 방법을 검토해볼 필요가 있다.

지도 제작 방법

여러 학자가 베니스 지도나 칸티노 지도, 피리 레이스 지도가 현대 지도와 흡사해 보인다는 의견을 보인다. 이러한 주장을 검증해볼 방법이 없을까?

만일 그 지도들이 정말로 현대 지도와 비슷해 보인다면 이는 경위도 개념을 제대로 적용해 과학적인 방법으로 '작도'했음을 의미한다. 가장 기본적인 지도 투영법에는 위선과 경선으로 이뤄진 지구상의 가상적 좌표를 평면, 원통 또는 원추에 옮기는 것이 있다.

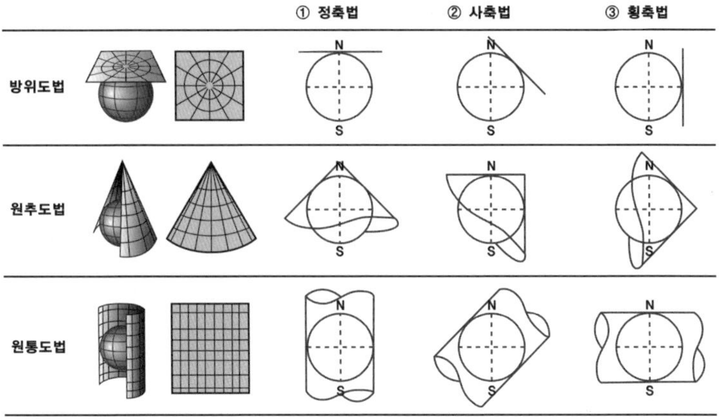

① 정축법 ② 사축법 ③ 횡축법

방위도법

원추도법

원통도법

▲ 도판31 덴지도 제작에 사용하는 다양한 투영법.

이들 각각을 방위도법, 원통도법, 원추도법이라 부른다. 이 각각의 도법은 투영축에 따라 극을 축으로 하는 정축법, 극과 적도를 잇는 자오선상의 임의의 점을 축으로 하는 사축법 그리고 적도를 축으로 하는 횡축법으로 작도한다.

그런데 이 같은 투영법을 사용하면 아무리 작은 지역의 지도를 작성해도 왜곡을 피할 수 없다. 즉, 지도를 제작할 때는 각도, 거리, 면적의 왜곡이 일어나는데 그중 하나는 보전할 수 있다. 이러한 방법에는 중심점으로부터 각도를 보전하는 정각도법, 거리를 보전하는 정거도법, 면적을 보전하는 정적도법이 있다.

이 중 어느 도법을 사용하든 중심에서 비교적 가까이 있는 곳은 왜곡이 심하지 않다. 반면 중심에서 멀어질수록 보전하고자 하는 성질을 제외한 나머지 성질은 원래의 고유치에서 점점 더 큰 왜곡이 일어난다.

횡축방위정거도법 대 정축원통정거도법

세계적인 베스트셀러 작가 에리히 폰 데니켄은 피리 레이스 지도가 미 공군이 카이로를 기점으로 사축방위정거도법斜軸方位正距圖法으로 제작한 지도와 흡사하다는 사실에 주목했다. 이 도법으로 그린 지도는 우리에게 낯익은 일반 지도 지형이 상당히 왜곡되기 때문에 일상에서는 별로 사용하지 않으며, 북극을 기점으로 그린 유엔의 깃발 도안 정도가 익숙할 뿐이다. 하지만 항공 경로 설정 등에는 아주 요긴하게 쓰인다. 사실 데니켄이 주목한 카이로 기점의 방위정거도법 지도는 미 공군이 이런 목적으로 제작한 것이다. 데니켄은 먼 옛날 외계인이 미사일과 항공기를 동원해 큰 전쟁을 치렀다며 피리 레이스 지도는 그 목적에 맞게 제작한 것이라고 주장했다.[180]

데니켄보다 2년 앞서 카이로를 기점으로 한 방위정거도법으로 제작한 지도가 피리 레이스 지도와 유사하다는 사실을 깨달은 찰

▲ 도판32 본초자오선과 적도가 만나는 지점을 축으로 하여, 횡축방위정거도법으로 작도된 지도와 피리 레이스 지도를 겹친 그림.

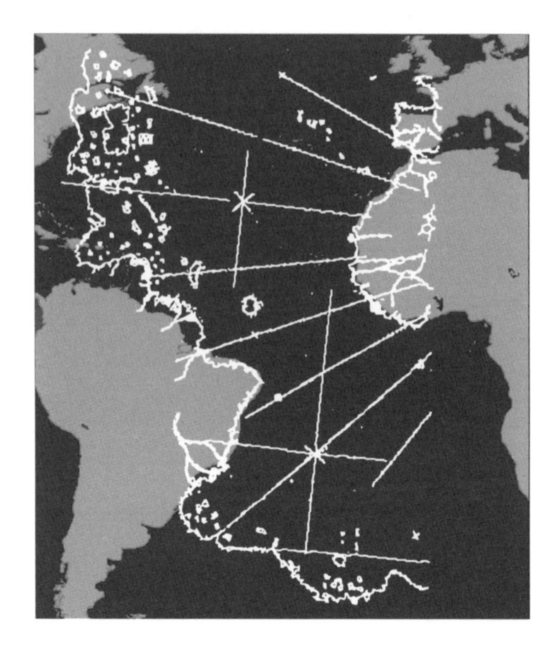

▲ 도판33 서경 10도를 중심으로 정축원통정거도법으로 작도한 지도와 피리 레이스 지도를 겹친 그림. By courtesy of Robert Bywater and Jean-Pierre Lacroix(http://ancientcartography.net/Portulan-Projections.pdf).

스 햅굿이란 미국 교수가 있었다. 아마추어 고지도 전문가인 그는 피리 레이스 지도가 시에네(오늘날의 아스완)를 극점極點으로 평면에 투사한 사축방위정거도법으로 그린 것이라는 결론에 도달했다.[181] 시에네는 카이로에서 위도 6도 정도 남쪽에 위치한다.

반면 미국 그린베이에 있는 위스콘신주립대학교의 석좌교수 스티브 더치는 카이로든 시에네든 그곳을 중심축으로 한 방위정거도법 지도는 피리 레이스 지도와 일치하지 않는다고 주장한다. 그는 그리니치를 지나는 본초자오선이 적도와 만나는 점을 축으로 한 횡축방위정거도법으로 그릴 경우 서아프리카 해안선과 남미의 동북부가 어느 정도 일치하게 할 수 있다고 말한다. 하지만 그는 피리 레이스 지도에 방위정거도법이 아니라 원통정거도법을 적용

할 경우 훨씬 더 잘 맞아떨어진다고 본다.[182]

실제로 장 피에르 라크루아와 로버트 바이워터는 컴퓨터로 피리 레이스 지도를 조사한 후 정축원통정거도법을 적용했을 때 남미 북동부와 아프리카 서안이 더 정확히 일치한다는 것을 알아냈다.[183] 도판32와 도판33은 각각 횡축방위정거도법과 정축원통정거도법으로 작도한 중남미와 아프리카 대륙 지도에 피리 레이스 지도를 겹쳐서 비교한 것이다.

라플라타 남부 지역의 문제

앞의 두 지도를 보면 남미 동북부와 아프리카 북서부 해안선이 일치하는 것 같지만 전혀 그렇지 않은 부분도 눈에 띈다. 중미 카리브해 쪽과 남미 하단은 어느 경우든 크게 벗어나 있다. 피리 레이스 지도의 중미 카리브해 부분과 남미의 라플라타 남부 지역은 앞서 말한 투영도법을 적용한 지도와 크게 편차가 난다.

이 점 때문에 주류 지도학자들은 피리 레이스 지도에 현대적인 지도 투영법을 적용했다는 주장을 받아들이지 않는다. 그러나 비록 부분적이긴 해도 현대 투영도법을 적용할 때 상당 부분이 근사하게 맞아떨어진다는 사실을 우연으로 치부하긴 어렵다. 지리적으로 꽤 넓은 지역이 일치하기 때문이다.

이 문제를 어떻게 설명할 수 있을까? 중세 때는 그 이전에 만든 여러 지도를 편집하는 식으로 많은 지도를 작성했다. 잠시 후 논의하겠지만 실제로 피리 레이스는 자신의 세계 지도가 다른 여러 지도를 편집해서 만든 것임을 밝히고 있다. 그렇다면 피리 레이스 지도는 서로 다른 투영도법으로 그린 지도들을 편집하는 과정에서 뒤섞인 것일 수 있다. 근대의 지도 제작 과정에서도 종종 이런 문제가 일어났다.

피리 레이스 지도의 중미와 카리브해 부분은 잠시 미뤄두고 남미 하단 부분 문제를 우선 검토해보자. 한때 주류 학자들은 피리 레이스 지도의 남미 하단 부분은 잘 알지 못하는 영역을 비워두기가 뭐해서 상상력을 동원해 그려 넣은 것이라는 식의 주장을 했다. 피리 레이스 지도를 그리던 시점에는 아직 라플라타 이남 탐사가 제대로 이뤄지지 않았기 때문이다. 이런 주장을 받아들이면 피리 레이스 지도를 비교적 쉽게 설명할 수 있으나 문제는 그렇게 넘어갈 수 없다는 데 있다.

남극 문제

1953년 터키 해군이 미 해군 수로국에 피리 레이스 지도 사본을 선물했다. 당시 그곳에서 근무하던 알링턴 맬러리 대령은 그 지도에 그려진 남미 북부 지역과 아프리카 북서부 위치의 놀라운 정밀도, 특히 경도의 정밀도에 경악을 금치 못했다. 나아가 그는 피리 레이스 지도 남미 대륙의 끝자락에 늘어선 지형이 남극과 관련이 있다고 해석했다.[184] 이 내용은 당시 킨주립단과대학에서 학생들을 가르치며 취미로 고지도를 연구하던 찰스 햅굿이 피리 레이스 지도를 연구하는 중요한 동기가 되었다.

1960년 햅굿은 자신의 지도 분석 내용을 미 공군에 보냈고, 당시 지구 좌표 정보 분야 전문가 헤럴드 올메이어 중령에게 답변을 받았다. 올메이어는 2차 세계대전 때 폭격용 항로 유도 장치 전문가로 활동하면서 수차례에 걸쳐 폭격기 편대가 적의 타격 목표를 정확히 폭격하게 하는 무공을 세웠다. 그는 1968년 대령으로 예편하기 전까지 미 공군 우주 및 미사일국에서 위성 프로그램 팀장의 특별 보좌역으로 근무했다.[185]

올메이어는 햅굿에게 보낸 편지에서 "피리 레이스 지도의 하단 부분이 퀸모드랜드의 프린세스 마사해안과 남극 그리고 팔머반도를 묘사하고 있다는 주장은 합리적이다"라고 말했다. 또한 그는 "우리는 그 지도를 이렇게 해석하는 것이 가장 논리적이고 모든 측면에서 가장 올바른 것임을 깨달았다"라고 지적했다. 그가 이런 결론에 도달한 것은 1949년 스웨덴-영국 남극 탐험대가 남극 빙하 위에서 실시한 지진 분석 결과와 놀라울 정도로 일치했기 때문이다.[186]

햅굿의 문제 제기로 관련 주류 학계에서는 큰 논란이 있었는데 결론은 이 모든 주장은 허무맹랑하다는 것이었다. 서구 근대사에서 남극을 처음 발견한 것은 1820년이다. 그러니 주류 학계에서 그 이전에 누군가가 남극을 방문하고 측량해 지도까지 만들었다는 주장을 받아들이기는 어렵다. 더구나 그 주장은 누군가가 남극이 빙하로 덮이기 이전에 남극 대륙의 해안선을 측량했다는 것인데 이는 시대착오적인 것으로 상상조차 할 수 없다는 얘기다.[187] 실제로 많은 학자가 피리 레이스 지도의 하단은 상상력을 동원한 결과라고 주장했다.

그런데 주류 학자 중 일부는 조심스럽게 그 지도가 남극을 묘사했을 가능성을 긍정적으로 살펴보기 시작했다. 예를 들어 푸앗 세즈긴은 자신이 처음엔 남아메리카 하단부에 보이는 대륙 형태가 모든 대양은 대륙에 둘러싸여 있다는 믿음을 반영한 프톨레마이오스식 표현이라고 생각했다고 한다. 하지만 이 지도를 오랫동안 연구하면서 그 부분 역시 남극을 탐험해 측지한 결과로 표시한 진짜 남극 대륙일 가능성을 깊이 고려하게 되었다고 털어놓았다.[188] 정말로 피리 레이스 지도에 남극에 관한 측지학적 정보가 담겨 있을까?

9장

칸티노 지도와 피리 레이스 지도의 숨은 기원

PYRAMID CODE

두 지도의 공통 출처

피리 레이스 지도 왼쪽에는 그 지도가 세계 지도이고 현재 나타낸 부분 외에 아프리카 대륙 전체와 유라시아의 다른 부분을 표시하고 있다는 내용의 글이 적혀 있다. 그러나 현존하는 지도에는 이 글이 서술하는 지역은 존재하지 않고 오직 아프리카 북서 해안 일부와 남아메리카 동쪽 해안 부분만 묘사되어 있을 뿐이다. 원래 피리 레이스 지도에 다른 지형이 어떤 모습으로 그려져 있었는지 알 수는 없을까?

피리 레이스 지도를 면밀히 검토한 푸앗 세즈긴은 표현 양식과 정밀도 등을 고려할 때 칸티노 지도가 피리 레이스 지도와 동일한 고지도에서 비롯된 것 같다고 말했다.[189] 뉴욕 공립 도서관의 역사학자 스바트 소세크 박사 역시 피리 레이스 지도가 칸티노 지도와 공통의 출처에서 나왔다는 판단 아래 둘을 짜깁기함으로써 도판 34(위)와 같이 원래 지도의 전체 모습을 파악해보려 했다. 그 결과

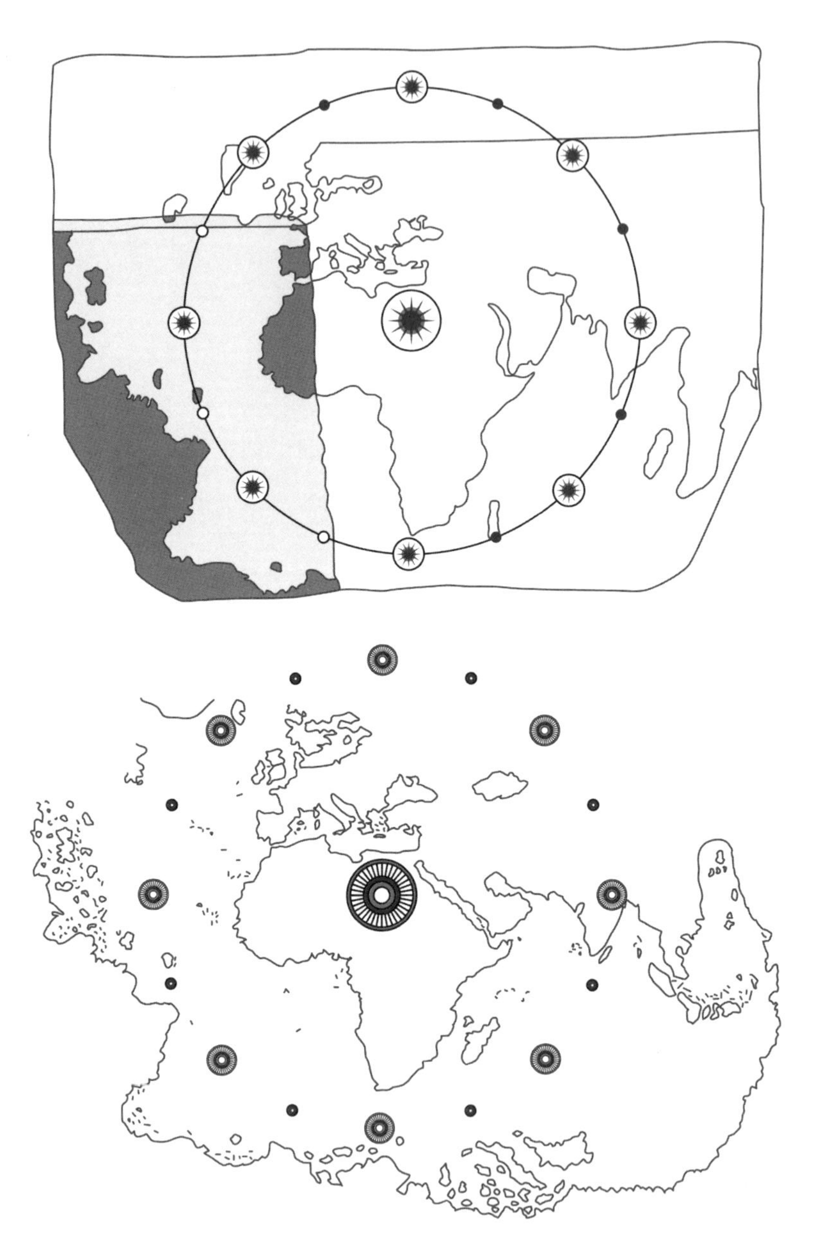

▲ 도판34 피리 레이스 지도와 칸티노 지도를 겹친 그림(위)과 프란시스코 로드리게스 지도(아래). 두 지도 모두 중심이 이집트 땅에 있음에 주목하라.

중심점은 북회귀선이 사하라사막과 만나는 지점이라는 잠정적인 결론에 도달했다.[190]

미국의 지도 연구가 그레고리 매킨토시는 《1513년 피리 레이스 지도The Piri Reis Map of 1513》에서 앞의 두 사람과 조금 다른 견해를 피력한다. 그에 따르면 피리 레이스 지도는 칸티노 지도보다 10년쯤 후인 1511~1513년 제작한 프란시스코 로드리게스 지도Francisco Rodrigues Chart(도판34 아래)와 잘 부합한다는 것이다.[191] 그런데 1500년대 초에 발간한 대부분의 세계 지도는 칸티노 지도를 거의 베끼다시피 했고 거기에 약간만 수정한 정도였다.[192] 프란시스코 로드리게스 지도 역시 이 수준에서 크게 벗어나지 못했으므로[193] 결국 그는 피리 레이스 지도가 칸티노 지도와 깊이 연관되어 있다는 앞의 주장을 지지하는 셈이다.

지도학자들이 이구동성으로 이런 가정을 하는 데는 그럴 만한 충분한 이유가 있다. 피리 레이스 지도보다 4년 정도 후인 1517년 포르투갈에서 제작한 아틀라스 밀러 세계 지도World Map of the Atlas Miller가 피리 레이스 지도와 칸티노 지도를 합쳐놓은 것과 비슷한 모습이기 때문이다.[194] 이 지도에서 남아메리카 하단을 남쪽 땅과 연결한 표현이 피리 레이스 지도와 동일한 개념이라고 지적하는 그레고리 매킨토시는 이것이 피리 레이스가 포르투갈 지도를 베꼈음을 의미한다고 주장한다.[195] 실제로 피리 레이스 지도의 남미 북동부와 아프리카 서안 부분은 아틀라스 밀러 세계 지도와 유사하다.

그러나 자세히 살펴보면 두 지도에서 남미의 하단부는 어느 정

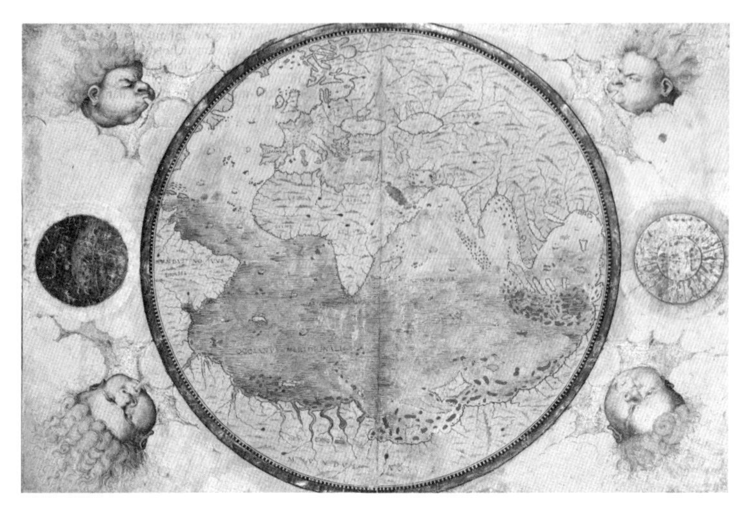

▲ 도판35 밀러의 세계 지도.

도 유사하지만 상당히 다른 부분도 있다. 분명 아틀라스 밀러 세계 지도에는 모든 대양은 대륙에 둘러싸여 있다는 프톨레마이오스식 철학이 깊이 배어 있으나 피리 레이스 지도는 보다 사실적인 묘사가 두드러진다. 결국 어느 한쪽에서 일방적으로 베꼈다고 보기는 어렵다.

출처 추적

칸티노 지도와 피리 레이스 지도가 원래 하나의 지도였다고 가정하면, 칸티노 지도의 아프리카 해안선 부분이 어디에서 나왔는지 그 출처의 단서를 찾을 수 있다. 피리 레이스가 지도의 한 귀퉁이에 자신의 편집 내용을 밝혀놓았기 때문이다. 그는 지도를 제작하면서 지역 지도와 세계 지도를 참조했다고 기록했다. 구체적으로 그는 참조한 지역 지도로 인도를 그린 한 장의 아랍 지도, 가장 최근에 파키스탄·인도·중국을 그린 네 장의 포르투갈 지도,[196] 서쪽 세계를 그린 한 장의 콜럼버스 지도를 언급하고 있다. 나아가 자신이 참고한 세계 지도는 모두 여덟 장이라고 기록해놨다.

결국 아프리카는 마지막에 말한 여덟 장의 세계 지도에 포함되었다는 얘기인데, 문제는 그가 그 지도들이 포르투갈과 무관하다고 선언했다는 점이다. 이는 칸티노 지도의 아프리카 전체 해안선은 디아스, 다가마, 카브랄의 항해 때 파악해서 그려 넣었을 것이라는 관련 전문가들의 주장을 무색하게 만든다.

그러면 매킨토시가 주장하듯 피리 레이스가 포르투갈의 세계 지도를 베꼈을 가능성은 정말 없는 것일까? 이 지도를 만들던 시기의 터키는 포르투갈과 인도양 패권을 놓고 힘겨루기를 하고 있었다.[197] 이에 따라 항해의 가장 중요한 자산인 지도에 서로 비밀주의를 고수했다. 지도 제작자 간에 사이좋게 자신의 지도 내용을 알려주는 식의 교류 관계는 없었다. 특히 피리 레이스는 자신이 만든 지도 사본을 지도 거래상에게 넘겨 많은 돈을 벌 수도 있었는데 그런 시도를 하지 않은 것으로 보아 오스만터키제국에 대단한 충성심이 있었던 듯하다.[198] 피리 레이스는 자신이 제작한 세계 지도의 공신력을 높이기 위해 한 귀퉁이에 그 출처를 자세히 밝혔다. 이 관련 기술 내용은 매우 중요하다.

만일 피리 레이스가 당시 포르투갈의 세계 지도를 참고했다면 그가 굳이 이 사실을 숨길 이유는 없었다. 오히려 그 내용은 더욱 자세히 챙겨 기록했을 것이다. 강한 정보력으로 적국의 기밀을 빼왔음을 자랑하기 위해서라도 말이다. 한데 피리 레이스는 포르투갈에서 입수한 인도, 중국(동남아시아)을 그린 네 장의 지역 지도만 참고했다고 기록하면서 참고한 세계 지도에 관해서는 포르투갈과 무관함을 밝히고 있다. 따라서 이 부분은 아틀라스 밀러 세계 지도 제작자들이 피리 레이스와 거의 같거나 관련이 있는 지도 거래상을 통해 원지도를 공급받았을 것이라고 가정하는 게 훨씬 합리적이다.

피리 레이스 지도의 남극

피리 레이스 지도와 칸티노 지도의 경우 여러 가지 세계 지도를 참고해 편집한 것이라는 점을 인정하면, 이들 지도를 부분적으로 서로 다른 특정 도법으로 그렸을 것이라는 사실을 받아들일 수 있다. 원래 다른 도법으로 그린 지도들을 후세에 인위적으로 편집했을 수 있기 때문이다. 그러면 피리 레이스 지도에서 남미의 북동부 해안선과 아프리카 북서부 해안선이 특정 도법으로 그린 현대 지도와 일치하는 점을 설명할 수 있다. 이제 피리 레이스의 다른 부분을 어떤 도법으로 그렸는지 확인해볼 필요가 있다. 문제의 남미 하단 부분은 도대체 어떤 도법으로 그린 것일까?

일반인이 컴퓨터를 사용하기 어려웠던 시절 중세와 근대 지도를 연구한 햅굿은 오랜 시간을 투자해 수작업으로 지도를 어떤 도법으로 그렸는지 유추하는 방법을 사용했다. 지금은 컴퓨터 시뮬

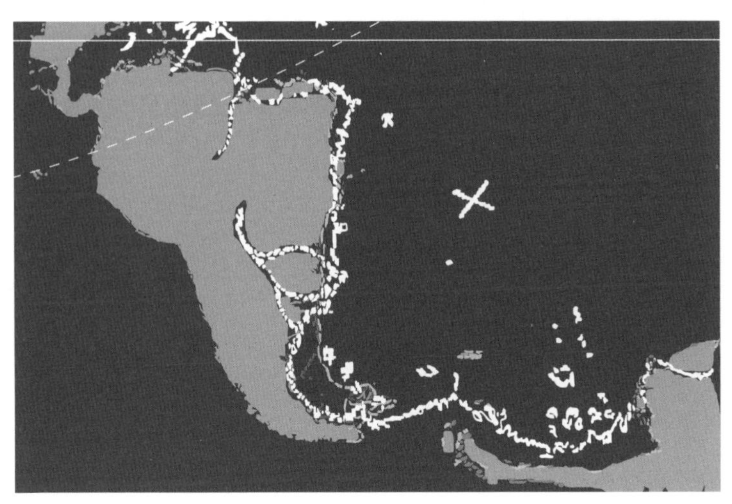

▲ **도판36 피리 레이스 지도의 남미 부분을 사축원통정거도법으로 작도한 지도와 비교한 것.** By courtesy of Robert Bywater and Jean-Pierre Lacroix(http://ancientcartography.net/Portulan-Projections.pdf).

레이션을 이용해 여러 가지 도법으로 그린 세계 지도를 중세 지도와 직접 겹쳐 확인함으로써 그것이 어떤 도법으로 그린 것인지 쉽게 판정할 수 있다. 실제로 장 피에르 라크루아와 로버트 바이워터는 이런 작업을 시행했다. 그들은 이 방법으로 피리 레이스 지도의 남미 대륙 하단부를 사축원통정거도법으로 그렸다는 결론에 도달했다. 이는 매우 놀라운 사실이다. 정축원통정거도법은 기원전부터 인류에게 알려진 지도 제작법이지만, 사축원통정거도법은 컴퓨터가 등장한 이후인 20세기에 지도학자 존 스나이더가 창안한 것이기 때문이다.[199] 도판36은 그들이 사축원통정거도법으로 그린 남미 대륙 하단부 지도를 피리 레이스 지도와 겹쳐서 비교한 것이다.

칸티노 지도의 아프리카

라크루아와 바이워터는 베니스 지도를 어떤 투영도법으로 그렸는지도 조사했다. 그 결과 이 지도 역시 사축원통정거도법으로 그렸다는 결론에 도달했다. 이 도법으로 그린 현대 지도와 베니스 지도는 대부분 경·위도가 1～2도 이내에서 일치한다. 물론 하단의 일부는 좀 벗어나 있다. 더 나아가 칸티노 지도의 아프리카 대륙에 초점을 맞춰 확인해본 그들은 이 부분도 사축원통정거도법을 적용했다는 결론에 도달했다.

도판38은 이 도법으로 그린 현대 지도와 칸티노 지도의 아프리카 대륙 부분을 대조해본 것이다. 헤일이 지적한 것처럼 위도가 2도 이내로 일치하는 것은 물론 경도도 2도 이내로 일치한다.

이론상 원통정거도법에서는 굳이 경도를 알 필요가 없다. 기준인 자오선에 수직이 되는 기선 길이만 측정하면 되기 때문이다. 그러나 실제로는 경도를 알지 못한 채 원통정거도법을 적용하기가 쉽지 않다. 기준인 자오선이 오직 하나라서 그렇다. 자오선에 수직인 기선 길이를 재는 것은 측정 지점이 멀리 떨어져 있지 않을 때는 어렵지 않다. 반면 칸티노 지도의 아프리카 대륙처럼 그 거리가 수백에서 수천 킬로미터에 이를 때는 사실상 불가능한 작업이다. 이 경우 현실적인 것은 먼저 해안선에서 가까운 자오선을 택해 거기부터 측정 지점까지의 수직인 기선 길이를 재는 것이다. 그다음 거기에 기준 자오선과 그 특정 자오선과의 경도차에서 얻은 거리를 보태 실제 측정 지점이 기준 자오선에서 떨어진 거리를 계산한다. 그러므로 원통정거도법에서도 경도를 정확히 측정하는

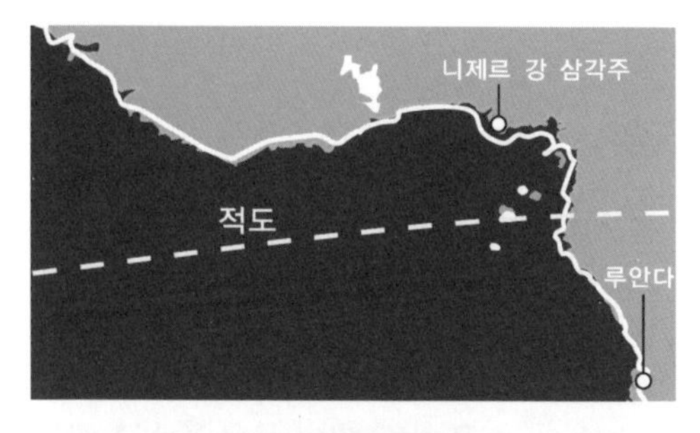

▲ 도판37 베니스 지도를 사축원통정거도법으로 작도한 지도와 비교한 것. By courtesy of Robert Bywater and Jean-Pierre Lacroix(http://ancientcartography.net/Portulan-Projections.pdf).

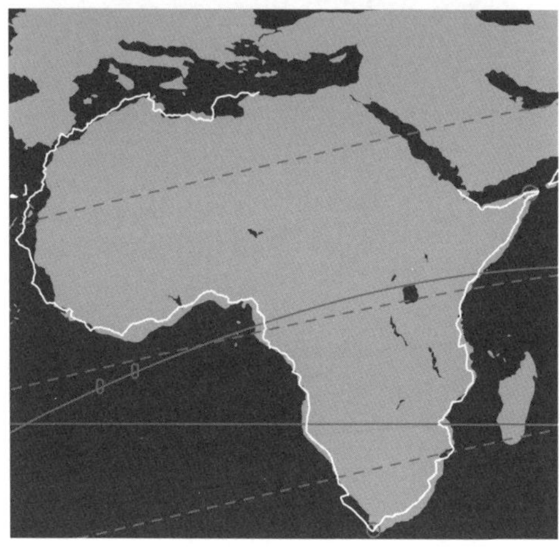

▲ 도판38 칸티노 지도의 아프리카 부분을 사축원통정거도법으로 작도한 지도와 비교한 것. By courtesy of Robert Bywater and Jean-Pierre Lacroix(http://ancientcartography.net/Portulan-Projections.pdf).

것은 필수다.

오지 도시아키는 칸티노 지도에 묘사된 아프리카 대륙은 "현재의 아프리카 지도에 익숙한 사람에게 동서 폭이 약간 넓다는 인상을 준다"라고 지적한다. 그리고 그 이유는 당시 포르투갈의 측량 기술로는 경도를 측정하기 어려웠기 때문이라고 말한다.[200] 그 무렵 포르투갈의 경도 측정 기술은 '폭을 약간 넓게' 측량할 수준이 아니라 거기에 한참 미치지 못하는 수준이었다. 사실 오지 도시아키의 표현은 정확한 게 아니다. 칸티노 지도의 아프리카 대륙은 우리에게 익숙한 모습보다 위쪽의 동서 폭이 넓고 아래쪽의 동서 폭이 좁다. 왜냐하면 우리에게 익숙한 세계 지도에는 메르카토르 도법Mercator Projection을 적용하는데 이것이 정축원통정각도법이기 때문이다. 이 경우 실제보다 적도에서 멀어질수록 동서 폭이 넓게 보인다. 이런 까닭에 북위 24도를 기준으로 사축원통정거도법을 적용해 그린 듯한 칸티노 지도의 아프리카 대륙 부분이 우리에게 익숙한 모습보다 윗부분의 동서 폭이 넓고 아랫부분의 동서 폭이 좁아 보이는 것이다.

라크루아와 바이워터는 자신들의 컴퓨터 시뮬레이션 결과가 놀라울 정도로 정확히 일치한다는 점을 강조한다. 이와 함께 이러한 지도는 경위도 개념을 정확히 인지한 초고대의 어떤 문명이 작도했고 그 먼 옛날의 작도법을 오늘날 재발명한 것이라고 주장한다. 그들은 칸티노 지도의 아프리카 대륙은 북위 24도 북회귀선의 어느 지점을 축으로 작도했음을 확인하면서 바스쿠 다가마의 탐험으로 이 지도가 만들어졌다는 것은 말도 안 된다고 지적한다.[201]

알렉산드로스 시대의 세계 지도

앞서 피리 레이스가 여덟 장의 세계 지도를 참고했음을 기록해두었다고 했다. 이는 사실상 피리 레이스 지도의 주요 골격을 이들 지도가 결정했음을 의미한다. 이 여덟 장의 세계 지도는 누가 그렸을까? 놀랍게도 피리 레이스는 자신이 참조한 세계 지도 여덟 장은 알렉산드로스 시절에 제작한 것이라고 명기하고 있다![202] 이게 사실이라면 고대 그리스 시대에 고지도들을 입수한 뒤 사본을 만들어 은밀히 판매한 미지의 지도 거래상이 존재했으며, 그 사본들을 포르투갈이 구매하고 나중에 터키도 구매했다는 얘기가 된다. 이런 시나리오만 포르투갈에서 칸티노 지도를 비밀리에 제작하고 나중에 터키에서도 포르투갈과 무관하게 칸티노 지도를 대부분 반영한 것으로 추정되는 피리 레이스 지도를 만들었다고 설명할 수 있다.

1장에서 밝혔듯 알렉산드리아는 고대 그리스의 알렉산드로스가 이집트를 정복한 뒤 건설한 도시다. 이는 피리 레이스 지도와 칸티노 지도를 합성한 지도의 중심이 대략 알렉산드리아를 지나는 자오선과 북회귀선이 만나는 지점에 놓인 이유를 설명해준다. 재구성한 지도는 8방위법으로 편집하긴 했지만(아틀라스 밀러의 세계 지도 주변 둘레에서 입으로 바람을 부는 이들의 방향을 살펴보라) 만일 알렉산드로스 시절의 지도를 참고했다면 원래의 지도들은 분명 12방위법에 기반해 작도했을 것이다.

한편 콜럼버스의 지도는 중앙아메리카와 카리브해 일대를 나타낸 것이 분명하므로[203] 피리 레이스의 설명대로라면, 그 지도의 남미 부분 전체 골격도 여덟 장의 세계 지도를 기반한 셈이다.[204] 이 경우 남미 북동부와 그 하단 부분에 상이한 도법을 적용한 이유를 설명할 수 있다. 고대 그리스의 지도 편집자는 서로 다른 도법으로 작성한 세계 지도들을 보유했고, 도법에 문외한이던 피리 레이스가 이것을 편집하는 과정에서 아무 생각 없이 짜깁기한 것이 아닐까?

그런데 자신이 지도 편집에 사용한 원도들이 알렉산드로스 시대에 존재했다는 피리 레이스의 주장을 시대착오적이라고 보는 몇몇 지도역사학자는 뭔가 오류가 있다고 주장한다. 그들은 고대 세계에는 두 명의 유명한 프톨레마이오스가 있는데 피리 레이스가 이들을 혼동했다고 말한다. 2세기경 알렉산드리아에서 활동한 그레코-로만 시대의 지도학자 클라우디우스 프톨레마이오스Claudius Ptolemaeos가 제작한 세계 지도 여덟 장을 입수한 피리 레이스가 그를 알렉산드로스의 참모였다가 기원전 4세기경 이집트 땅에 헬레니즘 왕조를 세우고 알렉산드리아를 수도로 정한 프톨레마이오스 1세로 오인하고 이 지도들을 알렉산드로스 시절에 제작했다고 기록했다는 것이다.[205] 그럴듯한 가설이긴 하지만 이 주장에는 치명적인 약점이 있다.

피리 레이스의 주장대로라면 그의 지도는 여덟 장의 세계 지도를 골간으로 아랍인이나 포르투갈인 그리고 콜럼버스와 관련된 지역 지도를 덧붙인 셈이다. 결국 피리 레이스 지도의 남미와 아프리카 대륙 전체 부분은 여덟 장의 세계 지도를 편집해서 얻었다는 결론에 도달한다. 한데 오늘날 전해오는 지도 제작자 프톨레마이오스의 세계 지도에는 남미 부분 정보가 없을 뿐더러 아프리카 대륙을 조잡하게 표현하고 있다. 즉, 피리 레이스나 칸티노 지도에서 감지할 수 있는 시대착오적 분위기는 전혀 느껴지지 않는다. 이처럼 조금만 생각해봐도 지도 제작자 프톨레마이오스가 피리 레이스가 말한 여덟 장의 세계 지도와 무관하다는 결론이 저절로 내려진다.

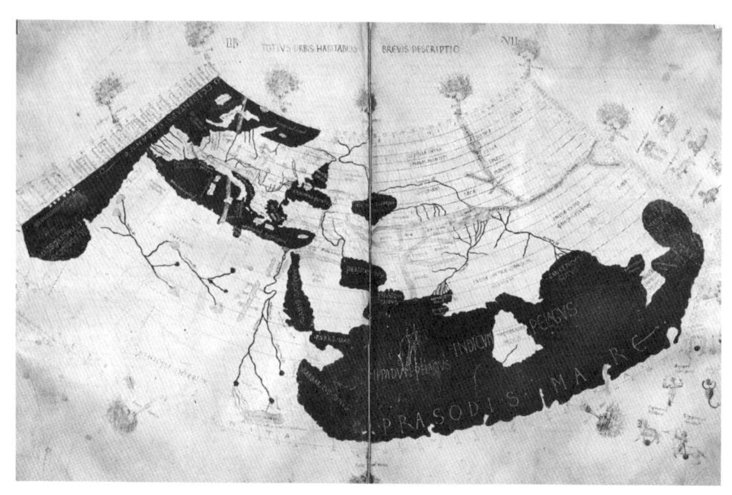

▲ 도판39 기원후 2세기 프톨레마이오스의 세계 지도.

이집트에서 약탈한 세계 지도

정말로 알렉산드로스 시대의 그리스인이 이런 지도를 그렸을까? 알렉산드로스의 스승 아리스토텔레스는 지구가 공처럼 생겼다는 사실과 그 둘레 길이에 관해 상당한 지식을 갖추고 있었다. 그러나 그가 지도에 어느 정도 관심이 있었는지는 알려진 바가 없다. 아리스토텔레스보다 1세기 정도 전에 살았던 헤로도토스는 아프리카가 3면이 바다에 둘러싸인 대륙이란 사실은 알았지만 그 자세한 모습은 알지 못했다. 무엇보다 그에게는 지도를 제작할 때 필요한 경위도 개념이 없었다.[206] 경위도 개념은 기원전 2세기경에 살았던 알렉산드리아 도서관 관장 에라토스테네스가 최초로 도입했다. 그러면 그는 이들 지도를 알고 있었을까? 에라토스테네스가 사용한 세계 지도는 조잡하기 짝이 없었다. 그나마 그는 프톨레마

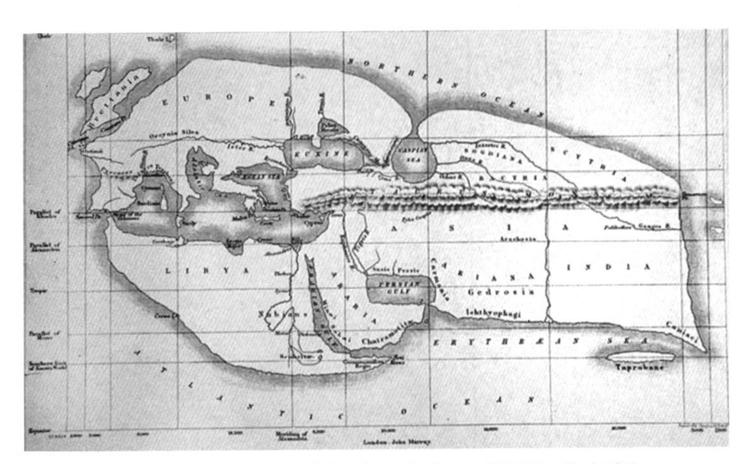

▲ 도판40 기원전 2세기 에라토스테네스가 그린 것으로 추정되는 세계 지도.

이오스와 달리 아프리카가 3면이 바다로 둘러싸인 대륙이라는 사실은 알고 있었다.[207]

결론적으로 말하자면 어느 시대를 불문하고 고대 그리스의 지리학자는 누구도 피리 레이스와 칸티노 지도 수준의 경위도 지식을 갖추지 못했다. 피리 레이스가 언급한 고지도들이 고대 그리스 지도 제작자의 작품이 아니라면, 혹시 알렉산드로스가 이집트를 정복했을 때 그 땅에서 입수한 것은 아닐까?

나폴레옹의 이집트 원정대에 따라가 기자 피라미드군의 치수를 정밀 측정한 조마르는 이집트의 여러 도로 길이도 측정했다. 그 결과 헤로도토스, 디오도로스, 스트라보 같은 고대 그리스의 학자가 이집트인에게 전해 들은 스타디온 값으로 계산할 때 기존에 알려진 거리가 매우 정확하다는 사실을 발견했다. 이로부터 조마르는 이집트인이 오래전에 측정한 게 아니라면 어떻게 고대 그리스

학자들이 그 거리를 정확히 알고 있었겠느냐고 반문한다. 특히 이들 학자가 알고 있던 거리는 구불구불한 도로 길이가 아니라 직선 길이임을 강조하며 이는 고대 이집트인이 지도 제작이나 삼각 측량이 가능했음을 의미한다고 지적한다. 마지막으로 그는 고대 이집트에 지세도地勢圖가 존재했을 것이라고 결론지었다.[208]

한 나라가 다른 나라를 점령할 때는 그 나라에서 제일 가치 있는 것을 차지하기 위해 각 분야별 전문가를 대동한다. 나폴레옹 시절에도 그랬고 알렉산드로스도 당연히 그런 시도를 했을 것이다. 특히 저명한 고대 그리스 학자들은 대개 알렉산드로스 시절 이전부터 그곳에서 다년간 유학 생활을 하며 놀라운 과학기술을 직간접으로 접하였기에 이를 얻으려는 욕망이 넘치고 있었다.

1장에서 알렉산드로스의 스승 아리스토텔레스가 그의 사후 프톨레마이오스 왕조에 지시해 알렉산드리아 도서관에 많은 자료를 모으게 했다는 사실을 소개한 바 있다. 분명 그는 알렉산드로스가 이집트 땅을 정복했을 때 어디에서 무엇을 가져와야 하는지 정확히 알고 그런 자료를 요구했을 것이다. 실제로 알렉산드로스 군대는 이집트 땅 곳곳에 있는 신전과 도서관에서 많은 서적을 복사 또는 약탈해갔다.[209] 이런 경로로 세계 지도들이 고대 그리스로 유입되었을 확률이 높다. 이처럼 경·위도가 정확한 지도들이 이집트 땅에서 유출되었을 것이란 의혹은 상당히 합리적이다. 지금은 잊힌 초고대 문명이 이집트 땅에 존재해 천문지리학과 기하학을 발전시켰을 것이라던 계몽 시대 프랑스 학자들의 주장이 옳은 것 같다.

그렇다면 이런 초고대 문명의 존재를 확인해볼 방법이 있을까?

오늘날 우리가 이집트 땅에서 이 사실을 밝혀줄 증거를 발견하리라고 기대하기는 어렵다. 물론 이와 관련해 실낱같은 단서가 하나 있긴 하다. 그것은 바로 기자 대피라미드다. 나는 고대 이집트에서 지구 크기를 정밀히 측정한 증거가 거기에 있다고 믿는다.

10장

고대 이집트 문명의 절정기는 언제였을까

PYRAMID CODE

고대 이집트 연대기

도판41 연표는 주류 학계에서 정리한 고대 이집트 역사다. 이 연표가 보여주듯 고대 이집트 역사는 크게 두 시대로 나뉜다. 연표의 앞부분을 차지하는 선왕조 시대는 '왕조 시대 이전의 시기'라는 뜻이다. 즉, 국가로서 본격적인 체제를 갖추지 않아 미성숙 단계라는 뉘앙스가 풍기는 표현이다. 무엇보다 이 시기 기록이 거의 남아 있지 않아 '선사 시대'로 본다. 그러나 주류 학계는 훗날 등장하는 고대 이집트 문명의 기본적인 요소가 이때부터 조금씩 나타나기 시작했다고 설명한다.[210]

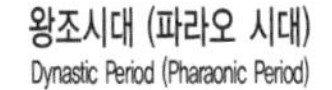

선왕조시대 Predynastic Period	초기왕조 Early Dynastic	고왕국 Old Kingdom	I	중왕국 Middle Kingdom	II	신왕국 New Kingdom	III	말기시대 Late Period	프톨레미 Ptolemy	로마 Rome
7000–6000 BC	3100 BC	2686 BC	2181 BC	2065 BC	1650 BC	1550 BC	1069 BC	664 BC	332 BC	30 BC

476 AD

▲ **도판41** 고대 이집트의 연대기. I, II, III으로 표기된 시기는 중간기를 나타낸다.

주류 학계에서는 선왕조 시대를 뒤이은 왕조 시대를 '고대 이집트 문명' 시대라고 부른다. 명칭 그대로 이 시기에는 이집트 땅에 고대국가가 형성되고 그 국가의 최고 통치자로 파라오가 군림한다. 이때 본격적으로 문자를 사용하기 시작하면서 다양한 종류의 기록을 남겼기에 진정한 문명 시작으로 보는 것이다.

3000년에 이르는 왕조 시대는 다시 초기왕조 시대, 고왕국·중왕국·신왕국으로 나뉘는 세 왕국 시대, 그 사이에 있는 세 번의 중간기 그리고 말기 시대와 프톨레마이오스 시대로 구분한다. 이 중 '왕국'이라고 불리는 시기는 이집트가 통일 왕국을 이루고 있던 때다. 반면 이들 왕국 시대 사이에 끼어 있는 세 번의 중간기는 통일 왕국 해체로 이집트 각 지역에서 여러 정권이 서로 경쟁하던 시기다.

통일과 균열을 반복하면서도 어느 정도 그 정체성을 유지하던 고대 이집트 문명은 신왕국 26왕조의 마지막 부흥 조짐 이후 급격히 쇠퇴해 그리스와 로마의 통치를 받는다.

선왕조기

왕조 시대에 들어서기 수천 년 전부터 아스완 근처의 '나일 제1폭포'에서 나일 삼각주에 이르는 1000여 킬로미터의 이집트 땅에는 이집트인의 생활 터전이 있었다. 이집트학 학자들은 고대 이집트 신화와 고고학적 발굴 결과를 바탕으로 선왕조 시대에 이집트 땅의 나일강 상류 쪽(상이집트)과 하류 쪽(하이집트)에 각각 다른 문화가 존재했다고 본다.

이들에 따르면 기원전 5000년경 초기 선왕조 시대가 열리면서 하이집트에 마아디 문화Maadi Culture가 처음 등장했다고 한다. 이를 바다리안기Badarian Period라 부른다. 기원전 3900년경 들어 상이집트에 위치한 나카다 지역을 중심으로 복잡한 형태의 문화가 등장하는데, 고고학자들에 따라 그 시기가 조금씩 다르지만 이를 대략 다음과 같이 3기로 나눈다.

- 나카다 1기: 기원전 4000년 이전 ~ 기원전 3500년경
- 나카다 2기: 기원전 3500년경 ~ 기원전 3300년경
- 나카다 3기: 기원전 3300년경 ~ 기원전 3100년경

나카다 3기가 끝나갈 무렵 나카다 문화는 인근의 히에라콘폴리스와 아비도스까지 확산되었다고 한다.[211]

나카다 문화에 나타나는 복잡성 증대가 이집트 문명의 기원이 되었다는 사실에는 대부분의 학자가 동의하지만, 그 문명이 어떤 동기로 발아했는지는 학자 간에 논의가 분분했다. 비교적 짧은 시기 동안 갑자기 등장한 체계적인 문화 때문에 왕조를 만든 종족이 외부에서 이집트 땅으로 진입했다는 이론이 한때 주목을 받았다. 오늘날 주류 학계의 견해는 이집트가 메소포타미아와 근동의 다른 지역에서 문화를 수입하면서부터 문명이 시작되었다는 것이다.[212]

고대 이집트에서 선왕조 말기 시대인 기원전 3200년경을 문명의 시작점으로 보는 학자가 많은데, 이는 그 시기 이집트 땅에 초

기 상형문자가 나타났다고 보기 때문이다.

초기 왕조 시대

기원전 3100년경부터 기원전 2700년경까지의 1, 2왕조기를 초기 왕조 시대 또는 상고 시대라고 부른다. 고대 이집트 기록에 따르면 최초로 통일 왕국을 건설한 이는 메네스다. 그는 카이로 인근에 위치한 멤피스에 통일 이집트의 수도를 건설했다고 한다. 그 고고학적 증거는 존재하지 않는다. 이집트의 주류 학자들은 왕조 시대가 대략 기원전 3200년경 상이집트의 부족장이던 스콜피온 킹Scorpion King(전갈왕)이 하이집트를 복속시키고, 그의 후계자 나르메르가 그 과업을 완수함으로써 통일 이집트 왕국의 첫 번째 왕 메네스가 되었다고 본다. 또 다른 학자들은 전갈왕과 나르메르가 동일인으로 최초로 통일을 이룬 이는 '메네스-나르메르-전갈왕'이라고 말한다. 심지어 이들의 뒤를 이은 아하Aha를 사실상 완전한 통일을 이룬 첫 번째 왕 메네스로 꼽는 이들도 있다.[213]

역사학자들은 선왕조 시대에 메소포타미아 등 외부 문명의 영향을 받아 그들 나름대로 모습을 갖춘 고대 이집트 문명이 상고 시대 들어 정부 조직, 행정 체계, 예술, 토목건축 기술, 종교, 문자, 역법 등 각 분야에서 고유의 문명 체계를 갖추게 되었다고 주장한다.

고왕국 시대

고왕국 시대는 기원전 2700년경에서 기원전 2200년경까지의 3~6왕조에 해당한다. 3왕조의 2대 파라오 조세르는 멤피스를 통일 이집트의 수도로 확고하게 다진 인물로 알려져 있다. 또한 그는 역사상 최초로 피라미드를 건설한 파라오로 기록되어 있다. 1, 2왕조 때는 마스타바식 무덤 양식이 유행했으나 조세르 시대의 건축가 임호테프Imhotep가 사카라에 마스타바를 기반으로 '계단식 피라미드' 건축을 발명했다고 한다.

그러나 주류 학설에 따르면 피라미드 역사의 진정한 주인공은 4왕조에 나타난다. 초대 파라오 스네프루가 먼저 시작한 초거대 피라미드 건축은 그의 후계자 쿠푸 시대에 절정에 달해 카이로 인근 기자고원에 가장 크고 완벽해 오늘날 대피라미드라 불리는 피라미드를 건설했다고 한다. 인근에 쿠푸의 후계자 카프레가 세웠다는 피라미드는 정밀도가 조금 떨어지며, 카프레의 후계자로 알려진 멘카우레의 피라미드는 앞의 두 피라미드보다 규모도 작고 정밀도도 더 떨어진다.[214]

그 후 헬리오폴리스의 제사장 아들 우세르카프가 세운 5왕조에서는 태양신 숭배가 절정에 이르러 군주들이 태양신의 아들임을 자처했고 태양신을 위한 신전을 건축했다. 피라미드 건축은 5, 6왕조기에 걸쳐 이어졌으나 규모와 완성도 면에서 4왕조에 훨씬 미치지 못했다. 실제로 4왕조 때 건축한 피라미드들은 대부분 현재까지 남아 있는데 반해 5, 6왕조 때의 피라미드는 모두 붕괴되었다. 한데 4왕조 때의 피라미드 안에서는 아무런 문자도 발견되지 않은 반면 5, 6왕조기의 피라미드 내부에서는 다수의 상형문자가 발견되었다.

5왕조부터 흔들리기 시작한 군주의 절대 권력은 6왕조 때 완전히 약화되었고, 이후 이집트인은 내전으로 점철된 7~10왕조기를 거쳐 제1중간기를 겪는다.

중왕국 시대

기원전 2200년경부터 기원전 1700년경까지의 11, 12왕조를 중왕국 시대라고 부른다. 11왕조는 테베의 왕자 멘투호테프 2세가 그동안 분열되어 있던 상·하이집트를 재통일하면서 시작된다. 멘투호테프 2세와 그의 후계자 멘투호테프 3세는 해외 원정으로 이집트 땅을 크게 확장한 것으로 알려져 있다. 그리고 상이집트 총독으로 그 원정 사업의 책임자였던 재상 아메넴헤트가 12왕조를 연다. 아메넴헤트는 테베 출신이었으나 멤피스 남쪽에 새로 건설한 도시 이치타위Itjtawy('두 땅을 쥔'이라는 뜻으로 상이집트와 하이집트 중심에 있다)로 천도하고, 그의 아들 세누스레트 1세와 함께 이집트 주요 지점에 요새를 구축했다고 한다. 그들의 후계자인 세누스레트 3세와 아메넴헤트 3세는 이집트 왕국의 평화와 안정을 다진 것으로 평가받는다.

12왕조 초기부터 이집트 땅에 외국의 문화, 사상과 함께 아시아인이 밀려들어 왔다. 그들은 점차 입지와 세력을 강화해 12왕조 말부터 통치 권력을 분점하기 시작했고 결국 16, 17왕조기에 이들이 이집트를 지배했다. 역사학자는 이들을 힉소스Hyksos(이민족 통치자)라고 부른다. 아시아인이 지배하면서 이집트 땅에 아시아풍의 음악 양식, 청동 세공술, 도자기 제조, 직조술 등이 전해지고 새로운 품종의 동물과 곡식도 도입되었다. 13왕조 때부터 힉소스 지배가 끝날 때까지의 이 혼돈기를 제2중간기라고 부른다.

신왕국 시대

기원전 1500년경부터 기원전 1000년경까지의 18~25왕조를 신왕국 시대라고 부른다. 18왕조는 이민족 힉소스의 지배에서 벗어나 옛 영토를 회복해가는 중흥기에 해당한다. 테베의 왕가 출신 아흐모세가 힉소스의 세력을 소탕하고 상·하이집트를 재통일하였으며 이집트의 옛 영토를 회복했다. 그리고 그의 아들이자 후계자인 아멘호테프 1세는 이집트 국경을 남쪽의 제3폭포까지 확대했다.

투트모세 3세 때는 여러 차례의 원정 전쟁에서 승리해 아시아 지역을 편입했고 '나일의 제4폭포'에서 시리아에 이르는 대제국을 건설했다. 이러한 이집트 부흥은 아멘호테프 3세 시대에 절정에 달했다. 그의 아들 아멘호테프 4세는 그동안의 아문 신 신앙 대신 아텐 신 신앙을 도입해 자신의 이름을 아케나텐으로 개명했다. 또한 그는 수도를 중부 이집트의 알아마르나로 옮기고 신도시 아케타텐Akhet-aten(아텐의 빛나는 땅)을 건설했다. 9세에 왕위를 계승한 아케나텐의 아들은 즉위 3년째가 되던 해에 도읍을 옮겼고 다시 아문 신 신앙을 회복해 이름을 투탕카멘으로 바꿨다. 그 뒤 왕권은 아이Ay, 호르엠헤브를 거쳐 재상이자 장군이던 람세스 가문으로 넘어갔다.

19왕조는 람세스 1세부터 시작한다. 그의 뒤를 이은 세티 1세는 히타이트 왕국을 견제하고 리비아인의 침략을 막아냈다. 3대 파라오 람세스 2세는 60년 넘게 통치하면서 히타이트족과의 오랜 적대 관계를 청산했다. 그의 뒤를 이은 람세스 3세는 구약성경에 나오는 유대 민족 이집트 대탈출 사건의 모티브가 된 시대의 파라오였을 것으로 추정되고 있다.[215]

20왕조는 비교적 평화를 누렸으나 21~25왕조에 접어들면서 왕권이 몰락하고 사제들이 정치를 농락했으며 외세 침략까지 받았다. 제3중간기라 불리는 이 혼돈기에는 기원전 8세기경 리비아와 누비아가 하이집트와 상이집트를 각각 분점하다 결국 이집트 전역이 에티오피아 통치를 받았고 기원전 7세기에는 아시리아 통치로 넘어갔다.

헬레니즘 시대에서 로마제국 시대로

기원전 664년부터 기원전 332년까지의 26~31왕조를 말기 시대라고 부른다. 그야말로 사그라지던 이집트 문명이 마지막 불꽃을 피운 시기다. 아시리아가 페르시아에 멸망하자 이 틈을 노려 이집트를 되찾고 26왕조를 세운 프사메티코스 1세는 이집트를 다시 강력한 통일 상태로 회복했다. 이 왕조기에는 강한 복고 바람이 일어나 건축, 예술, 복식 등에서 그 시기로부터 2000년 전 고왕국

시대로의 복원이 일어났다.[216]

이 왕조는 기원전 525년 페르시아의 침략을 받아 멸망했다. 이집트를 정복한 페르시아의 왕 캄비세스는 고대 이집트 종교 전통에 맞춰 파라오로 즉위했고 이민족이 왕이 된 27왕조가 시작되었다. 이 왕조는 그의 후계자들로 이어졌고 다리우스 2세를 마지막으로 기원전 404년까지 지속되었다. 그 후 28~30왕조는 그리스의 도움을 받은 이집트인이 어렵사리 페르시아의 지배에서 벗어나 구축한 왕조로 기원전 343년까지 이어지다가 다시 페르시아의 지배를 받았다. 기원전 343년부터 기원전 335년까지의 페르시아 통치기를 31왕조로 부른다.

기원전 332년 고대 그리스의 알렉산드로스가 이집트 땅을 정복했고 이후 그의 부관이던 프톨레마이오스가 프톨레마이오스 왕조를 열었다. 그리고 기원전 30년 프톨레마이오스 왕조가 무너진 뒤 이집트 땅은 로마제국이 지배했다.

후보1—기원전 15세기 신왕국 시대

미국 일리노이주립대학교의 인류학과 교수 더글러스 브루어는 고대 이집트 신왕국 시대가 정치적으로 안정적이고 크게 번성했으며 예술, 건축, 문학에서 중요한 성취를 이뤄 종종 "고대 이집트의 황금기"라 불린다고 말한다.[217] 또 위키백과에는 "고대 이집트 문명은 나일강 하류에서 번성한 문명으로 최전성기인 기원전 15세기에는 나일강 삼각주에서 게벨 바르칼까지 세력을 뻗쳤다"라고 되어 있다. 정말로 고대 이집트 문명의 최전성기가 기원전 15세기인 것이 맞는가?

위키백과는 다른 곳에서 이 부분을 다시 "신왕국은 이집트가 가장 번성한 시기였고 그 세력이 절정을 이루었다"라고 강조한다. 기원전 15세기경은 우리에게 익숙한 파라오 투트모스 1·2·3세나 세티 1세, 람세스 1·2세 시대로 영토를 최대한 확장했다는 측면에서는 분명 인정할 부분이 있다. 그렇다고 과연 그 시기가 최전성기였을까? 고대 이집트 왕국은 초기에 상당히 폐쇄적인 체제를 유지했다. 엄청난 토목건축을 해낼 만큼 충분한 경제력과 노동력, 행정력이 있었음에도 영토 확장에 관심이 없었던 것이다. 따라서 영토 확장에만 초점을 맞춰 최전성기를 결정하는 것은 문제가 있다.

후보2-기원전 20세기 중왕국 시대

독일 뮌헨대학교 이집트학 교수를 역임한 디트리히 빌둥은 고대 이집트인이 중왕국을 그들의 황금기나 고전기로 인식했다고 주장한다.[218] 옥스퍼드대학교 이집트학과 박사 과정에 있는 곽민수도 기원전 20세기경의 중왕국 시대는 고대 이집트 문화가 크게 융성한 시기로 문학과 예술 등 문화 전반에 걸쳐 많은 규범과 전통을 만든 이 시대를 "이집트 문명의 고전기"로 칭할 수 있다고 말한다.[219]

실제로 중왕국 12왕조 세누스레트 1세 때는 국토 전역에 걸쳐 금광과 채석장을 개발하고, 알렉산드리아에서 아스완까지 수십 곳에 건설 유적이 남아 있는 등 아메넴헤트 1세 때와 함께 이집트

문학과 건축 문화가 최절정에 달한 시기라는 평가가 있는데 이는 상당히 왜곡된 것으로 보인다. 에바 암브로스가 쓴 이집트 여행 안내서에는 중왕국이 고대 이집트 문화의 새로운 황금기라는 표현이 등장한다.[220] 이는 그 이전에 황금기가 존재했다는 얘기다.

그 황금기는 언제일까? 우리가 흔히 피라미드 시대라고 일컫는 고왕국 3, 4왕조 시대다. 중왕국 11왕조 시대에 이른바 제1중간기를 극복하고 왕국을 재건하는 한편, 12왕조에 접어들면서 활발한 문화 부흥이 있었던 것은 사실이다. 그래서 황금기라 불리기도 하지만 그 규모나 기술 수준이 피라미드 시대와는 비교가 되지 않는다.

후보3-기원전 26세기 고왕국 시대

관련 학자들은 대부분 고왕국 4왕조를 고대 이집트 왕국의 최고 전성기로 본다. 고대 이집트 초기 왕조기인 1, 2왕조 때 왕국 발전의 기반을 닦아 3, 4왕조기에 절정을 이루고 5, 6왕조기에 쇠퇴했다는 것이다.[221]

예를 들어 미국의 과학 저술가 해리 서스턴은 초기 왕조기에 상·하이집트의 두 체제가 완전히 결합되지 않아 혼란기가 이어지다가 기원전 2700년경 고왕국 3왕조 때 완벽한 체제 정비가 이루어졌다고 말한다. 이 시기가 이른바 '피라미드 시대'의 시작으로 이것이 4왕조까지 지속되면서 이집트 역사의 황금시대를 구가했다고 그는 지적한다. 문자 체계나 석공예 조각 등의 예술, 피라미드와 신전 건축에서 이 시기에 최고조를 이뤘다는 것이다.[222]

이처럼 주류 학계는 3왕조 조세르 왕 때부터 피라미드 건설을 시작해 4왕조 쿠푸 왕의 대피라미드 같은 거대 피라미드를 건설하면서 고대 이집트 문명이 최절정기를 맞이했다고 본다. 물론 일부 인문사회학자는 이 시대를 문학이나 예술 측면에서 그리 높게 평가하지 않는다. 피라미드 내부나 다른 곳에 문자로 표현한 것이 전무하다시피하기 때문이다. 오히려 고왕국 시대에는 "5왕조 때 문화적으로 가장 높은 수준에 도달했다"라고 주장하는 이들도 있다. 이때부터 피라미드 내부에서 문자를 볼 수 있다는 이유에서다.[223]

앞으로 살펴보겠지만 4왕조 때 문자가 없었던 게 아니라 본래 신전에 문자 기록을 남기지 않는 것이 이 초기 문명인들의 철학이었던 것이 확실하다. 공학자의 관점에서 기자 대피라미드를 건설하던 시기가 모든 영역에서 최고 절정기였을 가능성이 크다. 다만 그 증거가 없을 뿐이다.[224] 그렇다면 정말로 4왕조 시대가 고대 이집트 문명의 최고 절정기였을까?

11장

고대 이집트 문명의 미스터리

PYRAMID CODE

처음부터 완벽했던 이집트 문명

문명 저술가 알베르토 카르피체치는 "고대 이집트 문명은 마치 시작부터 성숙했던 것 같다"라고 표현한 바 있다.[225] 그 이전의 발달 과정 없이 완성 상태에서 등장한 것처럼 보인다는 얘기다. 스위치를 눌러 전구를 켜듯 고대 이집트 문명이 갑자기 등장했다고 표현하는 이들도 있다. 이런 이유로 20세기 초반의 고고학자들은 기원전 3500년경 문명이 충분히 발달한 다른 곳의 왕조 종족이 이집트 땅에 들어와 고대 이집트 왕국을 건설했다는 식의 주장을 했다.[226] 그러나 어렴풋하게나마 이집트 땅의 문명 발아 단계를 짐작하게 하는 고고학적 증거들이 나오고 있다. 고고학자 토비 윌킨슨은 이들 증거 덕분에 이집트 땅의 왕국 형성 과정을 상당히 오래전까지 추적 가능하다고 주장한다.[227] 문제는 고대 이집트 초기의 여러 유물이 그 성취 정도를 쉽사리 헤아리기 어려울 만큼 놀라운 수준을 보인다는 데 있다.

어떤 문명의 흥망성쇠를 발전기, 극성기, 정체기, 쇠퇴기의 4단계 도식으로 보는 것은 자연스럽고 이해하기도 쉽다. 그런데 고대 이집트 문명에 이 도식을 무리하게 대입하는 것은 상당히 부자연스럽다. 문명 초창기로 체제 정비 단계에 있어야 할 1, 2왕조기 이전 시대 유적에서 너무 완벽하고 심지어 성숙한 유물들이 쏟아져 나오기 때문이다. 문자 사용, 수 체계 성립, 직조 기술 발달과 의복 제작, 외과술을 중심으로 한 의학 발달, 해양용 선박 제작, 고도로 정밀한 광학 렌즈 사용, 강철보다 단단한 화성암 가공술 발달 등이 그 대표적인 예다.

선왕조 시대의 초기 문자

일부에서는 문자 발명 시점이 문명의 시작이라는 견해를 보인다. 그만큼 어느 민족의 문자 사용 시기는 문명의 출발점을 가늠하는 데 중요한 척도다. 20세기 초 고대 이집트의 문자 체계를 처음 분석한 영국 옥스퍼드대학교의 이집트학 교수이자 금석학자인 프랜시스 그리피스Francis L. Griffith는 1왕조부터 문자 체계가 잘 발달해 있고 심지어 신관문자神官文字라는 필기체까지 있었음을 알고 심히 당혹스러워했다. 이는 초기 이집트 연구의 대가로 영국 런던대학교 이집트학 교수를 역임한 월터 에머리도 마찬가지였다. 이집트 문자는 1왕조 시작부터 완성 상태였을 뿐 아니라 오래된 느낌까지 주었던 것이다.[228]

불과 얼마 전까지만 해도 고대 메소포타미아에서 먼저 문자를 발명하고 그 영향을 받아 이집트에서도 문자를 발명했다는 식의 주장이 관련 주류 학계 입장이었다.[229] 최근에는 오히려 이집트가 다소 앞섰다거나 두 곳에서 거의 동시에 문자를 발명했다는 주장이 대세다.[230] 독일 고고학자 귄터 드레이어 등이 아비도스 고분군에 속하는 U-j 고분 발굴에서 기원전 3300년경 고대 이집트에 문자가 존재했음을 확인했기 때문이다.[231]

과연 이 시기는 고대 이집트가 문자를 최초로 발명한 때일까? 당시 사용하던 문자를 보면 초창기라는 느낌보다 축약한 표기법을 사용하는 등 이미 실생활에서 안정적으로 쓰고 있었다는 느낌을 준다.[232] 그리피스와 에머리가 느꼈듯 고대 이집트 문자는 왕조 출범 즈음에 만들어진 것이 아니라 그보다 훨씬 오래되었음이 명백해 보인다.

완벽한 숫자와 연산 체계

오늘날에는 동서양 모두 셈을 할 때 십진법 체계를 사용한다. 현대에 보편적인 십진법을 세계 최초로 사용한 문명은 고대 이집트로 기원전 3000년 이전부터 사용했다는 증거가 있다.[233] 그 좋은 예가 '나르메르 메이스헤드Narmer Macehead'라는 유물에 나타나 있다. 이 유물은 고대 이집트 1왕조, 그러니까 기원전 3100년경 출범한 고고학적 통치자로 유력하게 꼽히는 나르메르와 관련이 있다. 여기에는 사람과 동물의 숫자가 나오는데 12만 명의 남자, 40만 마리의 소, 142만 2000마리의 염소라는 식의 표현이 있다. 초기부

▲ 도판42 나르메르 메이스헤드.

▲ 도판43 나르메르 메이스헤드에 표기된 숫자. 오른쪽 위는 염소를 나타내는 상형문자이고, 그 아래 십만을 나타내는 상형문자가 네 개, 그 아래 만을 나타내는 상형문자가 두 개 보인다. 왼쪽 위는 백만을 나타내는 상형문자이며, 그 아래 천을 나타내는 상형문자 두 개가 놓여 있다.

터 100만이라는 숫자를 만들어 사용한 것이다.[234] 도판44는 고대 이집트의 수 체계로 당시 천만(10^7)이라는 숫자까지 표기법이 알려져 있었음을 알 수 있다.[235]

이처럼 고대 이집트 수학의 셈법은 초기에 이미 완전히 발전한 상태였고 이 체계가 후대에 더 발달했다는 징후는 없다.[236] 이처럼 처음부터 완벽한 셈법 체계를 갖추었지만 많은 수학사학자가 고대 이집트 수 체계에 0의 개념이 빠져 있는 게 결정적인 흠이라고 지적해왔다. 물론 모든 수학사학자가 그렇게 생각하는 것은 아니다. 최근 고대 이집트 수 체계에 0의 개념이 존재한다는 주장이 제기되었다.[237]

그들은 이런 수 체계를 언제부터 사용했을까? 앞에서 귄터 드레이어가 U-j 고분에서 가장 오래된 고대 이집트 상형문자를 발견했다고 했는데 그중에 숫자가 섞여 있었다. 이는 문자와 마찬가지로 선왕조 대에 이미 숫자도 만들어 썼다는 증거다.[238] 비슷한 시기의 나카다 유적지에서도 1, 10, 100 등의 숫자가 적혀 있는 물표가 나오면서 당시 실생활에 숫자를 사용했음을 보여주고 있다.[239] 이처럼 이른 시기에 숫자를 사용했다는 증거가 나오자 여전히 고대 이집트 상형문자가 메소포타미아 지역의 영향을 받았다고 주장하는 학자들 중에서도 숫자만큼은 고대 이집트에서 독립적으로 발전했다는 입장을 밝히는 이들이 있다.[240]

단순한 셈법이 아니라 사칙연산을 비롯해 방정식 등 본격적인 수학을 다룬 전형적인 고대 이집트 문서로는 기원전 1650년경 작성한 아메스 파피루스Ahmes Papyrus를 꼽을 수 있다. 이 문서는 기원전 2000년경까지 거슬러 올라가 중왕국 시대 문서를 필사한 것으로 되어 있다. 한데 그 내용을 살펴보면 이보다 더 오래전인 고왕국 3왕조 시대 이전에 작성한 원본이 존재했을 가능성이 대두된다.[241] 주류 학계 주장을 있는 그대로 수용해도 고대 이집트 수학

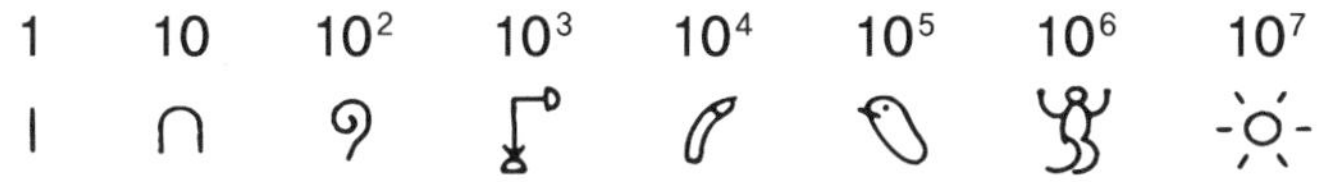

1 10 10^2 10^3 10^4 10^5 10^6 10^7

▲ 도판44 고대 이집트 수 체계의 상형문자.

▲ 도판45 상형문자로 표기된 57과 신관문자로 표시된 57. 왼쪽이 7, 오른쪽이 50.

이 3왕조 때 상당히 수준이 높았던 게 확실하다. 만일 그런 수학적 기초가 없었다면 피라미드 시대가 출범할 수 없었을 것이기 때문이다.

그들은 초기 왕국 시대부터 자유자재로 사칙연산을 했다. 기본적으로 숫자는 도판44와 같이 십진 체계로 표기했다. 그리고 덧셈과 뺄셈에서 십진법을 사용했다. 상형문자로 표기한 숫자를 보면 저런 체계로 어떻게 셈을 빨리 할 수 있을까 싶은 독자도 있을 것이다. 그러나 실제로 셈할 때는 필기체인 신관문자를 사용했기 때문에 전혀 문제가 없었다.[242]

이처럼 고대 이집트는 십진법 사용의 원조지만 곱셈과 나눗셈은 이진법을 사용했다. 예를 들어 $225\times17=(2^0+2^5+2^6+2^7)\times17=17+544+1088+2176=3825$ 하는 식으로 곱을 얻었다. 또한 $696\div29=(2^3\times29+2^4\times29)\div29=2^3+2^4=24$과 같은 방식으로 그 몫을 구했다.[243] 왜 이들이 유독 곱셈과 나눗셈에 이진법을 사용했는지는 아직도 의문이다. 이 체계에 익숙하지 않은 이들은 고대 이집트인이 미개해서 난해한 체계를 도입했다고 치부할지도 모른다. 그러면 현대 컴퓨터에 이진법을 사용하는 것도 미개해서라고 말해야 할까? 비록 그들의 체계가 오늘날 우리가 사용하는 방식과 달라 낯설게 보이긴 하지만 그 나름대로 합리적이고 편리한 측면이 있고 그 자체로 완결성을 보인다.[244] 컴퓨터 없이 이런 계산을 해내는 것은 현대적인 기계를 사용하지 않고 피라미드를 건설하는 것과 같다고 평가하는 이도 있다.[245] 이 연산은 나중에 고대 그리스와 비잔틴 시대에도 사용했는데 고대 이집트의 체계와 비교

할 때 기호법이나 계산 방법상 바뀐 것이 하나도 없을 만큼 처음부터 완벽했다.[246]

고도의 직조술

2016년 영국 런던대학교는 세계에서 가장 오래된 직조 의류Woven Garment를 공개했다. 1913년 플린더스 페트리는 카이로에서 남쪽으로 50킬로미터 떨어진 고대 무덤 타르칸에서 1왕조 무덤을 발굴하며 많은 직물이 쌓여 있는 것을 발견했다. 페트리는 다른 발굴품과 함께 이 직물 뭉치를 수거했지만 이것은 런던대학교의 '페트리 이집트 고고학 박물관' 창고에 오랫동안 방치되었다. 직물에 대한 조예가 깊지 않았던 페트리의 무관심 때문이었다. 그로부터 60년이 지난 1977년 이 직물 뭉치는 보존을 위해 '빅토리아 앤 앨버트 박물관'으로 옮겨졌고, 분류 과정에서 옷으로 만든 게 존재한다는 사실이 드러났다.[247]

1980년 그 직물 뭉치 중 하나에서 채취한 샘플을 방사성 탄소 동위 원소법으로 직조 연대를 판명했는데 기원전 3000년경으로 나왔다. 사실 당시 연대 결정법에는 다소 문제가 있었다. 2015년 문제의 직조 의류에 최신 연대 결정법을 적용해 분석한 결과, 기원전 3500년에서 기원전 3100년 사이에 만들어졌다는 판정이 나왔다. 이 옷은 걸치거나 감싸는 용도가 아니라 신체에 맞춰 천 세 조각을 재단해 소매와 상체 부분이 주름지게 한 것으로 오늘날과 거의 동일한 형태의 의복이다. 세상에서 가장 오래되었다는 옷이 말이다![248]

1왕조 고분에서 나왔으니 1왕조 때 만든 옷일 수 있으나 방사성 탄소 연대 측정법이 가리키는 시기는 선왕조 때로 보인다. 어쨌든 지금까지 보존된 것 중 가장 오래된 옷은 고대 이집트 왕조 성립 즈음부터 존재했다. 그 옷은 상당히 현대적인 감각을 보여주는데 그렇다면 당시 직조 기술은 어땠을까?

20세기 중반 월터 에머리 교수가 이끄는 발굴팀이 고대 이집트 1, 2왕조의 사카라 고분군에서 오늘날 섬유 공장에서 짜내는 것보다 훨씬 더 우수하고 미세한 아마제 직물 천을 발굴했다. 에머리 교수는 고대 이집트의 직조 기술에 관해 다음과 같이 언급하고 있다.

> 아마포 제조 기술이 고왕국 1왕조 초기부터 고도로 발달해 있었다. 아비도스, 사카라, 타르칸에서 수집한 표본을 조사한 전문가들에 따르면 직물에서 날실 간격의 불규칙성이 전혀 보이지 않는 것으로 보아 당시 기술자는 오늘날 알려진 온갖 평직Plain Weaving법을 모두 구현했을 것이라고 한다. 더욱이 당시 직조한 아마포 섬유 중에는 오늘날의 최고급품보다 더 가는 아마로 만든 것들도 종종 보인다.[249]

놀라운 사실은 이후 그 어느 시대에도 이보다 더 탁월한 품질의 섬유가 발견되지 않았다는 것이다.

해양 항해용 거대 선박

2006년 〈내셔널 지오그래픽〉에 '세계에서 가장 오래된 해양 선박들이 이집트에서 발견되었다'는 제목의 기사가 실렸다. 홍해 인근의 인공 동굴에서 중왕국 시대인 기원전 2000년경 만든 것으로 추정되는 널빤지와 줄 그리고 물건을 담는 용기를 발견했다는 내용이었다. 엄밀히 말하면 완벽한 형체의 선박들이 아니라 선박의 주요 구성품을 발견한 것이었다.

이들 구성품을 조사한 결과 배가 조립식이었고 운항이 끝나면 분해해 떨어져 나간 부분을 고치거나 교체했다는 사실이 드러났다. 본래 배는 접착제나 못, 보강제 등을 사용하지 않고 장부맞춤Mortise and Tenon으로 접합하게 되어 있었는데 나중에 구리로 만든 잠김 장치를 추가로 설치했다.[250]

그런데 어떤 근거로 이들 유물이 해양 항해용 선박의 잔해라는 것일까? 조사를 맡은 미국 플로리다주립대학교 인류학과 교수 셰릴 와드Cheryl Ward는 널빤지에 박혀 있는 배벌레류Shipworms가 그 증거라고 말한다. 배벌레류는 곤충이 아니라 해양 연체동물로 오랫동안 바다를 항해하는 배의 바닥을 뚫고 들어가 사는 바람에 선박에 피해를 준다. 와드 교수는 이런 동물들이 박혀 있는 것을 증거로 적어도 수개월 간 바다를 항해한 선박의 잔해라고 결론지었다.[251] 그러면 그 이전에 해양을 항해한 선박에 대한 증거는 없는 것일까?

1954년 기자 대피라미드 남쪽 인근 지하에서 1000여 조각으로 해체해 보관한 배를 발견했다. 이 배는 나무판자 조각을 서로 맞

▲ 도판46 발굴 당시 '태양선'의 잔해.

추고 줄로 꿰어 묶어서 사용하도록 장부맞춤식으로 만들어져 있었다. '쿠푸 왕의 배'로 불리는 이 선박은 13년간의 복원 작업으로 완벽하게 재구성되어 현재 대피라미드 옆의 박물관에 전시되어 있다.[252]

'태양선'이라고도 불리는 이 선박은 죽은 쿠푸 왕이 오시리스가 되어 배를 타고 태양을 따라 서쪽 지평선을 향해 항해하도록 종교 의례적 목적으로 제작했다는 것이 대다수 주류 학자의 의견이다. 반면 일부 고대 선박 전문가와 실험 고고학자는 쿠푸 왕 생전에 이 선박을 나일강에서 실용적인 목적으로 사용했을 가능성을 제기한다. 그만큼 제대로 만든 배라는 얘기다. 그렇지만 이 배로 바다를 항해했을 가능성에는 부정적이다.[253]

이러한 생각은 편견일 수 있다. 이 배는 길이가 44미터에 이른다. 콜럼버스가 아메리카 대륙으로 건너갈 때 탄 산타마리아호보다 두 배나 더 크다. 대양 항해까지는 아니어도 나일강 하구 연안이나 홍해를 항해했을 수 있다. 실제로 홍해에 접한 와디 엘-자르프에서 쿠푸 왕 시절에 건설한 것으로 보이는 항구를 발견했는데, 이는 당시 해양용 선박을 운항했음을 증명한다.[254] 장부맞춤 배는 후대에 지중해 연안 여러 곳에서 만들었다. 말하자면 '쿠푸 왕의 배'는 원형을 그대로 갖춘 가장 오래된 조립식 배인 셈이다.[255]

고대 이집트의 목선 건조 역사는 왕조 초기 시대까지 거슬러 올라간다. 뉴욕대학교와 예일대학교 그리고 펜실베이니아대학교의 전문가들로 구성된 공동 발굴단은 1991년 나일강에서 15킬로미터 떨어진 아비도스사막에서 기원전 3000년 전후에 건조했을 것으로 추정되는 길이 27~29미터의 배 열네 척을 발견했다. 상당 부분 훼손되어 온전한 원형을 알아보기는 힘들지만 조사 결과 이 배들도 장부맞춤 기법으로 만들었다는 것이 드러났다. 밑면은 가장자리를 서로 맞춘 나무판으로 되어 있고 그 단면은 곡선이 아니라 각진 형태로 사실상 쿠푸 왕의 배와 동일한 제작 방식을 적용한 것이다.[256]

주류 학계는 이들 유물도 죽은 파라오가 사후 세계에서 이용하도록 묻은 것이라고 판정했다. 하지만 선박 관련 전문가들은 30명의 노잡이를 동원해 이 배들을 실제로 강에서 운항했을 것으로 보

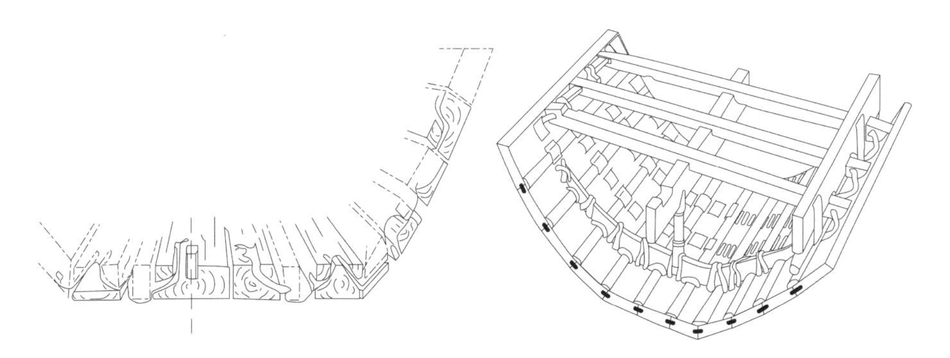

▲ **도판47 장부맞춤 기법으로 제작한 배의 밑면. 왼쪽은 1왕조 시대에 제작된 것이고 오른쪽은 4왕조 시대에 제작된 것이다.**

고 있다. 단순히 종교 의식을 위한 용도가 아니라는 얘기다. 이와 관련해 발굴 작업을 주도한 뉴욕대학교의 데이비드 오코너 교수는 이렇게 말했다.

> 고대 이집트는 강을 끼고 발전한 문명이다. 그렇지만 이 같은 배를 발견하기 전까지 4왕조의 전설적인 파라오 쿠푸 왕 이전의 이집트 배에 관해 알려진 바가 거의 없었다. 이 배들은 엄청나게 오랫동안 지속된 문명의 초창기를 좀 더 잘 이해할 기회를 제공한다. 더구나 지금 발굴되는 유물은 우리가 추정한 가설이 옳았음을 입증해준다. 이 배 무덤들은 죽은 파라오가 사후 세계에서 제대로 사용하도록 진짜 온전한 배를 갖추고 있다. 이 배들은 그 의미와 기능에서 쿠푸 왕의 기자 대피라미드 옆에서 발굴한 목선보다 300년 앞서 만든 '선배'인 셈이다.[257]

이처럼 오코너 교수는 고대 이집트 목선의 실용성을 인정하지만 그것을 바다에서 사용했을 가능성에는 부정적이다. 그러면 '쿠푸 왕의 배'를 쿠푸 왕의 장례 목적으로 제작했다는 주장은 사실일까? 탄소 동위 원소법으로 그 제작 연대를 확인했는데 놀랍게도 기원전 3400년이 나왔다.[258] 이 부분을 놓고 주류 학계는 고대 이집트인이 배를 새로 건조할 때 오래전 배의 부속품을 재활용했다고 해석한다.[259] 쿠푸 왕의 배가 몇백 년 전 선박 제작에 쓰인 목재를 재사용했는지, 아니면 사실상 이 배도 그만큼 오래전에 만든 것인지 확인하려면 쿠푸 왕의 배를 구성하는 목판을 여러 곳에서 표본 추출해 조사해봐야 하는데 현실적으로 이 작업은 불가능하다. 어쨌든 재활용한 것이 사실이라 해도 한 가지는 분명하다. 선박 제작 기술이 왕조 초기 이후 4왕조에 이르기까지 별로 크게 발전한 것이 없다는 점 말이다.

얼마나 오래전부터 고대 이집트 땅에서 수십 미터 길이의 거대한 배를 건조한 것일까? 1908년 이집트 정부의 고고 발굴 조사관으로 근무한 영국인 이집트학 학자 아서 웨이걸Arthur Weigall은 에드푸에서 홍해 쪽으로 탐사하다가 바위에 새겨진 암각화를 발견했다. 이 암각화는 1936년 독일의 고고학자 한스 빙클러Hans A. Winkler가 본격 탐사했다. 이 고고학적 조사로 홍해와 나일강 사이의 이집트 남동쪽 사막에 있는 많은 암각화에 높은 고물과 이물을 갖춘 대형 선박 그림이 그려져 있는 것을 발견했다. 그 중에는 70명 이상의 노잡이가 탄 80미터가 넘는 것도 있었다.[260] 이 그림은 기원전 4500년에서 기원전 3500년 사이에 그린 것으로 추정되고 있다.[261]

빙클러는 이것을 홍해 바다를 건너온 이들이 사막을 가로질러 나일강 쪽으로 이동한 증거로 보았다. 왕조 시대에 묘사한 벽화들 중 이런 종류의 배를 묘사한 것이 없었기에 당시 많은 학자가 이

▲ **도판48** 빙클러가 발굴한 이집트 암각화. 70명 이상의 노잡이가 탄 배가 묘사되어 있다.

를 왕조 종족 또는 메소포타미아인의 침략과 결부했고, 아직도 그렇게 주장하는 이들이 있다.[262] 그러나 오늘날 주류 학계에서는 이를 근거 없는 것으로 보고 있다.

이 배들의 정체는 무엇일까? 영국의 이집트학 학자 토비 윌킨슨은 이 배는 모두 신화 속의 신들이 서쪽의 저승을 향해 항해하는데 사용하는 태양선으로 순전히 상상의 작품이라고 말한다.[263] 그렇지만 고고학자들이 종교 의례용으로 추정하는 후대에 제작한 배들이 대양 항해가 가능할 정도로 상당히 실용적인 구조와 기능을 갖춘 것으로 보아 이를 순전히 상상의 산물로 보긴 어렵다. 암각화에 묘사된 배들을 유형별로 크게 분류하면 도판49와 같다.

이 배들도 아비도스나 기자에서 발견한 것과 마찬가지로 목재로 만들었을까? 그럴지도 모르지만 그 형상은 파피루스 갈대배임에 틀림없다. 사실 쿠푸 왕의 배는 파피루스 갈대배의 형상을 목재로 모사한 배다. 그들이 암각화에 묘사한 배들이 진짜 파피루스 배인지 아니면 이를 모사한 배인지는 알 수 없다.[264] 어느 경우든 초기 발견자들이 믿었듯 이 배들은 바다 항해용일 가능성이 매우 높다. 노르웨이의 탐험가 토르 헤위에르달은 고대 이집트 암각화에 묘사된 배를 토대로 갈대배를 만들어 대서양과 태평양을 항해

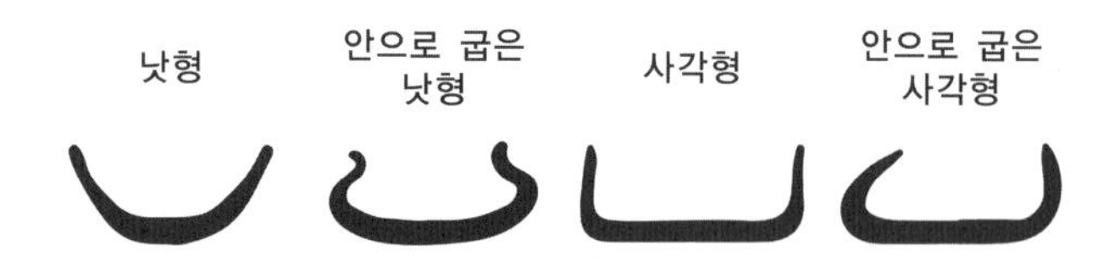

▲ 도판49 암각화에 묘사된 배들의 유형.

함으로써 높은 고물과 이물이 바다의 거센 파고에도 쉽게 균형을 잃지 않고 복원력을 유지하게 해주는 중요한 요소임을 입증했다.[265]

후기로 갈수록 퇴보한 의학

2009년 기원전 2000년경 고대 이집트에서 백내장 수술을 했다는 주장이 나오면서 이 문제를 두고 관련 학계에서 논쟁이 있었다. 현재 이 문제는 좀 더 명확한 증거가 필요하다는 선에서 봉합된 듯하다.[266] 고대 이집트 의학에 관한 가장 오래된 자료로 기원전 1600년경 기록인 '에드윈 스미스 외과 수술 파피루스Edwin Smith Surgical Papyrus'가 있다. 이 문서는 기원전 2500년 이전인 3왕조 때의 원본을 필사한 것으로 드러났다.

이것은 48건의 외과 사례를 기록하고 있는데 미신적 원인과 주술적 치료법을 철저히 배격하고 환자 상태의 관찰에 따른 합리적 처치를 언급하고 있다. 예를 들면 심장박동을 측정하고 신체 곳곳에 나타나는 증상을 확인하라는 식으로 맥박과 혈액 순환의 중요성을 제대로 인식하고 있다.[267] 이 때문에 오늘날 이집트학 관련 학자들은 조직화된 의료 체계의 출발 시점을 고왕국 3왕조 때로 보고 있다. 그러나 2세기경에 활동한 고대 그리스 철학자 알렉산드리아의 클레멘스Clemens는 현재 전해지지는 않지만 그가 참고한 42권의 이집트 의학 비밀 서적을 근거로 고대 이집트 왕국을 건립한 메네스의 아들 아토티스Athothis가 해부학을 집대성했다고 기록한 바 있다.[268] 물론 관련 주류 학자들은 이 기록을 믿지 않는다.

▲ 도판50 고대 이집트의 '입을 여는 의식'을 묘사한 그림. 한 신관이 손에 오늘날 후두경을 닮은 기구를 들고 있다.

그렇지만 1왕조 시작 이전에 이미 고대 의학이 발달했을 가능성을 보여주는 단서가 있다.

5, 6왕조의 피라미드 내벽에 새겨진 피라미드 텍스트에는 고대 이집트 신화를 비롯해 그와 관련된 주술적 내용이 담겨 있다. 그런데 이 내용이 사실은 현대적인 의학 지식을 담고 있는 것 같다는 주장이 제기되었다. 비록 주술적 형태로 퇴화했으나 기원전 3000년경 이미 신경외과 수술이 존재했음을 보여준다는 것이다.[269] 또한 피라미드 텍스트에 자세히 기술한 '입을 여는 의식Opening of the Mouth Ceremony'이 오늘날 인공호흡이나 심폐소생술과 유사하다는 주장도 나왔다. 초기 왕조 때부터 존재한 이 의식은 신화 속에서 죽은 오시리스를 살려내는 장면을 의례화한 것인데, 전체 진행 상황은 물론 그 의식에서 입을 여는 용도로 사용한 도구가 오

늘날 소생술에 쓰이는 후두경喉頭鏡과 유사한 역할을 하는 것으로 보인다는 지적도 있다. 이에 따라 피라미드 시대에 도구를 사용한 소생술 지식이 있었을 가능성이 제기되었다. 5왕조 피라미드에 주술적 형태로 기록한 것들이 사실은 그 이전의 현실적인 의학 지식에서 나왔을 것이라는 주장이다.[270]

더 놀라운 사실은 고대 이집트에서 정자를 관찰할 정도의 현미경을 사용했을 가능성이 있다는 점이다. 도판51은 룩소르 신전 벽화에 그려진 발기신 아문-라다. 자세히 살펴보면 발기된 남근 앞에 꼬리달린 정자 형태가 보인다. 몰타대학교 의대교수 찰스 사보나-벤투라는 그것이 정말로 정자를 묘사한 것이라고 생각한다.

그 근거로 그는 20세기 초 이집트 카라니스에서 발굴된 기원전 3세기경의 수정 렌즈를 꼽는다. 약 1.5배 배율을 보여주는 이 렌즈는 고대 이집트에 확대경 지식이 있었음을 보여준다는 것이다. 겨우 1.5배의 확대경을 놓고 수백 배 이상의 배율인 현미경 존재를 가정하는 것은 지나친 비약이 아닐까? 사보나-벤투라 교수는 증거가 단지 그것뿐이 아니라고 지적한다. 그는 4왕조 시대 때 이미

▲ 도판51 룩소르 신전 벽화에 그려진 아문-라.

정교하게 연마한 수정 렌즈를 사용했으며, 그로부터 고대 이집트인이 미세한 구조를 관찰할 수 있는 고배율 확대경을 포함해 여러 광학적 기기를 틀림없이 제작했을 것이라고 주장하고 있다.[271] 잠시 후 고왕국 시대의 수정 렌즈를 보다 자세히 다루고 선왕조 시대 때부터 실제로 마이크로미터 수준의 패턴 인식이 가능한 고배율 확대경을 사용했다는 점도 밝힐 것이다.

지금까지 논의한 바를 살펴보면 고대 이집트 왕조 시대 이전부터 상당 수준의 의학이 존재했으나 이후 지속적으로 퇴보했음을 알 수 있다. 이미 고왕국 시대부터 의학적 내용보다 주술적 측면이 강해졌고 투탕카멘이나 클레오파트라 시대에는 크게 퇴보해 의학적 측면을 거의 찾아볼 수 없게 되었다.[272]

확대경을 사용한 증거

주류 학계에서 고왕국 4, 5왕조 때 제작한 것으로 추정하는 공예품 중 가장 놀라운 것은 수정 렌즈다. 이는 현재까지 알려진 가장 오래된 렌즈로 그것은 인물 조상彫像의 눈동자를 표현하는 용도로 쓰였다. 최상급 수정을 정밀하게 깎아 만든 이들 렌즈는 일종의 다중 초점 렌즈로 바라보는 사람이 어느 위치로 이동해도 조각상의 시선이 그를 따라가는 것 같은 효과를 연출한다. 현대 광학자들이 이를 면밀히 분석해 그 효과를 재현하려 했으나 고대 이집트 유물만큼 신통치 않았다.[273] 언제부터 고대 이집트에 이처럼 놀라운 수준의 광학 기술이 존재했던 것일까? 많은 문명 진화론자가 주장하듯 왕조 초기인 1, 2왕조 때부터 발전하기 시작해 4, 5왕조 때 극성기를 이룬 것일까? 문제는 그리 간단치 않다.[274]

이들 렌즈를 조사한 미국 버클리 소재 캘리포니아주립대학교 검안학부의 제이 에녹 교수는 그 정도로 정교하게 다듬고 복잡한 광학 설계를 한 렌즈가 과연 최초의 것이겠는가 하는 의문을 제기했다.[275] 그 시기보다 더 일찍 렌즈를 만들었을 것이란 얘기다. 그러나 지금까지 발굴된 고대 이집트 유물 중에 이들 렌즈보다 더 오래된 것은 없다. 그럼에도 불구하고 왕조 시대를 시작하기 훨씬 이전부터 실용적인 목적으로 렌즈를 사용한 것이 아니냐는 합리적 의심을 하게 만드는 증거가 존재한다.

▲ 도판52 기원전 3세기에 제작된 이집트의 수정 렌즈.

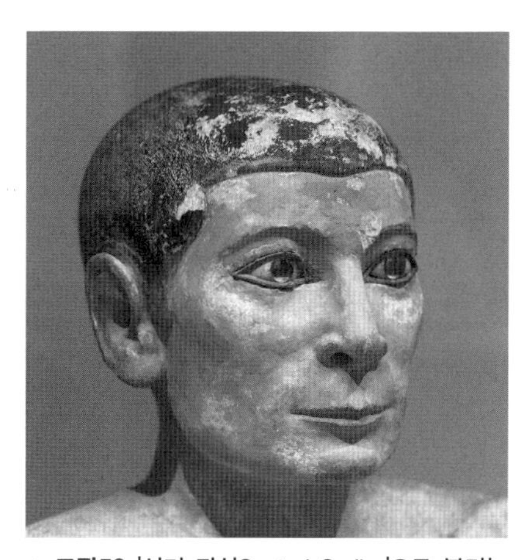

▲ 도판53 '서기 좌상Seated Scribe'으로 불리는 고대 이집트 조각상. 고왕조 4, 5왕조 시기, 기원전 2600~2350년 혹은 기원전 2620~2500년에 제작한 것으로 추정된다. 눈 부분에 현존하는 가장 오래된 렌즈가 들어 있다.

상이집트의 아비도스에 위치한 선왕조 시대의 한 공동묘지를 발굴하던 독일의 고고학자 귄터 드레이어는 기원전 3300년경 조

1 밀리미터

▲ **도판54** 귄터 드레이어가 1999년에 발견한 상아 칼의 손잡이에 새겨진 미세화. 1밀리미터 안에 수십 마이크로미터 선폭으로 그려졌다.

성한 한 무덤에서 상아로 만든 칼 손잡이를 발굴했다. 이 손잡이에는 미세한 홈이 파져 있었는데 확대경으로 확인해보니 1밀리미터 정도의 길이 안에 선폭이 수십 마이크로미터에 불과한 그림이 촘촘하게 새겨져 있었다. 이로써 영국의 고대문명 저술가 로버트 템플은 피라미드 시대보다 700여 년 앞선 선왕조 시대에 이미 보편적으로 렌즈를 사용했을 것으로 단정한다. 확대경 도움 없이 맨눈으로 확인이 불가능한 그림을 새기려면 당연히 확대경이 필요했을 것이란 게 그의 합리적 추론이다.[276]

고대 이집트의 전기

지금까지 고대 이집트 문명의 놀라운 수준에 관해 여러 저술물이 나왔고 그중에는 전기 사용을 다룬 것도 있다. 도판55는 몇몇 대체 역사가가 전기 사용의 증거로 제시하는 덴데라 신전 벽화의 한 장면이다.

▲ 도판55 덴데라 신전 벽화의 부분.

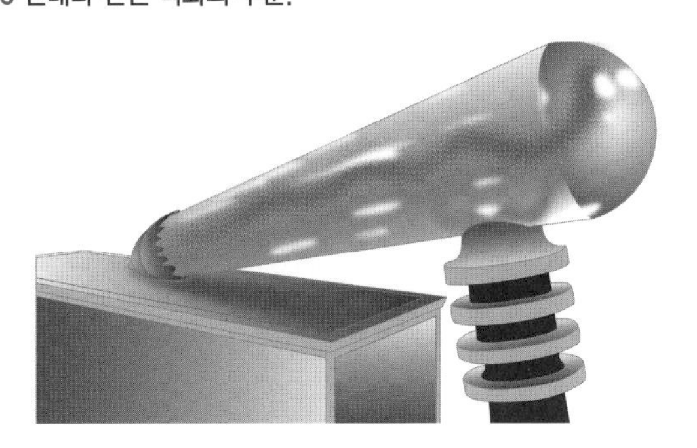

▲ 도판56 이 부분에 해당하는 실물을 추정한 그림.

그들은 이 장면을 고대 이집트 신관이 대형 전구를 들고 서 있는 모습으로 해석한다. 주류 학계는 이것을 고대 이집트 신화와 연관지으며 이집트의 무궁한 번영을 상징하는 제드 기둥Djed Pillar에 연꽃 봉오리가 얹혀 있고 필라멘트처럼 보이는 것은 생식과 번성을 나타내는 뱀이라고 한다.[277] 앞서 고대 이집트 신화로 인해 실제로 있었던 과학적 사실이 상징적으로 변질되었을 가능성을 검토해보았다. 이 장면도 그럴 가능성을 배제할 수 없지만 그렇다고 이를 두고 고대 이집트에서 정말로 전구를 사용했다고 주장하긴 어렵다. 물론 이처럼 다소 모호한 증거 이외에도 고대 이집트에서 전기를 사용했을 가능성을 지지해주는 보다 그럴듯한 증거가 존재한다는 주장이 제기되기도 했다.

고대 이집트에서 사용한 수정 렌즈는 과연 어떤 방법으로 제작한 것일까? 오늘날에는 렌즈를 가공할 때 먼저 회전 절삭기로 대체적인 둥근 원반 형태의 렌즈 모양을 만든 뒤 연마재를 사용해 표면을 갈아낸다. 고대 이집트에서도 같은 방법을 사용했을 것으로 추정할 수 있는데 문제는 그들이 어떤 종류의 연마재를 사용했느냐 하는 점이다. 러시아의 일부 학자는 고대 이집트에서 제작한 렌즈 수준의 초정밀 연마를 하려면 전기 분해로만 얻어지는 초미세 산화 세륨을 사용해야 한다고 주장한다.[278] 이 문제는 실험고고학에서 앞으로 좀 더 확인해봐야 한다. 고대에 전기를 사용했을 가능성은 이라크의 수도 바그다드 인근에서 기원 전후에 제작한 것으로 추정되는 전지를 발견했을 때 제기된 바 있다. 그 전지가 기원전 2500년경부터 존재했을 것이란 주장도 나왔다.[279]

1933년 미국 메트로폴리탄 박물관이 소장한 것으로 고대 이집트 5, 6왕조 때 제작했으리라고 추정하는 금속 물병과 물 대접 표면에 묻은 때를 제거하던 콜린 핑크와 아서 콥은 구리 표면에 안티몬 코팅이 되어 있음을 발견했다. 그들은 그 유물에 구현한 코팅이 전기 도금일 것이라 판단하고 당시 사용 가능했을 재료만으로 그 가능성을 실험해보았다. 구리 시료와 철판 조각을 전선으로 연결한 후 끓는 식초에 소금과 산화안티몬을 용해시킨 전해액에 담그고 전류를 흘리자 구리 쪽에 안티몬이 도금되었다. 이 방법은 사실상 오늘날에 사용하는 전기 도금과 똑같다![280]

그런데 영국 화학자로 고대 이집트 유물의 체계적인 물성 분석법을 확립하는 한편, 신왕조 시대 파라오 투탕카멘의 무덤 발굴에 크게 기여한 앨프리드 루카스는 이 결론에 반박했다. 표면 청소 과정에서 거기에 묻어 있던 산화안티몬이 환원되어 코팅 효과를 일으켰다는 것이다. 그렇지만 그의 논박은 두 연구자의 논문을 제대로 읽어본 것인지 의심스러울 정도로 논리가 엉성하다.[281] 루카스는 전기 도금에 철을 사용했을 것이라는 이들의 주장에도 반박했는데 핑크와 콥은 전기 도금 목적으로 운석철을 사용했을 가능성을 제기했다.[282] 고대 이집트는 운석철을 보편적으로 사용했고 심지어 채광철이 있었을 가능성도 제기되었는데, 이 문제는 13장에서 자세히 논의한다.

강철보다 단단한 석재로 만든 돌항아리

고대 이집트 선왕조 시대의 가장 주목할 만한 기술은 단단한 석재 가공 기술이다. 아직 수정을 깎아 렌즈를 만든 증거는 나오지 않았지만 수정을 비롯해 화강암, 섬록암, 현무암 등 단단한 석재를 가공해 만든 완벽한 균형과 조형미를 보여주는 항아리가 존재한다.

각력암角礫岩은 4밀리미터 이상의 모가 난 암편岩片으로 구성된 퇴적암으로 암편 사이 공간이 탄산염, 실리카, 실트 같은 작은 입자의 교결물질膠結物質로 채워져 있다. 각력암을 구성하는 암편은 그 자리에 있던 암석이 깨진 한 종류의 암상岩狀으로 이뤄지기도 하고, 기존의 여러 암석에서 온 것처럼 그 종류가 다양하기도 하다. 모가 난 암편은 단단한 화성암 등이 운석 충돌이나 화산 폭발, 지진, 단층 작용으로 깨져 생성되는 경우가 많다. 오랜 퇴적 기간 동안 작용하는 강한 압력으로 암편은 교결물질과 함께 다시 단단하게 뭉쳐진다.

인류는 그 화려한 무늬 때문에 고대부터 이런 석재를 조각이나 건축 장식용으로 꾸준히 선호해왔다. 인류가 그것을 사용한 역사는 얼마나 될까? 현재까지 각력암을 사용한 가장 오래된 조각품은 미국 브루클린 박물관이 소장하고 있다. 고대 이집트에서 발견한 이 유물은 기원전 3600년에서 기원전 3100년 사이에 제작한 것으로 추정되는 돌항아리다. 한데 이 항아리는 오늘날 제작했다고 해도 전혀 이상하지 않을 정도로 세련된 미적 감각을 보이고 있다.

이보다 더 놀라운 점은 그 가공 수준이 굉장히 뛰어나다는 사실이다.[283] 각력암의 교결물질은 상대적으로 물러서 연마재를 이용한 수가공 시 암편에 비해 더 파이는 경향이 있다. 그리고 모스 경도Mohs Hardness Scale가 약 7이나 되는 단단한 암편은 각이 져 있어 표면을 균일하게 가공하는 것이 쉽지 않다. 이런 이유로 오늘날 건축 치

▲ 도판57 각력암을 가공해 만든 고대 이집트 돌항아리.

장재로 사용한 각력암 석재를 잘 살펴보면 종종 표면에 약간의 굴곡이 있음을 확인할 수 있다. 그렇지만 지금으로부터 5000년 전에 가공한 돌항아리에는 이 문제점이 거의 보이지 않는다. 오늘날에도 쉽지 않은 가공을 당시 어떻게 해낼 수 있었는지는 미스터리다.

고대 이집트에서 석공예 기술이 최고로 발달한 시기는 언제일까? 앨프리드 루카스는 초기 왕조 시대의 석재 가공이 최고조에 달했다고 평가한다.[284] 여기서 초기 왕조 시대란 분명 1, 2왕조를 의미할 텐데 그러면 피라미드 시대인 3, 4왕조 시대에는 돌항아리 제작으로 대표되는 석공예 기술이 퇴조했다는 말인가?

고대 이집트의 문명 성립을 1왕조를 기점으로 발전기, 극성기, 정체기, 쇠퇴기의 4단계로 구분할 수 없음을 가장 극명하게 보여주는 것이 석재 가공 기술이다. 고대 이집트에서 가장 단단한 돌로 만든 돌항아리는 왕조 시대가 아니라 주로 그 이전 시대, 즉 선왕조기인 기원전 4000년과 기원전 3100년 사이에 집중되어 있다. 그것도 시대를 거슬러 올라갈수록 단단한 돌을 위주로 제작했다.

주류 이집트학 학자들이 고대 이집트 왕국의 시작점으로 보는 기원전 3100년경에 이르면 무른 암석과 단단한 암석을 반반 비율로 사용하고 있다. 왕조 시대에 접어들면 무른 돌을 사용한 돌항아리 비율이 급격히 늘어난다. 루카스는 다양성 측면만 놓고 이를 '진화와 발전'이라고 지적하는데 기술적 측면에서 보면 적절한 표현 같지 않다. 더 놀라운 사실은 피라미드 시대인 3, 4왕조 시대에는 돌항아리를 거의 대부분 무른 설화석고로 만들었다는 사실이다. 모양도 선대의 것보다 상대적으로 매우 조잡하다.

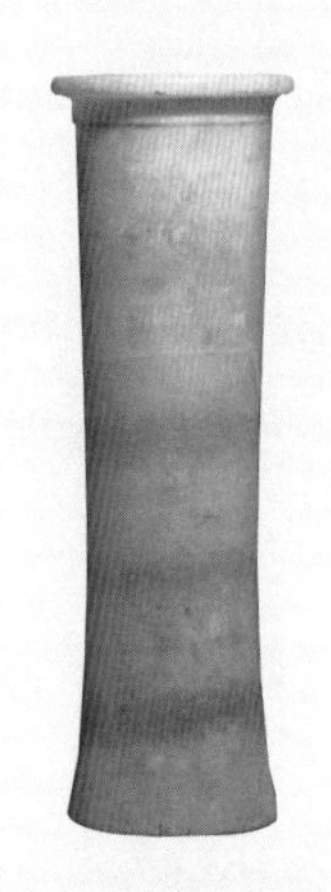

▲ 도판59 수정을 가공해 만든 고대 이집트 돌항아리.

▲ 도판58 설화석고를 가공해 만든 고대 이집트의 돌항아리.

▲ 도판60 반암을 가공해 만든 고대 이집트 돌항아리.

▲ 도판61 현무암을 가공해 만든 고대 이집트 돌항아리.

이집트학에 과학적인 유물 분류 기법을 최초로 도입한 영국의 저명한 이집트학 학자 플린더스 페트리는 고대 이집트 석공예와 관련해 다음과 같이 언급한 바 있다.

> 선사 시대 작업은 조형미보다 훨씬 더 기계공학적 능력을 보여준다. 가장 단단한 돌을 가공한 기술은 그야말로 굉장하다. 화강암과 반암을 마치 석회암이나 설화석고처럼 자유자재로 다뤘다. (…) 역사 시대는 사용한 돌의 질이 지속적으로 떨어지는 경향을 보인다. 1왕조에서는 단단한 돌을 사용한 횟수가 줄어들고, 점판암이나 설화석고처럼 무른 암석을 보편적으로 사용했다. 피라미드 시대에는 대부분 무른 암석을 사용한 꽃병을 만들었고, 단단한 돌 중에서는 섬록암을 사용한 것이 드물게 보인다. 고왕국 12왕조에 이르러서는 설화석고 외에는 돌을 사용한 꽃병을 더 이상 만들지 않았다.[285]

앞서 예로 든 각력암 항아리는 고대 선왕조 시대에 이집트에서 만들어 사용한 돌항아리의 한 예에 불과하다. 그 먼 옛날 고대 이집트인은 화강암, 반암, 현무암, 섬장암, 섬록암, 심지어 수정 등 지구상에 존재하는 온갖 단단한 암석을 사용해 세련된 돌항아리를 만들어 장식용이나 제례용으로 사용했다! 석재 가공 기술만 봐도 왕조 시대보다 그 이전이 훨씬 더 뛰어난 수준이었다. 도대체 선사 시대에서 역사 시대로 진입하면서 대부분의 기술의 질이 떨어진 이 상황을 어떻게 설명해야 하나?

12장

돌항아리 미스터리

PYRAMID CODE

돌항아리에 사용하는 일반적인 기법

돌항아리 제작 기술 문제는 고대 이집트 문명의 실체를 파악하는 데 매우 중요한 요소다. 따라서 이번 장에서는 돌항아리로 대표되는 고대 이집트의 석재 가공 기술을 좀 더 살펴보기로 하겠다.

도판62는 고대 이집트 선왕조 시대에 주로 사용한 석재와 여러

재료	모스경도	절대경도	재료	모스경도	절대경도
탄소 공구강	7.5~8	150~200	섬장암	6	72
부싯돌	7	100	강철	4~4.5	21~40
수정	7	100	연철	4	21
각력암	6~7	72~100	점판암	3~4	9~21
화강암	6~7	72~100	석회암	3~4	9~21
반암	6~7	72~100	청동	3	9
섬록암	6~7	72~100	구리	3	9
현무암	6	72	설화석고	1.5~2	1.5~2

▲ 도판62 석재와 금속의 모스 경도.

금속의 경도를 비교한 것이다. 모스 경도는 1812년 독일의 광물학자 프리드리히 모스Friedrich Mohs가 고안했다. 이는 상대적인 경도를 결정하는 방법으로 1부터 10까지 대표적인 물질의 경도를 일련번호로 정해놓고 경도를 측정하려는 대상 물질이 둘 중 어느 물질에 긁히고 긁히지 않는가를 확인함으로써 경도를 결정하도록 고안한 체계다. 모스가 정한 경도 1인 물질은 활석이며 경도 10인 물질은 다이아몬드다. 최근에는 절대적인 경도를 비교해놓은 절대 경도Absolute Hardness를 사용하기도 한다.

석재의 모스 경도는 낮은 경도(1~3), 중간 경도(4~5), 높은 경도(6 이상)의 세 가지로 분류할 수 있다. 낮은 경도 석재는 구리나 청동으로 만든 끌과 송곳 등으로 반복해서 긁어내 돌항아리의 안팎을 비교적 쉽게 가공할 수 있다. 중간 경도는 돌항아리의 외형을 가공할 때 돌망치 등으로 때리거나 부싯돌이 박힌 구리 톱을 사용

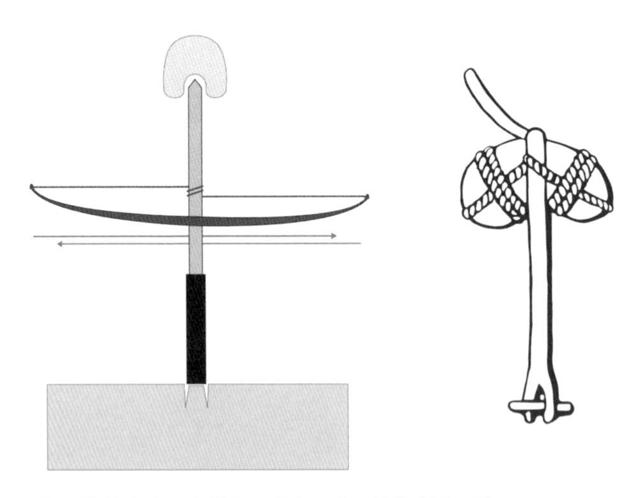

▲ 도판63 활이 달린 구리 원통 드릴과 크랭크 형태의 돌 드릴.

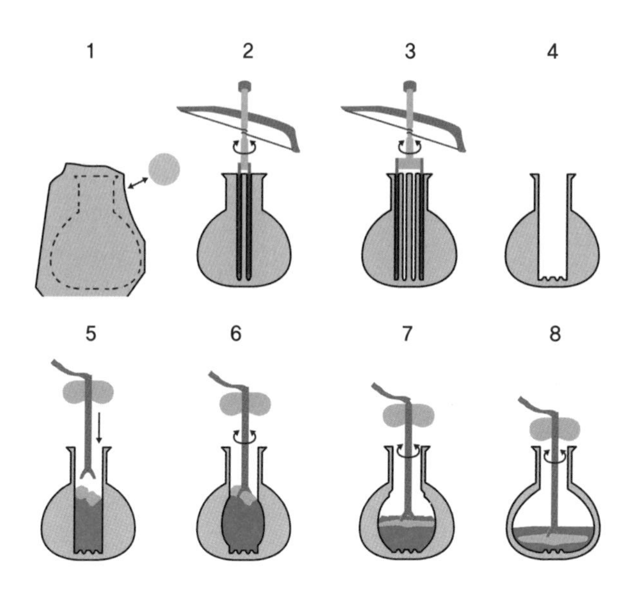

▲ **도판64** 활이 달린 구리 원통 드릴과 돌 드릴을 사용해 중간 경도 이하의 석재를 가공해 항아리를 만드는 과정.

하고, 표면을 매끄럽게 하려면 연마재를 사용한다. 돌항아리 내부를 파낼 때는 구리 원통 드릴과 연마재를 동시에 사용하는 방법이 효과적이다.[286] 둥근 항아리의 배 쪽 내벽까지 제대로 파내는 데는 날 끝에 부싯돌을 부착한 크랭크 형태의 드릴 또는 돌 드릴을 사용한다.[287] 그렇지만 높은 경도 석재를 가공해 돌항아리를 만들 때는 이런 방법을 동원하는 데 한계가 있다.

높은 경도의 석재에 필요한 기법

고고학자들은 고대 이집트에서 돌항아리를 만든 시기를 신석기 문명과 청동기 문명이 교차할 무렵으로 판단한다. 통상 돌을 깨뜨려 만든 도구를 타제석기라고 하며 이런 도구가 속한 시대를 구석기 시대라 부른다. 돌을 갈아 만든 도구는 마제석기라 하고 이 도구가 속한 시대를 신석기 시대라고 부른다. 고대 이집트 돌항아리는 돌을 깎고 다듬어 만들었으니 마제석기이므로 신석기 시대 유물에 속한다. 통념상 신석기 시대는 미개해야 한다. 한데 과연 이런 돌항아리들이 미개한 수준일까? 공학자의 관점에서 강철보다 단단한 높은 경도의 돌을 자르고 깎고 갈고 속을 파내 항아리를 제작하는 것은 '미개한' 기술과는 거리가 멀다. 신석기 시대보다 좀 더 발전한 시대로 인식하는 청동기 시대에도 이러한 가공은 사실상 불가능한 일이다. 청동기는커녕 강철로도 어림없다.[288]

주류 학자들은 이 문제 제기에 그럴듯한 답을 제시한다. 긴 시간과 노력을 투입하면 그런 작업이 가능하다는 것이다.[289] 뉴욕주립대학교 건강과학센터의 레너드 고어릭 등은 구리 드릴을 사용해 시간이 꽤 걸리긴 하지만 화강암에 구멍을 뚫을 수 있음을 실험적으로 보여주었다. 그들은 이런 가공에 적절한 연마재와 절삭유 사용이 중요하다는 결론을 내렸다.[290]

그런데 의도적인지 아닌지는 몰라도 그들이 강조하지 않은 한 가지 중요한 요소가 있었다. 바로 회전 속도다. 그들은 실험할 때 전동 드릴을 사용해 분당 회전수가 1000회에 이르도록 했다. 이는 분당 회전수가 기껏해야 200회 남짓이었을 수동식 드릴로는 흉내 낼 수 없는 속도다.[291] 이처럼 현대적인 장비를 동원하지 않으면 가공 효율은 극도로 나빠진다. 실제로 미국의 실험고고학자 찰스 라우Charles Rau 박사는 구리나 뼈, 목재로 된 원통형 드릴과 모스 경도 9인 금강사로 반암에 구멍을 뚫을 수 있음을 보여주었는데 1시간 동안 겨우 0.1밀리미터 정도의 홈을 팔 만큼 상당히 비효율적이었다. 또한 구리, 뼈, 목재가 쉽게 마모되어 수시로 교체해야 했다.[292]

물론 비효율적이더라도 고대 이집트에서 돌항아리가 종교적으로 중요한 성물聖物이었다면 기꺼이 시간과 노력을 투자해 그런 일을 하는 공인工人이 존재했을 수 있다. 실제로 경도 높은 석재로 만든 몇몇 돌항아리는 외형상 연마재를 이용해 수작업에만 의존해서 만든 것이 분명해 보인다.[293]

엄청난 수효

문제는 이집트에서 수공업으로 감당하지 못했을 것으로 보일 만큼 많은 수량의 돌항아리를 발견했다는 사실이다. 어찌나 많은지 대영 박물관은 안내책자에 엄청난 수효를 제작했음을 수차례에 걸쳐 강조하고 있다.[294] 실제로 사카라 고분군에서 발견한 1, 2왕조 시대의 돌항아리만 해도 4만여 점에 달한다![295] 이 문제는 돌항아리를 1, 2왕조 시대의 300~400년이 아니라 선대부터 오랜 기간 만들었을지도 모른다는 식으로 설명할 수도 있다. 설령 그럴지라도 이 정도 수효에 투자한 엄청난 노력과 시간을 생각하면 수작업에만 전적으로 의존했다는 가정에 쉽게 수긍하기 어렵다.

여기에다 앞서 소개한 각력암 항아리의 기술적 성취도처럼 단순히 수공업에 의존했다고 볼 수 없는 요소까지 있어서 문제를 더

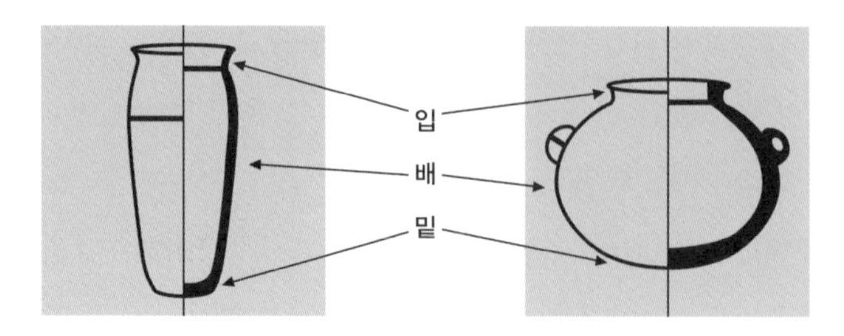

▲ 도판65

욱 복잡하게 한다. 많은 높은 경도의 돌항아리에서 회전 가공이 아니면 설명할 수 없는 완벽한 대칭성이 보인다. 이는 수작업만으로는 도저히 흉내 낼 수 없는 수준이라는 말이다.

앞에서 높은 경도 석재로 만든 돌항아리 중에는 순전히 연마재로만 가공한 것으로 보이는 것도 있다고 했는데, 이는 모두 도판65의 왼쪽처럼 입지름과 배지름, 밑지름 폭이 거의 같은 실린더 형태다. 도판65의 오른쪽처럼 주둥이가 좁고 중앙이 볼록한 계란형이나 달항아리형이 아니란 얘기다. 실린더형은 오랜 시간과 노력이 들긴 해도 원통 드릴과 연마재만으로도 가공이 가능하다. 그러나 선왕조 시대에 많이 제작한 돌항아리는 도판65의 오른쪽처럼 입지름과 밑지름은 작지만 배가 볼록하게 발달했다. 이런 돌항아리 내벽을 외벽과 상응하도록 제대로 파내는 기술은 전혀 차원이 다른 문제다. 이 기술은 오늘날에도 구현하기가 쉽지 않다. 지금부터 이 기술적인 문제를 살펴보기로 하자.

회전 가공용 선반

고대 이집트에서 제작한 높은 경도의 돌항아리는 대부분 수가공으로 기대할 수 없는 완벽한 대칭성을 구현해 그 제작 방식에 의문이 제기되었다. 고대 이집트 문명 초기 시대의 권위자 월터 에머리는 돌항아리를 고도의 정밀도로 제작한 것에 놀라움을 금치 못하면서 다음과 같이 평가하고 있다.

> 불행하게도 우리는 아직 이런 석기 그릇을 만드는 데 사용한 방법을 만족스럽게 설명하지 못한다. 설령 몇몇 과정을 알지라도 대부분의 다른 과정은 완전히 미스터리로 남아 있다. 어떻게 밑이 얕은 그릇이나 접시 둘레에 손가락을 대고 돌려보았을 때 완벽한 원에서 벗어났다는 느낌이 전혀 없을 정도로 최고의 정밀도를 이룬 것일까? 어떻게 수정으로 관상管狀 항아리를 만들면서 두께가 1밀리미터가 채 되지 않도록 깎아낼 수 있었을까? 비록 구체적인 증거는 없지만 당시 기술자들은 고정된 공구에서 피가공물이 회전하게 하는 방법을 사용했음이 틀림없다. 아무리 많은 횟수를 반복하고 세심한 노력을 들여 측정해도 순전히 수가공으로 그런 정밀도를 달성하는 것은 불가능하기 때문이다.[296]

드릴 가공처럼 고정된 피가공물을 회전하는 공구로 가공하는 방법과 달리 고정된 공구에서 피가공물이 회전하게 하는 방법을 회전 가공이라 한다. 회전 가공에서 중요한 두 변수는 토크torque(돌리는 힘)와 회전 속도다. 출력이 일정할 때 두 변수는 반비례 관계에 있다. 즉, 토크를 크게 하려면 회전 속도를 줄여야 하고 회전 속도

를 크게 하려면 토크를 줄여야 한다.[297]

회전 가공은 역사가 아주 오래되었으며 토기나 도자기 제작에 가장 먼저 사용한 것으로 알려져 있다. 토기와 도자기를 제작하는 회전식 제조 장치를 우리는 보통 도공의 물레Potter's Wheel 또는 녹로轆轤라고 부른다. 이것은 기원전 2500년 이전부터 고대 이집트를 비롯한 근동 지역에서 사용했다.[298]

토기나 도자기 제작에 사용하는 재료는 말랑말랑한 점토라 가공에 큰 출력이 필요하지 않다. 즉, 강한 토크나 빠른 회전이 필요 없어 손가락과 나무처럼 단단하지 않은 도구를 사용하며 손이나 발로 페달을 굴러 도자기 형태를 쉽게 만들 수 있다. 반면 석재를 회전 가공하려면 녹로보다 훨씬 큰 출력이 필요하고 토크나 회전 수도 모두 커야 한다. 이러한 장비는 보통 선반Lathe이라 부른다.

일찍이 고대 이집트 시절부터 선반이 존재했을 가능성이 있다는 주장은 이미 제기된 바 있다. 오늘날 이집트 땅에서 목재를 가공해 토속적 공예품을 만드는 수공업에 원시적 형태인 일종의 선반을 사용하는데, 이 기술은 파라오 시절부터 전해오는 것이라는 주장이 있다.[299] 하지만 이런 수준의 선반으로는 오직 목재를 가공할 수 있을 뿐 석재 가공은 불가능하다. 에머리는 초기 파라오 시대부터 이집트 땅에 석재 가공이 가능한 고출력 선반 장비가 존재했을 거라고 주장한다.

이와 관련해 사카라의 조세르 계단 피라미드 내부에서 돌항아리를 발굴한 독일의 고고학자 쿠르트 랑게는 직접 돌항아리 내부의 미세한 가공 결을 확인한 뒤 다음과 같이 지적했다.

> 이것은 단단하고 광택이 나는 완벽하게 균질한 물질로 만들어졌다. (…) 그 내벽에는 오직 오늘날의 초현대적 회전식 도자기 제조 장치로만 만들 수 있는 규칙적인 미세한 홈이 나 있다. 이 홈을 보려면 좋은 조명 장치와 확대경이 필요하다. (…) 분명 이런 것을 만들기 위해 일종의 도자기 회전대 같은 걸 사용했을 것이다. 그런데 어떻게 그토록 단단한 물질을 가공했을까? (…) 그 정도로 완벽한 모양을 흙으로 빚어 도자기를 만드는 장치도 아주 최근에 발명되었다. 이 정교한 형태는 여태까지 만든 그 어떤 것보다 단단하고 완벽하며 옛날의 원시적인 도구를 사용해 만들었다는 사실을 도저히 믿을 수가 없다.[300]

랑게는 에머리와 마찬가지로 초기 고대 이집트 돌항아리가 회전 가공으로 만들어졌다고 주장한다. 그렇지만 그가 언급하는 '초현대적 회전식 도자기 제조 장치'는 도공의 물레가 아니다. 18세기부터 파인 세라믹을 사용해 두께가 얇아 가벼우며 속이 깊은 용기를 만들 때, 도공의 물레 작업을 한 이후 추가로 '도공의 선반Potter's Lathe'을 사용하기 시작했다.[301] 녹로 작업을 마친 뒤 초벌구이를 하기 전의 반건조 상태 도자기를 선반으로 세밀 가공한 것이다.[302] 이 선반은 17세기 말부터 사용하기 시작한 목재 가공용 선반과 크게 다르지 않았으나 목재 가공용 선반에 없는 역회전 기능이 있다는 점은 달랐다.[303] 18세기 후반에는 동력원으로 증기기관을 이용하는 엔진 구동 선반 장비가 등장했다.[304] 오늘날에는 전기를 동력원으로 사용하는 파인 세라믹 도자기 제조용 특수 선반 장비가 있어서 초미세 가공이 가능하다.[305]

목재나 도자기용 선반과 석재 가공 선반의 출력 차이는 얼마나 될까? 뉴질랜드의 테크나툴인터내셔널사Teknatool International Ltd.의 목재 가공용 선반은 1.5kW 출력에서 토크 15Nm과 회전수 1000rpm으로 가동할 것을 권장한다.[306] 그리고 대리석, 반암, 화강암 등을 가공하기 위해 이탈리아의 OMAG사에서 제작한 석재 가공용 특수 선반은 25kW 출력에서 토크 120Nm과 회전수 2000rpm으로 가동할 것을 권장한다.[307] 석재를 가공하려면 오늘날 도자기를 가공하기 위해 사용하는 선반보다 열 배 이상의 출력을 내는 선반이 필요하다는 얘기다. 석재 가공에 필요한 출력과 토크, 회전수가 어느 정도인지 가늠해보려면 전기차 테슬라 S 모델의 최대 출력이 250kW로 최대 토크 900Nm에 회전수 약 3000rpm을 보인다는 점을 감안하면 되겠다.

근대 도자기 개발사를 살펴보면 1760년대부터 영국의 조시아 웨지우드Josiah Wedgwood와 토머스 벤틀리Thomas Bentley가 합작회사를 차려 현무암과 벽옥을 비롯한 여러 가지 석재로 돌항아리를 만들었다는 내용이 나온다. 그러나 이를 문자 그대로 해석하면 안 된다. 그들이 만든 것은 점토를 주원료로 한 유사 돌항아리다. 예를 들어 현무암 항아리는 접착용 점토, 황토, 철광석 찌꺼기, 망간을 섞어 성형한 뒤 고온에서 구워 만든 일종의 도자기다. 그 색상이 검고 질감도 암석인 현무암과 유사해 그 같은 이름을 붙인 것뿐이다. 웨지우드가 이 제품을 개발한 이유는 고대 이집트 시대의 현무암 돌항아리에서 영감을 받았기 때문이라고 한다.[308] 그는 흉내 냈을 뿐 진짜 현무암을 선반으로 깎아 돌항아리를 만든 게 아니다. 진짜 현무암을 가공해서 만든 돌항아리를 제품으로 출시한 적은 없다.

돌항아리 제작에 선반을 사용했다고 추정한 페트리

플린더스 페트리의 최종적인 주장은 고대 이집트의 완벽하게 규칙적인 돌항아리는 선반을 사용하지 않고 모두 수작업으로 제작했다는 것이었다.[309] 그러나 그도 그 이전에 돌항아리 제작에 선반을 동원했을 가능성을 지지한 적이 있다. 그는 자신이 수집한 깨진 돌항아리 조각의 밑면을 만져본 뒤 동심원 가공결 두 개가 겹쳐 있음을 깨달았고, 이는 단지 표면을 갈거나 문질러서 가공한 것이 아니라 돌항아리를 회전시키면서 고정된 공구로 깎아내는 작업을 하다가 회전축을 옮기느라 생긴 현상이라는 결론을 내렸던 것이다.[310] 이것은 전형적인 선반 가공에서 발생하는 문제다.

최근 영국 출신의 미국 엔지니어 크리스토퍼 던은 섬록암을 깎아 만든 고대 이집트의 돌항아리 바닥 거칠기를 측정하다가 페트리가 발견한 것과 동일한 현상을 발견했다. 두 개의 동심원 가공결이 겹친 형태였던 것이다. 그도 페트리와 마찬가지로 선반 작업을 했다는 것 외에 다른 설명의 여지가 없다고 생각했다. 처음에 선반에 물려 회전시키며 가공하다가 회전축이 그릇의 중앙과 정확히 일치하지 않는다는 것을 알고 정확한 중심을 찾아 다시 가공했음이 틀림없었다.[311]

플린더스 페트리는 1883년 자신의 저서 《기자의 피라미드와 신

▲ 도판66 런던대학교 박물관에서 고대 이집트 유물을 바라보고 있는 플린더스 페트리.

전The Pyramids and Temples of Gizeh》에 돌항아리 제작에 선반을 사용했음을 지지하는 내용을 수록했다. 그리고 그 뒤 1909년에 쓴《고대 이집트의 예술과 공예The Arts & Crafts of Ancient Egypt》에서 그 주장을 접었다. 자신을 인문학적 고고학자라기보다 공학적 측량가로 생각한 페트리는 1883년 저서에서 자신이 발견한 고대 이집트인의 놀라운 석공예 수준을 가감 없이 느낀 그대로 기술했다가 인문학적 바탕밖에 없는 저명한 고고학자들에게 많은 비판을 받았다. 결국 그는 이집트학에서 뛰어난 업적을 평가받아 고고학자의 일원으로 대접받기 시작하던 1909년에 이르러 자신의 공학자적 입장을 접고 다른 고고학자들의 견해에 순응했다. 주류 학계가 5000년 전 고대 이집트 땅에 현대적인 가공 장비인 선반이 존재했다는 주장을 결코 받아들이지 않으리라고 판단한 것이다. 정말로 고대 이집트에서 선반을 사용했을까?

월터 에머리 교수는 청동기로 제작한 관형 드릴과 연마재로 실린더 모양의 꽃병 내부는 깎을 수 있을지 모르지만, 선왕조 시대 대다수 돌 꽃병처럼 좁은 주둥이에 배가 볼록한 항아리 내부를 파내는 데는 이 방법이 적합지 않다고 지적했다. 불룩 튀어나온 항아리 부분의 내부를 파내려면 바깥쪽으로 엄청난 토크를 가해야 하는데 청동기 재질로는 이 작업을 수행할 수 없기 때문이다. 결국 고강도 공구를 사용한 선반 작업이 필요하다는 얘기다.[312]

그런데 프랑스 출신으로 플로리다 주 배리대학교 응용고고과학연구소 소장인 조제프 다비도비츠는 이집트 선왕조 시대에 만든 것처럼 좁은 목에 배 부분이 부푼 높은 경도의 돌항아리 내부를 외부와 제대로 대응하도록 균일하게 가공하는 것은 현대의 최첨단 기술로도 쉽지 않다고 지적한다.[313]

고대 이집트 선왕조 시대에 선반을 사용했다는 것을 인정하는 순간 문제는 아주 복잡해진다. 앞서 말했듯 경도가 높은 돌을 선반 가공하려면 고경도 절삭 공구와 강력한 동력원이 필요하다. 그들이 사용한 공구와 동력원은 무엇이었을까?

선왕조 시대의 과학기술이 오늘날에도 구현하기 어려운 수준이었다면 앞에서 논의한 고대 이집트의 최절정기가 언제였느냐는 문제도 다시 생각해봐야 한다. 초거대 피라미드를 건축한 때를 최고 절정기였다고 해야 하는가, 아니면 강철보다 단단한 석재를 자유자재로 가공해내던 시대를 최고 절정기였다고 해야 하는가? 이 문제는 사실상 두 시기가 일치했을 거라는 발상의 전환을 하면 쉽게 풀린다. 14장에서 살펴보겠지만 정말 그랬을 것이란 심증이 가는 증거가 있다.

13장

고대 이집트의 강철 합금

PYRAMID CODE

선왕조 시대의 운석철

역사 교과서에 따르면 인류가 본격적으로 철을 사용한 시기, 즉 철기 시대는 기원전 13세기경 아나톨리아와 코카서스 지역에서 제철 기술과 제련 기술을 개발하면서 시작되었다고 한다. 그러나 지금까지 알려진 세계 최초의 철제 제품은 1911년 영국 이집트학 학자 제럴드 웨인라이트가 이집트 수도 카이로에서 남쪽으로 80킬로미터 떨어진 게르제에서 발굴한 것으로 이는 고대 이집트 선왕조 시대에 속한다.

기원전 3300년경 제작한 것으로 추정하는 이 아홉 점의 유물은 왕족이 다른 보석과 함께 목걸이에 달아 사용하려고 만든 듯한 작은 장신구로 얇은 철판이 대롱 형태로 말려 있다.[314] 인류가 본격적으로 철기 시대에 접어들기 무려 2000년 전에 이집트인은 철을 사용하고 있었다. 이 철은 철광산에서 채광한 게 아니라 운석에서 추출해 냉간 가공한 것이었다.[315] 혹시 이 같은 철로 돌항아리를 가공할 공구를 만든 것은 아닐까?

그들이 사용한 철을 오직 운석에서만 구할 수 있었다면 공구강을 만들기에 무리가 따른다. 다른 원소 함유량은 미미한데 유독 니켈만 많이 함유되어 있기 때문이다.[316] 니켈은 연성과 전성이 좋아 철의 경도를 높여주는 다른 재료를 섞을 때 깨지지 않고 견고성을 유지하도록 하는 용도로 쓰인다. 또한 철의 내부식성을 높여주는 니켈은 스테인리스강에도 사용하지만 그 자체만으로는 철의 경도를 높이는 데 기여하지 못한다.[317] 결국 선왕조 시대의 고대 이집트인은 철제 공구강을 사용했을 가능성이 없는 걸까?

기자 대피라미드에서 발견한 철판

1837년 영국 고고학자 하워드 비제 대령은 기자 대피라미드의 남쪽에도 내부로 진입할 수 있는 통로가 있을 것이라 판단하고 그의 조수 힐J. R. Hill을 시켜 높은 곳을 폭파하게 했다. 힐은 화약으로 대피라미드 남쪽 위 경사진 면의 환기창 근처 두 층의 석재를 날려버렸다. 그곳에서 그는 어떠한 통로도 발견하지 못했지만 대신 가로·세로·두께가 각각 30센티미터, 10센티미터, 0.3센티미터인 철판을 발견했다. 그 철판은 힐의 자술서와 함께 대영 박물관으로 보내졌고, 대영 박물관의 요청으로 현장을 조사한 관련 학자들은 그 철판이 피라미드를 건설할 때부터 그곳에 있었던 것으로 보인다는 의견을 내놨다.[318]

당시에는 선왕조 시대의 철이 발견되지 않았고 고대 이집트에서 신왕국 18왕조 때인 기원전 1500년경 이전에는 철을 사용하지 않았다는 것이 주류 학계의 견해였으므로 곧 착오설이나 조작설이 등장했다.[319] 하지만 문제의 철판을 면밀히 검사한 페트리는 그것이 피라미드를 건축한 동시대에 사용한 것이라고 판단했다.

> 알려진 바에 따르면 그 철판은 하워드 비제가 남쪽 환기창 안쪽에 쌓인 석재 틈에서 발견했다. 피라미드 시대의 이집트 땅에는 철이 희귀했기에 그 진위를 의심받았지만 관련 증거가 명확하다. 또한 표면의 녹슨 부분에 화폐석貨幣石(유공충의 화석) 자국이 있는 것으로 보아 오랜 세월 동안 유공충 화석을 품은 석회암들 사이에 끼여 있었던 것이 틀림없으므로 고대에 제작한 것이 확실하다. 그것을 대피라미드 건설자들이 사용했다는 사실에는 의심할 여지가 없다. 아마도 그런 것을 이용해 쇠지렛대가 석재 표면에 파고드는 것을 방지하거나 굴림대가 원활하게 이동하도록 했을 것이다.[320]

이집트의 시대착오적인 철기들

페트리가 대피라미드에서 발견한 철판에 긍정적 반응을 보인 데는 그 이전에도 피라미드 시대 유물 중에서 철제품을 발견한 일이 있었기 때문이다. 1882년경 이집트 고고국장을 역임한 프랑스의 이집트학 학자 가스통 마스페로Gaston Maspero는 사카라의 5왕조 유적지에서 철제 끌을 발견했고, 아부지르의 6왕조 피라미드에서는 철 곡괭이를 발견했다. 5왕조의 다슈르 유적지에서는 부러진 철제

도구를 여러 점 발굴하기도 했다. 당시 주류 학계는 이 유물에 냉담한 반응을 보였다.[321]

나중에는 페트리 자신도 6왕조 때 아비도스에 건축한 한 신전 터에서 철제 유물을 발견했다. 1903년경 발굴 작업을 하다가 그가 발견한 것은 거의 다 산화한 철 덩어리로 구리 도끼를 감싸고 있었다. 페트리는 발견된 지층이나 둘러싸고 있던 도끼의 형태로 보아 그것이 6왕조 때 것임이 확실하며 여기에는 의문의 여지가 없다고 생각했다.[322]

미국의 고고학자 조지 앤드루 라이스너George Andrew Reisner는 1908년 기자의 4왕조 멘카우레 피라미드와 연결된 밸리 신전Valley Temple에서 작은 철제 유물을 발견했다. 이 유물은 마법에 사용하는 도구Magical Set의 부속품에 포함되어 있었다.[323]

운석철 대 채광철

한때 주류 학계는 피라미드 시대의 철제 유물에 비교적 우호적인 태도를 보였으나 조사 분석을 진행하면서 적대적으로 돌변했다.

처음에 학자들은 모든 철제 유물을 운석에서 채취한 철로 만들었을 것으로 보았다.[324] 만일 그렇다면 거기에 적어도 4퍼센트 이상의 니켈이 함유되어 있어야 한다. 관련 학자들은 1926년과 1932년에 기자 대피라미드에서 발견한 철판을 대상으로 이를 확인하는 실험을 진행했다. 그런데 놀랍게도 두 번의 실험에서 모두 니켈이 검출되지 않았다! 페트리가 아비도스 신전 터에서 발견한 산화된 철 덩어리에서도 니켈은 나오지 않았다.[325] 1942년에는 라이스너가 기자 밸리 신전에서 발견한 철제 부속품으로 분광 실험을 했는데 역시 니켈이 전혀 검출되지 않았다.[326] 이는 모든 유물을 철광산에서 채광한 철로 제작했다는 것을 의미한다.[327]

앨프리드 루카스는 한때 기자 대피라미드에서 발견한 철판을 피라미드 시대에 사용했을 것이라고 생각했다. 선왕조 시대 고대 이집트인이 운석에서 채취한 철을 사용했다는 사실이 막 알려지고 있었기 때문이다. 하지만 나중에 실험 분석으로 그것이 운석이 아니라 지구상에서 채광한 철이라는 것이 드러나면서 피라미드 시대의 철은 모두 조작되었거나 후대에 실수로 놓인 것이라고 주장했다. 그는 특히 몇 차례의 카이로 대지진 때 도시 재건에 많은 석재가 필요하자 대피라미드의 외장재를 벗겨서 사용했는데, 힐이 발견한 철판은 이때 석재를 벗기면서 떨어뜨려 석재와 석재의 틈 사이에 낀 것이라고 판단했다.[328] 그가 이런 태도를 견지한 이유는 피라미드 시대에 지구상에서 채광한 철을 가공해 생활에 이용했다는 사실을 받아들이는 순간 기존의 석기 시대, 청동기 시대, 철기 시대라는 역사 정리 체계가 흔들리기 때문이었다.[329]

1989년 기자 대피라미드의 철판을 정밀하게 재조사하기 시작했다. 조사 목적은 그것이 정말로 오래전에 만들어진 것인지 확인하는 데 있었다. 그 결과 여러 연철이 층을 이루고 있다는 것이 밝혀졌고 이는 용융한 게 아니라 가열하면서 조악한 망치질로 재질이 조금씩 다른 재료를 냉간 결합한 것이라는 해석이 나왔다. 이는 철판 속 산화철들이 제대로 환원되지 않았기 때문이다. 1000~

1100도의 저온에서 가공할 때 철은 대체로 용융되지 않으며 산화철의 환원도 제대로 이루어지지 않는다. 이 실험의 결론은 미숙하고 원시적인 방법으로 가공한 상태로 미루어 고대에 만들어진 것으로 보인다는 것이었다.[330]

그런데 1993년 대영 박물관 연구진이 다시 분석한 결과는 이와 정반대 방향을 가리켰다. 이번에는 주사전자현미경과 엑스선 형광법 등 좀 더 현대적인 방법을 동원했는데 그 형상을 면밀히 분석한 결과 거기에 적용한 기술은 원시적인 것과는 거리가 멀다는 결론이 났다. 그들은 가공 방법이 현대와 달라 좀 이상해 보이기는 해도 상당히 선진적인 방법을 적용했으며, 18세기경 아랍권에서 만들던 수준이라고 했다. 만일 고체 상태에서 제련했다면 용융 슬래그Molten Slag가 나타나야 하는데 그런 것이 보이지 않으므로 이 철판은 확실히 용융 상태로 가공한 것이라는 얘기였다.

그들의 분석 내용을 요약하자면 이렇다. 화력이 좋은 목탄을 연료로 사용한 용광로에서 철광석을 주철로 제련해 순도 높은 좋은 철을 만든 다음, 탈탄소화 과정을 거쳐 연철을 만들었다. 철판에 포함된 원소들은 제련 과정 중에 의도치 않게 들어갔을 수도 있고, 의도적으로 집어넣은 것일 수도 있다. 최종적으로 연구진은 이 철판이 18세기 즈음 아랍인이 제작한 것이라고 결론지었다.[331]

기자 대피라미드에서 발견한 철판에 적용한 기술 수준이 18세기 아랍 수준과 맞먹는다는 사실은 그것을 18세기에 제작했다는 것일 수도 있으나, 대피라미드 건설 시기에 제작한 것이라는 해석의 여지도 있다. 15장 이후의 논의에서 자세히 밝히겠지만 실제로 대피라미드에 적용한 과학기술은 18세기 과학기술 수준과 맞먹는다고 평가할 수 있기 때문이다.

고대 이집트에서 강철을 사용했을 가능성

가스통 마스페로는 고대 이집트인이 피라미드 시대부터 철을 사용했다고 생각했다. 피라미드나 신전, 석조상을 만들려면 반드시 철이 필요했으리라는 것이 그의 믿음이었다. 하지만 강철을 만들어 사용했을 것이라는 데는 조심스러운 태도를 보였다. 그 증거가 없다고 판단한 까닭이다. 그는 오늘날 이집트 석공들이 비교적 연한 철로 만든 끌을 사용해 화강암 같이 단단한 석재를 조각하는 것에 주목했다. 그들은 많은 철제 공구를 갖고 있는데 조금 사용하다 공구가 무뎌지면 다시 가열하고 망치질해서 예리하게 만들어 사용하는 것을 반복해 작업을 해냈다. 마스페로는 고대 이집트 석공들도 비슷하게 작업했을 것이라고 보았다.[332] 한데 앞서 살펴보았듯 화성암을 선반 가공했다면 얘기는 완전히 달라진다. 엄청난 토크를 견뎌내려면 그것은 반드시 강철 합금이어야 한다.

만일 기자 대피라미드에서 발견한 철판이 정말로 그 시대에 만들어 사용하던 것이라면, 대피라미드 건설 당시 고대 이집트인은 운석에서 채취한 철과 철광산에서 채광한 철을 모두 사용할 줄 알았다고 볼 수 있다. 운석 철과 철광산 철을 적절히 섞어 제련할 경우 1퍼센트 이하 정도로 적은 양의 니켈이 함유된 높은 경도의 철을 얻을 수 있다. 그 과정에서 의도적으로 목탄가루를 조금 집어

넣으면 오늘날의 탄소 공구강처럼 더욱 단단한 재질로 만들 수 있다. 정말로 고대 이집트인은 탄소 공구강을 만들어 썼을까?

유체역학적으로 디자인한 플라이휠

영국의 이집트학 학자 시릴 알드레드는《고왕국 말까지의 이집트》에서 선왕조 시대부터 고왕국 말까지의 건축과 공예품을 소개하고 있다. 그중 왕조 시대 시작 전후인 기원전 3100년경 편암으로 만든 돌접시가 있는데, 알드레드는 그토록 쉽게 쪼개지는 재료로 정교하게 제작한 것에 감탄하고 있다.[333] 나도 그런 제품을 만든 고대 이집트인의 경이적인 기술에 감탄하지만 그 작품에는 이보다 훨씬 중요한 문제가 담겨 있다. 엔지니어의 눈에는 그것이 그냥 돌접시가 아니라 한가운데에 회전축에 끼울 수 있는 구멍이 있는 일종의 바퀴처럼 보인다.

도판68은 문제의 고대 이집트 돌접시를 오늘날의 자전거 바퀴와 비교한 것이다. 그림에서 보듯 그 접시는 바퀴의 보스Boss, 림Rim, 암Arm과 거의 동일한 구성을 갖추고 있다. 자전거 바퀴를 비롯한 모든 차륜은 고속 주행 시 타고 흐르는 공기에 따른 끌림을 최소화하고 회전 안전성을 확보하기 위해 유체역학적 설계를 한다.[334]

▲ 도판67 고대 이집트 돌접시.

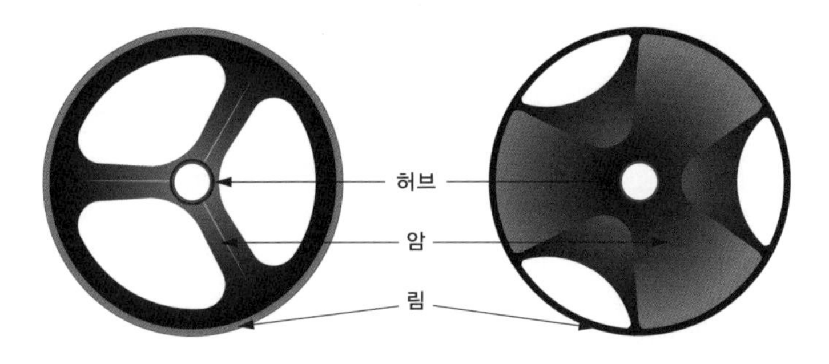

▲ **도판68 자전거 바퀴와 고대 이집트의 돌접시 비교.**

고대 이집트의 편암 접시도 이와 비슷한 목적으로 첨단의 유체 역학적으로 디자인한 듯 보인다. 그렇지만 문제의 그 구조물은 오늘날 여러 목적으로 만드는 회전 디스크로 사용할 수 없다. 작은 충격에도 쉽게 쪼개지는 편암으로 만들었기 때문이다. 그것은 결국 오랜 옛날 심미안이 뛰어난 어느 석공이 예지적 능력을 발휘해 제작한 예술 조각품인 걸까?

시릴 알드레드는 그런 게 아니었을 일말의 가능성을 열어주었다. 이 조형물을 접시라고 부르는 그는 무슨 생각인지 그것이 원래 금속으로 만든 것을 돌로 모방한 것이라고 추측했다.[335] 알드레드의 가정대로 원본이 금속으로 만들어졌다면 그것은 실용적인 회전 디스크로 사용해도 전혀 문제가 없다!

물론 문제의 조형물이 자동차나 자전거 바퀴용은 아니었을 것이다. 그것은 어떤 기계의 부품으로 사용하기 위한 일종의 풀리Pulley처럼 보인다. 이집트 카이로대학교 기계공학 디자인 및 제조학과 석좌교수 가랄 알리 하산은 기계공학자의 관점에서 그것이 원심력 펌프에 사용하는 회전자처럼 보인다고 말한다.[336]

어쩌면 그것은 일종의 유체 커플링Fluid Coupling이나 토크 컨버터Torque Converter 안에 사용하는 날이 달린 회전자일지도 모른다. 유체 커플링은 동력 전달 장치의 시동 시 갑작스럽게 축에 걸릴 수 있는 충격을 완화하도록 유체역학적 특성을 활용하기 위해 고속 회전이 필요한 산업용 기계장치에 일반적으로 적용한다. 당연히 선반에도 쓰인다!

14장

피라미드 시대의 진실

PYRAMID CODE

피라미드 진화론의 허실

현재 주류 이집트학은 피라미드를 단순히 고대 이집트 왕의 무덤이라고 규정한다. 이런 전제 아래 초기 왕조 시대인 1, 2왕조 때는 죽은 파라오가 마스타바라는 무덤에 묻히다가 고왕국 때부터 피라미드에 묻혔다고 한다. 따라서 각각의 피라미드는 한 명의 왕이 하나씩 만들었다는 것이 기본 전제다. 헌데 고왕국 3왕조의 스네프루 왕은 예외다. 이상하게도 그는 메이둠에 하나, 다슈르에 2개의 피라미드를 건설했다.[337] 고대 이집트의 파라오들은 죽으면 미라로 만들었다. 미라는 하나일 텐데 왜 3개의 무덤이 필요했던 걸까? 마스타바는 무덤으로 사용하기 위해 만든 것이 확실해 보인다. 거기서 죽은 고대 이집트 귀족의 미라들을 발견했기 때문이다. 그런데 피라미드에서는 지금까지 미라가 나오지 않았다.[338] 그 이유로 처음엔 무덤으로 사용하려고 만들었으나 도굴꾼에게 너무 쉽게 노출된다는 사실을 뒤늦게 깨닫고 미라를 다른 곳으로 옮겼

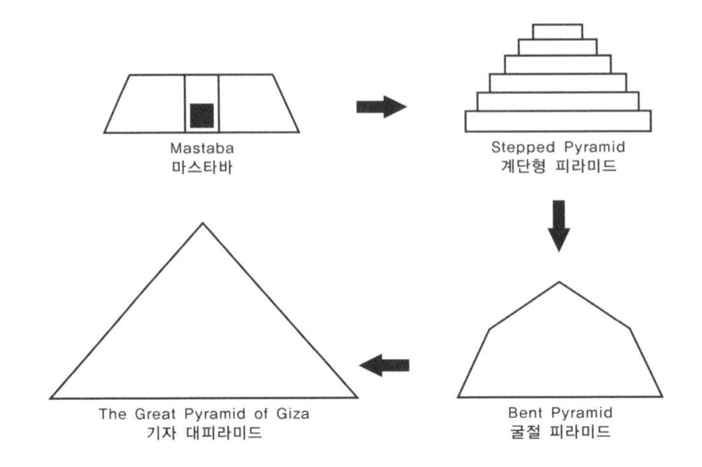

▲ 도판69 고대 이집트 피라미드의 발전 단계.

을 것이라는 설명도 있다. 하지만 피라미드는 처음부터 무덤으로 만들어진 게 아닐 가능성이 높다.[339]

신왕국 시대와 기자 대피라미드

기자 피라미드군의 건설자들을 최초로 자세히 설명한 이는 헤로도토스다. 그는 이 건축물들을 케옵스Cheops, 케프렌Chephren, 미케리누스Mycerinus가 건설했다고 기록했다. 이들 파라오는 고왕국 4왕조의 왕인 쿠푸, 카프레, 멘카우레로 봐야 한다는 게 정설이다. 헤로도토스가 나열한 왕의 이름은 이집트 왕명의 그리스식 발음으로 보이기 때문이다.

오늘날 쿠푸는 3왕조의 마지막 왕인 스네프루의 아들로 알려져 있

▲ 도판70 메이둠 피라미드.

▲ 도판71 굴절 피라미드.

▲ 도판72 붉은 피라미드.

다. 그런데 헤로도토스는 케옵스, 즉 쿠푸가 람프시니투스Rhampsinitus의 뒤를 이어 왕이 되었다고 기록했다. 람프시니투스는 신왕국 20왕조의 람세스 3세인 것이 틀림없다.[340] 이는 분명 시대착오적 기록이다. 왜 이런 오류가 일어났을까? 여기에는 미루어 짐작할 만한 정황이 존재한다.

람세스 3세는 신왕국 시대에 람세스 1세와 람세스 2세의 뒤를 이어 마지막으로 이집트의 부흥을 이끈 파라오로 그의 후계자에 관해 나쁜 소문이 있었다. 그는 람세스 3세의 치세를 이어 고대 이집트 왕국의 발전에 기여하지 못했을 뿐 아니라 람세스 3세가 암살된 후 파라오가 되었던 것이다.[341] 어찌된 일인지 고대 이집트 전승에서 쿠푸에게 이와 비슷한 나쁜 이미지가 덧씌워져 있었고 그 탓에 헤로도토스가 쿠푸를 그로 인식했을 수 있다. 또한 신왕조 마지막 시기에 고왕국으로의 회귀 열망이 강렬했다는 사실을 염두에 둬야 한다. 26왕조 시절 쿠푸와 카프레에 대한 장례 의식 신앙이 널리 퍼져 있을 정도였다. 당시 고왕국 회귀 전통은 뚜렷하고 명백했으며 일부 신왕국 말기 유물은 고왕국 것과 구분이 가지 않을 정도로 거의 똑같았다.[342]

오늘날 26왕조의 2000년 전으로의 복고 운동은 잘 알려져 있다. 실은 그 시기 이전부터 고왕국으로의 회귀 움직임이 있었다. 신왕국에 접어들면서 기자는 경제적, 종교적으로 매우 중요한 곳으로 부상했다. 특히 18왕조 때는 기자의 대스핑크스를 정비하고 쿠푸 일가 공동묘지에 새로운 신전을 건축했다. 이러한 재건 활동은 21왕조에 가서 더 활발하게 이뤄졌다. 20왕조의 람세스 3세를 이은 후계자가 정말 야심만만했다면 이전부터 행해온 쿠푸 왕 관련 행사를 주관해 쿠푸의 전통을 되살리고 나아가 기자 대피라미드를 자신의 것으로 선포하지 않았을까?

헤로도토스의 기록이 중요한 이유

고대 그리스의 정치가 키케로가 '역사의 아버지'라 부른 헤로도토스의 많은 기록은 중세 이후 역사학자들에게 의심을 받았고 실제로 잘못된 것으로 밝혀진 부분도 있다. 반대로 나중에 어느 정도 사실로 밝혀진 것도 꽤 있다.[343] 예를 들어 헤로도토스는 여우만큼 큰 개미가 금을 캤다고 기록했는데, 최근 다람쥐과 설치류인 마르모트가 주로 금맥 지대에서 금이 섞인 흙을 땅속 깊은 곳에서 바깥으로 파내는 습성이 있다는 사실이 밝혀졌다. 오래전부터 인근 사람들은 이 흙무더기에서 금을 채취해왔다고 한다.[344] 비록 그 스스로 기자 대피라미드에 관한 자신의 기록을 별로 신뢰하지 않는다고 밝혔지만,[345] 거기에도 일말의 역사적 진실이 담겨 있다고 볼 여지는 충분하다.

헤로도토스는 케옵스가 기자고원에 조성한 지하실에 자신의 시신을 보관하려 했다는 기록을 남겼다. 이 기록은 한동안 잘못된 것으로 의심받았다. 기자 대피라미드가 쿠푸의 무덤이고 원래 그의 시신은 '왕의 방'에 놓인 석관에 안치되어 있었을 것이라는 게 정설이었기 때문이다. 헤로도토스의 기록에 적시한 지하 묘실이 '왕의 방'이 아닌 점은 명백하다. 그는 기자고원 지하에 나일강에

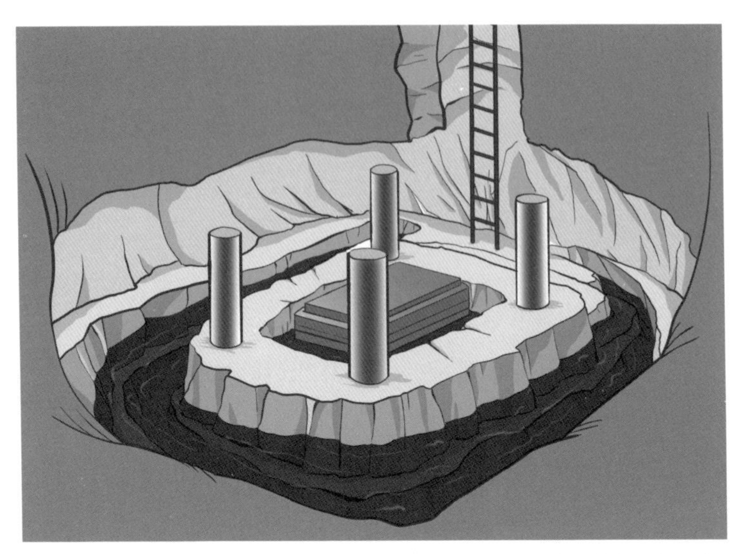

▲ 도판73 대스핑크스와 카프레 피라미드 사이의 지하 30미터에서 발견된 지하 묘실.

서 수로로 끌어온 물에 둘러싸인 섬이 있고 그 위에 파라오의 시신이 담긴 관이 있다고 기록했다.[346] 이는 지하 묘실이 나일강 수위와 같거나 아래임을 의미한다.[347]

최근 헤로도토스의 기록과 상당히 부합하는 지하 묘실이 기자 고원 대스핑크스와 카프레 피라미드 사이의 지하 30미터에서 발견되었다. 그 방엔 수로에 둘러싸인 직사각형의 돌섬에 관이 놓여 있어 헤로도토스의 기록이 정확하다는 사실이 밝혀졌다. 오늘날 학자들은 이 지하 묘실을 기원전 1500년경에 조성한 것으로 추정하는데 이는 헤로도토스가 언급한 시기와도 거의 일치한다.[348]

신왕국 시대의 기자 대피라미드 보수 작업

헤로도토스의 기록에 일말의 역사적 진실이 담겨 있다면 그가 기록한 기자 대피라미드 건설에도 그런 요소가 존재할 가능성이 있다. 헤로도토스는 기자 대피라미드 건축에 일반인과 노예를 동원해 20년 정도 걸렸다고 기록하고 있다. 그것도 농번기에는 농사를 지어가면서 말이다.[349] 평균 2.5톤 무게의 석재를 약 230만 개나 쌓는 초거대 토목건축 작업을 이런 식으로 진행해 20년 만에 완료했다는 것은 믿기 어렵다. 중세 이후 서구에서 지은 거대 규모 성당들은 그 설계부터 완공까지 수 세기가 걸렸다. 설계는 차치하더라도 적절한 운반 수단도 없었던 그 시기에 이처럼 단기간에 공사를 완료했다는 것은 말이 되지 않는다.

이어지는 장에서 살펴보겠지만 기자 대피라미드는 적당히 돌을 쌓아 올린 돌무더기가 아니다. 분명 세밀한 설계와 정밀 시공이 이루어졌다.[350] 주류 학계에서는 대피라미드 건축이 자신의 무덤으로 사용하려는 특정 파라오의 의지 아래 이루어졌다고 본다. 그러나 오늘날의 관점에서도 이는 거의 불가능한 일이다. 이 같은 건축을 하려면 설계에서 시공을 거쳐 완공에 이르기까지 적어도 몇 세대에 걸친 준비와 노력이 필요하다는 것이 내 생각이다.

결국 헤로도토스가 제시한 기간과 동원 인력의 양이나 질을 볼 때 그가 정말 역사적인 사실을 기록했다면 이는 기자 대피라미드의 건축이 아니라 보수 작업 정도에 해당하는 규모의 공사로 보인다. 다시 말해 신왕조 말기의 어떤 파라오가 기자 대피라미드를 보수한 기억이 헤로도토스에게 전해져 채록된 것으로 보인다는 얘기다.

기자 대피라미드의 외장 석재는 기자에서 멀지 않은 투라에서 채석한 양질의 석회암이다. 이것은 물러서 채석하기 좋고 대기 중에 노출되면 단단해져 외장재로 적합하다. 이집트의 석회암은 바닷물에서 석출된 탄산칼슘이 이산화규소 알갱이와 합쳐져 만들어졌다. 이때 석고가 결정화한 암염巖鹽과 함께 섞였다. 투라 석회암은 이산화규소 성분이 다른 지역보다 상대적으로 많아 단단하고 흰색을 띤다.[351] 이에 따라 풍화 작용에 비교적 잘 견딘다.

결정화한 암염과 석고 성분은 건축 초기에는 석재 전체에 고루 분포해 있지만 시간이 지나면서 외부로 이동해 사막 기후에 풍화된다. 이 과정은 석재가 원래 표면에서 균일하게 손실되는 후방풍화Back Weathering다. 이것은 보통 아주 서서히 일어나지만 수분을 함유한 모래 속에 묻히면 가속화된다. 주야의 온도차가 심한 사막 기후에서는 수분 응결 현상도 일어난다. 이때 표면에 응결된 수분이 내부로 침투했다 증발하면 석회암에 함유된 소금 결정이 팽창하면서 표면의 일부가 조각나 떨어지는 비균일 풍화가 일어난다. 바람이나 빗물 때문에 비균일 풍화가 일어나기도 한다.[352]

비록 외장 석재로 사용한 투라 석회암이 기자 지역의 석회암보다 양질이긴 했으나, 신왕국 시대쯤엔 오랜 세월 동안 주야 온도차가 심한 대기에 노출되거나 습한 모래에 묻히면서 풍화 작용에 따른 표면 손상이 불가피했을 것이다. 헤로도토스의 기록은 혹시 그 복구 공사의 기억을 반영한 것이 아닐까?[353]

그러면 기자 대피라미드를 건설한 정확한 시기는 언제일까? 15장에서 자세히 살펴보겠지만 최근 천문고고학적 방법을 동원해 기자 대피라미드가 가리키는 시대를 확인했다. 그 시기는 기원전 2500년경으로 고왕국 4왕조의 쿠푸 왕 재위 시기와 상당히 일치한다.

쿠푸 왕의 재위 시기

20세기 초의 학자들은 쿠푸 왕의 통치기를 기원전 2900년경이라고 보았으나 오늘날 널리 공인하는 것은 대략 기원전 2500년대 중후반이다.[354] 이 연대는 학자들에 따라 수십 년의 차이를 보이며 그의 재위 기간도 논란의 대상이다. 그 진위가 다소 의심스럽지만 기자 대피라미드의 '왕의 방' 상부에 설치한 하중을 줄이는 공간의 벽에 기자 피라미드가 쿠푸 왕과 연관된다는 것을 보여주는 기록이 존재한다. 그 내용은 '쿠푸의 친구들Khufu's Friends'인데 흔히 이 부분을 건축한 이들의 조組 이름으로 본다. 좀 이상하긴 해도 어쨌든 이 해석을 받아들인다면 기자 피라미드의 왕의 방 근처가 쿠푸 시대에 만들어진 게 사실이라고 볼 수 있다. 그럼 그 시기는 언제일까? 그 벽에는 '열일곱 번째 가축 수를 세었던 해'라고 되어 있다. 쿠푸 왕의 아버지인 3왕조 스네프루 시대에 가축 수를 세는 일을 격년제로 했다는 기록이 존재하는데, 그런 전통이 4왕조까지 이어졌다면 왕의 방 건축은 쿠푸 왕 통치 34년쯤에 이뤄진 셈이다.[355] 한데 잠시 후 좀 더 자세히 논의할 와디 엘-자르프의 파피루스에는 기자 대피라미드에 외장 석재를 붙이는 공사가 열세 번째 가축 수를 센 해에 진행 중이라고 되어 있다. 쿠푸 왕 통치 26년 이후에도 기자 대피라미드 공사를 진행하고 있었다는 얘기다.[356]

헤로도토스는 쿠푸 왕이 20년 동안 피라미드를 건설했는데 그 이전 10년 동안 진입로를 만들었다고 했으므로 그가 즉위 후 곧바로 건설에 착수했다면 쿠푸 왕 통치 30년 만에 기자 대피라미드 건설을 완료했다고 볼 수 있다. 그러나 이미 앞에서 살펴보았듯 그가 쿠푸 왕이라고 생각한 인물이 사실은 신왕국 시대에 기자 대피라미드를 보수한 어떤 왕이었을 가능성도 있으므로 그의 주장을 액면 그대로 받아들이기는 어렵다.

고대 이집트 기록으로 가장 신빙성 있게 받아들여지는 신왕국 19왕조 때의 토리노 파피루스에 따르면 쿠푸 왕의 통치 기간은 23년이다. 만약 이 문서가 앞서의 들일처럼 격년제 셈법에 따라 만든 것이라면 46년일 가능성이 있다. 그가 이 정도로 오랫동안 이집트 땅을 통치했다면 사망 시점은 대략 기원전 2500년경이다. 이는 기자 대피라미드가 천문고고학적으로 가리키는 시기와 상당히 일치한다. 그가 정말로 대피라미드 건축에 관여했음을 가리키는 듯한 또 다른 구체적인 증거가 최근 발견되었다.

쿠푸 왕의 파피루스

21세기 들어 인류 고대사를 다시 써야 할 만한 발견이 잇따르고 있다. 특히 고대 이집트 유적지에서 주로 발견이 이뤄지고 있어 매우 고무적이다. 그중 하나로 쿠푸 왕 시절에 쓰였다고 하는 가장 오래된 파피루스가 있다.

1832년 영국의 탐험가 가드너 윌킨슨 경은 이집트 동부 해안의 수에즈만 중간쯤에 위치한 와디 엘-자르프에서 고대 유적지 흔적을 발견했다는 기록을 남겼다.[357] 한동안 잊혔던 이곳은 1954년 프랑스의 두 아마추어 고고학자 프랑수아 비시François Bissey와 르네 샤보 모리소René Chabot Morisseau가 재발견하면서 발굴 작업이 이뤄졌다. 이 발굴 작업은 이집트 내의 정치적인 문제와 수에즈운하 국유화라는 국제적 이슈 때문에 한동안 중단되었다. 그러다가 2011년에야 프랑스의 연합 발굴단이 본격적인 발굴 작업에 들어갔다. 그해에 연합 발굴단을 이끈 소르본대학교 고고학자 피에르 탈레Pierre Tallet는 고왕국 4왕조 때 배 보관소로 만든 벌집 형태의 동굴을 발견했다. 발굴 작업을 계속한 그는 2013년 뜻밖에도 놀라운 발견을 했는데 그것은 고대 이집트 4왕조 쿠푸 왕 때 쓴 파피루스 두루마리들이었다.

이 파피루스에는 기자 대피라미드와 관련해 고무적인 내용이 담겨 있었다. 놀랍게도 그 파피루스는 기자 대피라미드의 외장 석재를 운반하는 작업에 참여한 중간 관리자가 쓴 것이었다. 200여 명의 선원을 지휘한 그는 이집트 외곽에서 이런저런 귀중품을 배에 싣고 수도 멤피스로 향하다가 양질의 석회암 채석장으로 유명한 투라에 잠깐 들러 석재를 싣고 기자까지 운반했다고 기록했다. 그는 이 사실을 귀족인 앙크하프Ankh-Haf에게 보고했다고 썼는데 그는 바로 쿠푸의 이복형제다.

미국 시카고대학교 동양학 연구소의 이집트 고고학 방문교수이자 고대 이집트 연구 연대Ancient Egypt Research Associates의 대표를 맡고 있는 마크 레너 박사는 자신이 마치 피라미드 건축자의 시대로 시간여행을 간 것처럼 생생한 기록이라고 평가했다. 이집트 고고장관을 역임한 자히 하와스는 이를 두고 이집트학과 관련해 21세기의 가장 위대한 발견이라고 선언했다.[358] 과연 이 문서는 정말로 쿠푸 왕 시절의 기자 대피라미드 건설 공사와 관련이 있는 것일까?

쿠푸 왕 미스터리

기자 대피라미드라는 인류사에 길이 남을 위대한 유적을 건설한 파라오이면서도 쿠푸 왕과 관련해 남아 있는 유물이 사실상 하나도 존재하지 않는다는 것은 커다란 의문이다. 1903년 플린더스 페트리는 아비도스에 있는 오시리스 신전에서 상아로 만든 머리 없는 사람의 조각상을 발견했다. 이를 면밀히 살펴본 그는 다리 쪽에 쿠푸라는 상형문자가 새겨져 있는 것을 발견하고 그것이 쿠푸 왕의 조상彫像임을 깨달았다. 그때까지 쿠푸와 관련된 어떤 유물도 발견한 일이 없었으므로 페트리는 크게 고무되었다. 그는 어떻게 해서든 잃어버린 머리를 찾아야겠다고 결심하고 발굴 작업자들을 독려한 끝에 머리를 찾아내는 개가를 올렸다.[359]

아직까지 이 유물은 현존하는 쿠푸 왕의 유일한 조각상으로 알려져 있다. 높이가 겨우 7.5센티미터로 지금까지 발견한 고대 이집트 파라오 조각상 중 제일 작아 가장 큰 피라미드를 건설한 파라오와 걸맞지 않는다는 평도 있지만 아무튼 그것은 쿠푸 왕 시절에 만들었다는 게 학계의 정설이었다. 그런데 최근 이 분야의 최고 전문가 자히 하와스가 이 조각상이 고왕국으로의 복고 운동이 한창이던 신왕국 26왕조 때 만들어진 것이 거의 확실하고 주장했다.[360]

▲ 도판74 쿠푸 왕의 조각상.

자신이 발견한 조각상 외에 쿠푸 왕의 흔적을 더는 찾지 못한 페트리는 헤로도토스의 기록을 바탕으로 쿠푸가 폭군이라 후대에 그의 자취를 지운 것으로 해석했다.[361] 하지만 만일 그가 진정 기자 대피라미드 건축을 지휘한 파라오였다면 그는 절대 폭군일 수 없다. 그처럼 인류 역사상 최고 기념비적인 건축물은 결코 폭군의 절대 권력으로 건설할 수 없기 때문이다.

덴마크의 토목공학자 가드 헨슨P. Garde Hanson은 엔지니어의 입장에서 대피라미드 건축 공정을 면밀히 분석해보았다. 결국 그는 다음과 같은 구절로 보고서를 끝맺어야 했다.

"일반적으로 그런 공사를 제대로 진행하려면 키루스, 알렉산드로스, 카이사르, 나폴레옹, 웰링턴을 합쳐놓은 천재가 조직한 군대를 투입해야 한다고 생각한다."[362]

만약 쿠푸가 기자 대피라미드 건설을 총괄한 파라오라면 그는 세종대왕처럼 뛰어난 정치가이자 행정가 그리고 과학기술을 최고

조로 끌어올린 과학기술자의 풍모를 지닌 성군이었을 것이다. 이와 달리 그의 유물이 전무하다시피 한 점이 그가 폭군이었음을 의미한다면 그는 기자 대피라미드 건설을 주관한 이가 아니었다고 봐야 한다.[363]

대피라미드와 돌항아리의 시기 문제

고대 이집트 문명의 최고 절정기는 언제일까? 높은 경도 위주로 돌항아리를 제작한 선왕조 시대와 기자 대피라미드를 건설한 고왕국 시대 중 어느 때가 고대 이집트 문명의 최고 절정기였을까? 기자 대피라미드 건축에는 높은 경도의 석재를 조금밖에 사용하지 않았다. 하지만 초거대 규모로 초정밀 건축을 구현했다는 점에서 그 기술적 완성도를 높이 평가할 수밖에 없다(이 부분은 이어지는 장에서 자세히 살펴본다). 높은 경도의 돌항아리 제작 기술 수준은 앞서 살펴본 바와 같다. 공학자의 입장에서 그 우열을 가리기는 어렵다.

돌항아리 제작 기술은 선왕조 시대에 더할 나위없는 수준에 도달했다. 만일 대다수 학자가 생각하듯 고왕국 4왕조 시대가 최고 절정기였다면, 이 기술도 이때 정점을 찍었을 텐데 오히려 그 시대에 이르러 감쪽같이 사라지는 상황이 연출되고 있다. 피라미드 건축에 집중하면서 돌항아리 제작 기술자들을 모두 거기에 투입했기 때문일까? 하지만 이런 시각은 논점을 크게 벗어난다. 나는 양적인 문제를 지적하는 게 아니라 질적인 부분을 문제 삼는 것이다.

고대 이집트의 파라오와 연관된 많은 물건이 종교 의식과 깊은 관련이 있었다. 따라서 피라미드 시대에도 기본적으로 중요한 유물은 제작했어야 한다. 문제는 피라미드 시대의 정점으로 거론하는 4왕조 때 이 고급 기술이 종적을 감추었다는 데 있다. 이를 어떻게 설명해야 할 것인가?

모든 정황으로 미루어 생각해볼 때 기자 대피라미드 건립 시기를 기원전 2500년경에 국한할 이유는 없다. 이보다 수 세기 전부터 건축을 진행했을 가능성이 충분히 있다. 이처럼 기자 대피라미드의 건립 시기를 높은 경도의 돌항아리 제작 시기와 맞추면 기술적 불일치를 극복할 수 있다. 실제로 이 가정을 지지하는 듯 보이는 증거가 있다.

선왕조 시대와 대피라미드의 연관성

1984년 기자 대피라미드가 기원전 1만 500년경에 만들어졌다고 주장하는 에드가 케이시 재단Edgar Cayce Foundation의 지원을 받아 마크 레너 등이 스위스 취리히의 방사선 가속 장치를 사용해 기자 피라미드군의 연대를 측정했다. 피라미드 건설에 사용한 석재는 탄소 동위 원소법으로 그 연대를 판정할 수 없어도 갈대나 나무의 재가 섞인 모르타르는 연대 측정이 가능하기 때문이다. 연대 측정 결과 널리 알려진 고왕국 4왕조 때보다 약 400년 앞선 시기가 나왔다.[364] 레너 박사는 그 결과를 다음과 같이 요약했다.

기자 대피라미드 건설 시기는 기원전 3809년부터 기원전 2869년으로 나왔다. 일반적으로 그때는 이집트학 학자들이 지목하는 쿠푸 왕의 시기보다 훨씬 이른 시기다. 요약해서 말하면 샘플에 따라 탄소 동위 원소법 측정 결과는 그 건설 시기가 기존 이집트 연대기에서 200년부터 1200년까지 벗어나 있음을 시사한다. 이것은 실로 놀라운 일이다. 그래서 정통 이집트학 학자들에게 골치 아픈 문제를 제기한다. 기자 피라미드는 그들이 믿는 것보다 평균적으로 따져도 400년이나 더 오래되었다. 이 정도면 지금까지 뒤죽박죽의 역사를 써온 것이 아닌가?[365]

또한 탄소 동위 원소법 측정 결과 3왕조 때 만든 것으로 알고 있던 사카라 고분군도 400년 정도 이전에 만들었다는 것이 밝혀졌다.[366] 고왕국 시대 피라미드의 탄소 동위 원소법 분석은 1995년에 다시 진행했는데, 그 결과는 10년 전과 크게 다르지 않았다.[367] 주류 학계에서는 이 같은 결과를 '오래된 나무 문제Old Wood Problem'라고 부른다.[368] 그들은 이 골치 아픈 문제를 놓고 고대 이집트인이 건축물을 지을 때 목재 수급에 문제가 있어서 오래전에 쓰러진 나무나 오래된 목조 건축 자재로 재를 만들어 사용했기 때문이라는 주장으로 자신들이 가꿔온 '정설'을 사수하고 있다.[369]

그러나 미국 보스턴대학교 지질학과 로버트 쇼흐 교수는 탄소 동위 원소법으로 밝혀진 사실은 기자 대피라미드를 선왕조 시대부터 장기간에 걸쳐 여러 파라오가 건축했거나 보수했음을 의미한다고 해석한다. 4왕조에 이르러 쿠푸가 마지막으로 이 건축물을 마무리했거나 보수·유지한 파라오라는 것이 그의 판단이다.[370]

쇼흐의 설명은 현재 정설로 자리 잡은 연대기대로 분류했을 때 왜 4왕조와 5왕조 사이에 확연한 문명 단절이 나타나는지 이해하게 해준다. 이미 4왕조 때부터 기술 수준이 형편없었으나 대피라미드를 비롯한 기자 피라미드군을 4왕조 때 건설한 것으로 인식함으로써 이런 문제가 발생한 것이라고 볼 수 있다.

대피라미드를 주로 건설한 시기를 선왕조 시대로 해서 연대기를 다시 쓰면 선왕조 시대에 발달한 석공예 기술이 왕조 시대에 접어들어 급격히 몰락한 사실과도 잘 부합한다. 왕조 시대에는 높은 경도의 석재를 정교하게 다듬을 기술도, 돌을 한 치의 오차도 없이 쌓아올려 반만년 이상을 유지할 만한 건축 기술도 존재하지 않았던 것이 틀림없어 보인다.

15장

오시리스 시대

PYRAMID CODE

기자 대피라미드의 환기구

일찍이 조마르는 기자 대피라미드의 출입구가 북쪽으로 나 있다는 사실에 주목했다. 그가 보기에 출입구는 낮에 기자가 위치한 자오선을 지나는 주극성을 관찰하기에 안성맞춤이었다. 그래서 그는 대피라미드 출입구를 출입용뿐 아니라 별 관측용으로 설계한 것이라고 생각했다.[371] 기록상 갱도나 우물에서 낮에 별을 관측할 수 있음을 최초로 언급한 이는 아리스토텔레스다.[372] 그의 과학 지식이 대부분 고대 이집트에서 비롯되었다는 사실을 받아들이면, 기자 대피라미드의 입구가 낮에 별 관측용으로 쓰였을 것이란 조마르의 추정은 상당한 설득력이 있다.

그 후 2세기가 지난 1964년 영국 천문학자 버지니아 트림블과 영국 이집트학 학자 알렉산더 바다위는 조마르의 아이디어를 출입구가 아닌 왕의 방과 연결된 북쪽과 남쪽 '환기구들Air Shafts'까지 확대해 적용해볼 생각을 했다. 그들이 보기에 왕의 방에서 쿠푸 왕 영혼은 종교 의식을 통해 '불멸의 존재들The Imperishables'인 주극성으로 향하거나 오시리스 신의 한 형태로 '사후-오시리스Sahu-Osiris'를 상징하는 오리온좌로 향했을 것이 틀림없었다. 그들의 어림 계산에 두 환기구가 쿠푸 왕 시절인 기원전 2500년경 대체로 이 두 방향을 향했기 때문이다.[373] 그렇지만 당시에는 환기구의 정확한 각도 측정이 이뤄지지 않아 이들의 주장은 별로 주목받지 못했고 단지 하나의 가설로 받아들여졌다.

30여 년이 지난 뒤 아마추어 이집트학 학자 로버트 바우벌과 아드리안 길버트는 이들의 가설을 좀 더 확대할 수 있음을 깨달았다. 다소 불완전해 보이긴 해도 기자 대피라미드의 '왕의 방'뿐 아니라 '여왕의 방'에도 각각 남쪽과 북쪽으로 직선 갱도가 한 쌍씩 만들어져 있었기 때문이다. 고고학자들은 이들 갱도를 환기를 목적으로 만든 것으로 판단하고 환기구들이라는 이름을 붙였으나 사실 일부는 끝이 막혀 있어 환기 작용을 할 수 없다. 또한 이 때문에 별을 직접 관측할 수 있는 것도 아니다. 그러나 바우벌과 길버트는 이들 갱도가 주요 별자리의 특정한 별들을 지향하도록 만들었음을 깨달았다. 그동안 대피라미드 내부의 여러 부분을 자세히 측정하면서 가설을 검증하기에 충분한 자료가 쌓인 덕분이다.[374] 그렇다면 그것은 구체적으로 어떤 별들일까?

고대 이집트 신화에서 주신은 호루스지만 그를 낳아준 아버지와 어머니인 오시리스와 이시스의 역할 또한 그에 못지않게 매우 중요하다. 고대 이집트 장례 문서에는 두 남녀 신의 결합이 중요한 모티브로 등장하는데, 그래야 호루스를 잉태하므로 이는 당연

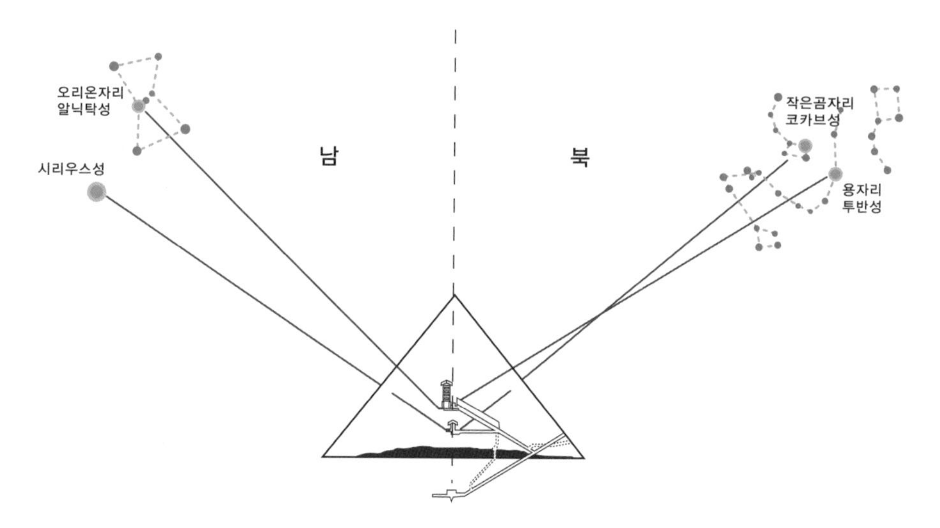

▲ 도판75 기자 대피라미드 속 '왕의 방'과 '여왕의 방'에 있는 갱도의 방향으로 관측할 수 있는 별자리.

한 일이다. 그런데 고대 이집트 제례의 중요한 어느 순간에 두 신의 상징적 결합이 하늘에서 이뤄지는 것으로 묘사되어 있다. 신들을 별자리와 동일시한 것이다. 바우벌과 길버트는 두 별자리가 각각 사냥꾼 자리의 오리온과 개자리의 시리우스임을 깨달았다. 붙인 이름대로 만일 왕의 방이 오시리스와, 여왕의 방이 이시스와 관련이 있다면 왕의 방의 남쪽 갱도는 오리온 쪽을 그리고 여왕의 방의 남쪽 갱도는 시리우스 쪽을 지향할 것이다.

문제는 세월이 흐르면서 이 지향이 바뀐다는 점이다. 앞서 말한 세차 운동 때문이다. 바우벌과 길버트는 컴퓨터 시뮬레이션 결과 두 갱도가 조준하는 방향으로 알니탁Alnitac(제타 오리온)과 시리우스가 지나던 시기가 기원전 2500년경임을 확인했다. 이 시기 왕의 방 북쪽 갱도는 용자리의 투반성Thuban을 지향했고 여왕의 방 북쪽 갱도는 작은곰자리의 코카브성Kochab을 가리켰다. 두 별도 고대 이집트 신화에서 중요한 의미가 있는 주극성이었기에 이들은 기자 대피라미드 건설 시기를 기원전 2500년경으로 선언했다.[375]

이처럼 고고천문학적 방법에 의거해 지목한 시기는 얼마나 정확할까? 나중에 자세히 살펴보겠지만 이들 환기구가 ±50년 이내 오차로 정확히 별자리들을 지향한다고 단언할 수 있는 이유는 기자 대피라미드를 엄청난 정밀도로 건축했기 때문이다.

자히 하와스는 와디엘-자르프 파피루스를 21세기 이집트학의 가장 위대한 발견이라고 했다. 그렇다면 바우벌과 길버트의 성과는 20세기 고고천문학사에 길이 남을 업적으로 평가받을 만하다. 그 시기가 역사 교과서에 기록된 것보다 50~100년 늦긴 하지만[376] 정말로 '피라미드 시대'가 그때였음을 입증하는 중요한 증거로 보인다. 그러나 이 시기적 일치도 기자 대피라미드를 반드시 '피라미드 시대'에 국한해 건설했다는 증거로 볼 수 없다는 것이 내 생각이다.

고대 이집트의 문화적 내구성

고대 이집트 문명에는 독특하게도 이른바 '문화적 내구성'이 존재한다. 우리는 500여 년 전 세종대왕 시절에 쓴 한글 내용도 제대로 이해하기 힘들고 그 발음을 내기도 어려워한다. 그런데 고대 이집트 고왕국 시대의 언어와 문자는 2500년이 지난 프톨레마이오스 시대에도 사실상 변한 것이 없었다.[377] 제대로 확인할 수 있는 증거가 고왕국 5, 6왕조 시대의 피라미드 내벽에 쓰인 '피라미드 텍스트'뿐이라서 고왕국을 특정했지만 선왕조 시대부터 문자가 존재했으므로 나는 이 시대까지 '문화적 내구성'을 확장해도 된다고 생각한다. 고대 이집트인은 신들의 황금시대에 그들의 문명을 이미 완성했으므로 이를 지키는 것을 중요한 사명이라 믿었고 그 대표적인 유산이 상형문자다(흔히 상형문자라고 번역하는 'Hieroglyph'의 원뜻은 신성문자神聖文子다).

고대 이집트인의 문화적 내구성이 어느 정도인지 알 수 있는 대표적인 사례가 신왕국 26왕조 시대의 복고풍이다. 이 시대에는 2000여 년 전의 고왕국 시대 문물로 회귀했는데 그 유물이 어찌나 고왕국 시절과 똑같은지 고고학자들도 헷갈릴 정도다. 이처럼 고대 이집트인은 자신들의 문화적 유산을 두고두고 되새김질하는 희한한 전통을 유지했다. 어쩌면 고대 이집트 왕국의 성립도 이런 틀 안에서 이해해야 할지 모른다.

역할극 수행자로서 파라오

이제 기자 대피라미드로 대표되는 피라미드 건축을 심도 있게 생각해보자. 오늘날 고대 이집트의 모든 거대 고분을 왕이나 귀족의 무덤이라고 확정적으로 말하지만 그렇지 않은 종류도 존재한다. 이집트 땅에는 이른바 가묘假墓라 불리는 무덤이 산재해 있다. 흥미롭게도 진짜 시신이 묻힌 무덤보다 가묘의 숫자가 훨씬 더 많아 보인다(현재까지의 발굴 결과가 그 방향을 가리키고 있다). 과연 가묘는 누구의 것일까? 그것은 파라오가 아니라 오시리스 신을 위한 것이었다. 초기의 고대 이집트에서 파라오는 오늘날 우리가 인식하는 전제 군주와 그 성격이 많이 달랐다. 그들은 개개인의 이익을 위해 군림하는 존재가 아니라 태고의 황금시대에 존재한 그들 신의 뜻을 이어받는 신관의 성격이 강했다.[378] 따라서 무덤을 만들어도 그것은 개인이 아닌 신을 위한 것이었다.

앞서 기자고원 대스핑크스와 카프레 피라미드 사이의 지하에서 수로에 둘러싸인 직사각형 돌 섬에 관이 놓인 지하묘를 발견했다고 말했다. 도굴되지 않았음에도 관 속에 미라가 존재하지 않아 학자들은 이 공간을 오시리스의 가묘로 보고 있다.[379] 이집트 아비도스에 건설한 오시레이온Osireion은 반 지하에 마련한 공간으로 가운데가 섬처럼 되어 있다. 헤로도토스가 말한 것이나 실제로 기자에서 발견한 공간과 유사한 구조다. 이곳 또한 오시리스의 장제전葬祭殿 또는 가묘로 널리 알려져 있다.[380] 진짜 묘가 아닌 것이다. 기자 대피라미드의 왕의 방도 일종의 가묘였을 수 있다. 장례 의식 이후로 그곳의 석관에 시신을 보관하지 않았을 가능성이 매우 크다.[381] 따라서 기자 대피라미드의 '왕의 방'이나 기자의 지하에 섬처럼 조성한 묘실은 모두 처음부터 진짜 시신을 안치하기 위해 조성한 곳이 아니라 오시리스 신과 관련된 제의를 위해 만들었다고 봐야 한다는 게 내 생각이다.

이처럼 기자 대피라미드를 쿠푸라는 한 사람의 무덤으로 만든 게 아니고 오시리스 신과 관련된 종교 의례에 필요해서 만든 것이라면, 굳이 그 건축 시기를 쿠푸 왕 시대에 국한할 이유는 없다.

▲ 도판76 오시레이온.

그가 누구든 기원전 2500년경 쿠푸라는 이름으로 살아야 했던 한 파라오의 종교 의식을 위해 기자 대피라미드를 지은 것이라고 볼 수 있으니 말이다. 쿠푸 왕 스스로의 판단으로 자신의 무덤을 만든 것이 아니라 오래전부터 국가 차원에서 진행해온 어떤 구도에 따라 대피라미드를 건설했고, 때가 되자 쿠푸는 자신이 맡은 역할에 충실했다는 얘기다.

그러면 이것을 쿠푸의 무덤이 아니라고 봐야 할까? 특정 시기에 고대 이집트 종교에서 중요시하는 별들에 정렬하도록 만들었고, 쿠푸가 당시 고대 이집트 왕국의 파라오였다면 대피라미드는 그의 무덤이라고 할 수 있다. 그러나 그것은 한 인간으로서의 쿠푸 왕 무덤이 아니라 죽어서 오시리스화한 쿠푸의 무덤이다. 쿠푸 미라의 이러한 오시리스화는 종교 의례 기간에 국한되었을 것이므로 그의 시신을 기자 대피라미드 내에 영구 보존할 이유는 없었을 것이다.[382] 엄밀히 말하면 기자 대피라미드는 무덤이 아니라 장제전이었다. 이렇게 고대 이집트에 보다 큰 구도가 존재했다고 보면 기자 대피라미드 건축에 담긴 수수께끼도 어느 정도 풀린다.

헤로도토스는 이 건축물을 불과 20년 만에 완성했다고 했다. 그의 기록을 액면 그대로 받아들이지 않는다 해도 만일 그것을 쿠푸 왕 살아생전에 설계해 시공했다면 건축 기간을 수십 년 이내로 제한해야 한다. 이런 제한적 상황에서 작업하는 것은 현대적 기계장치를 동원할 수 있는 오늘날에도 무리다. 많은 것을 인력에 의존했을 수천 년 전에 이처럼 엄청난 시간적 제약 아래 기자 대피라미드 같이 초거대 건축물을 완벽하게 건축한다는 것은 상상조차 하기 힘들다. 결국 이 문제는 쿠푸 왕 시절이 오기 오래전부터 설계와 건축을 진행해왔다는 가정으로 해결이 가능하다.

실제로 와디엘-자르프 파피루스는 쿠푸 왕 시절에 기자 대피라미드 외장 석재인 투라 석회암을 운반한 기록만 담고 있다. 그것도 먼 곳에서 다른 일을 보고 겸사겸사 투라에 들러 석재를 운반했다고 기록했다. 만일 쿠푸 재임 기간에 설계부터 채석, 운반로 개척, 운반, 건축을 모두 진행했다면 이처럼 느슨하게 일할 수 없었을 것이다. 그 기록은 앞서 말한 외장 석재 보수 작업을 의미할 확률이 높다.[383] 피라미드 건축은 대부분 그 이전에 이뤄지고 쿠푸는 자신의 장례식을 앞두고 마지막 남은 외장 석재 마무리 공사 정도만 했을 수 있다. 그렇지 않고는 그토록 한가한 상황을 연출할 수 없었을 것이라는 게 내 생각이다.

대피라미드와 별의 정렬

그가 누구든 기원전 2500년경 쿠푸라는 이름으로 살아야 했던 한 파라오의 종교 의식을 위해 기자 대피라미드를 지은 것이라는 점은 부정할 수 없는 사실처럼 보인다. 이미 그렇게 예정된 것이었을 터다. 그 시대에 존재한 파라오는 사후 오시리스화하여 자신의 중요한 역할을 다했다. 그러므로 대피라미드 내부에서 쿠푸라는 이름이 나온 것은 전혀 이상하지 않다. 물론 그가 정말로 그 건축물을 지었는가는 별개의 문제다.

앞서 밝혔듯 기자 대피라미드가 기원전 2500년경의 성좌들에 정렬하고 있음은 틀림없는 사실이다. 고대 이집트의 태양 신전들은 하지와 동지 때 떠오르거나 지는 햇빛이 신전문과 정렬하도록 하고, 늘어선 열주가 내부로 들어오는 빛을 재단裁斷하게 해 지성소至聖所에 도달하는 날카로운 빛줄기가 극도로 정확히 시간을 맞추는 천체 캘린더로 설계했음이 밝혀졌다. 물론 이것은 정해진 때에 제대로 주술적 목적을 달성하기 위함이었다.[384]

기자 대피라미드의 갱도는 별빛이 왕의 방이나 여왕의 방으로 직접 입사하지 못하는 구조다. 따라서 별빛을 직접 보려는 실용적 목적보다 계산에 따라 원하는 별들이 정렬하도록 이론적으로 설계했음에 틀림없다. 갱도의 정렬 각도는 건립 이전 수백 년 전에 결정했지만 고대 이집트인은 세차 운동 지식이 충분했기에 향후 변화까지 미리 계산했을 것이다.

고대 이집트인의 믿음

기자 대피라미드를 고대 이집트인의 중요한 종교적 목적에서 건축한 것이라면 고대 이집트 성립도 한바탕 커다란 종교 축제의 일환이었을 수 있다. 우리가 상식적으로 생각하는 경제적, 정치적 이유가 아니라는 말이다. 고대 이집트인은 왕국 성립이 경제나 기후, 지형적 요인이 아니라 오직 통일을 이루고 왕위에 오른 위대한 왕 메네스 덕이라고 믿었다.[385] 이 때문에 이집트학 학자들은 고고학적 탐사로 역사적인 메네스의 흔적을 찾기 위해 노력했다. 하지만 이것은 헛수고처럼 보인다.

고대 이집트인은 '첫 번째 때The First Occasion' 또는 '신의 때The Time of God'에 유독 집착했는데, 이는 오시리스와 호루스 신이 통치하던 시기다. 왕조 시대의 모든 파라오는 그 시기의 일을 종교의식으로 재현하려 애썼다.[386] 고대 이집트 전통에서 통일왕국을 이룬 이는 '오시리스 안의 호루스Horus in the (Embrace of) Osiris'로 사실 메네스는 오시리스와 호루스가 합체한 신격으로 봐야 할 충분한 이유가 있다.[387] 즉, 고대 이집트인은 주기적으로 대대적인 종교 축제를 통해 '첫 번째 때'를 재현하려 했다.

이들 신과 관련해 어떤 중요한 주기가 도래하면서 대대적인 축제가 있었고, 이를 기념하기 위해 건축한 것이 기자 대피라미드로 대표되는 초기의 거대 피라미드들이라고 나는 생각한다. 아마도 화성암 돌항아리 제작 기술이나 초거대 피라미드 건축 기술 등은 선왕조 시대에 개발한 것이 아니라 그보다 훨씬 이전에 완성했을 것이다. 축제 기간을 맞아 숨겨둔 기술을 고급 인력에게 가르쳐 이를 현실로 구현해낸 것이 우리에게 고대 이집트 문명 성립으로 비춰질 수 있다는 생각이 든다. 만일 이것이 사실이라면 이 새로운 주기의 도래는 무엇이었을까?

오시리스의 때

나는 기원전 2500년에 종교적으로 의미 있는 별자리들이 정렬했다는 것은 그 시점이 매우 중요한 어떤 종교 의식과 연관이 있음을 가리킨다고 본다. 기원전 3100년 이전부터 오시리스의 죽음과 부활을 재구성한 대대적인 종교 행사 '세드 축제Sed Festival'를 연속으로 연 것[388]이 이러한 정황을 지지한다. 그러므로 기자 대피라미드가 가리키는 시기는 오시리스 신과 관련해 생각해볼 필요가 있다.[389] 아주 중요한 시기에 맞춰 대대적인 종교 축제를 개최하기 위해 수 세기 전부터 기자 대피라미드 건축을 준비하고 진행했을 수 있다는 것이다.

만일 그렇다면 그 중요한 시기는 뭘까? 오시리스나 이시스와 깊이 연관되어 있다면 그 시기는 그들이 살았던 '첫 번째 때'와 관련되어 있을 확률이 높다.[390] 앞에서 우리는 고대 이집트인이 세차 운동을 중요한 장주기로 사용했음을 보여주는 여러 정황을 살펴봤다. 따라서 기원전 2500년 즈음이 이 장주기와 긴밀하게 연관되어 있을 것이라고 가정해볼 수 있다. 세차 운동 1주기는 약 2만 6000년이다. 이것을 염두에 두고 가장 먼저 생각해볼 시기는 아서 하딩이 주장한 것처럼 기자 대피라미드의 환기구들이 가리키는 시점인 기원전 2500년경으로부터 2만 6000년 전이다. 이 경우 오시리스의 때는 기원전 2만 8500년쯤이다. 그런데 만약 세차 운동의 반주기를 기념하는 행사가 고대 이집트 피라미드 시대에 이루어진 것이라면?

이집트학의 선구자 런들 클락은 1만 2954년을 불사조 피닉스가 귀환하는 주기라고 했다.[391] 로버트 바우벌은 이 주기가 세차 운동 반주기와 일치한다면서 고대 이집트인이 매우 중요하게 생각한 주기라고 지적한다.[392] 이와 관련해 그레이엄 핸콕은 그의 베스트셀러 《신의 지문》에서 고대 이집트인이 세차 운동 반주기를 중요시한 정황을 제시한 바 있다.[393] 만일 대피라미드의 성좌 정렬이 세차 운동 반주기를 기념하기 위한 것이었다면 오시리스의 때는 기원전 1만 5500년경으로 헤로도토스가 지목한 오시리스의 시기와 정확히 일치한다.[394] 이처럼 고대 이집트인이 천체 주기에 극도로 집착했다고 가정할 경우, 이는 1장 마지막 부분에 말한 것처럼 샹폴리옹이 기원전 3100년경이 아닌 기원전 2500년경을 고대 이집트의 출범 시기로 해석한 것과도 잘 부합한다.

16장

대피라미드에 숨겨진 지구의 크기

PYRAMID CODE

피라미드 바보

대피라미드로 대표되는 기자의 피라미드들이 우리가 알고 있는 문명과 상당히 동떨어진 문명에서 비롯되었다고 믿는 이들이 있다. 그중 일부는 고대에 지구를 방문한 외계인이 피라미드를 건축했다고 주장한다. 에리히 폰 데니켄Erich von Däniken과 제카리아 시친Zecharia Sitchin이 대표적인 인물이다. 또 다른 이들은 아틀란티스처럼 잊힌 문명에서 피라미드 건축 기술을 전수했다는 식의 주장을 한다. 에드가 케이시나 찰스 베를리츠Charles Berlitz가 대표적이다.

이들은 피라미드에 고대의 놀라운 지식이 담겨 있다고 믿는다. 지구의 크기나 태양계와 관련된 지식, 심지어 인류의 미래에 관한 예언이 피라미드 안에 암호화되어 있다고까지 주장한다. 특히 이집트 기자의 대피라미드가 그런 비전祕典의 지식을 담고 있는 보고라고 한다. 우리는 이들을 통칭해 피라미디오트Pyramidiot(피라미드 바보)라고 부르며 이들이 추구하는 신조를 피라미디오시

Pyramidiocy라 명명한다.[395]

최근에는 그들 나름대로 과학적인 듯한 논리로 무장한 피라미드 바보들이 등장해 기자 대피라미드에 지구 크기에 관한 정보가 담겨 있다고 주장하고 있다. 그 대표 격이 바로 그레이엄 핸콕이다.

4만 3200

대피라미드를 비롯해 기자의 피라미드군 구도가 기원전 1만 500년경 이미 정해졌다고 믿는 핸콕은 《신의 지문》에서 초고대 문명인이 기자 대피라미드 높이와 밑면 둘레 길이를 각각 지구 극반지름과 적도 둘레 길이의 1/4만 3200로 계획했다고 소개했다.[396] 고대 세계에서 4만 3200은 세차 운동과 관련해 중요한 숫자였기에 기자 대피라미드 건설자들이 이런 식으로 관련지었다는 얘기다. 이 주장은 오래전에 리비오 스테치니가 제기했으나 당시엔 대중적인 주목을 받지 못했다.[397]

나는 지구 크기에 관한 잊힌 문명의 지식이 고대 이집트로 전해져 대피라미드에 암호화되어 있을 가능성이 있다고 생각한다. 고대 이집트에 경·위도가 상당히 정확한 세계 지도가 있었다면 지구와 관련된 비전 지식도 역사 시대까지 보존하고 있었을 것이다. 그 정밀도로 미루어 천체 관측의 상당한 기술 수준을 반영한 대피라미드야말로 그런 지식을 간직하고 있을 가능성이 가장 크다.

이제 고려해볼 문제는 핸콕이 제시한 연관 관계가 얼마나 작은 오차로 들어맞느냐는 점이다. 핸콕에 따르면 최근 인공위성으로 계측한 극반지름은 6355.42킬로미터고, 적도 둘레는 40,068.04킬로미터다. 그가 제시하는 대피라미드 밑변 둘레 길이는 921.46미터(한 밑변 길이는 230.365미터)고 높이는 146.73미터다. 이를 바탕으로 그가 주장하는 관계를 살펴보면 다음과 같다.

1. 지구 극반지름 6355.42킬로미터를 43,200으로 나누면 147.11미터≒146.73미터(대피라미드 높이)
2. 적도 길이 40,068.04킬로미터를 43,200으로 나누면 927.50미터≒921.46미터(대피라미드 밑변 길이)[398]

이들 각각의 오차는 0.20퍼센트와 0.65퍼센트다. 핸콕은 그 오차가 극히 사소하다고 지적한다.[399] 정말 그럴까?

왕의 큐빗: 기자 대피라미드의 기본 단위

물건을 만들거나 건물을 지을 때 우리는 치수에 필요한 기본 단위를 정해 사용한다. 설계한 사람들과 제작 또는 시공하는 사람들 사이에 약속이 필요하기 때문이다. 오늘날 흔히 사용하는 단위는 미터나 피트다. 마찬가지로 고대 이집트에서도 치수를 측정하는 단위를 사용했는데 처음에 그 값이 정확히 얼마였는지는 아무도 모른다. 너무 오랜 세월이 지나 당시 사용한 '측정자'도 구하기 힘들 뿐더러 그런 것이 있더라도 시간의 흐름과 함께 그 값이 조금씩 변해온 까닭이다. 고대 이집트 초기에 사용한 척도를 알아내는 가장 정확한 방법은 기자 대피라미드 같이 당시 정밀하게 건축한 건축물의 안팎 치수를 재보는 것이다.

이런 목적으로 17세기부터 대피라미드의 치수 재기 작업을 진행했는데, 가장 선구적인 인물이 1장에서 말한 영국 옥스퍼드대학교 고전학자 존 그리브스 교수다. 하지만 당시에는 대피라미드의 상당 부분이 모래 속에 파묻혀 있었기 때문에 측정한 값이 부정확했다. 세월이 흐르면서 대피라미드의 기저부까지 완전히 드러나고, 또 측정 장비 발달로 정밀 측정이 가능해지면서 대피라미드가 한 밑변이 440 왕의 큐빗Royal Cubit, 높이가 280 왕의 큐빗이라는 사실이 관련 학자들 사이에서 널리 받아들여졌다.[400]

큐빗이란 팔꿈치를 뜻하는 라틴어 큐비툼Cubitum에서 따온 것으로 고대 이집트 상형문자에 팔꿈치 모양으로 표시되어 그렇게 부르고 있다. 상형문자로 알 수 있듯 일반적으로 그 길이 단위는 손끝에서 팔꿈치까지의 길이를 나타낸다. 사실 이 길이는 일정하지 않다. 키가 큰 사람이 키 작은 사람보다 길 것이니 말이다. 도대체 고대 이집트인이 초기에 사용한 정확한 측정 단위는 얼마였을까? 이 의문에 답하려면 지금까지 정밀 측정한 기자 대피라미드 안팎의 측정치를 살펴볼 필요가 있다.

표4는 지금까지 기자 대피라미드 밑변 길이를 측정한 대표적인 값을 시대 순으로 정리한 것이다.[401] 보다시피 기자 대피라미드 밑변 길이 측정치는 측정한 시대와 사람에 따라 조금씩 다르다. 이 차이는 측정 장치의 종류와 정밀도, 측정 방법, 측정자의 숙련도 등에 기인한 것으로 볼 수 있다. 그런데 어느 측정치를 선택하든

측정자		W. F. M. Petrie	J. H. Cole	Josef Dorner	Mark Lehner& David Goodman	Mark Lehner& Glen Dash
발표 시기(연도)		1883	1925	1979	1985	2015
밑변 길이 (미터)	북쪽	230.363	230.353	230.328	230.389	230.329
	동쪽	230.320	230.391	230.369	230.282	230.334
	남쪽	230.365	230.454	230.372	230.309	230.384
	서쪽	230.342	230.357	230.372	230.337	230.407
밑변 길이 평균 (미터)		230.348	230.364	230.360	230.329	230.363
평균치에 대한 최대 편차 (퍼센트)		−0.012	+0.012	−0.014	+0.026	−0.019

▲ 표4

밑변을 이루는 사각형은 변 길이의 편차가 0.02퍼센트 안팎인 거의 완벽한 마름모꼴이다.

상식적으로 과거에서 현재로 올수록 피라미드 각 밑변 측정 길이가 순차적으로 일정한 값에 수렴할 것으로 생각하지만 표에서 보듯 커졌다 작아졌다를 반복하고 있다. 물론 그 평균값은 230.36미터대로 어느 정도 수렴하는 것처럼 보이지만, 마크 레너와 데이비드 굿맨이 1985년에 발표한 값은 다른 측정치들과 상당한 편차를 보이면서

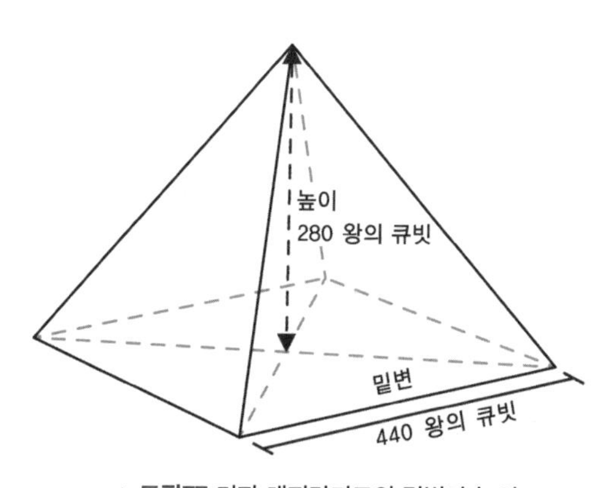

▲ 도판77 기자 대피라미드의 밑변과 높이.

최근 측정치가 반드시 더 신뢰할 만하다는 편견을 무너뜨린다. 이 편차는 기존과 철학이 다른 측정 방법 때문일 수도 있고, 측정자의 숙련도 문제일 수도 있다. 따라서 글렌 대시가 가장 최근에 측정한 대피라미드의 한 변 평균 길이 230.363미터가 가장 정확한 값이라고 단정짓기는 어렵다. 만약 그 값이 가장 정확하다고 전제하면 한 밑변 길이가 440 왕의 큐빗이고 소수점 이하 다섯째 자리에서 반올림할 경우 1 왕의 큐빗은 230.363미터/440=0.5236미터다.[402]

한데 대피라미드 외부에서 구한 이 값이 정말로 정확히 1 왕의 큐빗인지는 조금 고민해봐야 한다. 석회암으로 만든 외장재 표면에 풍화가 일어났을 것이기 때문이다. 그 주요 메커니즘은 앞에서 설명했다.[403] 독일 아헨공과대학교 지질학 연구소 베른트 피츠너 등이 기자 대피라미드의 외장재 표면의 풍화를 조사했으나 안타깝게도 이 조사는 외장재로 쓴 투라 석회암이 다 벗겨진 상태라 큰 의미가 없다.[404] 어쨌든 풍화를 고려하면 밑변 길이에서 추정할 수 있는 실제 1 왕의 큐빗 값은 앞서 계산한 것보다 증가할 것이다. 풍화 효과에 관해 정량적 계산이 불가능한 현 상황에서 보다 정확한 1 왕의 큐빗을 구하려면 이 문제에서 비교적 자유로운 대피라미드 내부로 눈을 돌릴 필요가 있다.

표5는 기자 대피라미드 밑변이 방위 정렬에서 어긋난 각도를 측정한 값이다.[405] 보다시피 전체적으로 밑변이 시계 반대 방향으로 각도 3~4분 틀어져 있다. 이들 측정치에서 밑변과 밑변이 만나는 모서리 각도를 계산할 수 있다. 글렌 대시 등이 측정한 밑변 모서리 각도는 북동쪽이 90도 2분 40초, 남동쪽이 89도 58분 25초,

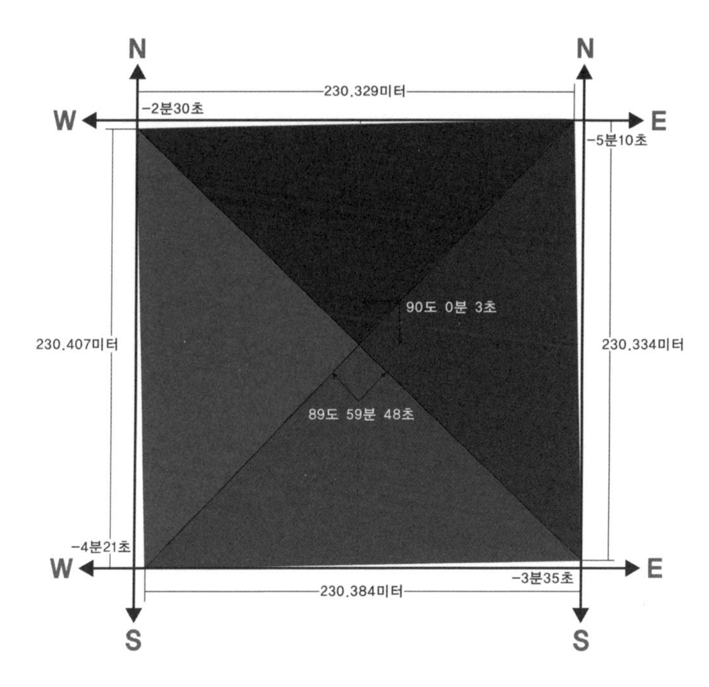

▲ **도판78 기자 대피라미드 밑면들의 길이와 상호 각도 및 방위 정렬.**

측정자		W. F. M. Petrie	J. H. Cole	Josef Dorner	Mark Lehner& David Goodman	Mark Lehner& Glen Dash
측정 시기(연도)		1880–1882	1925	1979	1984–1985	2015
밑변이 방위 정렬에서 어긋난 각도	북쪽	–3분 20초	–2분 28초	–2분 28초	–2분 52초	–2분 30초
	동쪽	–3분 57초	–5분 30초	–3분 26초	–3분 24초	–5분 10초
	남쪽	–3분 41초	–1분 57초	–2분 31초	–3분 41초	–3분 35초
	서쪽	–3분 54초	–2분 30초	–2분 47초	–4분 37초	–4분 21초
평균 어긋난 각도		–3분 43초	–3분 06초	–2분 48초	–3분 38초	–3분 54초

▲ **표5**

남서쪽이 90도 0분 46초 그리고 북서쪽이 89도 58분 9초다. 90도를 기준으로 전체 모서리 각도의 최대 오차는 0.05퍼센트 미만이다. 앞서 살펴본 네 밑변 길이를 함께 고려해 판단하면 대피라미드 밑변은 거의 완벽한 정사각형을 이루고 있다.

높이

대피라미드의 밑변 길이는 직접적인 방법으로 측정이 가능하지만 높이는 그것이 불가능하다. 현재 상부의 캡스톤이 유실된 상태이기 때문이다. 그러니 도판76에서 보듯 빗변이 지면과 이루는 각도θ를 측정해 간접적인 방법으로 그 높이h를 추정하는 수밖에 없다. 이 경우 밑변 길이를 S라 할 때 높이 $h = \frac{S}{2} tan^{-1}\theta$ 의 관계가 성립한다.

측정자	W. F. M. Petrie	Somers Clarke & R.Engelbach	John Bains & Jaromir Malek	Mark Lehner
발표 시기(연도)	1883	1930	1984	1997
빗면이 평지와 이루는 각도	51도 52분	51도 51분	51도 50분 35초	51도 50분 40초
높이(미터, 한 밑면 길이=230.363미터)	146.719	146.632	146.597	146.604

▲ 표6

표6은 지금까지 측정한 빗변이 평지와 이루는 각도를 시대에 따라 정리한 것이다.[406] 사실 정확한 높이 값을 정하는 것은 쉽지 않다. 외장재가 모두 벗겨진 상태에서 피라미드의 빗면이 평지와

이루는 각도를 어림하는 데 장애가 있기 때문이다. 보통 남아 있는 외장재의 기울기를 재지만 실제로 붙어 있었을 외장재가 평균적으로 어떤 각도였는지는 아무도 모른다. 최초로 각도를 정밀 측정한 페트리는 그 측정 오차가 ±2분이라고 했다. 결국 표6에서 소수점 셋째 자리와 밑변 길이 오차까지 고려하면 소수점 둘째 자리조차 사실 의미가 없다. 여하튼 기자 대피라미드 높이는 대략 146.60미터라고 할 수 있다.

핸콕의 주장 재검증

핸콕은 1995년 지구 크기 관련 수치를 제시했는데 이는 최신 측정 자료를 사용한 것이 아니다. 여기에다 지구 크기의 정밀 측정값도 조금 달라졌다. 그러므로 새 자료를 사용해 이 관계를 재검토할 필요가 있다. 현재 공인하는 극반지름은 6356.75킬로미터고 적도 길이는 40,075.04킬로미터다. 그러므로 2015년 측정한 밑변 길이 230.363미터는 921.45미터로 나온다. 1997년 마크 레너가 제시한 빗면 기울기 51도 50분 40초를 적용할 경우 높이는 146.60미터다. 핸콕이 계산한 내용은 아래와 같이 다시 계산할 수 있다.

1. 지구 극반지름 6356.75킬로미터를 43,200으로 나누면 147.15미터≒146.60미터(대피라미드 높이)
2. 적도 길이 40,075.04킬로미터를 43,200으로 나누면 927.70미터≒

921.45미터(대피라미드 밑변 길이)

이들 각각의 오차는 0.37퍼센트와 0.67퍼센트로 핸콕의 계산치보다 약간 증가한다(외장재 후방 풍화에 따른 영향이 있을지도 모르지만 그 정도는 이 계산에 큰 영향을 주지 않을 것으로 보인다). 이 정도로 피라미드에 정확한 지구 크기를 반영했다고 볼 수 있을까? 피라미드에 지구 크기를 반영했더라도 이런 수치는 아닐 것이라는 게 내 판단이다. 앞으로 살펴보겠지만 대피라미드 건설자들이 이보다 훨씬 더 지구 크기에 가까운 값을 알고 있었으리라고 추정할 만한 단서가 있다.

17장

기자 대피라미드의 초정밀도 미스터리

PYRAMID CODE

가장 오래되고 유일하게 남아 있는 7대 불가사의

기원전 4세기경 그리스의 알렉산드로스는 당시 알려진 대부분의 구대륙 영토를 정복하면서 헬레니즘 시대를 활짝 열었다. 그 무렵 학자들 사이에는 고대 문명의 발생지인 이집트와 바빌로니아를 비롯해 페르시아 지역을 여행하는 것이 유행이었고 그들을 위한 여행안내서도 있었다. 여행안내서에는 특정 지역을 대표하는 인상적인 거대 건축물의 목록을 정리했는데 맨 처음 건축물은 '반드시 봐야 할 것Theamata', 즉 필수 방문 코스를 의미했다. 그러던 것이 어느 때부터 그 표현이 '불가사의Thaumata'로 바뀌기 시작했다.[407]

이 목록의 최초 작성자로 알려진 인물은 헤로도토스지만 단지 참고문헌상에만 나타나 있을 뿐이다. 기원전 2세기경의 비잔틴 출신 수학자 필론Philon은 《세계 7대 경관The Seven Sights of the World》이란 소개 책자를 썼는데 일부가 유실되어 여섯 곳의 정보만 전해오고 있다. 현재까지 제대로 전해오는 고대 7대 장관壯觀 목록은 기원전 140년경에 살았던 시돈Sidon 출신의 시인 안티파트로스Antipatros가 쓴 시에 나온다. 그는 여기서 이집트의 기자 대피라미드, 바빌론 성벽(이슈타르의 문), 바빌론의 공중 정원, 마우솔로스의 영묘, 올림피아의 제우스상, 로도스의 거상, 에페소스의 아르테미스 신전을 언급하고 있다.[408] 이 중에서 가장 오래된 건축물은 이집트의 기자 대피라미드이며 아직까지도 거의 멀쩡하게 남아 있는 유일한 건축물이기도 하다. 이것은 실로 대단한 일이다. 가장 오래된 고대 건축술이 후대의 건축술을 능가한다는 징표니 말이다.

퐁피두센터와 기자 대피라미드

1996년 11월 8일자 영국 일간 타블로이드판 신문 〈인디펜던트〉의 건축란에 기자 대피라미드를 폄하하는 글이 실렸다. 기사는 파라오 무덤으로 만든 그 건축물이 시신을 도둑맞았고 외장 석재로 입힌 표면의 거울처럼 매끈하게 다듬은 석회암도 모두 벗겨졌다는 점을 문제 삼았다. 또한 오늘날 그처럼 거대 규모의 건축을 하지 않는 것은, 당시는 전제국가라 국가적으로 모든 에너지를 피라미드 건축에 집중할 수 있었지만 지금은 국가가 국민의 다양한 요구에 맞춰 건축해야 할 많은 것에 에너지를 분산하기 때문이지 거대 건축 능력이 없어서는 아니라고 지적했다. 현대에는 많은 건축물을 건설하느라 초정밀 건축을 할 여력이 없고 경제적 효용도 없어서 하지 않는 것뿐이지 그럴 능력이 없는 것은 아니라는 얘기다.

이 기사 내용은 당시 건축된 지 25년에 불과한 퐁피두센터에 문제가 생기면서 문을 닫고 거금을 들여 보수 작업에 들어가게 된 것을 옹호하기 위한 것이었다. 이 글에서 기고자는 대피라미드가 수천 년을 유지해온 것에 비하면 겨우 태아에 불과한 퐁피두센터에 600억 원이라는 거액을 들여 보수 작업을 하는 게 무슨 문제인가 반문한다. 이어 그는 현대의 이 기념비적 건축물을 두둔하는 데 최선을 다한다. 대피라미드는 실용적인 목적으로 사용하려고 만든 것이 아니지만, 퐁피두센터는 연간 30만 명을 수용하도록 설계했는데 실제로는 그 열 배가 넘는 방문객의 등쌀에 시달려왔다는 것이다.[409] 나는 퐁피두센터 유지에 천문학적 비용이 들어가든 말든 별로 관심이 없다. 하지만 기자 대피라미드를 끌어들인 기고자의 악의적인 태도에는 쓴 소리를 몇 마디 하지 않을 수 없다.

고대 그리스 학자 디오도로스는 처음부터 기자 대피라미드 내부에 파라오 시신을 안치하지 않았다고 했다.[410] 헤로도토스도 대피라미드 내부가 아닌 기자고원의 지하에 파라오 시신을 안치했다고 했다. 나는 앞에서 기자 대피라미드가 오시리스의 죽음과 부활을 둘러싼 종교 의례를 위한 장제전과 가묘의 역할을 했을 가능성이 크다고 주장했다. 기자 대피라미드 내부에는 처음부터 도둑맞을 파라오의 시신이 존재하지 않았음이 틀림없다.

투라 석회암 외장재는 기원전 5세기경 고대 그리스의 역사학자 헤로도토스가 방문했을 때 멀쩡했고,[411] 기원전 1세기경 방문한 디오도로스도 "완벽했고 조금도 붕괴되지 않았다. 단지 꼭대기 캡스톤만 없었다"라고 말해 이 사실을 확인해주고 있다.[412] 〈인디펜던트〉 기사는 대피라미드의 외장 석재가 다 벗겨진 것이 마치 건축이 불완전했기 때문인 것처럼 쓰고 있으나 이는 몰라도 너무 모르고 쓴 글이다. 대피라미드의 외장 석재는 카이로 시내를 폐허로 만든 여러 번의 대지진에도 끄떡없이 거기 붙어 있었다. 그런데 9세기 이후 인근의 카이로 시민들이 양질의 투라 석회암을 건축 자재로 사용하려고 화약을 사용해 하나둘 뜯어가다가 1301년의 대지진으로 카이로의 건물이 모두 무너지자 새로 도시를 건설하기 위해 대량으로 뜯어가 버린 것이다.[413]

고대 이집트가 전제국가라 초거대 건축이 가능했다는 주장 역시 합리적이지 않다. 기고자는 마치 에너지만 집중하면 기자 대피라미드처럼 전체 중량이 무려 650만 톤에 달하는 건축물을 쉽게 만들 수 있는 것처럼 글을 썼다. 하지만 이 정도 규모의 공사는 전제군주가 닦달한다고 해낼 수 있는 게 아니라 엄청난 행정력과 경제력, 교육, 과학기술이 뒷받침되어야 가능하다. 마지막으로 기고자는 기자 대피라미드에 적용한 초정밀도가 얼마나 대단한 수준인지 잘 알지도 못하면서 함부로 글을 썼다. 이 정도 수준의 정밀도는 오늘날에도 달성하기가 쉽지 않다.

역사상 가장 정밀한 건축물

지금까지 학계는 물론 대중적으로도 기자 대피라미드의 건축 규모에 경이로움을 표해왔다. 특히 이집트학 학자들은 고대 왕권 통치의 특별한 구조 덕분에 거대 규모 건설이 가능했을 거라면서 인력을 얼마나 동원하고 몇 년이 걸렸을지 산술적 계산을 하는 데만

열심이었다. 사실 우리는 건축공학과 토목공학의 관점에서 대피라미드가 단지 돌을 적당히 쌓아놓은 돌무더기가 아니라는 점에 주목해야 한다. 오늘날의 건축술보다 뛰어나면 뛰어났지 결코 못하지 않은 고도의 기술을 적용한 건축물이기 때문이다.

이 점은 최근까지도 거의 강조하지 않은 부분이다. 진화론적 역사관에 세뇌된 우리는 기자 대피라미드가 인류 문명의 초기 단계에 만들어졌다는 선입견 때문에 이 건축물을 과소평가하고 이 놀라운 고도의 기술을 애써 외면해왔는지도 모른다. 실상을 알고 나면 피라미드를 건축한 문명이 단지 놀랍다는 한마디로 표현할 수 없을 만큼 경이적인 수준임을 깨닫게 된다.

19세기의 대표적인 고고학자로 고대 이집트학의 선구자인 플린더스 페트리는 기자 대피라미드의 여러 수치를 측정한 뒤 인류 역사상 최고로 정밀한 건축물이라고 선언했다.[414] 망원경과 레이저 빔, 특수 합금으로 제작한 초정밀 계측기기를 사용하는 21세기에는 이 주장이 더는 유효하지 않겠지만 대피라미드 건축에 적용한 정밀도는 오늘날의 기준에 버금가는 수준이다.

대피라미드의 방위 정렬

1860년대에 영국의 그리니치와 프랑스의 파리, 미국의 워싱턴이 본초자오선 지정을 놓고 경합을 벌이던 중 기자 대피라미드 중심을 지나는 자오선을 본초자오선으로 하자는 주장이 나왔다.[415] 당시 영국의 언론인 존 테일러와 천문학자 피아치 스미스가 피라미드에 지구 크기 관련 정보가 담겨 있고, 그곳이 지측地測 거점으로써 여러모로 최선의 선택이라고 주장한 것이다.[416] 실제로 기자 대피라미드는 지구상의 어느 천문대보다 본초자오선이 지나는 데 적합하도록 건설한 건축물이다.

16장에서 우리는 기자 대피라미드 밑변 길이와 밑변 모서리 각도를 살펴보았다. 이미 확인했듯 대피라미드 밑변을 이루는 사각형은 거의 완벽한 정사각형이다. 실은 이러한 수치보다 더 맞추기 어렵고 중요하기도 한 것이 밑변 방위 정렬이다. 밑변의 길이와 각도를 맞추는 것은 순전히 측지적 방법으로 해결할 수 있지만 밑변의 방위 정렬은 천측적 방법까지 동원해야 하기 때문이다.

16장에서 분석했듯 지금까지 측정한 결과는 밑변이 방위 정렬에서 틀어진 각도가 최대 5분 안팎임을 보여준다. 이 정밀도를 놓고 16세기에 망원경을 사용하지 않고도 각도 2분 이내의 정밀도로 천체 관측을 해낸 덴마크 천문학자 티코 브라헤와 비교하는 이들도 있다. 그러나 티코 브라헤가 한 것은 천체 관측뿐이다. 기자 대피라미드를 지은 이들은 천체 관측 결과를 지상의 측지 라인과 건축에까지 구현해 이 정도 정밀도에 이른 것이다. 측지와 건축에 따르는 오차까지 고려하면 대피라미드 건축자들은 티코 브라헤를 훨씬 뛰어넘는 초정밀도로 천체 관측을 해냈다고 봐야 한다.

나폴레옹이 이집트를 정복했을 때 그가 데려간 지도학자들은 대피라미드를 좋은 측지 기준점으로 사용했다! 그들의 눈에도 그것은 측지용으로 아주 적합했던 것이다.[417] 그러므로 대피라미드에 적용한 정밀도는 측지 거점 용도로 건축한 근대의 천문대와 비교하는 것이 마땅하다. 대부분의 건축물은 극도로 정밀할 필요가 전혀 없다. 정밀도를 높여 지으려면 비용이 기하급수적으로 증가하는데 실제 효용가치 면에서 그만큼 돈을 쏟아 부을 필요가 없기 때문이다. 극도의 정밀도가 필요한 건축물은 바로 측지 기준을 결정할 목적으로 건축하는 천문대나 그 부속 건물이다. 이러한 건축물은 지구의 위도와 경도의 기준이므로 상당히 정밀해야 한다.

그중에서도 1675년에 건축해 오늘날 전 세계 시간을 정하는 기준이 된 영국 그리니치 천문대의 자오선 빌딩Meridian Building은 가장 정밀해야 할 건물이다. 이 건물 중앙의 남북을 잇는 선, 즉 자오선이 경도 0도라 특히 남북 방위가 매우 중요하다.[418] 하지만 이 선은 본초자오선에서 각도 9분 정도 틀어져 있다. 실제로 최고 정밀도를 구현한 곳은 그리니치 천문대보다 3년 앞선, 그러니까 1672년에 건립한 파리 천문대다. 기능보다 건축미에 치중한 이 천문대에는 자오선 빌딩이 존재하지 않는다. 여기에는 자오선 빌딩 대신 방위를 지정하기 위해 설치한 망원경 센서가 있는데, 각도 7분 정도 오차를 보여 기자 대피라미드 밑변 방위 오차보다 크다.[419]

21세기 건축 기준과 비교

건축물 건축은 일반적으로 설계자(건축사)가 설계한 도면을 기준으로 시공자가 대지에 구현해가는 과정이다. 원칙적으로 설계자가 계획한 도면 치수와 시공한 건축물은 정확히 부합해야 한다. 그렇지만 건축 여건상 이런저런 제한을 받기도 하고 사람이 하는 일이다 보니 의도치 않게 어느 정도 차이가 발생하기도 한다. 이에 따라 대한민국 건축법에서는 허용 오차를 규정하고 계획과 시공 사이에서 발생할 수 있는 부득이한 수치적 차이의 범위를 정해 그 간극을 탄력적으로 수용하고 있다.

우리나라가 허용 오차 규정을 건축법에 최초로 도입 시행한 해는 1992년이다. 이는 근대적인 건축법을 제정한 1962년 이후 30년 만의 일이다. 시공 과정상에 발생할 수 있는 허용 오차를 인정하는 제도는 사실 건설부(현재의 국토교통부)가 발의해 1975년 말부터 도입하려 했다. 그러나 국회 심의 과정 중 건축공학의 정밀성 원칙에 반하고 준법정신을 저해할 우려가 있다는 이유로 기각되어 17년 후인 1992년에야 도입했다. 허용 오차 규정은 도입 당시와 비교해 항목에서 다소 차이를 보일 뿐 큰 틀은 현재까지 유지해오고 있다. 건축 허용 오차는 대지 관련 건축 기준의 허용 오차와 건축물 관련 건축 기준의 허용 오차로 크게 구분해 소항목으로 규정하고 있다.

건축물 관련 건축 기준의 허용 오차를 보면 건축물 평면 길이는 일반적으로 2퍼센트를 초과할 수 없고 건축물 전체 길이에서 1미터를 초과하지 못하도록 규정하고 있다.[420] 이 기준과 비교해볼 때 기자 대피라미드의 평면 길이 오차가 4.4센티미터라는 사실은 놀라운 수준이다. 오늘날 서구에서는 이보다 엄격한 허용 오차 기준을 적용한다. 예를 들어 건축물의 길이가 7미터 이상일 때 허용 오차는 $1.5\sqrt{L(\text{미터})}$ 밀리미터다.[421] $L=230.363$미터를 이 식에 대입하면 허용 오차 값은 22.8밀리미터, 즉 약 2.3센티미터다. 대피라미드 밑변 길이의 오차 4.4센티미터와 큰 차이가 없다. 이처럼 최첨단 장비를 동원하는 현대 건축에서 요구하는 수준의 허용 오차와 맞먹는 수준의 허용 오차를 5000년 전 대피라미드에 구현했다는 사실은 그것이 단지 엄청난 인력과 자금을 동원한다고 만들어질 수 있는 게 아님을 명백히 보여준다.

앞에서 누누이 설명했듯 대피라미드는 일반적으로 알려진 것처럼 왕의 묘지로 쓸 계획으로 건설한 것이 아니다. 천문대보다 정밀한 방위 정렬을 적용해 건설한 이유는 종교적으로 중요한 상징을 띠는 별들을 정렬하기 위함이었다. 이를 통해 오시리스 시대의 회귀를 알리고자 했을 것이 틀림없다.

대피라미드의 방위 정렬 방법

19세기 때 미국은 나침반을 사용해 진자오선을 결정했다. 고대 이집트인도 이런 방법으로 진자오선을 결정해 대피라미드에 구현한 것과 같은 초정밀 방위 정렬을 했을까? 나침반이 가리키는 자북은 진북과 약 6.5도의 편각偏角이 있는 것으로 알려져 있는데, 사실 지역에 따라 상당히 다르다. 오늘날 이집트 기자에서 편각은 진북에서 동쪽으로 약 4.4도다. 피라미드 시대 때도 편각이 상당했을 텐데 고대 이집트인은 이런 사실을 알고 정확히 측정했을까? 아마 고대 이집트인은 그들의 초정밀 건축에 나침반을 사용할 동기가 전혀 없었을 것이다. 나침반 바늘이 진북을 가리키지도 않을 뿐더러 매년 그 방향이 조금씩 바뀌기 때문이다. 사실 19세기 미국에서 측량에 나침반 사용을 포기한 것은 광산 등 지역에 따라 주변 환경의 영향으로 자침 방향이 왜곡되는 문제와 함께 이 같은 문제도 있었다.

정확한 진북을 정하려면 어쩔 수 없이 천문학적 방법을 사용해야 한다. 여기에 적합한 천체는 크게 태양과 별로 나눌 수 있다. 먼저 태양을 이용하는 방법을 생각해보자. 태양은 남중할 때 그 그림자가 가장 짧다. 따라서 긴 수직 막대를 세워놓고 그림자의 길이가 가장 짧아질 때 그림자 방향을 정북으로 정하면 된다. 문제는 이 방법을 사용할 경우 대피라미드에 적용한 정밀도에 한참 미치지 못하는 결과를 얻는다는 데 있다. 태양 광선이 완전히 평행하지 않아 막대의 가장 짧은 그림자가 태양이 움직이는 각도로 30분 정도 일정하게 유지되는 탓이다. 보다 정밀한 측정을 하려면 태양이 뜨고 지는 방향이 진북을 기준으로 볼 때 방향은 반대이고 그 각도는 정확히 같다는 사실을 이용해야 한다. 그런데 태양의 크기가 너무 커서 정확한 중심을 포착하기도 힘들 뿐더러 뜨고 질 때 대기의 굴절 현상으로 인해 정확한 측정이 불가능해 기자 대피라미드에 구현한 오차 범위 이내로 측정하는 것이 어렵다.[422]

물론 보다 정교한 기구와 방법을 사용하면 태양 그림자를 이용해 초정밀 방위 결정이 가능하다고 주장하는 학자도 있다. 가령 미국의 고고측량 전문가 글렌 대시는 춘분에 해시계법을 적용할 경우 초정밀도 구현이 가능하다고 주장한다.[423] 이러한 측량을 구현하려면 사용하는 기구가 정밀해야 하는데 이 역시 고대 이집트의 측량 기구가 얼마나 정밀했는가 하는 문제에 봉착하게 만든다.

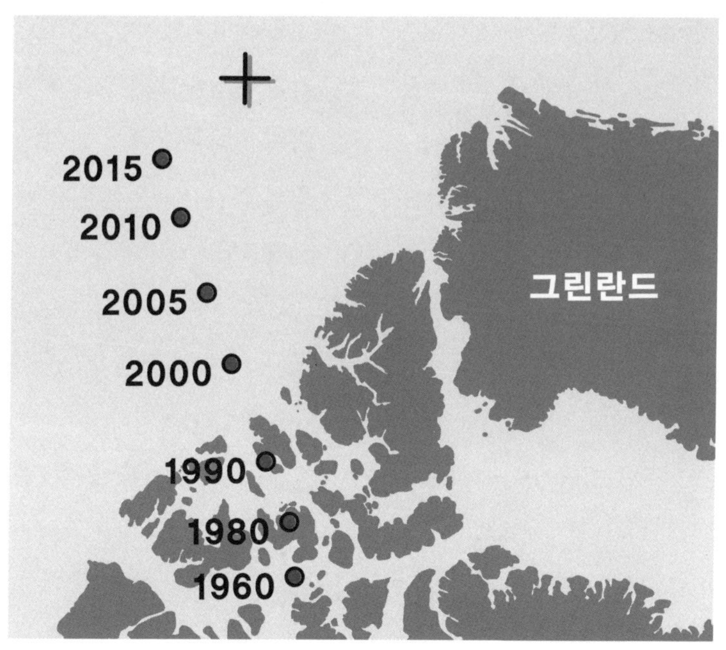

▲ 도판79 지자기 북극은 세월이 지나면서 이동한다.(+ 진북극, ● 지자기 북극)

그래서 대부분의 고고학자와 천문학자가 고대 이집트인은 초정밀 진북 결정에 점광원인 별빛을 이용했을 것이라고 생각한다.

별을 이용하는 방법

15~16세기 대항해 시대 때는 북반구에서 위도를 파악하는 데 북극성을 활용하는 것이 매우 중요했다. 북극성이 북극점에 있다고 보고 수평선으로부터의 각도를 측정하면 위도를 계산할 수 있었다. 한데 우리가 북극성이라고 알고 있는 폴라리스Polaris는 사실 정확히 북극점에 있지 않다. 오늘날 각도로 40분 정도 북극점에서

벗어나 있고 대항해 시대에는 이보다 더 벗어나 있었다. 이 정도 벗어남은 대항해 시대의 측정 기구나 측정 환경에서 큰 문제가 되지 않았기에 당시 이를 지표로 삼는 데는 별다른 문제가 없었다. 그러나 기자 대피라미드 같은 초정밀 방위 정렬 건축물을 지을 때 이 정도 벗어남은 치명적이다. 더구나 피라미드 시대에는 폴라리스를 아예 북극성으로 활용할 수조차 없었다. 북극점에서 각도로 8도 정도 멀찍이 떨어져 있었기 때문이다. 단지 하나의 주극성이었던 것이다. 이는 1장에서 설명한 세차 운동의 영향이다.

그러면 피라미드 시대에 북극성 역할을 한 별이 없었을까? 있었다. 피라미드 시대에 북극점에 가장 가까이 있었던 별은 용자리 알파성인 투반이다. 이 별은 겉보기 등급이 3.65로 겉보기 등급이 1.97인 현재의 북극성 폴라리스보다 밝기가 1/5밖에 되지 않아 관측에 불리했다. 그래도 오늘날의 북극성인 폴라리스에 비해 당

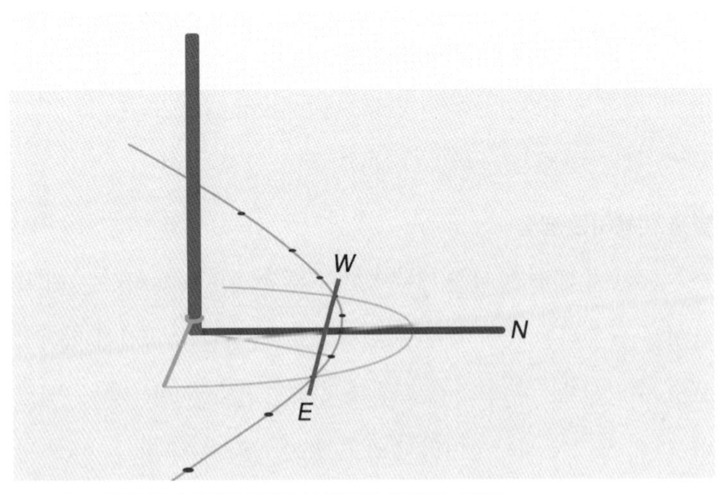

▲ 도판80 춘분 때 해시계를 적용하여 방위를 측량하는 방법.

시 훨씬 더 정확한 위치에 있었다. 이 별은 기원전 2787년경 북극점에 가장 가까웠는데 그 각거리가 2.5분에 불과했다. 이 정도면 오늘날의 폴라리스에 비해 훨씬 더 북극성다웠다고 할 수 있다. 그러나 이 별을 측정 기준으로 사용했다고 가정해도 기자 대피라미드 밑변의 방위 정렬 오차를 설명하기는 어렵다. 이 별을 기준으로 방위를 측정할 경우 최대 5분의 오차가 발생하는데, 대피라미드 밑변의 방위각 정렬 오차가 그 정도이기 때문이다. 여기에다 육안 관측 시 어쩔 수 없이 발생하는 시차적 오차視差的 誤差를 2분 정도 고려해야 한다(이 오차는 관측에 망원경을 사용하면 수 초대로 크게 줄일 수 있다).[424] 여기에다 관측 장비의 정밀도까지 고려하면 대피라미드 밑변에 구현한 방위 오차 정밀도는 비현실적이다. 그럼 당시에 북극점을 보다 정밀하게 측정하는 방법이 없었을까?

이른바 후반기 피라미드 시대에는 북극점에 가까이 존재하는 별이 없었다. 그런데 영국 케임브리지대학교의 케이트 스펜스 교수는 특정 시기에 아주 정확히 진북을 정할 방법이 있었다고 주장한다. 그는 기원전 2480년경 두 주극성이 특별한 위치에 놓여 있어서 이를 활용한 북극점 찾기가 가능했다고 설명한다. 그 두 별은 바로 작은곰자리의 코카브와 큰곰자리의 미자르다. 당시 두 별을 잇는 선이 북극점을 지났고 이 선이 수평선과 수직을 이룰 때 진북을 측정했을 거란 얘기다. 이 시점에 대피라미드 건축을 시작하면서 밑변 방위를 결정했다는 것이 그의 가설이다.[425] 이 시점은 바우벌 등이 이른바 환기구들에서 구한 대피라미드 건축 시기와도 맞아떨어져 상당히 그럴듯하다.

하버드-스미소니언 천체물리센터의 천문학자 오언 깅그리치 박사는 스펜스 교수의 가설을 지지하며 대피라미드 건설자들이 도판80처럼 실에 추를 매달아 늘어뜨려 두 별을 잇는 직선과 실이 일치하는 순간을 포착했다고 설명한다. 12시간 후 두 별의 위치가 바뀌었을 때도(12시간 후 낮일 경우 몇 달을 더 기다려야 한다) 그 두 별을 잇는 선이 여전히 실과 일치하는지 확인해 진북의 정확한 위치를 결정했다는 것이다.[426] 이는 앞서 언급한 투반성을 이용하는 방법보다 정밀도가 훨씬 뛰어나긴 하지만 이 방법에도 문제는 있다.

여기에도 여전히 육안 관측에 따른 시차적 오차 2분이 존재한다. 또한 별들은 관측하는 동안에도 계속 회전한다. 360도 회전에 24시간이 걸리므로 각도로 1분 회전하는 데 4초밖에 걸리지 않는다. 따라서 두 별을 잇는 선과 실이 정확히 일치하는지 결정할 때도 각도로 몇 분의 오차가 발생할 수 있다. 거기다 관측 장비 자체의 오차와 관측 내용을 지면에 투사할 때 발생하는 오차, 투사해 결정한 직선을 연장해가며 밑변에 배치하기 위한 금 긋기 작업을 하면서 발생하는 오차, 다시 그 위에 건축할 때 발생하는 오차까지 더하면 대피라미드 동·서면 자오선과의 5분 내외 방위 오차는 아무래도 비현실적이다.

치우침도, 뒤틀림도 없는 완벽한 형태

지금까지 피라미드 건축 초기에 방위를 결정할 때의 천문학적 여건을 논의했다. 그런데 밑변들의 틀을 잡기 위해 진행했을 구체적

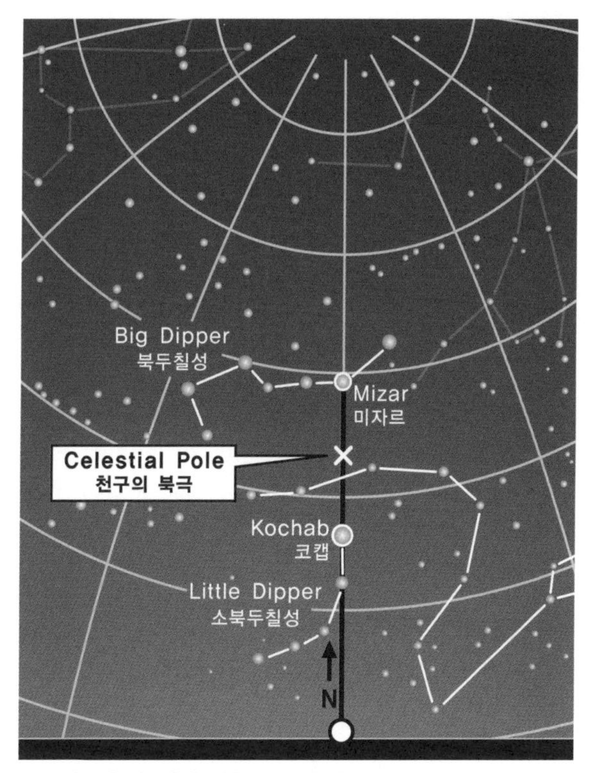

▲ 도판81 천체 관측을 이용해 진북을 측량하는 방법.

인 측지 과정을 생각해보면, 현실적으로 해결하기 쉽지 않은 또 하나의 난관이 있었음을 알 수 있다. 오늘날의 건축에서는 전체 모양의 뒤틀림을 방지하기 위해 대각선 측량을 한다. 대피라미드의 경우 건축 초기에 대각선 측량이 불가능했다. 도판81에서 보듯 건축에 앞선 지대 편평화 작업을 할 때 한가운데에 있는 기반암 둔덕을 제거하지 않고 그냥 남겨두었기 때문이다. 이 암반의 높이가 최대 12미터에 이른 탓에 시야를 가려 대각선 측량을 방해했을 것이다.[427] 그럼에도 불구하고 밑변의 꼭짓점을 교차하는 대각선

각은 89도 58분 21초에서 90도 1분 15초 사이로 거의 완벽한 직각을 이룬다.[428] 오늘날에는 장애물로 인해 대각선 투시가 곤란할 경우 이른바 지거 측량Offset Surveying(측선에서 직각 방향으로 거리를 관측하는 측량법) 방법을 사용하지만 아무래도 측량 오차는 증가한다. 이런 상황에서 정확한 정사각형의 토대를 만들고 교차하는 대각선이 거의 완벽한 직각을 이루게 했다는 사실이 그저 놀라울 따름이다.

대각선을 측량하지 않고도 밑면이 찌그러지지 않고 정확히 정사각형이 되게 한 것도 놀랍지만 이후 공정 또한 경이롭기 짝이 없다. 건축을 진행하면서 지속적으로 정밀하게 측량해 마지막에 피라미드가 오늘날처럼 치우침이나 뒤틀림이 거의 없이 극도로 균형이 잡힌 모습을 갖추도록 만들었으니 말이다. 페트리는 대피라미드가 얼마나 뒤틀렸는지 측정해보았는데 시계 반대 방향으로 1분 40초 틀어진 것으로 나타났다.[429]

나는 대피라미드 밑면 부분을 건설할 때와 꼭대기 부분을 건설할 때의 시차가 수백 년에 이를 것이라고 생각한다. 헤로도토스가 제시한 20년을 적용해도 황극黃極을 기준으로 북극점이 움직인 각도가 16분(2만 6000년에 360도)이나 되므로 대피라미드를 건축할 때 상부의 방위 정렬에 영향을 끼쳤을 것이다. 그런데도 겨우 1분 40초밖에 틀어지지 않았다면 대피라미드 건설자들은 세차 운동의 영향에 구애받지 않고 항상 초정밀 천체 관측이 가능했다고 봐야 하지 않을까?

기자 대피라미드에 적용한 고도의 정밀도와 관련해 마우리치

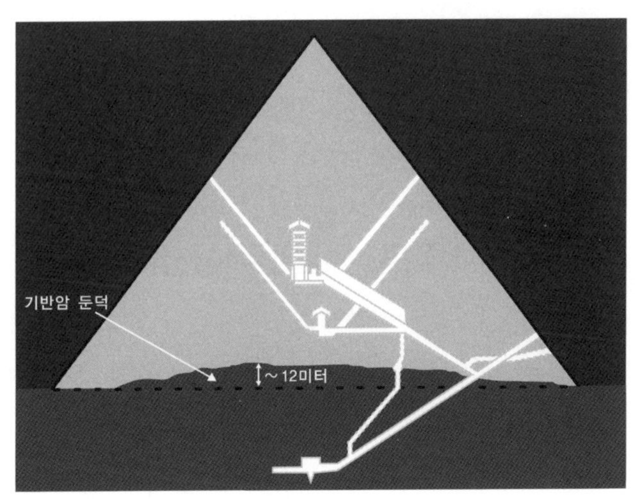

▲ **도판82** 기자 대피라미드는 한 가운데의 12미터 높이 암반을 깎지 않고 축조되었다.

오 포르테 등은 "당시 사용 가능했을 도구와 방법만으로 그 정도 정밀도를 성취했다는 것은 오직 그 같은 고도의 정밀도를 달성하려는 거의 초인적인 노력이 뒤따랐다고밖에 달리 설명할 수 없다"라고 말한다.[430] 언뜻 대단한 평가인 것 같지만 실은 대피라미드를 기술이 아니라 기능으로 정밀하게 만들었다는 표현일 뿐이다. 하지만 주류 학계에서 당시 대피라미드를 건축할 때 사용했을 것으로 추정하는 측정 도구를 생각해보면 이는 전혀 말이 되지 않는다.

페트리는 대피라미드 건축에 구현한 정밀도가 밤낮에 따라 수축하고 팽창한 고대 이집트 왕국 시절의 측정용 막대자의 한계를 넘어선 것임을 깨닫고 크게 놀랐다.[431] 마우리치오 포르테 등도 대피라미드 밑변이 4.4센티미터만 벗어난 부분과 관련해 페트리와 마찬가지로 당시 측정 장비 자체가 이 정도 오차는 피할 수 없었다고 표현하고 있다. 그러면서도 건축자가 기능적 측면에서 초인적인 능력을 발휘해 놀라운 정밀도를 성취했다는 것이다.[432]

측정할 때 발생하는 오차에는 크게 두 가지가 있다. 그것은 측정 기구에 따른 오차Instrumental Error와 측정자의 실수에 따른 오차Accidental Error다.[433] 마우리치오 포르테 등의 주장은 측정 기구 자체의 오차는 매우 크지만 측정자가 실수하지 않아 오차를 내지 않았고 나아가 기구의 오차까지 보정했다는 얘기다. 이는 측정에 관해 조금이라도 상식이 있는 사람이라면 말도 안 되는 억지임을 금방 알 수 있는 일이다. 이처럼 고대 이집트인을 슈퍼맨으로 만들기보다는 대피라미드 건축에 고도의 정밀도를 갖춘 측량 기구를 동원했음을 인정하는 게 대피라미드의 수수께끼를 푸는 올바른 방법이 아닐까?

실제로 고대 이집트 전문가 중에는 당시 오늘날에 버금가는 측량 장비를 사용했다고 주장하는 이가 있다. 대영 박물관의 고대 이집트 담당관을 20여 년 동안 역임한 에드워즈 박사는 "모서리를 완벽한 직각 형태로 짓는 현대의 건축물은 피라미드 건설에도 틀림없이 그런 목적에 쓰이는 정밀 측정 장치를 사용했을 것이 틀림없다는 사실을 증명해준다"라고 지적한다.[434]

이는 세계적으로 상당히 신뢰할 만한 이집트 전문가 중 한 사람이 단지 숙련된 노동력과 단순한 도구에만 의존해 대피라미드를 건설했을 것이라는 기존 주장을 전면 부인한 셈이다. 이 주장은 결국 대피라미드 건축 시기에 천체관측용 망원경과 오늘날 사용하는 것에 버금갈 정도로 수축·팽창 오차가 없는 정밀 측정기기용 니켈 합금강을 개발해 사용했을 가능성이 있음을 시사한다.

망원 렌즈와 초정밀 합금강

방사성 탄소 동위 원소법으로 밝혀진 연대나 내가 주장한 기술적 불일치를 고려할 경우, 기자 대피라미드 건축은 오늘날 주류 학자들이 주장하는 것보다 수백 년 이상 앞선 선왕조 시대 때부터 시작되었음이 명백해 보인다. 나는 그 시기라면 대피라미드 건축에 적합한 기술이 존재했을 거라고 본다.

앞에서 우리는 초기 왕조 시대의 고대 이집트인이 수정을 가공해 자신들의 목적에 맞는 초정밀 렌즈를 만들었다는 사실을 확인한 바 있다. 이러한 렌즈는 여러 목적에 쓰였고 특히 선왕조 시대에는 초정밀 세공을 위한 확대경으로도 사용했을 것으로 보이는 간접적인 증거들이 있다. 그렇다면 고대 이집트인이 일종의 천체 관측용 망원경을 만들어 사용했을 수도 있지 않을까? 대피라미드에 구현한 밑변 방위각의 정밀도는 아무래도 그런 방향을 가리키고 있다. 그러나 아무리 망원경이 있었더라도 천문 측정기구나 측지 장비의 정밀도 혹은 안정도가 떨어졌다면 그 정도 초정밀도 구현은 불가능했을 것이다.

현대의 많은 천문 관측 장비는 최고 정밀도를 확보하기 위해 니켈 합금강으로 만든다. 1897년 스위스의 물리학자 샤를 에두아르 기욤Charles Édouard Guillaume은 극저온부터 상온 이상까지 넓은 온도 범위에서 거의 열팽창하지 않는 비정상적인 합금을 발견했다. 이

물질은 철 65.4퍼센트, 니켈 34.6퍼센트로 조성한 철-니켈 합금으로 '인바Invar(불변이라는 의미) 합금'으로 불린다. 기욤은 이 발견으로 1920년 노벨 물리학상을 수상했다.

1911년 기자의 한 공동묘지에서 기원전 3300년경 제작한 고대 이집트 선왕조 시대의 철제 유물을 발견했다. 이를 정밀 분석한 결과 니켈을 30퍼센트 포함한 운석철로 제작했다는 것이 밝혀졌다.[435] 이는 '인바'와 거의 비슷하다. 당시 그런 철로 만든 도구는 오늘날 정밀기기 제작에 사용하는 니켈 합금강과 비슷한 열적 안정성을 보였을 것이다.[436]

기자 대피라미드에 구현한 초정밀도는 망원렌즈와 니켈 합금강을 사용하는 현대의 천문용 경위 및 방위각 측정 장치와 맞먹는 수준의 장치를 그때 이미 사용했음을 시사하는 게 아닐까?[437] 또한 대피라미드 내부 구조물의 위치를 설계도대로 정확히 배치하기 위해 삼각함수표나 로그표를 참고한 복잡한 계산도 해내지 않았을까?[438]

18장

아이작 뉴턴의 신성한 큐빗

뉴턴의 유고가 거부당한 이유

우리는 아이작 뉴턴을 물질과학의 기초를 세운 위대한 과학자로 추앙한다. 특히 그의 만유인력 법칙은 근대 과학의 시작과 끝이라고 해도 될 정도로 인류 문명에 지대한 영향을 끼쳤다. 그런데 뉴턴은 신학과 연금술에도 많은 열정을 쏟았다. 놀랍게도 그가 남긴 저술의 절반이 이런 내용이었다. 그러나 살아생전 이와 관련된 저술은 대부분 공개되지 않았다. 뉴턴이 죽은 뒤 그가 24년이나 회장을 역임한 영국왕립학회에 이 저술물이 기증되었으나 내용을 살펴본 관계자들은 인수를 거부하기로 결정했다.

1930년대에 9대 포츠머스Portsmouth 백작으로 뉴턴의 친척뻘인 제럴드 월롭Gerard Wallop이 그 문서들을 다시 왕립학회에 기증하려 했다. 그런데 2세기가 다 되어가도 왕립학회는 이전과 동일한 입장을 고수했다. 월롭은 뉴턴의 모교이자 오랫동안 교수생활을 했던 케임브리지대학교에 기증하려 했으나 그곳에서도 받아주지 않

았다. 결국 1936년 이들 문서는 소더비 경매로 넘어갔다.[439]

소더비 경매가 시작되자 영국의 저명한 경제학자 존 M. 케인스는 자신이 재무를 담당하고 있던 케임브리지대학교 킹스칼리지를 설득해 일부 문서를 사들였다. 물론 장기적으로 투자 가치가 있다고 설득했을 것이다.[440] 케인스가 사들인 문서는 주로 연금술과 관련된 것이었고 나머지 신학적 내용이 담긴 저술은 아인슈타인의 친구로 신학 서적 수집가였던 팔레스타인계 유대인 학자 아브라함 야후다Abraham S. Yahuda가 샀다. 야후다는 아인슈타인과 함께 뉴턴의 신학 저술을 미국의 하버드대학교, 예일대학교 그리고 프린스턴대학교에 기증하려 시도했으나 모두 무산되었다.[441]

위대한 과학자의 유고를 세계적인 학술기관들이 거부한 이유는 무엇일까? 전쟁 중이라거나 보관 장소가 마땅치 않다거나 과학적인 내용이 아니라는 등 각 대학은 그들 나름대로 이런저런 사정을 설명했으나 주된 이유는 다른 데 있었던 게 확실하다. 우주가 신의 섭리가 아니라 일정 자연 법칙에 따라 움직인다는 뉴턴의 주장이 그를 인류 역사상 가장 위대한 과학자의 반열에 올려놓았다는 것이 세간의 평가였다. 그런 그가 자연 법칙을 조정할 수 있는 신의 섭리와 존재를 증명하는 데 많은 시간을 투자했다는 사실은 그의 이미지와 완전히 동떨어진 것이었다. 결국 세계 유수의 연구기관들은 뉴턴이 명철한 과학자가 아니라 거의 광신적 인물이었다는 사실을 보여주는 판도라의 상자를 직접 여는 게 두려웠던 것이다.[442]

과학보다 히브리 역사를 더 중요하게 여긴 뉴턴

15~16세기 르네상스와 지리상의 발견 시대를 거쳐 17~18세기 계몽주의 시대에 이르면서 서구의 기존 종교 체제는 급속히 권위를 잃기 시작했다. 그 급속한 전환기에 과학자들은 상반된 두 가지 태도를 보였다. 대다수 과학자는 신학적 세계관이 과학과 크게 모순적이며 과학 발전을 저해한다고 생각해 기독교 중심의 사상을 배격하는 데 몰두했다. 이들 과학자의 움직임은 1장에서 덴데라 12궁도를 둘러싼 논쟁을 다루며 살펴본 바 있다.

일부 과학자는 그와 정반대로 생각했다. 이들은 과학이 결코 신학을 부정하는 것은 아니라고 봤고 오히려 과학적 노력을 신의 구도를 밝혀내는 성스러운 임무로 여겼다. 그 대표적인 과학자가 아이작 뉴턴으로 그는 과학의 목표가 잃어버린 고대의 성스러운 지식을 되찾는 데 있다고 생각했다. 사실 그는 계몽주의 시대의 과학자들이 추구한 자연 법칙보다 유대인의 종교적 유산이 훨씬 더 중요하다고 판단했다. 그래서 서지학書誌學은 고대의 진리를 찾는 작업이어야 한다고 굳게 믿었고, 당시 자신이 발견한 과학적 사실과 합치하는 중세의 저술물을 찾아낼 때마다 그것을 고대의 진리를 제대로 담고 있는 필사본으로 인정했다.[443]

야후다가 뉴턴의 종교 관련 문서를 사들인 데는 그럴 만한 이유가 있었다. 야후다는 구약성경 내용이 모두 역사적 사실을 반영한다고 굳게 믿었다. 특히 그는 구약의 출애굽기가 진짜로 일어난 일이라고 봤는데 그 이유는 여기에 많은 이집트 용어가 등장하기 때문이다. 아인슈타인도 이 사실에 상당히 공감했지만 주류 이집트학계는 그의 이런 주장을 묵살했다. 야후다는 뉴턴이 연구 과정에서 출애굽기를 비롯한 구약성경의 많은 내용이 역사적 사실이라는 좀 더 구체적인 증거를 찾았을 것이라고 믿었다.[444]

대피라미드에 숨겨진 신성한 큐빗

잃어버린 고대의 성스러운 지식을 찾기 위해 다방면으로 노력한 뉴턴이 가장 심혈을 기울인 것은 지구 크기를 기준으로 정한 고대의 신성한 측정 단위였다. 그는 유대인이 야훼 신에게 놀라운 지식과 지혜를 얻어 이를 고대 세계에 전파했다고 생각했다.[445] 그런 선물 중에서도 가장 중요한 것으로 뉴턴은 '신성한 큐빗Sacred Cubit'을 꼽았다. 그는 야훼 신이 특별히 유대인에게 그것의 사용을 허락했다고 믿었다. 그래서 성경과《탈무드》등을 비롯한 여러 유대 문서를 뒤져 그 정확한 값을 알아내려 했다. 한데 막상 찾아보니 0.5913미터에서 0.7097미터까지 너무 다양한 값이 존재하는 게 아닌가. 성경이나 다른 유대 문서 같은 문헌 조사만으로는 신성한 큐빗의 값을 정확히 구할 수 없다고 판단한 뉴턴은 고대 건축물에서 그 수치를 파악하기로 했다. 그가 보기에 선민인 유대인이 이집트 땅으로 이주하면서 그곳에 고도의 문명을 전달했고 그 결과로 기자 대피라미드 건설했음이 틀림없었다.[446]

뉴턴은 구약에 기원전 17세기경 요셉을 필두로 한 유대인이 이집트 땅에 들어갔다고 기록되어 있는 점에 주목했다. 그는 이들이 분명 이집트 땅에 신성한 큐빗 단위를 전파했을 거라고 생각했다. 요세푸스의 기록에 따르면 고대 이집트인이 자신들의 땅에 살던 유대인에게 피라미드 건설을 요구했다고 한다.[447] 뉴턴은 피라미드 건설은 본래 유대인의 건축술이라고 확신했다. 구약에 묘사된 유대인의 이집트 탈출은 대략 기원전 13세기경으로 람세스 통치기다.[448] 14장에서 살펴보았듯 헤로도토스는 기자 대피라미드를 건축한 쿠푸 왕이 람세스 3세의 뒤를 이은 왕이라고 잘못 기록했다. 이 기록과 자신의 연구 결과를 토대로 뉴턴은 쿠푸 왕의 통치가 기원전 9세기경에 이루어졌다고 보았다.[449] 즉, 그는 쿠푸 왕 시절에 건축한 대피라미드에 유대인의 기술과 전통이 온전히 남아 있을 가능성이 크다고 판단했다. 그래서 대피라미드 건축에 사용한 측정 단위에 야훼가 전해준 신성한 큐빗이 포함되었을 거라고 본 것이다.[450]

이처럼 고대 이집트의 피라미드를 건축한 지식이 유대인에게서 나왔다고 굳게 믿은 뉴턴은 현재 가장 잘 보존된 기자 대피라미드 어딘가에 신성한 큐빗 단위를 구현했을 것이라고 판단했다. 그리고 이 신성한 큐빗이 지구 크기에 관해 정확한 정보를 담고 있을 거라고 확신했다.[451]

뉴턴이 이 문제에 골몰하고 있던 1646년 마침 옥스퍼드대학교 존 그리브스 교수가 기자 대피라미드의 내부를 탐사하고 쓴《피라미도그라피아Pyramidographia》가 출간되었다. 뉴턴은 그 책에서 제시한 측량 수치 중 지구 크기의 정보가 담긴 신성한 큐빗 값을 얻으려고 노력했으나 찾지 못했다. 존 그리브스의 책에는 전형적인 고대 이집트 측정 단위인 '왕의 큐빗'만 존재했다. 결국 그는 기자

대피라미드가 단지 무덤에 불과하며 오직 이집트 고유의 왕의 큐빗만 적용해 건설했다고 결론지었다.[452]

어쩔 수 없이 뉴턴은 이런저런 가정 아래 신성한 큐빗이 왕의 큐빗의 6/5이라고 결론짓고 존 그리브스가 대피라미드의 '왕의 방'에서 얻은 왕의 큐빗 값인 0.5239미터로 신성한 큐빗을 계산했다. 그 결과 0.6287미터가 나왔다.[453]

신성한 큐빗으로 만유인력 법칙을 증명하려 하다

뉴턴이 신성한 큐빗 단위를 찾으려 애쓴 데는 실질적인 필요성도 한몫했다. 1665년경 그는 만유인력 법칙을 발견했고 이 법칙이 옳다는 것을 증명할 방법을 찾기 시작했다. 만유인력 법칙은 사과나 달이 똑같이 지구의 중력에 끌어당겨진다는 것으로 그것이 미치는 힘은 거리의 제곱에 반비례해야 했다. 지표 근처 사과에는 $9.8m/s^2$ 정도의 중력 가속도가 작용한다. 그렇다면 달에 작용하는 중력 가속도는 얼마나 될까?

'만유인력 법칙의 지구-달 시험(보통 달 시험Moon-Test이라고 부른다)'이라 불리는 이 문제의 해법은 달 중심이 지구 중심에서 지구 반지름의 60배 정도 떨어져 있다는 당시 천문학자들의 관측 결과에서 출발한다. 뉴턴은 자신의 만유인력 법칙이 옳다는 것을 증명하기 위해 궤도상에 있는 달이 지구에서 받는 중력에 따른 가속도가 지표면에서의 중력 가속도의 $\frac{1}{60^2}$이 된다는 것을 밝혀야 했다.[454]

우리 태양계 행성은 타원형 궤도를 돈다. 지구 주위를 도는 달

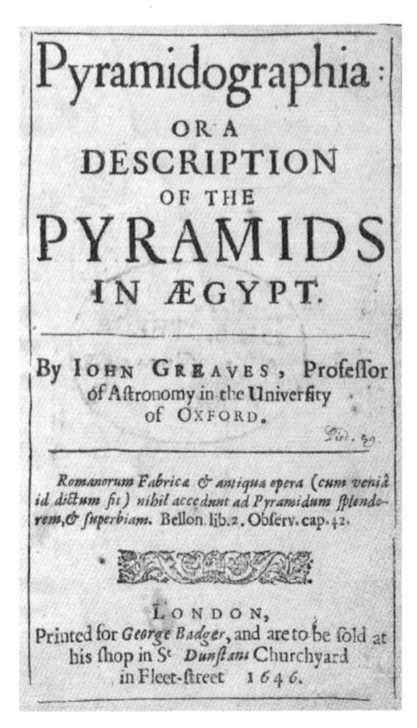
Pyramidographia:

OR A

DESCRIPTION

OF THE

PYRAMIDS

IN ÆGYPT.

By JOHN GREAVES, Profeſſor
of Aſtronomy in the Univerſity
of OXFORD.

Romanorum Fabrica & antiqua opera (cum venia id dictum ſit) nihil accedunt ad Pyramidum ſplendorem, & ſuperbiam. Bellon. lib. 2. Obſerv. cap. 42.

LONDON,
Printed for *George Badger*, and are to be ſold at
his ſhop in St *Dunſtans* Churchyard
in Fleet-ſtreet 1646.

▲ 도판83 존 그리브스가 쓴 《피라미도그라피아Pyramidogra-phia》 표지.

의 궤적 또한 타원이지만 원 궤도를 돈다고 근사할 수 있다. 이 경우 달은 평균 공전 반경이 지구 반지름의 60배 정도다. 달의 공전 속도는 공전 주기(약 27.3일)와 공전 궤도 길이로 구할 수 있고 이 값으로 원심 가속도 계산이 가능하다. 뉴턴은 이 원심 가속도가 지구가 달을 끌어당기는 구심력에 따른 가속도와 같다는 전제 아래 달에 작용하는 지구 중력과 지표면에서의 중력 비율이 얼마인지 계산했다. 그런데 이 계산에는 정확한 지구 반지름 값이 필요했다.[455] 당시 지표면에서의 중력 가속도는 측정한 상태였으므로 정확한 지구 반지름을 알면 만유인력 법칙이 성립하는지 확인할 수 있었다.[456]

문제는 당시에 지구 반지름이 정확히 얼마인지 알 수 없었다는 점이다. 고대 그리스 시대에 에라토스테네스가 지구 둘레 길이를 25만 2000스타디아로 측정했다는 사실은 알려져 있었지만, 30퍼센트나 차이가 나는 여러 스타디온 단위가 존재해 이 수치로는 정확한 지구 반지름을 구할 수 없었다.[457]

뉴턴이 이 문제를 고민하던 시기에 어느 정도 근사치에 이르는 지구 반지름 측정값이 알려져 있었다. 1617년 광학 분야에서 자신의 이름을 딴 법칙으로 유명한 네덜란드의 수학자 빌레브로르트 반 로이엔 스넬Willebrord van Roijen Snell은 에라토스테네스에 관한 책 《바타부스의 에라토스테네스Eratosthenes Batavus》를 출판했는데, 거기에 자신이 2년 전 삼각 측량으로 구한 지구 크기 측정 결과를 실었다.[458] 그는 이 책에서 지구 평균 반지름이 대략 6147킬로미터라고 기술했다. 스넬은 자신의 측정치가 잘못되었음을 깨닫고 재측정을 시도하다가 도중에 사망했다. 뉴턴이 늦어도 1672년경 이 수치를 인지했다는 정황이 있다. 하지만 이를 사용하면 지구 중력에 따른 달의 구심 가속도는 당시 알려진 지표면에서의 중력 가속도의 $\frac{1}{60^2}$보다 3.82퍼센트 작게 나왔으므로 뉴턴은 아무런 관심도 없었을 것이다.[459]

뉴턴이 '달 시험'에서 어느 정도 만족할 만한 결과를 얻은 때는 1670년대 중반이다. 1671년 프랑스 천문학자 장 뤽 피카드Jean-Luc Picard는 스넬이 개발한 삼각측량법을 사용해 지구 평균 반지름 6372킬로미터를 얻었고 측량이 끝나고 5년쯤 뒤 공식 발표했다. 뉴턴은 이 지구 반지름 값으로 지구 중력에 따른 달의 구심 가속도가 당시 알려진 지표면에서의 중력 가속도의 $\frac{1}{60^2}$보다 약 0.30퍼센트 작다는 결론을 내리고 그것을 1687년《프린키피아》초판에 발표했다.[460]

이후 만유인력 법칙을 제대로 '증명'했다고 하려면 측정치의 오차 범위가 0.017퍼센트(=1/6,000) 이내여야 한다고 생각한 뉴턴은 자신의 계산식을 보정하려 했다.[461] 그는 달의 원심 가속도에다 태양에 끌리는 힘에 따른 가속도를 합한 것이, 지구가 달을 끌어당기는 중력에 따른 구심 가속도와 같다는 결론에 이르렀고 1713년 이를 《프린키피아》 재판에 반영했다. 그 결과 당시 네덜란드 과학자 크리스티안 하위헌스가 새로 구한 지표면에서의 중력 가속도를 기준으로 할 때, 지구 중력에 따른 달의 구심 가속도가 지표면에서의 중력 가속도의 $\frac{1}{60^2}$보다 0.017퍼센트 작다는 것을 밝혀냈다.[462]

뉴턴은 당시 측정한 지구 크기 정보를 접하기 전에 자신이 생각한 '신성한 큐빗'으로 지구 크기를 구하려 시도했음이 틀림없다. 현재 국제 공인 측정 단위인 1미터는 사분자오선四分子午線(지구 극점에서 적도까지를 이은 자오선) 길이의 1천만 분의 1로 정한 것이다. 뉴턴도 이와 비슷하게 자신이 발견한 '신성한 큐빗'이 지구 반경의 1천만 분의 1이어야 한다고 생각했을 가능성이 크다.[463] 이 경우 그가 구한 신성한 큐빗으로 도출되는 지구 반지름은 6287킬로미터로, 이를 '지구-달 시험'에 대입하면 지구 중력에 따른 달의 구심 가속도는 당시 알려진 지표면에서의 중력 가속도의 $\frac{1}{60^2}$보다 1.63퍼센트 작은 값이다. 이 정도만 해도 상당히 근접한 수치지만 뉴턴은 '신성한 큐빗'을 공공연하게 내세운 적이 없다. 자신의 기준에 한참 못 미쳤기 때문이다.

그러면 기자 대피라미드에 지구 반지름과 관련이 있는 '신성한 큐빗'이 암호화되어 있을 거라는 뉴턴의 믿음은 전혀 터무니없는 것이었을까? 뉴턴 시대로부터 1세기 후 스코틀랜드 출신의 한 천문학자가 뉴턴이 옳다는 굳은 믿음으로 기자 대피라미드 수치를 살살이 측정할 결심을 했다. 그의 이름은 피아치 스미스로 또 다른 위대한 피라미드 바보의 탄생이었다.

19장

기자 대피라미드 코드 깨기

PYRAMID CODE

나폴레옹의 학자 조마르의 대피라미드 탐구

나폴레옹은 이집트를 정복하면서 200명에 육박하는 학자를 데려갔다. 이들 중 상당수가 나중에 덴데라 12궁에 많은 관심을 보였지만 처음부터 끝까지 주로 기자 대피라미드에 관심을 집중한 학자도 많았다. 그 대표적인 이가 에듬 프랑수아 조마르다.

나폴레옹의 원정대에 따라갔을 때 그는 20세로 아직 학생 신분이었다. 그렇지만 조마르는 기자 대피라미드 측량에 참여하는 등 유적 탐사에서 중요한 역할을 담당했다. 그는 대피라미드의 한 밑변 길이를 230.902미터로 측정했다. 높이는 144미터로 측정한 뒤 옆면이 지면과 이루는 각도를 51도 19분 14초로 구했다. 이때 그가 얻은 변심거리Apothem는 184.722미터였다. 스트라보는 변심거리가 고대 그리스의 1스타디온에 해당한다고 했다. 통상 알려진 고대 그리스의 1스타디온은 185.05미터로 조마르의 측정치는 스트라보의 주장을 확인해주는 듯했다.[464]

다른 한편으로 고대 그리스의 1스타디온은 이집트 땅에서 지리학상 1/600도에 해당한다는 사실이 알려져 있었다. 그는 이집트 땅의 평균 위도에서 경도 1도에 해당하는 길이인 110,827.78미터를 대입하고 이를 600으로 나눠 1스타디온에 해당하는 값으로 184.712미터를 구했다. 놀랍게도 이 수치는 자신이 측정한 변심거리와 불과 1센티미터밖에 차이가 나지 않았다. 이는 단지 0.005퍼센트의 오차다. 이 놀라운 계산 결과를 얻은 그는 기자 대피라미드에 지구 크기가 기록되어 있다는 결론을 내렸다.

또 다른 고대 그리스 기록에 따르면 대피라미드의 밑변 둘레 길이는 지리학상 각도로 경도 1/2분에 해당한다. 조마르는 이를 실제로 계산해보았고 이 조건을 충족시키기 위한 한 밑변 길이는 230.891미터로 자신이 측정한 값에서 1센티미터 정도 부족하다는 것을 깨달았다. 이 또한 0.005퍼센트의 오차에 불과하다.

이 결과를 놓고 조마르는 고대 이집트인이 지구 크기에서 그들의 기본 측정 단위를 도출했고, 이를 바탕으로 기자 대피라미드를 건설했다고 확신했다. 그는 고대 이집트인이 주어진 위도에서 각도에 따른 거리를 계산하는 천문학적 지식을 갖췄으며 지구 크기도 정확히 계산했다는 결론에 도달했다. 결국 그는 헤로도토스, 플라톤, 디오도로스 등 고대 그리스 학자들이 이구동성으로 기하학 탄생지를 이집트 땅이라고 지목한 것은 사실이라고 확신했다.[465]

조마르의 이런 주장에 반박하기 위해 당시 기자 대피라미드 측량에 참여한 그라티엔 르 페레Gratien Le Père와 장 마리 조셉 쿠텔 대령은 대피라미드 외부 치수를 재측량했다. 그들은 한 밑변 길이가 조마르의 측정치보다 2미터 정도 길다는 결론을 얻었고 높이도 훨씬 높아서 변심거리가 크게 늘어나므로 조마르의 주장은 근거가 없다고 반박했다.[466]

이제 우리는 비교적 정확한 대피라미드의 치수를 알고 있다. 이를 바탕으로 변심거리를 다시 계산해보자. 가장 최근 측정한 밑변 길이 230.363미터와 옆면이 지상과 이루는 각도 51도 50분 40초로 얻어지는 변심거리는 186.438미터다. 이 값은 이집트 땅에서 지리학상 1/600도에 해당하는 길이인 184.712미터와 0.93퍼센트 차이가 난다. 또 이집트 땅의 평균 경도 1도의 1/480인 230.891미터는 최근 구한 대피라미드 한 밑변 길이 230.363미터에서 0.23퍼센트 벗어난다. 조마르가 주장한 것처럼 극도로 정확히 맞아떨어지는 것은 아니지만 고대 그리스 학자들이 실제 값에 상당히 근접한 지구 크기를 알고 있었던 것은 사실인 것 같다. 그들은 이 정보를 이집트인에게 전해 들었을 것이므로 결국 고대 이집트인은 지구 크기를 비교적 정확히 어림했다는 결론에 도달한다.

피라미드 바보들의 행진

과학사학자 오토 노이게바우어는 기자 대피라미드에서 천문학적, 측지학적 지식을 찾는 시도에 관해 다음과 같이 언급한 바 있다.

> 피라미드의 신비와 관련해 많은 책이 쏟아져 나왔다. 그중에서도 기자 대피라미드는 특히 중요하게 다뤄지고 있다. 가령 대피라미드의 크기나

방향에 원주율의 정확한 값 같은 수학적 상수와 심오한 천문학적 지식이 담겨 있을 것이라고 추정해왔다. 이 같은 이론은 피라미드의 건립 목적과 역사에 관한 이집트학 연구 결과나 고고학적 지식과 완전히 모순된다.[467]

이는 오늘날 기자 대피라미드를 비롯해 고대 피라미드에서 어떤 과학적 지식을 추구하는 사조를 바라보는 주류 학계의 태도를 잘 정리하고 있다. 16장에서 피라미드와 관련해 주류 학계와 다른 관점을 추구하는 이들을 피라미드 바보라고 부른다고 했다. 그렇다면 뉴턴은 가장 대표적인 피라미드 바보였던 셈이다. 그리고 조마르가 그의 뒤를 이었다고 볼 수 있다.

조마르 이후 과학이 급속도로 발달하면서 보다 체계적인 대피라미드 발굴과 복원 작업이 이뤄졌고 다른 한편으로 정밀 측정 기구도 등장했다. 여기에 힘입어 1837년 영국의 하워드 비제 대령은 대피라미드 안팎의 치수를 보다 정밀히 측정했다. 그리고 그 안에서 수준 높은 금속 제련 기술을 암시하는 유물들이 나오면서 대피라미드에 수학적, 지구과학적 정보가 담겨 있을 것이라는 점이 다시 주목받기 시작했다.

이런 관심에 도화선을 당긴 사람은 1859년 당시 런던 〈옵저버〉 편집장이던 존 테일러다. 그는 뉴턴의 주장에 자신의 아이디어를 보태 신성한 큐빗이 변화했다고 생각했다. 뉴턴이 구한 신성한 큐빗이 0.6320미터라고 잘못 알고 있었던 그는 이 값이 대홍수 이전의 지구 크기와 관련이 있다고 생각했다. 그는 대홍수 이전보다 그 이후에 늘어난 물의 양만큼 지구의 평균 크기가 커졌으며 이를 기준으로 결정한 신성한 큐빗 값도 변했다고 봤다. 그에 따르면 노아가 방주를 만들 때 사용한 신성한 큐빗은 0.6320미터였고 기자 대피라미드 내부를 건설할 때 사용한 수치도 이 값이었다. 하지만 대피라미드 외형을 완성할 무렵 영국의 1 큐빗인 0.6350미터로 바뀌었다는 얘기다.[468]

여기에 더해 그는 프랑스 학자들과 하워드 비제가 측정한 기자 대피라미드의 치수에 근거해 거기에 정확한 원주율 정보가 담겨 있다고 주장해 새로운 관심을 불러일으켰다.[469] 당시까지 측정한 기자 대피라미드의 경사 각도는 51도 50분 정도였는데, 그는 건축 오차를 고려할 때 이는 사실상 51도 51분 14초를 구현한 것과 다르지 않다고 했다.[470] 실제로 대피라미드의 경사 각도가 이렇다면 0.01퍼센트 미만의 오차 범위 안에서 대피라미드의 밑변 전체 둘레 길이는 높이를 반지름으로 하는 원의 원주 길이와 같다는 사실을 밝힐 수 있다. 이때 소수점 다섯째 자리에서 반올림한 원주율 값은 $\pi=3.1416$으로 나온다. 그런데 51도 51분 14초 대신 당시 알려진 51도 50분을 사용해도 실제 원주율과 0.07퍼센트밖에 차이가 나지 않는다.[471] 기자 대피라미드에 적용한 정밀도에 비춰볼 때 존 테일러의 주장은 어느 정도 근거가 있었던 셈이다. 당시 영국 사회는 이 같은 주장에 힘을 실어주었고 이는 몇몇 학자 사이에 대피라미드가 지구와 관련이 있다는 전통적 믿음이 되살아나는 계기로 작용했다.

미터법에 대한 영국 천문학자들의 저항

1799년 6월 프랑스에서 미터법을 제정했는데 여기서 1미터는 파리를 지나는 사분자오선 길이의 천만 분의 1로 정했다. 미터법 제정을 추진할 때 적도 둘레 길이의 1/4을 기준으로 하는 방안을 검토하기도 했으나 열대지역과 바다가 있어 정밀한 측량이 어렵고, 특히 경도 결정이 힘들다는 이유로 폐기했다.[472] 당시 국제회의 형식을 빌려 미터법의 세계적인 공인을 받으려고 한 이가 바로 피에르-시몽 라플라스였다. 영국 천문학자들은 처음부터 미터법에 반대했기에 아무도 이 회의에 참석하지 않았다.

19세기 중반 프랑스에서 제정한 미터법이 전 세계적으로 통용되면서 영국도 이를 받아들여야 한다는 압박이 있었다. 영국의 저명한 천문학자 존 허셜John Herschel 경은 이 요구를 배격하면서 1미터 대신 지구 극반지름Polar Radius의 천만 분의 1인 0.6356미터를 지구 크기와 관련된 측정 시스템으로 사용할 것을 제안했다.[473] 그 명분은 1799년에 정한 기본 측정 단위인 1미터가 정확한 지구 크기와 관련된 측정 시스템이 아니라는 데 있었다. 1미터는 파리를 지나는 자오선을 기준으로 정했는데 나중에 진행한 정밀 측지 결과에 따르면 지구는 완벽한 회전 타원체가 아니라서 극과 적도를 잇는 자오선 길이가 지역에 따라 조금씩 다르다는 사실이 드러났던 것이다. 왜 영국인이 프랑스 파리를 기준으로 정한 미터법을 따라야 한단 말인가.[474]

신성한 큐빗이 0.6350미터라고 믿은 존 테일러는 마침 허셜이 제안한 측정 단위가 그 값에 상당히 근접한다는 사실에 크게 고무되었다. 그래서 그는 대피라미드 어딘가에 이 수치가 분명 담겨 있으리라고 확신했다. 허셜의 제자인 영국 에든버러대학교 천문학과 교수 피아치 스미스는 테일러를 만난 뒤 이 문제에 본격적으로 뛰어들었다.[475]

영국 고유의 1큐빗은 0.6350미터다. 놀랍게도 이 값은 지구 극반지름의 천만 분의 1인 0.6356미터와 겨우 0.1퍼센트밖에 차이가 나지 않는다. 그는 뉴턴이 구한 신성한 큐빗 값을 평균한 0.6368미터보다 영국의 큐빗 값이 더 지구 극반지름에 가깝다는 사실에 크게 자극을 받았다. 영국인이 성경에 등장하는 고대 이스라엘의 잃어버린 10대 지파 중 한 지파에 속한다고 철석 같이 믿은 그는[476] 원래 고대 영국에서 사용한 큐빗은 0.6356미터였는데 세월이 지나면서 0.6350미터가 된 것이라고 판단했다. 이 값이야말로 야훼 신이 유대인에게 전해준 신성한 큐빗임에 틀림없다는 것이었다.[477] 자신이 뉴턴이 몰두한 피라미드학Pyramidology의 적통이라 자부한 그는 신성한 큐빗 값이 인류 문명의 최고 자산인 기자 대피라미드 내부 어딘가에 존재할 것이라는 뉴턴의 믿음을 증명해내겠다고 결심했다. 그는 뉴턴을 비롯한 다른 이들이 기자 대피라미드를 연구한 내용을 토대로 1864년《우리가 대피라미드로부터 물려받은 유산Our Inheritance in the Great Pyramid》을 쓴 다음 직접 대피라미드를 측량하기로 결심하고 이집트로 향했다.

신성한 큐빗을 찾아내다

피아치 스미스는 대피라미드를 측정하기 위해 특별히 정밀 측정 장비를 직접 제작했다. 거기에는 온도 변화에 따른 자의 길이 변화를 보정하는 온도계까지 부착되어 있었다. 그는 이런 장비를 동원해 대피라미드의 자오선 정렬이 당시 존재하던 그 어떤 건물보다 정확했음을 세계 최초로 확인했다. 이 정밀 측정을 토대로 그는 대피라미드에 지구 극반지름을 반영한 신성한 큐빗이 존재함을 증명하려 했다. 처음에 그는 대피라미드 외부 치수에 그 정보가 있을 것이라고 생각해 정확한 밑변 길이를 재려고 했지만, 당시 밑변의 일부가 땅속에 파묻혀 있어서 정밀 측정이 불가능했다. 그래서 피라미드 내부의 방들을 정밀 측정했다.

1867년 그는 측량 결과를 정리한 야심작《대피라미드에서의 생활과 작업Life and Work at the Great Pyramid》을 출간했다. 총 세 권으로 구성한 이 책에서 그는 기자 대피라미드 안팎의 여러 치수를 상세히 분석해 놓았는데, 기존 측량 결과와는 확실히 다른 측면이 있었다. 존 그리브스나 아이작 뉴턴을 비롯한 이전 사람들은 대개 '왕의 방'에 주로 관심을 보였으나 피아치 스미스는 '여왕의 방'을 중요하게 다뤘다.

스미스는 여왕의 방 동쪽 벽에 있는 쌍계단 형태의 벽감에 주목했다. 여왕의 방 동쪽 벽을 정면에서 바라보면 도판84처럼 중앙 상단이 뾰족하다. 그런데 벽감 꼭대기가 뾰족한 천장에 정렬되지 않고 비껴나 있다는 사실이 그의 눈길을 끌었다. 측정해보니 중앙에서 벗어난 길이가 0.6350미터에서 0.6426미터 사이로 그가 보기에 누구도 부정할 수 없는 '신성한 큐빗'이었다![478]

이 사실에 크게 고무된 피아치 스미스는 1874년에 펴낸《우리가 대피라미드로부터 물려받은 유산》 재판에 벽감이 있는 여왕의 방 그림을 도판으로 넣고 '중요한 상징이 있는 방'이라고 소개했다.[479]

플린더스 페트리의 배신

피아치 스미스에게는 측량가인 친구 윌리엄 페트리William Petrie가 있었는데, 과학적이고 체계적인 고고학적 방법론을 최초로 제시한 플린더스 페트리가 그의 아들이다. 플린더스 페트리는 10대 때부터 영국의 선사 유적지를 찾아다니며 측량했고, 19세에 솔즈베리 평원에 있는 스톤헨지를 정밀 측정한 뒤《스톤헨지: 계획, 서술 그리고 이론Stonehenge: Plans, Description, and Theories》을 저술했다.[480]

14세이던 1866년의 어느 날 플린더스 페트리는 집 근처 책방 서가에서 기자 대피라미드에 관한 책을 발견하고 이를 구입해 아버지에게 보여주었다. 그것은 피아치 스미스가 쓴《우리가 대피라미드로부터 물려받은 유산》이었다.[481] 친구가 쓴 책을 접한 윌리엄 페트리는 기자 대피라미드의 매력에 홀딱 빠져버렸다. 나중에 구입해서 읽은《대피라미드에서의 생활과 작업》은 그를 더욱더 기자 대피라미드에 집착하게 했다. 여기에 영향을 받은 그의 아들 플린더스 페트리는 신에게 받은 놀라운 지식이 기자 대피라미드에 암호화되어 있다는 스미스의 주장을 적극 옹호하며 그의 비판자들과 대립각을 세웠다. 1874년 플린더스 페트리는 저서《대피라미드 연구Research on the Great Pyramid》를 써서 대피라미드의 디자인과 구조를 해석한 피아치 스미스의 주장을 찬양했다.

한데 이 우호적인 관계는 1870년대 후반 들어 깨지기 시작했다. 이 시기에 피아치 스미스는 신성한 큐빗에 더욱 집착했고 기자 대피라미드에 인류의 운명을 계시하는 내용이 기록되어 있다는 식의 신비주의에 빠져버렸다. 처음부터 영국인이 잃어버린 고대 이스라엘 10지파와 무관하다고 생각한 플린더스 페트리는 스미스가 점점 기자 피라미드와 관련해 종교적으로 편향된 주장을 쏟아내자 더 이상 그의 주장을 옹호하지 않기로 했다. 1887년 그는 소책자《유대와 이스라엘의 부활: 명백한 질문과 대답Restoration of Judah and Israel: Plain Questions with Plain Answers》을 제작해 피아치 스미스의 열렬한 지지자들에게 보냈다. 구약의 여러 구절을 인용한 이 소책자는 영국인이 잃어버린 10지파 중 하나가 아닌 이유를 논증하고 있었다. 물론 그는 피아치 스미스 추종자들에게 거센 항의와 비난을 받았다.[482]

피아치 스미스의 측정 결과가 미진하다고 판단한 플린더스 페트리는 직접 이집트로 가서 기자 대피라미드를 정밀 측정하기로 했다. 그는 당시 시판하던 측정 장비보다 정밀도가 뛰어난 것을 만들기 위해 신소재와 신기술을 접목한 초정밀 경위의Alt-Azimuth와 측지기Theodolite를 제작했다. 1880년 그는 이 모든 장비를 챙겨 아버지와 함께 이집트로 떠났다.[483]

플린더스 페트리의 정밀 측정

1882년까지 플린더스 페트리는 기자 대피라미드 안팎을 세밀히 측량했다. 그 뒤 영국으로 돌아온 그는 1883년에 출판한《기자의 피라미드와 신전The Pyramids and Temples of Gizeh》에서 여왕의 방을 서술했는데, 피아치 스미스가 지적한 부분을 교묘히 피해 쌍계단형 벽감의 측정치만 언급하면서 거기에 0.5232미터의 '왕의 큐빗'만 적용했을 뿐 영국 큐빗인 0.6350미터와 관련된 수치는 없다고 선언했다.[484] 하지만 그는 같은 책에서 벽감 밑면의 북쪽 끝이 여왕의 방 중앙에서 북쪽으로 0.1473미터 벗어나 있다고 언급함으로써 사실상 피아치 스미스의 지적이 옳다는 것을 인정하고 있다.[485] 벽감은 밑면 길이가 1.570미터(3 왕의 큐빗)로 밑면 중앙이 여왕의 방 중앙과 일치할 경우 북쪽 끝이 0.7849미터(1.5 왕의 큐빗)만큼 벗어나 있어야 한다. 결국 벽감은 0.7849-0.1473=0.6376미터만큼 중앙에서 벗어난 셈이다.

플린더스 페트리의 책을 꼼꼼히 살펴본 피아치 스미스는 서먹서먹한 관계였음에도 불구하고 그가 누구보다 높은 정밀도로 대피라미드의 구석구석을 측정했음을 인정하고 진심으로 치하했다. 그렇지만 여왕의 방에 암호화된 신성한 큐빗 문제는 확실히 짚고 넘어가기로 작심한 듯하다. 그는 1884년에 출판한《대피라미드의 새로운 측정치New Measures of the Great Pyramid》에서 페트리가 벽감이 중앙에서 분명 0.6376미터 벗어나 있다는 것을 측정하고도 이를 언급하지 않고 여왕의 방에 신성한 큐빗이 없다고 선언한 이유를 알 수 없다고 지적했다.[486] 왜 자신이 직접 측정해놓고도 플린더스 페트리는 이 수치를 신성한 큐빗으로 인정하지 않았을까?

현대의 대표적인 피라미드 바보 중 하나인 피터 레메수리에는 자신의 측정치 0.6376미터가 스미스의 신성한 큐빗인 0.6356미터에서 크게 벗어나 페트리가 이를 인정하지 않았을 것이라고 본다.[487] 그러나 이 주장은 터무니없다. 이집트에 가기 3년 전 플린더스 페트리는《귀납적 계측학Inductive Metrology》이란 책을 썼다. 여기에 그는 고대 이집트와 근동 지역에서 0.6376미터부터 0.6452미터까지의 큐빗을 사용했다고 기록했다. 페트리는 이 중 이집트에서 사용한 0.6376미터 큐빗이 가장 오래된 것이라고 밝히면서 뉴턴이 말한 유대인의 신성한 큐빗이 바로 이것이라고 했다.[488]

왜 페트리는 여왕의 방에서 자신이 발견한 '신성한 큐빗'을 숨기려고 한 것일까? 신비주의에 빠진 피아치 스미스 일파와 더 이상 엮이고 싶지 않아서였을 것이다. 만일 그가 여왕의 방에서 성스러운 큐빗을 발견했다는 사실을 인정했다면 스미스는 잃어버린 고대 이스라엘 10지파설을 퍼뜨리는 데 그를 이용하려 했을 것이다. 당시 플린더스 페트리는 측지학자이자 고고학자로서 높은 명성을 쌓았고 자칫 사이비 논쟁에 휩쓸려 자신의 경력에 흠집이 생기는 것을 두려워했음이 틀림없다. 이처럼 신중한 행동으로 그는 고고학계의 거두가 될 수 있었다.

그러면 여왕의 방에 암호화된 0.6376미터 큐빗은 대체 지구 크기와 어떤 관계가 있는 것일까? 지구의 중심에서 적도까지의 반경인 적도 반지름은 지구 중심에서 극까지의 반경인 극반지름보다 조금 크다. 지구의 자전으로 적도 부위가 조금 불거졌기 때문이다.

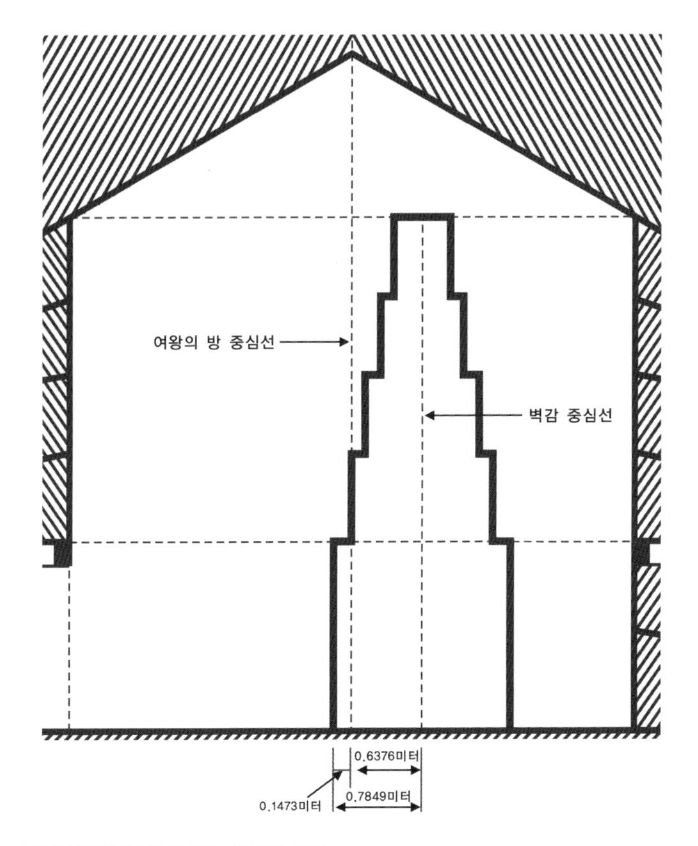

▲ **도판84 여왕의 방에 있는 벽감의 위치.**

1980년 이후 표준으로 사용하는 적도 반지름은 6378.137킬로미터로[489] 이 값의 천만 분의 1은 0.6378미터다. 여왕의 방에 암호화된 듯한 수치와 불과 0.04퍼센트의 차이만 있다. 기자 대피라미드에 구현한 정밀도를 고려할 때 이 정도면 고대 이집트인이 여왕의 방에 지구 크기를 표시해놓았다고 볼 수 있지 않을까?

20장

기자 대피라미드의 12방위 코드

PYRAMID CODE

라플라스의 주도 아래 이뤄진 미터법 제정

프랑스에서 미터법 제정에 앞장선 대표적인 인물 중 하나가 라플라스다.[490] 그는 1795년 파리 천문대 등 항해나 천문학과 관련된 프랑스 내의 모든 기관을 관장하는 경도국Bureau des Longitudes 국장이 되었다.[491] 이 경도국 산하에 임시로 도량형위원회를 설치해 라플라스와 나폴레옹에게 프랑스 과학의 대피라미드 같은 존재라는 칭송을 받은 수학자 조제프-루이 라그랑주Joseph-Louis Lagrange가 미터법 제정에 주도적으로 나섰다.[492] 특히 1798년부터 1799년 사이에 이들이 나서서 도량형 관련 국제회의를 개최했는데 라플라스는 프랑스 측이 이미 많은 것을 결정한 상황에서 형식적인 회의임을 공공연히 표명했다. 미터법에 반대할 것이 분명한 영국, 미국, 독일의 관련 학자들에게는 초청장조차 보내지 않았다.[493]

미터법 제정이 임박한 1798년, 나폴레옹은 프랑스에서 멀리 떨어진 이집트 기자 피라미드군 근처에 주둔하고 있었다. 1799년 프랑스로 잠입한 그는 쿠데타에 성공해 11월 정권을 잡았다. 나폴레옹은 곧바로 그동안 미터법 실행을 추진해온 라플라스를 내무부 장관으로 임명하고 12월부터 프랑스 전역에서 미터법을 사용하도록 했다.[494]

이처럼 라플라스가 주도적으로 미터법 제정과 보급에 나선 것은 당시 프랑스에서 직종에 따라 수백 가지의 다양한 척도를 사용하는 바람에 이것이 사회 발전의 큰 저해 요소로 작용했기 때문이다.[495] 통일된 체계를 만들려고 한 프랑스 과학자들은 파리를 지나는 사분자오선의 천만 분의 1을 기본 단위로 결정한 다음 그 길이를 정밀 측량하는 데 성공해 새로운 표준으로 확정지은 것이다.[496] 물론 여기에는 당시 세계 최고였던 프랑스 정밀과학 수준을 과시하려는 프랑스 과학자들의 다소 오만한 태도가 배어 있었다.[497] 이를 간파한 영국의 수학자와 천문학자는 끝내 미터법을 인정하지 않았다.

1장에서 라플라스가 아주 오래전 고대 이집트인이 놀라운 수준의 천문학을 구가했을 거라고 믿었다고 했다. 만일 그가 기자 대피라미드에 19장에서 살펴본 바와 같이 지구 적도의 반지름 길이 정보가 숨겨져 있음을 알았다면 어땠을까? 미터법을 제정할 때 지구 자오선을 기준으로 했던 자신의 결정을 후회했을까?

또 다른 미터법

18세기 프랑스에서 제정하기 오래전부터 인류에게 이미 미터법이 알려져 있었다는 주장이 최근 제기되었다. 영미권에서 미터법 보급 캠페인에 헌신한 오스트레일리아의 팻 나틴은 미터법을 프랑스에서 만든 것에 거부감을 표하는 이들을 설득할 자료를 모으던 중 영국 성공회 신부이자 철학자인 존 윌킨스 주교Bishop John Wilkins가 17세기에 1미터에 가까운 수치를 보편적인 길이 측정 단위로 제안한 바 있음을 발견했다.[498] 윌킨스는 올리버 크롬웰의 매부로 영국 왕립학회 창립 멤버이자 옥스퍼드대학교 와드햄칼리지와 케임브리지대학교 트리니티칼리지에서 학장을 역임한 당대의 석학이었다. 그는 1668년에 발간한《참된 특성과 철학적 언어를 향한 논고An Essay Towards a Real Character and a Philosophical Language》에서 자연 법칙에 기반을 둔 기본 측정 길이 단위로 0.997미터를 사용하자고 제안해 프랑스보다 1세기 앞서 미터법을 창안했다. 놀랍게도 1미터보다 겨우 0.3퍼센트 작은 값이다. 그러나 그의 제안은 한동안 잊혔다가 근래 들어 나틴이 재발견했다.[499] 도대체 어찌된 일이었을까?

윌킨스의 제안은 그리 놀랄 일이 아니다. 프랑스에서 사분자오선 길이의 천만 분의 1을 기본 길이 척도로 결정하기 전인 1792년 장 샤를 드 보르다Jean Charles de Borda와 자크 카시니Jacques Cassini 2세는 1미터가 아닌 0.995미터를 프랑스 국립과학아카데미에 기본 길이 척도로 제안했다.[500] 그 시기는 자오선 길이를 정확히 측정하기 몇 년 전인데 그들은 어떤 근거로 이 길이를 제시한 것일까?

1602년 등시성Isochronism이라는 진자 원리를 발견한 이탈리아의 과학자 갈릴레이 갈릴레오는 1637년 이를 시계에 적용하는 아이디어를 생각해냈다.[501] 그리고 진자시계를 실용화한 17세기 중반 과학자들은 이른바 초진자秒振子에 주목했다. 초진자란 반주기半週期에 1초가 걸리는 진자를 일컫는 용어로 프랑스의 물리학자 마랭 메르센Marin Mersenne이 초진자의 길이를 최초로 정의함으로써 과학적 측정에 신기원을 이루었다.[502] 그런데 표준 중력Standard Gravity에서 그 값은 1미터에 근접한 0.994미터다.

1660년 네덜란드의 물리학자 크리스티안 하위헌스와 덴마크의 천문학자 올레 크리스텐센 뢰머Ole Christensen Rømer는 당시 막 발족한 영국 왕립학회에 이 값을 기본 길이 척도로 할 것을 제안했고 학회는 이 사안을 공식 검토했다.[503] 존 윌킨스는 로버트 보일Robert Boyle과 함께 왕립학회 창립 주축 멤버로 초진자 길이에 깊은 인상을 받았음이 틀림없다. 따라서 그가 제안한 기본 측정 길이 단위 0.997미터는 지구 크기가 아니라 초진자 길이와 관련된 것이라고 볼 수 있다.[504]

한편 프랑스 측량가 장 피카르도 1668년 초진자 길이를 기본 길이 단위로 할 것을 제안했는데, 그는 이 값을 약 0.994미터로 알고 있었다. 그 무렵 유럽의 정밀과학자들은 지구상에서 초진자 길이가 일정하다고 믿었고 피카르는 이 기준을 선도하는 학자였다. 이런 상황에서 왜 윌킨스가 0.997미터를 초진자 길이로 내세웠는지는 의문이다.

1672년 자크 카시니 2세의 제자 장 리셰Jean Richer는 북위 5도에 위치한 프랑스령 카옌Cayenne에서 초진자 길이가 약 0.991미터라는 사실을 발견했다. 같은 해 장 피카르는 영국 왕립학회에 런던의 초진자 길이가 얼마인지 정밀 측정해줄 것을 요청했고, 그 결과 1.028미터라는 사실을 확인했다. 그때는 대다수 측정학자가 지구상에서 초진자 길이가 불변이라고 믿고 있었기 때문에 이 사실은 큰 충격으로 받아들여졌다. 뭔가 측정상의 잘못이나 치수 변환 과정에 착오가 있었을 것으로 생각한 피카르와 뢰머는 1680년대 초까지도 그 차이를 인정하지 않았다.[505]

하지만 지구의 중력은 위도가 높을수록 커지고 같은 주기의 진자 길이는 중력이 클수록 길어진다. 이런 이유로 초진자 길이는 위도에 따라 변한다. 이것이 초진자 길이가 파리를 지나는 사분자오선 길이와 함께 유력한 1미터 후보로 거론되고도 끝내 1미터로 채택되지 않은 결정적인 걸림돌이었다.

이처럼 사분자오선 길이가 제대로 알려지지 않았던 시절에 나온 1미터에 가까운 수치를 기본 길이 단위로 사용하자는 주장은 초진자와 관련이 있다고 보면 된다. 프랑스 과학아카데미에서 관여하기 이전에는 서구에서 누구도 사분자오선을 기본 길이 단위로 내세운 일이 없었다. 그런데 지구 사분자오선과 관련된 미터법 아이디어가 4500년 전 이집트에 알려져 있었을 가능성이 있다는 주장이 제기된 바 있다.

라플라스와 에라토스테네스

미터법까지는 아니어도 고대 이집트에 사분자오선의 정확한 수치가 알려져 있었다고 철석 같이 믿은 이가 있었는데 그는 바로 라플라스다. 1장에서 말했듯 계몽주의 시대 과학자들은 고대 이집트 과학기술 수준을 높이 평가했다. 라플라스도 그중 한 명으로 그는 특히 먼 옛날 고대 이집트인이 지구 크기를 정확히 측정했다고 확신했다.

위도와 경도 개념을 처음 도입한 고대 그리스의 천문학자 에라토스테네스는 자오선 길이를 정확히 측정한 것으로 더 유명하다. 교과서에는 그가 알렉산드리아와 이집트의 옛 도시 시에네가 동일 자오선 위에 놓여 있다고 가정하고, 하지 정오 때 그림자 길이를 측정해 지구의 자오선 길이를 1퍼센트 이내 오차로 정확히 어림해냈다고 쓰여 있다.[506] 그는 이 측정에 시에네가 북회귀선상에 놓여 있어 하지 정오에 그림자가 생기지 않는다는 중요한 지구과학적 지식을 동원했다.

그런데 천문학자 칼 세이건은 TV 시리즈로 방영된 〈코스모스〉에서 에라토스테네스가 고급 천문 지식을 알렉산드리아 도서관에 소장된 고대 이집트 문헌을 보고 알게 되었다고 말했다. 도서관장으로서 그가 이런 지식에 쉽게 접근할 수 있었다는 얘기다.[507] 이런 가정을 하면 한 가지 중요한 문제가 발생한다. 비록 과거 한때 시에네가 북회귀선상에 놓여 있어 하지 정오 때 그림자가 사라지는 현상이 발생하긴 했어도 에라토스테네스 시대에는 더 이상 그런 일이 벌어지지 않았다. 지축 기울기가 약 4만 년 주기로 변하기 때문이다.[508] 이 현상은 지축의 방향이 바뀌는 세차 운동과는 다른 천체 현상이다. 만약 칼 세이건의 주장대로라면 에라토스테네스의 측정은 처음부터 엉터리였던 셈이다.[509]

라플라스는 에라토스테네스가 이집트 고문헌에서 시에네가 북회귀선상에 놓여 있다는 지식을 습득했고 그가 했다고 하는 지구 자오선 길이 측정은 사실 오래전 이집트 땅에서 이루어진 것이라고 생각했다. 에라토스테네스가 제시한 모든 데이터에 상당한 오류가 있는데도 최종적으로 그 오류를 상쇄하고 정확한 자오선 길이를 도출한 것을 인위적이라고 본 것이다. 그는 에라토스테네스보다 한참 전에 누군가가 정밀 측정 방법으로 도출한 지구 크기를 에라토스테네스가 자신이 구한 것처럼 꾸몄다고 보고 이렇게 기술했다.

"이 천문학자는 단지 지금 그 기원을 알 수 없지만 그 누군가가 뛰어난 기법으로 수행한 까마득한 옛날의 지구 크기 측정을 재현했을 뿐이다."[510]

그의 눈에 에라토스테네스는 숨은 지식을 자신의 것인 양 가로챈 몰염치한 학자로 비춰진 모양이다. 아이작 뉴턴처럼 기자 대피라미드에 지구 크기에 관한 정보가 담겨 있을 것이라는 기록을 남겨 놓지는 않았지만 라플라스도 분명 뉴턴과 비슷하게 생각했을 것이다. 만일 그것이 사실이라면 고대 이집트인은 기자 대피라미드 건설에 지구 자오선에 기반을 둔 측정 단위를 사용하지 않았을까?

왕의 큐빗의 평균값

16장에서 나는 기자 대피라미드 외형에서 구한 1 왕의 큐빗 값이 0.5236미터지만 수분, 염분, 온도 변화, 모래바람 등에 따른 후방 풍화로 원래의 값보다 줄어들었을 가능성을 언급했다. 만일 누군가가 모델을 세워 1세기에 어느 정도의 후방 풍화가 일어나는지 계산할 수 있다면 실제 1 왕의 큐빗을 그럴듯하게 어림할 수 있을 것이다. 하지만 대피라미드 기단부가 모래 속에 파묻힌 기간을 정확히 알지 못하고 얼마나 자주 보수 공사를 했는지도 모르므로 현실적으로 이는 불가능하다. 대신 오랜 기간 밀봉되어 후방 풍화가 최대한 억제되었을 대피라미드 내부를 측정해 1 왕의 큐빗을 도출하는 방법을 고려할 필요가 있다.

이집트학 학자들은 대부분 고대 이집트 고왕국 시대에 가장 빈번하게 사용한 왕의 큐빗이 0.5235에서 0.5240미터 사이임을 인정하며, 이들 중 일부는 그 평균값이 대략 0.5236미터라는 데 의견을 같이한다.[511] 실제로 영국 리즈대학교 석좌교수 오스왈드 딜크는 대영 박물관이 시리즈물로 출판한《수학과 측정Mathematics and Measurement》에서 0.5236미터를 다음과 같이 대피라미드에 적용한 1 왕의 큐빗 평균값으로 제시하고 있다.

> 기자 대피라미드에 적용한 치수와 방향은 상당히 용의주도하게 결정되었다. 그것은 여러 고대 이집트 왕조 시대의 건축물과 마찬가지로 네 면이 정확히 동서남북을 향하고 있다. 측량은 모두 왕의 큐빗으로 이루어졌는데 가끔 반올림한 값을 사용하기도 했지만, 그 오차는 매우 작아 대부분 0.5230미터에서 0.5250미터 사이에 들었다. 그리고 그 평균값은 0.5236미터다.[512]

딜크 등이 주장하는 1 왕의 큐빗 평균값 0.5236미터에 6을 곱하면 놀랍게도 3.1416미터가 나온다. 여기서 미터를 빼면 원주율을 소수점 다섯째 자리에서 반올림한 값이다. 이것을 단지 우연이라고 볼 수 있을까? 그냥 6을 곱하니 우연히 그런 수치가 나왔다고 볼 수도 있다. 한데 여기에는 왕의 큐빗과 미터 간의 중요한 상관관계가 숨어 있다. 1 왕의 큐빗은 1미터를 반지름으로 하는 원의 원주 둘레 길이의 1/12의 값에 해당한다. 12방위법에 익숙했던 고대 이집트인이 사분자오선의 천만 분의 1을 반지름으로 하는 원에서 30도에 해당하는 호의 길이로 1 왕의 큐빗을 정한 것은 아닐까?

고대 이집트의 왕의 큐빗이 미터법과 연관이 있다면 이는 그들이 지구 크기를 정확히 알고 있었음을 시사한다. 앞서 고대에 정밀 지도를 만든 잊힌 문명인이 12방위법을 사용했다는 주장을 소개한 적이 있다. 기자 대피라미드 건설자들은 지구 크기를 12방위법에 기초해 암호화한 기본 측정 단위를 사용했던 것 같다. 이 사실을 인정하면 기자 대피라미드 건설자들은 원주율 값에 관해 정확한 지식을 갖추고 있었다고 볼 수 있다. 기원전 1800년경 작성한 고대 이집트의 린드 수학 파피루스Rhind Mathematical Papyrus에서는 원주율 값을 3.1605로 어림하고 있다.[513] 기자 대피라미드 건설자들은 이보다 훨씬 정확한 원주율 값을 알고 있었음이 틀림없다. 존 테일러는 기자 대피라미드에 원주율을 반영했을 것이라고 주장했다. 그의 생각처럼 단순한 방식은 아니지만 대피라미드에 원주율이 암호화된 것은 사실인 듯하다. 그런데 페트리는 기자 대피라미드에서 찾을 수 있는 대표적인 1 왕의 큐빗이 0.5236미터가

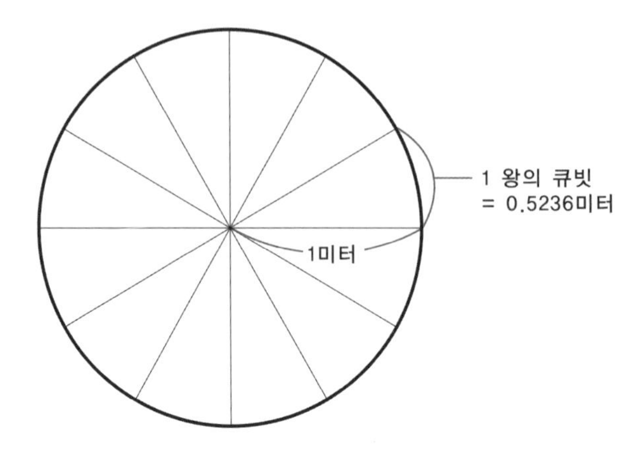

▲ 도판85 1미터를 반지름으로 하는 원주의 1/12 길이는 0.5236미터다.

아니라 0.5240미터라고 결론지었다.

왕의 방에 적용한 왕의 큐빗

1880년에서 1882년까지 이집트에 체류한 플린더스 페트리는 기자 대피라미드의 내부와 외부의 치수를 측정해 정확한 왕의 큐빗 평균값을 구하려 했다. 왕의 방, 여왕의 방, 대회랑, 입구 그리고 밑변 등에서 그가 구한 평균 1 왕의 큐빗은 0.5237미터였다.[514] 하지만 그는 '왕의 방'에서 가장 정확한 왕의 큐빗 단위를 도출할 수 있으리라 기대했다. 표7은 페트리가 왕의 방 벽 상단, 중간, 그리고 하단에서 구한 측정 길이를 정리한 것이다. 왕의 방은 가로 20 왕의 큐빗, 세로 10 왕의 큐빗으로 설계되었으므로 각 부분에서 도출되는 1 왕의 큐빗은 표8과 같다. 이 표에서 보듯 왕의 방 둘레

길이 위치	북쪽 벽	동쪽 벽	남쪽 벽	서쪽 벽
상단	10.468미터	5.240미터	10.462미터	5.233미터
중간	10.475미터	5.240미터	10.468미터	5.232미터
하단	10.485미터	5.243미터	10.478미터	5.236미터

▲ 표7

벽면 위치 높이	북쪽	동쪽	남쪽	서쪽	평균
상단	0.5234미터	0.5240미터	0.5231미터	0.5233미터	0.5235미터
중간	0.5238미터	0.5240미터	0.5234미터	0.5232미터	0.5236미터
하단	0.5243미터	0.5243미터	0.5239미터	0.5236미터	0.5240미터
평균	0.5238미터	0.5241미터	0.5235미터	0.5234미터	0.5237미터

▲ 표8

길이 전체에서 구한 1 왕의 큐빗 평균값은 0.5237미터이다. 그런데 페트리는 이 값 대신 '아마도 바닥 쪽을 가장 신경 써서 맞췄을 것'이라는 막연한 가정 아래[515] 하단 길이 평균값으로부터 도출한 0.5240미터를 대피라미드에서 기대할 수 있는 1 왕의 큐빗 값에 대한 최선의 결정이라고 선언했다.[516]

하지만 그의 이런 추정에는 큰 문제가 있었다. 왕의 방이 처음 상태 그대로 완벽하게 보존되어 있지 않았기 때문이다. 측정에 들어간 페트리는 화강암으로 꾸민 왕의 방이 비교적 잘 보존되어 있긴 하지만 지진 등 외력의 영향을 어느 정도 받았음을 깨달았다. 이 때문에 2~5센티미터 뒤틀렸고 천장 면적이 바닥 면적보다 작아져 있었다. 따라서 설령 피라미드 건설자들이 바닥 둘레를 매우 신경 써서 맞추었다 하더라도 그 후 외력에 의해 얼마든지 변형되었을 수 있었던 것이다.

그렇다면 외력에 의해 변형되기 이전의 왕의 방 벽 길이를 알 수는 없을까? 몇 가지 가정 아래 시뮬레이션을 통해 어느 정도 처음 상태를 유추할 수는 있겠으나 각 부분의 정확한 치수를 알기는 힘들 것이다. 하지만 전체적으로 볼 때 변형 전후의 길이 줄어듦과 늘어남이 상쇄되었을 것이므로 전체 길이 평균값에서 도출되는 1 왕의 큐빗은 그대로 유지되었을 것이다. 따라서 외력에 의한 변형 이전의 왕의 방 벽 길이 평균값이 0.5237미터라고 추정할 수 있다.

이런 사실을 충분히 인지했을 페트리는 그럼에도 불구하고 하단 길이에서 도출된 왕의 큐빗 값을 표준으로 선택했다. 왜 그랬을까? 플린더스 페트리는 1877년에 쓴《귀납적 계측학》에서 10여

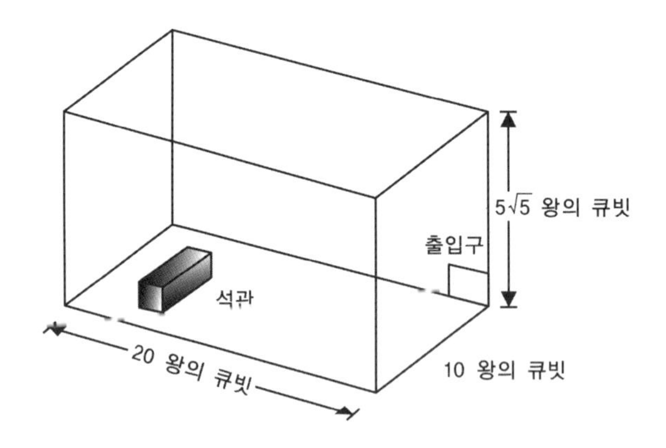

▲ 도판86 왕의 방의 크기.

개의 고대 이집트 측정용 막대에서 구한 1 왕의 큐빗 값에 대해 논의한 바 있다. 그는 초기 왕조 시대로 갈수록 그 길이가 짧아진다는 것을 발견했는데 아주 초기의 1 왕의 큐빗은 0.5237미터고, 이후 조금씩 증가해 초기 건축물의 평균값은 0.5240미터였다. 페트리는 맨 처음 1 왕의 큐빗은 0.5237미터였지만 세월이 흐르면서 측정 막대를 반복적으로 복사해 사용하는 과정에서 그 기본 단위 길이가 조금씩 늘어난 것이라고 판단했다.[517]

왕의 방을 측정하면서 페트리는 고왕국 4왕조 시대 쿠푸에 의해 건축된 대피라미드에서 도출되는 1 왕의 큐빗은 아주 초기 왕조 시대의 0.5237미터가 아니라 초기 왕조 평균값에 해당하는 0.5240미터여야 마땅하다고 판단한 것 같다. 그리고 마침 하단 둘레 길이 평균값이 여기에 정확히 맞아떨어졌으므로 그 값을 택했던 것으로 보인다. 결국 이런 사실은 대피라미드가 쿠푸왕 시절이 아니라 그보다 훨씬 이전에 건설되었음을 방증하고 있다. 오늘날 관련 연구자들은 왕의 방의 뒤틀림을 고려하면 실제 건축에 적용한 1 왕의 큐빗은 0.5237미터라는 데 대체로 동의한다.[518]

미터보다 정확한 측정 단위

만일 정확한 1 왕의 큐빗이 0.5236미터가 아니라 0.5237미터라면, 반지름이 1미터인 원의 원주 길이 1/12에 해당하는 원호 길이가 평균적인 1 왕의 큐빗에 정확히 맞아떨어진다는 앞의 결론은 좀 과장된 것일까? 그렇지 않다. 0.5237미터는 보다 정밀한 지구 자오선 길이 측정치와 관련이 있다. 19세기에 이미 극과 적도를 잇는 사분자오선 길이의 천만 분의 1이 정확히 1미터가 아니라는 사실이 알려졌다. 그보다 0.2밀리미터쯤 큰 값이 실제로 지구 크기를 반영한 값이라는 것이었다.[519] 현재 인공위성 측량으로 정확히 결정한 사분자오선 평균 길이는 10,000,957미터다.[520] 이 값의 천만 분의 1은 1.0001미터다. 따라서 왕의 큐빗이 극과 적도를 잇는 자오선 길이의 천만 분의 1을 반지름으로 하는 원에서 그 원주 길이의 1/12이라면 그 값은 0.5237미터가 된다.

조마르는 고대 이집트인에게 프랑스의 미터법과 크게 다르지 않은 보편적인 측정 단위가 있었을 것이라고 추정하면서 오히려 그 단위가 프랑스 미터법보다 더 정확할지도 모른다고 한 바 있다. 또한 고대 이집트가 고대 그리스와 로마를 거쳐 근대 계몽주의 프랑스 과학의 원류일 수 있다고 했다.[521] 조마르가 옳았던 것일까?

나가는 글

20년쯤 전인 1996년 나는 영국에서 두 번째 겨울을 맞았다. 거의 일주일 동안 햇빛을 보지 못해 우울증에 걸릴 것 같았다. 어떻게든 잠시나마 영국을 벗어날 궁리를 했다. 마침 이집트행 할인 항공권 광고가 눈에 띄었고 이를 구입해 무작정 이집트로 향했다.

처음 갈 때는 기자, 테베, 룩소르 등 유명 관광지를 한 바퀴 돌고 올 생각이었으나 카이로에서 일정을 조정해 기자 주변에서 일주일을 머물렀다. 첫날 방문한 기자 피라미드군에 완전히 꽂혔기 때문이다. 그 기간 동안 대피라미드 내부로 들어가 '왕의 방'을 둘러보았다. '여왕의 방'은 일반 관광객에게 개방하지 않아 내부를 볼 수 없었다. 대피라미드를 비롯한 피라미드군에서 받은 당시의 강렬한 느낌은 내 뇌리에 깊숙이 각인되어 아직도 지워지지 않는다.

이집트 여행을 마치고 케임브리지로 돌아온 뒤 틈틈이 대학 도서관을 찾아가 고대 이집트 문명과 관련된 자료를 섭렵하면서 나는 피라미드를 중심으로 고대 이집트 문명을 정리했다. 그러던 중

1997년 여름 미스터리 서클 취재를 위해 KBS 다큐멘터리팀이 영국을 방문했다. 이들을 도와 나는 윈체스터와 솔즈베리의 영국 고대 문명 유적을 답사하고, 콘월의 그레이엄 핸콕 자택까지 방문해 그와 면담을 했다.

초고대 문명과 역사의 미스터리를 주제로 약 1시간에 걸쳐 그와 대화하면서 나는 내 나름대로 스토리 라인을 정리했고, 그해 겨울 고대 이집트 문명과 미스터리 서클 취재 내용을 토대로 한《초고대 문명》이란 책을 출간했다. 돌이켜보면 그레이엄 핸콕의《신의 지문》과《우주의 지문》을 섞은 뒤 미스터리 서클 취재기로 버무린 아류였지만 당시엔 내 믿음을 적절히 반영했다며 그럭저럭 만족스럽게 생각했다.

1년 전 내가 재직하는 우석대학교의 한 교수님이 연락해 그분 친구께서 절판된《초고대문명》을 애타게(?) 찾고 있다고 했다. 개정 증보판을 낼까 하는 생각도 잠시 해보았다. 그러다가 고대 이집트 문명에 관한 내 생각이 20년 전과 많이 달라졌음을 깨닫고 새로 글을 써야겠다는 결심을 하게 되었다.

《피라미드 코드》는 어찌 보면 아주 당연한 결론을 담고 있다고 할 수 있다. 기자 대피라미드 정도의 규모와 정밀도로 건축을 할 만한 문명이라면 미적분학이나 위상기하학, 천문학, 측지학, 토목 건축학 등 사실상 근대 문명이 개척한 수학·과학·공학의 모든 분야에 걸쳐 상당한 지식을 축적했다고 봐야 한다. 그런 수준의 문명이었기에 나는 처음부터 그들이 기자 대피라미드에 지구 크기에 관한 지식을 충분히 반영했을 것이라고 확신했다. 이 책은 그런 내 확신을 여러 참고문헌을 바탕으로 논증한 것이다. 이러한 시도와 결론의 옳고 그름은 독자의 각자 판단에 맡긴다.

이 책을 탈고하는 시점에 기자 대피라미드 대회랑 위쪽에 있는 상당히 넓은 빈 공간을 발견했다는 뉴스를 접했다. 그 공간을 어떤 목적으로 조성했는지 관련 학자뿐 아니라 일반인 사이에서도 갑론을박이 한창이다. 이처럼 기자 대피라미드는 여전히 역사의 최대 미스터리에 경외감을 표하는 수많은 세인의 관심을 끌고 있다. 이 책이 그런 대중적 욕구에 어느 정도 만족할 만한 답을 주었으면 하는 바람이다.

마지막으로 이 책을 쓰는 데 매우 중요한 자료들의 사용을 흔쾌히 허락한 지도학자 장 피에르 라크루아와 로버트 바이워터에게 깊은 감사의 뜻을 전한다.

1 육영수, 《혁명의 배반, 저항의 기억: 프랑스혁명의 문화사》, 돌베개, 2013.

2 Keith James Laidler, Energy and the Unexpected, Oxford University Press, 2002. p.129.

3 Jennifer Fandel, The Metric System, The Creative Company, 2006. p.47.

4 Aaron J. Ihde, The Development of Modern Chemistry, Courier Corporation, 1970. p.83.

5 Charles Coulston Gillispie & Ivor Grattan-Guinness, Pierre-Simon Laplace, 1749-1827: A Life in Exact Science, Princeton University Press, 2000. p.176.

6 라플라스는 내무부장관직에 6주 정도 있었는데 나폴레옹은 세인트헬레나섬에서 쓴 회고록에 라플라스가 너무 세세한 부분을 따져 국정이 제대로 돌아가지 않았다며 그의 해임 이유를 기록했다. Keith James Laidler, Energy and the Unexpected, Oxford University Press, 2002. pp.129-130 참조.

7 Kelly James Clark, Religion and the Sciences of Origins: Historical and Contemporary Discussions, Springer. 2014.

8 J. E. Force & R. H. Popkin, Essays on the Context, Nature, and Influence of Isaac Newton's Theology, Springer Science & Business Media, 2012. p.98; James E. Force, The God of Abraham and Isaac (Newton). In James E. Force & Popkin, Richard H. (ed.) The Books of Nature and Scripture: Recent Essays on Natural Philosophy, Theology, and Biblical Criticism in the Netherlands of Spinoza's Time and the British Isles of Newton's Time, Springer Science

& Business Media, 2013. pp.195-196.

9 Sharon Bertsch McGrayne, The Theory that Would Not Die: How Bayes' Rule Cracked the Enigma Code, Hunted Down Russian Submarines, & Emerged Triumphant from Two Centuries of Controversy, Yale University Press, 2011. p.30. 나폴레옹이 라플라스의 무신론적 발언을 조제프-루이 라그랑주Joseph-Louis Lagrange에게 전하자 그가 많은 것을 제대로 설명할 좋은 가설이라고 맞장구쳤다는 일화가 전해온다. Keith James Laidler, Energy and the Unexpected, Oxford University Press, 2002. p.129 참조.

10 C. C. Heyde & E. Seneta, Statisticians of the Centuries, Springer Science & Business Media, 2001. pp.95-96.

11 Paul Strathern, Napoleon in Egypt, New York: Bantam Books Trade Paperback, 2007. pp.11-12; Napoleon Bonaparte, Correspondance Inédite, Officielle et Confidentielle, Vol.3, C. L. F. Panckoucke, 1819. p.308; Jeremy Black, From Louis XIV to Napoleon: The Fate of a Great Power, Routledge, 2013. p.175.

12 1세기경 고대 로마의 박물학자이자 정치가였던 대大플리니우스Pliny the Elder의 기록에 따른 것이다. 기원전 1세기경 고대 로마의 기술자이자 건축가였던 비트루비우스Vitruvius는 그를 마케도니아의 디노크라테스라고 불렀다. Judith McKenzie, The Architecture of Alexandria and Egypt, C. 300 B.C. to A.D. 700, Vol.63, Yale University Press, 2007. p.40.

13 만프레드 클라우스 저, 임미오 역, 《알렉산드리아》, 생각의나무, 2004. pp.110-111. 사실상 호루스(오시리스를 매개로 라Ra로 대표되는 조상신들과 카Ka결합을 하는)와 아문-라는 동일한 신이다. 맹성렬, 《오시리스의 죽음과 부활》, 2009. pp.259-265 참조.

14 Roy MacLeod, The Library of Alexandria: Centre of Learning in the Ancient World, I. B. Tauris, 2005. p.65.

15 Monica Berti & Virgilio Costa, The Ancient Library of Alexandria: A Model for Classical Scholarship in the Age of Million Book Libraries, International Symposium on the Scaife Digital library (held at the VisCenter of the University of Kentucky), Lexington Kentucky, USA, March 13 2009. p.5, http://www.perseus.tufts.edu/publications/Berti-Costa_Alexandria_Kentucky.pdf.

16 Tom S. Garrison, Oceanography: An Invitation to Marine Science, Cengage Learning, 2009. pp.31-32.

17 Jean-Yves Empereur, The Destruction Of The Library Of Alexandria: An Archaeological Viewpoint. In Mostafa El-Abbadi & Omnia Fathallah (eds.), What Happened to the Ancient Library of Alexandria? Brill, 2008. pp.75-88.

18 Richard Henry Horne (ed.), The History of Napoleon, Vol.1, London: Robert Tyas, 8 Paternoster Row, 1841. pp.152-153.

19 Mike Bennighof, Dreams of Empire: Napoleon and the Sphinx, Avalanche Press. 2016., http://www.avalanchepress.com/Sphinx.php.

20 Dana Kappel, Soldiers and Savants: an Enlightened Despot Discovers Egypt, Seton Hall University Dissertations and Theses (ETDs). Paper 1869, 2013. p.27, http://scholarship.shu.edu/cgi/viewcontent.cgi?article=2876&context=dissertations.

21 당시 주력군 패배로 인한 전쟁 공포, 경제적 위기, 이에 따른 극단적 금융 경색Credit Crunch으로 프랑스에 반혁명 기운이 감돌았다. 나폴레옹은 이를 타개하겠다는 명분을 내걸고 쿠데타를 일으켰다. Henry Heller, The Bourgeois Revolution in France, 1789-1815, Berghahn Books, 2006. p.120.

22 Dana Kappel, Soldiers and Savants: an Enlightened Despot Discovers Egypt, Seton Hall University Dissertations and Theses (ETDs). Paper 1869, 2013. http://scholarship.shu.edu/cgi/viewcontent.cgi?article=2876&context=dissertations.

23 미로슬라프 베르너 저, 김희상 역,《피라미드: 그 영원의 시공간을 탐사하다》, 심산, 2004. pp.25-26.

24 Zur Shalve, Measure of All Things: John Greaves (1602-1652), the Great Pyramid, and Early Modern Metrology, Journal of the History of Ideas, Vol.63, No.4, 2002. pp.555-575, http://research.haifa.ac.il/~zshalev/Articles/63.4shalev.pdf ; Douglas J. Brewer, Ancient Egypt: Foundations of a Civilization, Pearson Education Limited, 2005. p.17.

25 Mark Lehner, The Complete Pyramids, 1997. p.47.

26 Robert Tavernor, Smoot's Ear: The Measure of Humanity, 2007. pp.103-104, John M. Cole, Experimental Archaeology, 1980. p.234.

27 Harry R Evans, The Great Pyramid And Napoleon: A Masonic Study, 1895. pp.12-13.

28 Ashlyn Brady, Napoleon's Nightmare & The Great Pyramid: Goddess Mysteries Short Read #1, Kindle Edition. 2017.; Robert M. Schoch & Robert

Aquinas McNally, Pyramid Quest: Secrets of the Great Pyramid and the Dawn of Civilization.

29 Louis Antoine Fauvelet de Bourrienne, The Life of Napoleon Bonaparte, Carey and Lea, 1832. p.146.

30 John Romer, The Great Pyramid: Ancient Egypt Revisited, 2007. p.19; Peter Tompkins, Secrets of the Great Pyramid, 1978. p.44, pp.49-50. 피터 톰킨스는 나폴레옹의 군인과 학자가 피라미드 내부를 탐사하느라 고역을 치렀다고 밝히고 있다.

31 헤로도토스는 쿠푸가 피라미드 건조를 위해 신전을 폐쇄하고 가신家臣을 노예로 삼았으며 딸을 매음굴로 보냈다고 전하고 있다. 쿠푸, doopedia, http://www.doopedia.co.kr/mo/doopedia/master/master.do?_method=view2&MAS_IDX=152593 참조.

32 드농은 1804년부터 루브르 박물관의 전신인 나폴레옹 박물관 관장을 맡으며 11년 동안 문화재 약탈에 열을 올렸다. 그는 이집트를 원정하며 눈독을 들인 수많은 고대 이집트 예술품 반출에 직접 관여해 루브르를 풍요롭게 만든 장본인이다. 문화재약탈자: 타국의 문화재를 약탈해 전시하다-루브르 박물관과 드농 남작, http://m.blog.naver.com/caro24490/120205629912 참조.

33 하토르는 오시리스의 부인 이시스의 다른 이름으로 호루스의 집이란 뜻이다.

34 Barbara S. Lesko, The Great Goddesses of Egypt, University of Oklahoma Press, 1999. p.95.

35 강성민, 책 속의 풍경: 《나폴레옹의 학자들》(로베르 솔레 저, 이상빈 역, 아테네, 2003.): 제국의 욕망 아래 진행된 지적 어드벤처-이집트 원정, 〈교수신문〉(2003년 6월 12일), http://www.kyosu.net/news/articleView.html?idxno=4206.

36 당시 로제타석에 버금가는 중요한 유물로 평가받은 이 유물은 나폴레옹의 아들을 쫓아내고 왕위에 오른 루이 18세가 15만 프랑이라는 거금을 들여 사들였다. 덴데라 12궁도는 한동안 파리의 왕실 도서관에 보관했다가 지금은 루브르 박물관에 전시 중이다. Jill Kamil, Labib Habachi: The Life and legacy of an Egyptologist. American University in Cairo Press, 2007. p.8; Jed Z. Buchwald, Egyptian Stars under Paris Skies, Engineering & Science, No.431, 2003. pp.20-31, http://calteches.library.caltech.edu/4096/1/Egyptian.pdf.

37 Jed Z. Buchwald, Hieroglyphics, Astronomy and Religion in Napoleonic France and Restoration France, or The Dendera Affair, Seminar Exploring 19th and 20th centuries historiographies of mathematics in the ancient

world, 2014-2016. The SAW Project, 2015.; Jed Z. Buchwald & Diane Greco Josefowicz, The Zodiac of Paris: How an Improbable Controversy Over an Ancient Egyptian Artifact Provoked a Modern Debate Between Religion and Science, Princeton University Press, 2010. pp.268-311.

38 Andrew Robinson, Excavating the puzzle of the Paris zodiac, Nature, Vol.465, 2010. p.551.

39 Diane Greco Josefowicz, The Zodiac at Dendera and the Debate over the Age of the Earth, The Victorian Web, http://www.victorianweb.org/science/denderazodiac.html.

40 김호섭, '생일 별자리를 본 적이 있나요?' 〈Outdoor News〉(2014. 12. 30.), 2014., http://www.outdoornews.co.kr/news/articleView.html?idxno=16367; Zodiac Sign Dates, http://zodiacsigndates.net/astrological-signs-and-dates/.

41 이 12궁도를 회귀 황도대Tropical Zodiac라 하고 현재 별자리와 일치하는 12궁도를 항성 황도대Sidereal Zodiac라 부른다. Peter Dawkins, Zoence Information Sheet: Sidereal and Tropical Zodiacs, https://www.zoence.co.uk/info-time/Sidereal_and_Tropical_Zodiacs.pdf 참조.

42 Robert Wilson, Astronomy Through the Ages: The Story of The Human Attempt to Understand the Universe, CRC Press, 2003. p.9.

43 세차 운동은 황도면과 지축의 각도는 유지하면서 축의 지향 방향만 조금씩 바뀌는 현상으로 약 4만 년 주기로 황도면과 지축의 각도가 조금씩 바뀌는 천문 현상과는 다르다.

44 Anton Jaks, Astrology Handbook, Lulu.com, pp.155-157.

45 Joel McDurmon, Zeitgeist: The Movie Exposed, American Vision, 2008. p.51.

46 오늘날 인도 점성술은 서구에서 널리 사용하는 회귀 황도대 대신 균등 항성 황도대Equational Sidereal Zodiac를 사용한다. 고대 이집트에서 세차 운동을 반영한 균등 항성 황도대를 사용했다는 증거가 있다고 주장하는 아일랜드 출신의 미국인 점성술사 시릴 페이건Cyril Fagan은 회귀 황도대 대신 균등 항성 황도대를 사용하자는 운동을 벌였다. JÃ¡n Kaleta & Ján. Introduction to Aquarian Astrology, Lulu.com, 2010. p.21 참조.

47 Arthur M. Harding, Astronomy: The Splendor of the Heavens Brought Down to Earth, NY: Garden City. 1935.; Edward F. Malkowski, Before the Pharaohs: Egypt's Mysterious Prehistory, 2010. p.109; Eric Norland, From Four Royal Persian Stars to Jesus and the Sun, 2013. p.16.

48 A. Pogo, The Astronomical Ceiling Decoration in the Tomb of Sennut (XVIIIth Dynasty), Isis, Vol.14, No.2, 1930. pp.301-325; Zbynek Zaba, L'orientation astronomique dans l'ancienne Egypte et la precession de l'axe du monde, Prague, Ed. de l'Academie tchecoslovaque des sciences. 1953.; Giulio Magli, On the possible discovery of precessional effects in ancient astronomy. arXiv: physics/0407108, 2004., https://arxiv.org/ftp/physics/papers/0407/0407108.pdf.

49 J. Van Wetering, The Royal Cemetry at Saqqara. In Stan Hendrickx & Barbara Adams (eds.). Egypt at Its Origins: Studies in Memory of Barbara Adams: Proceedings of the International Conference "Origin of the State, Predynastic and Early Dynastic Egypt," Krakow, 28 August - 1st September 2002, Peters Publishers, 2004. p.1059; Douglas J. Brewer, Ancient Egypt: Foundations of a Civilization, Routledge, 2014. p.183.

50 아문 또는 아문-라는 오시리스를 연결고리로 해서 호루스가 태양신 라와 결합한 신성이다. 맹성렬,《오시리스의 죽음과 부활》, 2009. p.261 참조.

51 Robert Bauval, The Egypt Code, Red Wheel Weiser, 2007. pp.281-282. 고고천문학 영역을 개척한 영국 천문학자 노먼 로키어Norman Lockyer는 투트모스 3세와 페피 1세의 덴데라 하토르 신전 재건축 외에도 그 이전에 최소한 한 번 더 재건축이 있었다고 주장했다. 그에 따르면 기원전 5000년 이전부터 그곳에 하토르 신전이 존재했다고 한다. Peter Tompkins, Secrets of the Great Pyramid, 1971. p.168 참조.

52 Robert Bauval & Thomas Brophy, Black Genesis: The Prehistoric Origins of Ancient Egypt, 2011. pp.258-259.

53 John Anthony West, The Serpent in the Sky: the High Wisdom of Ancient Egypt (2 Sub edition), 1993. pp.100-101; The Reign of Shemsu-Hor, Mystium Esoterica, http://mysterium-esoterica.tumblr.com/post/17916573812/the-reign-of-shemsu-hor.

54 맹성렬,《오시리스의 죽음과 부활》, 2009. pp.194-217.

55 Jan A. B. Jongeneel, Jesus Christ in World History: His Presence and Representation in Cyclical and Linear Settings, Peter Lang, 2009. p.172; 마틴 버낼 저, 오흥식 역,《블랙 아테나 1: 날조된 고대 그리스 1785-1985》, 소나무, 2006. p.361.

56 염소자리는 '바다염소goat-fish'라고도 불리며 이는 꼬리가 달린 염소다. 염소

자리. 위키백과, https://ko.wikipedia.org/wiki/%EC%97%BC%EC%86%8C%EC%9E%90%EB%A6%AC.

57 염소자리, 물병자리, 물고기자리는 모두 하늘의 바다The Sea라 불리는 자리에 위치한다. Cetus. Wikidepia, https://en.wikipedia.org/wiki/Cetus 참조. 이들 자리는 나일강이 바다와 사실상 하나가 되는 시기다. 그런데 물고기자리가 나일강 수위가 줄어드는 시기라는 뒤피의 주장은 잘못된 것으로 보인다. 물병자리는 물을 쏟아 붓는 것을 상징하므로 물이 급격히 불어나는 시기로 보는 것이 맞다. 같은 맥락에서 물고기자리가 물이 줄어든다는 것을 상징한다고 보긴 어렵다. 그보다는 물이 만수위에 이르러 물고기가 가득한 것을 상징하는 것이 아닐까? 그러면 양자리는 물이 잦아드는 시기를 상징할 수 있는데, 실제로 양이 물고기와 세투스Cetus라는 바다 괴물(고래?) 사이를 단절하는 역할을 한다는 관점이 있다. Is There a Gospel in the Stars?, http://www.setterfield.org/stargospel.html#aries 참조. 세투스는 12궁에 속하지 않지만 '하늘의 바다' 자리에서 태양이 지나는 길목 가까이에 있으며 그리스 로마 신화에서 바다와 관련된 중요한 상징이다. 물이 잦아들면 아무래도 육지의 호수나 늪지대 등에 있는 물고기가 더 이상 바다 쪽으로 나갈 수 없으니 이런 상징 체계가 생긴 것이 아닐까?

58 고대 이집트의 수많은 파피루스와 벽화에 소가 쟁기를 끌거나 땅바닥을 밟는 모습이 묘사되어 있다. 이는 고대 이집트 농업에서 모종하기 전의 사전 작업이다. Cows, Oxen and Bulls in Ancient Egypt, Osirisnet.net, http://www.osirisnet.net/docu/veaux/e_veaux.htm.

59 천문학자 존 노스는 각 계절의 첫 달 이름이 강의 수위와 관련되어 있고 나머지 달은 달 축제와 연관된 이름이라고 지적한다. John North, Cosmos: An Illustrated History of Astronomy and Cosmology, University of Chicago Press, 2008. p.27.

60 로버트 바우벌·아드리안 길버트 저, 도반 역, 《오리온 미스터리》, 열림원, 1999. p.221.

61 맹성렬. 《오시리스의 죽음과 부활》, 2009. pp.126-127.

62 고대 이집트에서 365일 중 5일을 맨 뒤로 몰아 1년의 날수에서 빼버렸기 때문에 오늘날 관점으로 계산하는 것은 다소 부적절하지만 며칠밖에 차이 나지 않으므로 이런 문제는 무시할 수 있다.

63 Georges Cuvier, A Discourse on the Revolutions of the Surface of the Globe, and the Changes thereby Produced in the Animal Kingdom, Carey & Lea,

1831. p.175; John G. Jackson, Ethiopia and the Origin of Civilization, Black Classic Press, 1985(originally 1939). p.13. 뒤피의 가설은 볼네 백작이 1802년 맨 처음 제시했다. C. F. Volney, The Ruins: or, Meditations on the Revolutions of empires: and the Law of Nature of Empires, New York: Peter Eckler, 1926.(originally 1802), pp.120-122, https://tseday.wordpress.com/tag/mythology/ 참조. 뒤피 외에도 고대 이집트 12궁도의 기원이 1만 7000년 이상이라고 주장한 당대 프랑스 학자들이 있었다. D. M. Murdock & S. Acharya, Christ in Egypt: The Horus-Jesus Connection, Stellar House Publishing, 2008. p.266 참조.

64 David Darling, The Universal Book of Mathematics: From Abracadabra to Zeno's Paradoxes, John Wiley & Sons, 2004. p.216.

65 Charles Rollin, The History of the Arts and Sciences of the Ancients, Blackie, Fullarton, 1829. pp.541-542; Pierre-Simon Laplace, Exposition du systeme du monde. Vol.6, Paris: Oeurres Completes, Book 5. Chap. 2, 1884. pp.411-412.

66 Jed Z. Buchwald & Diane Greco Josefowicz, The Zodiac of Paris: How an Improbable Controversy Over an Ancient Egyptian Artifact Provoked a Modern Debate Between Religion and Science, 2010. pp.191-192.

67 아이작 뉴턴은 야훼 신의 성스러운 학문적 지식을 전달받은 솔로몬이 기원전 1000년경 예루살렘에 성전을 짓기 전까지 이 세상에 제대로 된 건축물은 존재하지 않았고, 고대 이집트 문명도 그 직후 시작되었다고 생각했다. Jed Z. Buchwald & Mordechai Feingold, Newton and the Origin of Civilization, Princeton University Press, 2013. pp.233-236 참조.

68 George Rawlinson, History of Herodotus, 1862. p.191.

69 Jed Z. Buchwald & Diane Greco Josefowicz, The Zodiac of Paris: How an Improbable Controversy Over an Ancient Egyptian Artifact Provoked a Modern Debate Between Religion and Science, Princeton University Press, 2010. pp.112-113.

70 같은 책, p.195. 기원전 2500년경 360일(30일씩 12개월)과 5일의 윤달Epagomenal Days을 합한 365일의 1년은 하지에 시리우스 성좌와 태양이 함께 떠오른 Heliacal Rise of Sirius 현상과 동반해 시작하는 체계를 완성했다는 것이 주류 학계의 견해다. Geoff Stray, The Mayan and Other Ancient Calendars, Bloomsbury Publishing, 2007. p.12. 샹폴리옹은 이 달력 체계를 완성한 시기

를 고대 이집트 왕조의 시작으로 보았다. 오늘날 주류 학계에서는 이와 무관하게 기원전 3100년경을 고대 이집트 왕조의 출범 시기로 본다.

71 Lis Brack-Bernsen & Hermann Hunger, The Babylonian Zodiac: Speculations on its invention and significance, Centaurus, Vol.41, Issue 4, 1999. pp.280–292.

72 Malcolm Jack, Dendera Zodiac The Worlds First Horoscope? Scott.net (May 7, 2010), 2010., https://www.sott.net/article/208774-Dendera-Zodiac-The-Worlds-First-Horoscope; Gavin White, A New Interpretation of the Dendera Zodiac, 2007., https://solariapublications.com/2011/04/09/hello-world/.

73 E. A. Wallis Budge, Gods of Egyptians, Vol.2 (revised edition), Dover Publications, 1969. p.312; D. M. Murdock & S. Acharya, Christ in Egypt: The Horus-Jesus Connection, Stellar House Publishing, 2008. p.265.

74 William F. McCants, Founding Gods, Inventing Nations: Conquest and Culture Myths from Antiquity to Islam, Princeton University Press, 2012. pp.61-62.

75 Eratosthenes & Duane W. Roller, Eratosthenes' "Geography", Princeton University Press, 2010. p.2.

76 William Ewart Gladstone, Studies on Homer and the Homeric Age, Cambridge University Press, 2010.(originally 1858), p.252.

77 E. Pantos, et al. Technology Transfer in the Bronze Age: The Case of a Faience-like Blue Glaze Produced at Bread Oven Temperatures. In S. A. Paipetis (ed.) Science and Technology in Homeric Epics, Springer Science & Business Media, 2008. pp.139-164.

78 Prudence J. Jones, Africa: Greek and Roman Perspectives from Homer to Apuleius, Center for Hellenic Studies, Harvard University, 2017., https://chs.harvard.edu/CHS/article/display/6535.

79 William Mure, A dissertation on the calendar and zodiac of ancient Egypt: with remarks on the first introduction and use of the zodiac among the Greeks, Bell & Bradfute, 1832. p.162.

80 Asger Aaboe, Episodes from the Early History of Mathematics, The Mathematical Association of America; Reprint edition, 1997. p.38.

81 정규영, 〈고대 이집트 문명과 그리스 문명: 종교와 철학 측면에서 그리스가 받은 영향〉, 지중해 지역 연구, 제7권 제1호(2005. 4.), 2005. p.51; George G. M.

James, Stolen Legacy: Greek Philosophy is Stolen Egyptian Philosophy, 1992. (Originally 1954), pp.41-53.

82 Thomas Worthen, Herodotos's Report on Thales' Eclipse, Electronic Antiquity: Communicating the Classics, Vol.3, No.7, 1997., http://scholar.lib.vt.edu/ejournals/ElAnt/V3N7/worthen.html; 반 데르 바르덴 같은 이는 당시 바빌로니아 천문학자들이 일식을 예측한 예가 있다는 사실에서 탈레스의 지식이 바빌로니아에서 온 것이라고 주장한다. 하지만 정말로 고대 이집트보다 바빌로니아가 과학이 더 발달했다면 탈레스는 바빌로니아로 유학을 갔을 것이다. B. L. Van Der Waerden, Science Awakening I, Springer Science & Business Media, 2012. p.86 참조.

83 Aristotle, On the Heavens, in Book II, chapter 14, In Aristotle & W.D. Ross, The Works of Aristotle, Oxford University Press; Reprint edition, pp.297-298.

84 지구 크기가 이렇게 부풀려진 것은 아리스토텔레스가 고대 이집트 측정 단위를 고대 그리스 측정 단위로 계산했기 때문일 수 있다. John Noble Wilford, The Mapmakers. (revised ed.) Vintage, 2001. p.21 참조.

85 Nigel Guy Wilson, Encyclopedia of Ancient Greece, Psychology Press, 2006. p.190.

86 Carl A. Huffman, Philolaus of Croton: Pythagorean and Presocratic: A Commentary on the Fragments and Testimonia with Interpretive Essays, Cambridge University Press, p.5.

87 Russell M. Lawson, Science in the Ancient World: An Encyclopedia, ABC-CLIO, 2004. p.210.

88 피타고라스의 사상을 직접 접하고 피타고라스주의자들과 긴밀한 관계를 유지한 플라톤은 피타고라스 사상을 자신의 저술에 상당 부분 반영했을 것으로 보인다. 실제로 피타고라스나 그의 학파는 플라톤에게 영향을 주었고, 그 흔적은 적어도 《파이돈》의 '혼의 불멸설'과 《국가》에 나오는 에르Er 신화 그리고 《티마이오스》나 《필레보스》에 드러나는 수학적 관점의 우주론 등에서 엿볼 수 있다. 그런데 어디까지가 피타고라스나 피타고라스학파의 사상이고 어디부터가 플라톤 자신의 사상인지 구분하기란 쉽지 않다. 이기백, 〈필롤라오스의 세 가지 근본 원리와 수〉, 시대와 철학 13권 2호, pp.175-207 참조.

89 브루스 라트너는 피타고라스가 태어나기 1000년 전에 직각삼각형에 관한 피타고라스 정리가 이미 메소포타미아에 존재했다는 것이 점토판 문서로 입

증되었으나 고대 이집트에서 피타고라스 정리를 피라미드 건축에 사용했다는 주장은 근거가 없다고 말한다. 이는 피타고라스 학문이 동시대 바빌로니아에서 왔을 것이란 얘기다. Bruce Ratner, Pythagoras: Everyone knows his famous theorem, but not who discovered it 1000 years before him, Journal of Targeting, Measurement and Analysis for Marketing, Vol.17, Issue 3, 2009. pp.229-242, http://link.springer.com/article/10.1057/jt.2009.16 참조. 그렇지만 기자 대피라미드 같은 초거대, 초정밀 건축을 하면서 기본적인 기하학 상식이 없었다는 주장은 설득력이 없다.

90 V. Katz, A History of Mathematics: An Introduction. 2nd ed. Reading, MA: Addison Wesley, 1998. pp.10-12; George Gheverghese Joseph, The Crest of the Peacock: Non-European Roots of Mathematics, 3rd Edition, Princeton University Press, p.121, http://jornalggn.com.br/sites/default/files/documentos/joseph-george-gheverghese-2011-the-crest-of-the-peacock-non-european-roots-of-mathematics_0.pdf.

91 Allen Austi, The Middle of the Earth, 2011. p.213.

92 Herodotus, Histories Vol.2 chapter 4, http://perseus.mpiwg-berlin.mpg.de/GreekScience/hdtbk2.html.

93 Moustafa Gadalla, Egyptian Cosmology: The Animated Universe, Tehuti Research Foundation, 2001. p.135.

94 Ivan V. Sertima, Egypt: Child of Africa, 1995. pp.316-7.

95 D. M. Murdock & S. Acharya, Christ in Egypt: The Horus-Jesus Connection, Stellar House Publishing, 2008. p.266.

96 맹성렬,《아담의 문명을 찾아서》, pp.58-76.

97 David P. Silverman, Ancient Egypt, Oxford University Press, 2003. p.115.

98 E. C. Krupp, A Sky for All Seasons. In E. C. Krupp(ed.). In Search of Ancient Astronomies, McGrow-Hill Book Company, 1978. p.33, http://www.honors.umd.edu/216/Krupp.pdf.

99 Adam Daniel Smith, The Chinese Sexagenary Cycle and the Ritual Origins of the Calendar, In John M. Steele ed. Calendars and Years II: Astronomy and Time in the Ancient and Medieval World, 2010. pp.1-37.

100 Guō Mòruò(郭沫若), "Shì, Zhī Gān 釋支干", Explaining the branches and stems, in Guō Mòruò et al. 郭沫若全集 - 考古編 - 第一卷 [Complete Works of Guō Mòruò, Archeological Works, Vol.1], Beijing: Kēxué 科學出版社, 1982.

pp.155-340.

101 Alex A. Gurshtein, The Puzzle of the Western Zodiac: It's Wisdom and Evolutionary Leaps: A Painful Ascent to the Truth, Author House, 2017.

102 Joseph Needham, Clerks and Craftsmen in China and the West, Cambridge University Press, 1970. p.190.

103 Joseph Needham, The Shorter Science and Civilisation in China, Vol.3, Cambridge University Press, 1986. p.176.

104 Wayne Horowitz, The Mesopotamian Wind-Star Directions and a Compass Card from Uruk, Journal of Skyscape Archaeology, Vol.1, No.2, 2015., 10.1558/jsa.v1i2.28256.

105 Martin Isler, An Ancient Method of Finding and Extending Direction, Journal of the American Research Center in Egypt, Vol.26, 1989. pp.191-206, http://archaeopoject.pbworks.com/w/file/fetch/46946175/MIsler%252520ancient%252520directions.pdf.

106 Pat Watson, Finding your way-Night or Day. Canadian Guider, March / April, 1998. p.9, http://www.calgarygirlguides.com/CA/compass-skills.pdf.

107 Bill Thoen, Origins of the Compass Rose, GISnet., http://www.gisnet.com/notebook/comprose.php; 12 Zodiac Animals & Zodiac Calendar-Buddhism in Japan and China, http://www.onmarkproductions.com/html/12-zodiac.shtml

108 Wayne Horowitz, Mesopotamian Cosmic Geography, Eisenbrauns, 1998. p.206.

109 L. A. Brown, The Story of Maps. 1979. p.124.

110 G. S. Mann, Navigation through the Ages, Irish Astronomical Journal, Vol.7, Issue 7/8, 1966. p.235.

111 에라토스테네스 이후에도 12방위로 제작한 지도가 있었다. 예를 들어 로마 제국의 지도학자 프톨레마이오스는 12방위법으로 지도를 작도했다. 중세 때 대부분의 항해자는 에라토스테네스의 8방위 체계로 제작한 지도를 사용했다. 당시 프톨레마이오스가 뛰어난 작도법으로 제작한 지도를 재발견했으나 이 지도를 12방위로 제작하는 바람에 8방위 체계에 익숙했던 많은 항해자가 외면했다. Evelyn Edson, The World Map, 1300-1492: The Persistence of Tradition and Transformation, JHU Press, 2011.

112 J. G. Wood, "Introduction and Appendix on the Number, Direction and

Nomenclature of the Winds in Classical and Later Times" in Theophrastus et al., 1894. Theophrastus of Eresus on Winds and on Weather Signs. p.80.; Malte-Brun, Conrad, Universal Geography: Or a description of all parts of the world, Vol.6, 1824. p.628; C. H. Hapgood, Maps of the Ancient Sea Kings: Evidence of Advanced Civilizations in the Ice Age, 1996. pp.184-5.

113 베른하이트 카이 저, 박계수 역,《항해의 역사》, 북폴리오, 2006. p.241.

114 R. Pilotte, Earth, Man & Devolution, 2009. pp.43-45.

115 C. H. Hapgood, Maps of the Ancient Sea Kings: Evidence of Advanced Civilization in the Ice Age, 1996. pp.125-126; Kenneth R. Stunkel, Reviewed Work: Maps of the Ancient Sea Kings: Evidence of Advanced Civilization in the Ice Age by Charles Hapgood, Geographical Review, Vol.57, No.3, 1967. pp.440-442, https://www.jstor.org/stable/212645?seq=1#page_scan_tab_contents; John Horace Parry, The Discovery of the Sea, University of California Press, 1981. p.125.

116 Diogo Cão, Revolvy, https://www.revolvy.com/topic/Diogo%20C%C3%A3o&item_type=topic.

117 John Horace Parry, The Discovery of the Sea, University of California Press, 1981. p.125.

118 John Law, On the Methods of Long Distance Control: Vessels, Navigation, and the Portuguese Route to India. In John Law (ed). 1986. Power, Action and Belief: A New Sociology of Knowledge? Sociological Review Monograph, Vol.32, Routledge, Henley, pp.234-263, http://www.heterogeneities.net/publications/Law1986MethodsOfLongDistanceControl.pdf.

119 William F. McNeil, Visitors to Ancient America: The Evidence for European and Asian Presence in America Prior to Columbus, 2004. p.29.

120 Mary Ames Mitchell, 1482 – Diogo Cão Reaches the Congo, Crossing the Ocean Sea, 2015., http://www.crossingtheoceansea.com/OceanSeaPages/OS-51-DiogoCaoCongo.html; António Gonçalves, Cão, Diogo. Navegações Portuguesas, 2003., http://cvc.instituto-camoes.pt/navegaport/d15.html.

121 M. F. Alegria & S. Daveau & J. C. Garcia & F. Relaño, 38.Portuguese Cartography in the Renaissance. In David Woodward (ed.), The History of Cartography, Vol.3, 2007. p.1002; James H. Guill, Vila do Infante (Prince-Town), the First School of Oceanography in the Modern Era: An Essay. In

M. Sears et al. (eds.), Oceanography: The Past, The Past. New York: Springer, 1980. pp.596-605.

122 엔리케가 지도 제작자를 그곳에 모아놓고 지도 제작을 독려한 것은 사실이나 현대적 관점에서 그곳이 당시 서구 항해 연구의 메카였다는 식으로 해석하는 것은 무리라는 주장이 있다. W. G. L. Randles, The Alleged Nautical School Founded in the Fifteenth Century at Sagres by Prince Henry of Portugal Called the 'Navigator'. Imago Mundi, Vol.45, 1993. pp.20-28.

123 David Waters, The Iberian Bases of the English Art of Navigation in the Sixteenth Century, Coimbra, 1970. p.4, http://www.portalbarcosdobrasil.com.br/bitstream/handle/01/689/003164.pdf?sequence=1.

124 David Waters, The Iberian Bases of the English Art of Navigation in the Sixteenth Century, Coimbra, 1970. p.5. 그럼에도 불구하고 1484년까지 포르투갈 항해자들이 위도를 제대로 측정했다는 결정적 증거가 나오지 않았다. Bailey Wallys Diffie & Winius, D. George, Foundations of the Portuguese Empire, 1415-1580, 1977. p.138 참조.

125 J. H. Parry, The Age of Reconnaissance: Discovery, Exporation and Settlement, 1450-1650, UK: Weidenfeld and Nicolson, 1963. p.93.

126 Bailey Wallys Diffie & George D. Winius, Foundations of the Portuguese Empire, 1415-1580, 1977. p.141; J. H. Parry, The Age of Reconnaissance: Discovery, Exporation and Settlement, 1450-1650, UK: Weidenfeld and Nicolson, 1963. p.93. 남십자성부터 긴 축 길이의 다섯 배 지점에 남극이 있다.

127 K. M. Mathew, History of the Portuguese Navigation in India, 1497-1600, Mittal Publications, 1988. p.49.

128 이런 오차가 일어난 것은 실제와 13일이나 차이 나는 율리우스력을 사용했기 때문이다. 1582년 그레고리력을 사용하면서 이 문제는 해결되었다. C. K. Raju, Cultural Foundations of Mathematics: The Nature of Mathematical Proof and the Transmission of the Calculus from India to Europe in the 16th C. CE, Pearson Education India, 2007. pp.331-334 참조.

129 David Waters, The Iberian Bases of the English Art of Navigation in the Sixteenth Century, Coimbra, 1970. p.6.

130 모래시계는 지켜보다가 모래가 모두 내려오는 즉시 주기적으로 뒤집어야 했는데 제대로 교육받지 않고 이 임무를 맡은 선원이 그 중요성을 잘 인식하지 못하거나 쉬기 위해 속임수를 쓰곤 했다. Felipe Fernandez-Armesto,

Civilizations: Culture, Ambition, and the Transformation of Nature, Simon and Schuster, 2001. pp.413-414 참조.

131 Thomas F. Glick & Steven Livesey & Faith Wallis, Medieval Science, Technology, and Medicine: An Encyclopedia. Routledge, 2014. p.31 참조. 이 천측력은 고대 인도에서 기원했다고 봐야 한다. 기원후 1400년경 인도의 수학 수준은 매우 뛰어나 미적분이 가능했고 이를 활용해 전개 방식으로 삼각함수의 여러 각도를 정확히 계산해냈다. S. G. Dani, Ancient Indian Mathematics: A Conspectus, Resonace (March 2012) p.245. pp.236-246, http://www.ias.ac.in/article/fulltext/reso/017/03/0236-0246; 1484 - The Rule of the Sun, Crossing the Ocean Sea, http://www.crossingtheoceansea.com/OceanSeaPages/OS-51b-CaoZacuto.html.

132 David Waters, The Iberian Bases of the English Art of Navigation in the Sixteenth Century, Coimbra, 1970. p.10.

133 J. H. Parry, The Age of Reconnaissance: Discovery, Exporation and Settlement, 1450-1650, 1963. p.94; Bailey Wallys Diffie & George D. Winius, Foundations of the Portuguese Empire, 1415-1580, 1977. p.141.

134 David Waters, The Iberian Bases of the English Art of Navigation in the Sixteenth Century, Coimbra, 1970. p.11.

135 Tools of Navigation: From The Mariners' Museum's Online Exhibition, Exploration through the Ages, Mariner's Weather Log, Vol.52, no.2. August 2008., http://www.vos.noaa.gov/MWL/aug_08/navigation_tools.shtml.

136 Bailey Wallys Diffie & George D. Winius, Foundations of the Portuguese Empire, 1415-1580, 1977. pp.138-140; Tools of Navigation: From The Mariners' Museum's Online Exhibition, Exploration through the Ages, Mariner's Weather Log, Vol.52, no.2. August 2008., http://www.vos.noaa.gov/MWL/aug_08/navigation_tools.shtml; 크리스토퍼 콜럼버스는 1488년 포르투갈의 항해자 바르톨로뮤 디아스Bartholomeu Dias가 아프리카 남단 남위 45도까지 도달했다고 기록했는데, 이는 실제 희망봉의 위도 35도보다 10도나 크다. 이는 디아스가 위도를 제대로 측정하지 못했기 때문이라는 주장도 있으나 당시 위도 측정이 이 정도로 크게 벗어나는 수준은 아니었다고 보는 측에서는 주앙 2세 앞에서 공개적으로 보고할 때 동석한 콜럼버스를 속이기 위해 그가 일부러 거짓 정보를 제시했다고 주장한다. Eric Axelson, The Dias Voyage, 1487-1488: Toponomy and Padroes, UC Biblioteca Geral 1,

1988. p.47 참조.

137 K. M. Mathew, History of the Portuguese Navigation in India, 1497-1600, Mittal Publications, 1988. pp.49-50.

138 Walter G. Robillard, & Donald A. Wilson, Evidence and Procedures for Boundary Location, John Wiley & Sons, 2004. pp.246-256.

139 John Narrien, An Historical Account of the Origin and Progress of Astronomy: With Plates Illustrating Chiefly the Ancient Systems, Baldwin, 1833. p.476.

140 F. S. Hogg, Navigation by the Stars (Presidential Address), Journal of the Royal Astronomical Society of Canada, Vol.36, No.3, 1942. pp.81-96, http://adsbit.harvard.edu/cgi-bin/nph-iarticle_query?1942JRASC..36...81H&classic=YES.

141 B. Hofmann-Wellenhof, et al. Navigation: Principles of Positioning and Guidance, 2011. p.13; Michael Matthews, Time for Science Education: How Teaching the History and Philosophy of Pendulum Motion can Contribute to Science Literacy, Springer Science & Business Media, 2012. p.19.

142 David Waters, The Iberian Bases of the English Art of Navigation in the Sixteenth Century, Coimbra, 1970. p.4, http://www.portalbarcosdobrasil.com.br/bitstream/handle/01/689/003164.pdf?sequence=1; Dava Sobel, A Brief History of Early Navigation, Johns Hopkins APL Technical Digest, Vol.19, no.1, 1998. pp.11-13, http://www.jhuapl.edu/techdigest/td/td1901/sobel.pdf; Jorge Mira-Pérez & Salvador X. Bará, Determining Longitude: A Brief History, Physics Today, Vol.58, no.10, 2005. p.15, http://www.usc.es/fagms/Mira/images/pdf/lonxitude.pdf.

143 Wong Lee Nah, The Mathematics of the Longitude, An academic exercise presented in partial fulfilment for the degree of Bachelor of Science with Honours in Mathematics (Supervisor: Associate Professor Helmer Aslaksen), Department of Mathematics, National University of Singapore, 2001., http://www.math.nus.edu.sg/aslaksen/projects/wln.pdf.

144 Ivars Peterson, The Eclipse That Saved Columbus, Science News (Oct. 4, 2006), https://www.sciencenews.org/article/eclipse-saved-columbus.

145 콜럼버스는 이들이 항해에 거의 도움이 되지 않는다는 사실에 여러 차례 분통을 터뜨렸다. Arthur James Weise, Discoveries of America to 1525, New York: G. P. Putnum's Sons, 1884. p.159 및 Ivan Van Sertima, They Came before

Columbus, New York: Random House, 1976. p.55 참조.

146 Arne Molander, The Horizons of Christopher Columbus: Using the Heavens to Map America, Lulu.com. 2012. pp.15-19.

147 Mary Ames Mitchell, Columbus and Longitude, Crossing the Ocean Sea, 2015., http://www.crossingtheoceansea.com/OceanSeaPages/OS-66-Longitude.html; 그가 측정한 시간차는 5시간 23분이라고 기록되어 있다. Delno C. West & August Kling, The Libro de las profecías of Christopher Columbus. Gainesville: University of Florida Press, 1991. pp.226-227 참조. 다른 곳에는 콜럼버스가 4시간의 차이가 난다고 선원들에게 선언했다고 되어 있다. John Boyd Thacher, Christopher Columbus: His Life, His Work, His Remains. New York and London: G. P. Putnam's Sons. Vol.1, 1903. pp.192-195 참조.

148 마리누스에 따르면 유라시아 대륙의 서쪽 끝에서 동쪽 끝까지의 거리가 시간으로 15시간(225도)이다. 프톨레마이오스에 따르면 12시간이다. 따라서 그가 정말 동아시아에 도달했다면 유럽 서쪽에서 9~12시간을 왔어야 한다. 이런 이유로 그가 월식으로 10시간 차이를 확인했다는 기록도 있다. 이는 아마 자신이 동아시아까지 갔다는 사실을 확인해주기 위한 조작된 내용일 것이다. Keith A. Pickering, The Navigational Mysteries and Fraudulent Longitudes of Christopher Columbus: A Lecture given to the Society for the History of Discoveries and the Haklyut Society, August 1997., http://columbuslandfall.com/ccnav/shd973.shtml.

149 James R. Lewis, The Astrology Book: The Encyclopedia of Heavenly Influences, Visible Ink Press, 2003. p.574.

150 Christopher Columbus & Roberto Rusconi, The Book of Prophecies, Wipf and Stock Publishers, 2004. p.35.

151 Arne Molander, The Horizons of Christopher Columbus: Using the Heavens to Map America, Lulu.com. 2012. pp.246-247.

152 Wong Lee Nah, The Mathematics of the Longitude, An academic exercise presented in partial fulfilment for the degree of Bachelor of Science with Honours in Mathematics (Supervisor: Associate Professor Helmer Aslaksen), Department of Mathematics, National University of Singapore, 2001., http://www.math.nus.edu.sg/aslaksen/projects/wln.pdf.

153 David Waters, The Iberian Bases of the English Art of Navigation in the

Sixteenth Century, Coimbra, 1970. p.8 참조.

154 C. H. Hapgood, Maps of the Ancient Sea Kings: Evidence of Advanced Civilization in the Ice Age, 1996. pp.125-128. 햅굿은 포르투갈의 항해자들이 그들이 작도할 수 있는 것보다 훨씬 정밀하게 작도한 지도의 힘을 빌려 아프리카 해안을 탐험했다는 사실을 인정할 만큼 정직하지 않았거나, 포르투갈인이 삼각측량법과 12방위법을 사용해 경도를 측정하는 방법을 알고 있었으면서도 이를 외부에 감쪽같이 감췄을 가능성을 언급하고 있다. 이미 말했듯 두 번째일 가능성은 전혀 없다.

155 Geoffrey C. Gunn, First Globalization: The Eurasian Exchange, 1500 to 1800, Rowman & Littlefield, 2003. pp.116-117; Jerry Brotton, Trading Territories: Mapping the Early Modern World, 1997. pp.22-23.

156 프톨레마이오스의 세계 지도에는 적도가 북위 15도 정도의 위치에 표시되어 있다. Maria Fernanda Alegria, et al., Portuguese Cartography in the Renaissance, in David Woodward (ed.), The History of Cartography, Volume 3: Cartography in the European Renaissance, Part 1. University of Chicago Press, p.994, http://www.press.uchicago.edu/books/HOC/HOC_V3_Pt1/HOC_VOLUME3_Part1_chapter38.pdf.

157 J. R. Hale, Renaissance Exploration, 1968. p.40. 헤일은 콜럼버스가 수차례나 서인도제도를 반복해서 오가며 식민지를 개척한 사실을 두고 항해자로서 그의 능력을 높이 평가한다. 하지만 그가 작성한 서인도제도의 지도와 다가마가 작성한 지도를 반영한 것처럼 보이는 칸티노 지도를 비교해보면 지도 제작자로서 콜럼버스의 능력은 다가마에 훨씬 못 미친다고 지적하고 있다. 콜럼버스가 직접 제작한 지도에서 지형의 위도는 자그마치 10도나 차이가 난다.

158 Bailey Wallys Diffie & George D. Winius, Foundations of the Portuguese Empire, 1415-1580, 1977. pp.135-136; Daniel R. Headrick, Power over Peoples: Technology, Environments, and Western Imperialism, 1400 to the Present, 2012. p.22.

159 Joseph R. Conlin, The American Past: A Survey of American History, Volume I: To 1877, Cengage Learning, 2009. p.10.

160 Eric Axelson, Prince Henry the Navigator and the Discovery of the Sea Route to India, The Geographical Journal, Vol.127, No.2, p.149. pp.145-155, 1961., http://history.msu.edu/hst321/files/2010/07/prince-henry.pdf.

161 Joseph St. Onge, The Geography of Exploration: A Study in the Process of Physical Exploration and Geographical Discovery, All Graduate Theses and Dissertations. 6581, Utah State University, 2000. pp.65-66, https://digitalcommons.usu.edu/cgi/viewcontent.cgi?referer=https://www.google.co.kr/&httpsredir=1&article=7637&context=etd.

162 Daniel R. Headrick, Power over Peoples: Technology, Environments, and Western Imperialism, 1400 to the Present, Princeton University Press, 2012. p.27.

163 Andreas Leutzsch, Portugal: A Future's Past between Land and Sea. In Vogt, Roland et al. (eds.), 2014. European National Identities: Elements, Transitions, Conflicts, Routledge, pp.173-196; 카브랄이 밀명을 받고 일부러 실수인 척하고 브라질로 향했다는 주장도 있으나 이를 입증할 만한 증거가 부족하다. 카브랄이 약간만 주의했어도 그의 선단은 순조롭게 희망봉으로 직항할 수 있었다. 카브랄은 무풍지대에서 남서쪽으로 향한 다가마와 거의 비슷한 항로를 택했는데 좀 더 큰 원호를 그리는 바람에 브라질로 가고 말았다. 2nd Portuguese India Armada (Cabral, 1500), Wikidepia 참조., https://ipfs.io/ipfs/QmXoypizjW3WknFiJnKLwHCnL72vedxjQkDDP1mXWo6uco/wiki/2nd_Portuguese_India_Armada_(Cabral%2C_1500).html.

164 David Buisseret, The Mapmakers' Quest: Depicting New Worlds in Renaissance Europe, Oxford University Press, 2003. p.77.

165 Peter Whitfield, New Found Lands: Maps in the History of Exploration, p.45.

166 Patricia Seed, The Cone of Africa, Took Shape in Lisbon, Humanities, January/February, Vol.29, No.6, 2008., https://www.neh.gov/humanities/2008/januaryfebruary/feature/the-cone-africa-took-shape-in-lisbon.

167 위도는 천측만으로 충분히 결정할 수 있어 꽤 정확히 표시한 반면 경도 측정에는 상당한 오류가 있다고 지적한다. 오지 도시아키應地利明 저, 송태욱 역, 《세계 지도의 탄생》, 알마, 2010. p.288.

168 J. R. Hale, Renaissance Exploration, Norton and Company, Inc. 1968. p.40; Peter Whitfield, New Found Lands: Maps in the History of Exploration, 1998. p.40; Patricia Seed, The Cone of Africa: Took Shape in Lisbon, Humanities, January/February, Vol.29, No.6, 2008., http://www.neh.gov/humanities/2008/januaryfebruary/feature/the-cone-africa-took-shape-in-lisbon.

169 예를 들어 카브랄의 주요 임무는 인도 캘리컷에서 무역 협정을 맺는 것과 아

프리카 동안의 소팔라를 찾는 것, 인도에 선교사를 파견하는 것, 향료를 많이 확보해 포르투갈까지 가져오는 것이었다. 2nd Portuguese India Armada (Cabral, 1500), Wikidepia, https://en.wikipedia.org/wiki/2nd_Portuguese_India_Armada_(Cabral_1500).

170 Felipe Fernandez-Armesto, Civilizations: Culture, Ambition, and the Transformation of Nature, Simon and Schuster, 2001. p.413.

171 J. H. Parry, The Age of Reconnaissance: Discovery, Exporation and Settlement, 1450-1650, 1963. p.98.

172 Shilavadra Bhattacharjee, What is Dead Reckoning Navigation Technique at Sea?, 2017., http://www.marineinsight.com/marine-navigation/what-is-dead-reckoning-navigation-technique-at-sea/.

173 J. H. Parry, The Age of Reconnaissance: Discovery, Exporation and Settlement, 1450-1650, 1963. pp.96-97.

174 Ieuan L. Griffiths, The African Inheritance, Psychology Press, 1995. pp.24-25.

175 W. G. L. Randles, Portuguese and Spanish Attempts to Measure Longitude in the 16th Century, 1985. In P. Beer & A. J. Meadows & A. E. Roy (eds.), Vistas in Astronomy, Vol.28, Elsevier, 2016. p.237.

176 Lloyd A. Brown, The Story of Maps, 1979. p.215; J. J. O'Connor & E. F. Robertson, Longitude and the Académie Royale, 1997., http://www-history.mcs.st-andrews.ac.uk/HistTopics/Longitude1.html; David Waters, The Iberian Bases of the English Art of Navigation in the Sixteenth Century, Coimbra, 1970. p.4; J. H. Parry, The Age of Reconnaissance: Discovery, Exporation and Settlement, 1450-1650, 1963. pp.97-98; 상기 방법 외에도 갈릴레이 갈릴레오가 목성 위성의 식蝕을 관측해 관측 지점의 경도를 알아내는 방법을 제안했는데 그 시기는 17세기 초였다. Galileo Galilei & Christoph Scheiner, On Sunspots, University of Chicago Press, 2010. p.243 참조.

177 푸앗 세즈긴은 그 고지도를 아랍인이 작도했다고 주장한다. Fuat Sezgin, The Pre-Columbian Discovery of the American Continent by Muslim Seafarers, excepted from Geschichte Arabischen Schrifttums, Vol.XIII, 2006 p.35 참조. 8장에서 제시할 피리 레이스 지도와 칸티노 지도를 합성한 지도는 아라비아 반도를 비롯한 아랍 지역을 아프리카 대륙에 비해 훨씬 더 조잡하게 표현하고 있다. 만일 고지도가 아랍권에서 나온 것이라면 그 지역을 다른 어떤 지역보다 더 제대로 표현하지 않았을까?

178 A. Gerber, Deissmann the Philologist, 2010. pp.198-201.

179 G. C. McIntosh, The Piri Reis Map of 1513, 2000. pp.52-53, pp.60-61.

180 Erich von Däniken, Chariot of the Gods? p.48.

181 C. H. Hapgood, Maps of the Ancient Sea Kings: Evidence of Advanced Civilization in the Ice Age, 1996. p.22, p.51; 시카고대학교 출판부에서 펴낸 《지도 제작의 역사History of Cartography》 제2권 14장 '이슬람의 지중해 지도 제작Islaminc Charting in Mediterranean'에서 스바트 소세크는 햅굿의 아이디어를 전면 부정한다. 한데 햅굿은 그의 책에서 시에네를 기점으로 한 방위정거도법으로 그렸다고 밝혔으나 스바트 소세크는 햅굿이 카이로를 기점으로 한 지도로 언급했다고 잘못 알고 있다. Svat Soucek, in J. B. Harley & David Woodward (ed.), 1992. pp.270-271 참조.

182 Steve Dutch, Piri Reis Map, 1998., http://www.uwgb.edu/dutchs/PSEUDOSC/PiriRies.HTM.

183 Jean-Pierre Lacroix & Robert Bywater, Ancient Cartography: Map projections used in selected portolan style maps including the Piri Reis map of 1513, 2005., http://ancientcartography.net/Portulan-Projections.pdf.

184 Arlington Mallery & Mary Roberts Harrison, The Rediscovery of Lost America, 1979. pp.199-207.

185 Harold Z. Ohlmeyer, The Clarion-Ledger, http://www.legacy.com/obituaries/clarionledger/obituary.aspx?pid=145588402#sthash.nFxsUpUA.dpuf.

186 C. H. Hapgood, Maps of the Ancient Sea Kings: Evidence of Advanced Civilization in the Ice Age, p.243.

187 남극이 완전히 얼음에 덮인 시기는 기원전 4000년 전후다. F. Sezgin, The pre-Columbian discovery of the American continent by muslim seafarers, excepted from Geschichte arabischen schrifttums, Vol.XIII, 2006. p.26.

188 그는 그 항해자들이 그리 오래지 않은 과거의 아랍인이었을 것이라고 본다. 그렇지만 그는 아랍인이 그런 성취를 이루었다는 근거를 아무것도 제시하지 못했다. Fuat Sezgin, The pre-Columbian discovery of the American continent by muslim seafarers, excepted from Geschichte arabischen schrifttums, Vol. XIII, 2006. p.39 참조.

189 F. Sezgin, The pre-Columbian discovery of the American continent by muslim seafarers, excepted from Geschichte arabischen schrifttums, Vol.XIII, 2006. p.26.

190 Svat Soucek, Islamic Charting in the Mediterranean, In J. B. Harley & David Woodward ed. The History of Cartography Vol.2, Book 1: Cartography in the Traditional Islamic and South Asian Societies, Chicago: University of Chicago Press, 1992. pp.270-271, http://www.press.uchicago.edu/books/HOC/HOC_V2_B1/HOC_VOLUME2_Book1_chapter14.pdf.

191 Gregory C. McIntosh, The Piri Reis Map of 1513, 2000. p.162.

192 Maria Fernanda Alegria et al., Portuguese Cartography in the Renaissance, In David Woodward (ed.). The History of Cartography, Volume 3: Cartography in the European Renaissance, Part 1, p.994.

193 Heinrich Winter, Francisco Rodrigues' Atlas of ca. 1513, Imago Mundi, The International Journal for the History of Cartography, Vol.6, Issue 1, 1949. pp.20-26; Jerry Brotton, Trading Territories: Mapping the Early Modern World, Reaktion Books, 1997. pp.81-82.

194 Robert S. Bridges, Off the Edge of the Map: The Search for Portuguese Influence on the Piri Reis Map of 1513, Student Publications, 2012. pp.21-22, http://cupola.gettysburg.edu/cgi/viewcontent.cgi?article=1269&context=student_scholarship.

195 Gregory C. McIntosh, The Piri Reis Map of 1513, 2000. p.50. pp.122-123.

196 매킨토시의 주장을 고려하면 이 네 장의 지도는 프란시스코 로드리게스가 만든 지역 지도일 가능성이 높다. Robert S. Bridges, Off the Edge of the Map: The Search for Portuguese Influence on the Piri Reis Map of 1513, 2012., http://cupola.gettysburg.edu/cgi/viewcontent.cgi?article=1269&context=student_scholarship.

197 피리 레이스 지도는 1517년 오스만터키제국 술탄 셀림 1세에게 헌정되어 인도양에서 해군의 군사 작전에 중요하게 쓰였다. Giancarlo Casale, The Ottoman 'Discovery' of the Indian Ocean in the Sixteenth Century: The Age of Exploration from an Islamic Perspective, Seascapes, Littoral Cultures, and Trans-Oceanic Exchanges Conference, Library of congress, Washington DC, 12-15 February 2003., http://webdoc.sub.gwdg.de/ebook/p/2005/history_cooperative/www.historycooperative.org/proceedings/seascapes/casale.html#_ftn31; Michel M. Mazzaoui, Global Policies of Sultan Selim 1512-1520. In Donald P. Little (ed.), Essays on Islamic Civilization: Presented to Niyazi Berkes, 1976. pp.224-243.

198 Walter Slack, White Athena: A Critique of Afrocentrist Claims, 2 Volums. iUniverse, 2015.

199 John P. Snyder, Map Projections: A Working Manual, U.S. Government Printing Office, 1987., https://pubs.usgs.gov/pp/1395/report.pdf.

200 오지 도시아키 저, 송태욱 역,《세계 지도의 탄생》, 알마, 2010. p.288.

201 시에네는 동경 33도 정도에 위치하며 알렉산드리아와 기자는 동경 31도에 위치한다. Jean-Pierre Lacroix & Robert Bywater, Ancient Cartography: Map projections used in selected portolan style maps including the Piri Reis map of 1513, 2005., http://ancientcartography.net/Portulan-Projections.pdf; R. Bywater & J.-P. Lacroix, Ancient East Asian Shorelines in the Northwestern Region of the Piri Reis Chart of 1513, Journal of Spatial Science, Vol.49, No.1, 2004. pp.13-23.

202 Svat Soucek, Islamic Charting in the Mediterranean. In J. B. Harley & David Woodward ed. The History of Cartography Vol.2, Book 1: Cartography in the Traditional Islamic and South Asian Societies, 1992. p.270; Svat Soucek, Piri Reis: His Uniqueness among Cartographers and Hydrographers of the Renaissance. In Emmanuelle Vagnon & Catherine Hofmann, Cartes marines: d'une technique à une culture. Actes du colloque du 3 décembre 2012., CFC, 2012. pp.135-144, http://www.lecfc.fr/new/articles/216-article-11.pdf.

203 피리 레이스 지도의 이들 부분에만 콜럼버스가 생각한 이미지를 반영했다는 파울 칼레의 연구 결과가 있다. Gregory C. McIntosh, The Piri Reis Map of 1513, 2000. p.127; M. Masseti & C. Veracini, The zoomorphic representations of the Pîrî Reis map (1513), Anthropozoologica, Vol.51, no.1, 2016. p.42, pp.46-47, http://sciencepress.mnhn.fr/sites/default/files/articles/pdf/az2016n1a3.pdf.

204 그레고리 매킨토시는 이 부분은 1502년 이후 포르투갈 항해자들의 관측을 반영한 포르투갈 지도를 참고한 것이라고 지적한다. Gregory C. McIntosh, The Piri Reis Map of 1513, 2000. p.50 참조. 하지만 피리 레이스 기록은 이를 부정한다.

205 Tara MacIsaac, Piri Reis Map: Evidence of a Very Advanced Prehistoric Civilization? Epoch Times(December 28, 2014.), http://www.theepochtimes.com/n3/1165572-piri-reis-map-evidence-of-a-very-advanced-prehistoric-civilization/; Gregory C. McIntosh The Piri Reis Map of 1513, 2000. p.17.

206 헤로도토스의 세계관은 기원전 500년경에 살았던 고대 그리스 지리학자 헤카타이오스의 세계관에 크게 영향을 받았다. James R. Ferguson, From Hecataeus to Herodotus: Essays in History, Politics and Culture. Journey to the West: Essays in History, Politics and Culture, 2008.(originally 1998), http://www.international-relations.com/History/Herodotus.pdf.

207 Cameron McPhail, Reconstructing Eratosthenes' Map of the World: A Study in Source Analysis. A Thesis Submitted for the Degree of Master of Arts at the University of Otago, Dunedin, New Zealand, February 2011., https://ourarchive.otago.ac.nz/bitstream/handle/10523/1713/McPhailCameron2011MA.pdf.

208 E.-F. Jomard, Mémoire sur le système métrique des anciens égyptiens, in Description de l'Egypte, Vol.1, 1809-1828. pp.723-728; R. A. Schwaller de Lubicz, The Temple of Man, Vol.1, 1998. p.308.

209 George G. M. James, Stolen Legacy: Greek Philosophy is Stolen Egyptian Philosophy, Africa World Press, Inc., 1992.(Originally 1954), pp.129-130. 조지 제임스는 아리스토텔레스가 알렉산드로스의 이집트 원정에 따라가 알렉산드리아 도서관에 소장된 수많은 책을 복사했을 것으로 추정한다.

210 곽민수, 〈고고학자와 함께하는 이집트 유적 기행 (2화): 3000여 년의 세월, 고대 이집트의 역사〉, 2016., http://www.thefirstmedia.net/ko/archives/11605.

211 Kathryn A. Bard, The Egyptian Predynastic: A Review of the Evidence. Journal of Field Archaeology, Vol.21, No.3, 1994. pp.265-288.

212 Stephen H. Savage, Some Recent Trends in the Archaeology of Predynastic Egypt. Journal of Archaeological Research, Vol.9, No.2, 2001. pp.101-155.

213 Douglas J. Brewer, Ancient Egypt: Foundations of a Civilization, 2005. pp.134-143.

214 Mark Lehner, The Complete Pyramids, 1997. pp.70-114.

215 Christopher Howse, Exodus: the Evidence for the Bible Story, The Telegraph (30 Dec 2014), http://www.telegraph.co.uk/culture/film/film-news/11307733/Exodus-the-evidence-for-the-Bible-story.html.

216 W. E. Emery, Archaic Egypt, 1961. p.165.

217 Douglas J. Brewer, The Archaeology of Ancient Egypt: Beyond Pharaohs, Cambridge University Press, 2012. p.160.

218 Dietrich Wildung, Looking Back into the Future: The Middle Kingdom as a Bridge to the Past, In John Tait, Never Had the Like Occurred: Egypt'

s View a/its Past, London: Cavendish Publishing Limited, 2003. p.61; Amy Butner, The Rhetoric and the Reality: Egyptian Conceptions of Foreigners during the Middle Kingdom (c. 2055-1650 BCE), Senior Thesis of University of Tennessee, Knoxville, 2007., http://trace.tennessee.edu/utk_interstp4/14.

219 곽민수, 〈고고학자와 함께하는 이집트 유적 기행 (2화): 3000여 년의 세월, 고대 이집트의 역사〉, 2016., http://www.thefirstmedia.net/ko/archives/11605. 이집트학 학자들이 이런 정의를 내렸다.

220 Eva Ambros, Egypt, Hunter Publishing, Inc, 2001. p.22.

221 Delia Pemberton, Ancient Egypt, In the Hands of a Child, 1992. p.10; John F. Nunn, Ancient Egyptian Medicine, British Museum Press, 1996. pp.10-11; Mark Lehner, The Complete Pyramids, 1997. pp.14-15.

222 Harry Thurston, Secrets of the Sands: The Revelations of Egypt's Everlasting Oasis, Arcade Publishing, pp.131-132.

223 Farid Atiya, Ancient Egypt, American Univ in Cairo Press, 2006. p.31; Susan Tower Hollis, Egyptian Literature, In Carl S. Ehrlich (ed.), From an Antique Land: An Introduction to Ancient Near Eastern Literature, Rowman & Littlefield Publishers, 2009. p.82.

224 4왕조 때 과학기술이 최고조였다고 생각하는 존 넌은 5, 6왕조 피라미드 텍스트가 모두 주술적인 내용이라는 사실을 문명 쇠락의 한 증거로 본다. John F. Nunn, Ancient Egyptian Medicine, 1996. p.11 참조.

225 Alberto C. Carpiceci, Art and History: Egypt (Egitto. Ediz. Inglese), Casa Editrice Bonechi, 2009. p.3.

226 Toby Wilkinson, Genesis of the Pharaohs: Dramatic New Discoveries Rewrite the Origins of Ancient Egypt, Thames & Hudson; 1st edition, 2003. p.186. 맨 처음 왕조 종족 이론을 들고 나온 이는 영국의 고고학자 플린더스 페트리다. 그는 선왕조 유적지인 나카다에서 서로 이질적인 골격을 갖춘 종족의 유해를 발견하고 원주민 외에 외부에서 들어와 왕조를 건설한 종족이 있었다는 가설을 발표했다(D. Challis, Skull Triangles: Flinders Petrie, Race Theory and Biometrics, Bulletin of the History of Archaeology. Vol.26, No.1, 2016. p.Art.5, http://doi.org/10.5334/bha-556). 그는 이 침입 종족이 갑작스러운 이집트의 문명 성립을 설명해줄 수 있다고 생각했다. 이들 해골과 관련된 유물이 수메르풍이었기에 그는 이들이 메소포타미아 남부 지역에서 유입되었다고 결론지었다(Michael Rice, The Archaeology of the Arabian Gulf, Routledge, 2002. pp.48-49 참조). 페트리의

가설은 와델L. A. Waddell이나 월터 에머리Walter B. Emery 같은 당대의 학자에게 지지를 받았으나, 나중에 이집트가 고대 메소포타미아 문명과의 교류로 서서히 영향을 받았다는 식으로 바뀌어 오늘날 이것이 정설로 받아들여지고 있다. 나는 《아담의 문명을 찾아서》(pp.69-71)에서 이 정설의 문제점을 지적했다. 최근 페트리의 가설을 좀 더 세련되게 다듬어 들고 나온 아마추어 이집트 학자로 데이비드 롤David Rohl과 마이클 라이스Michael Rice가 있다.

227 Toby Wilkinson, Genesis of the Pharaohs: Dramatic New Discoveries Rewrite the Origins of Ancient Egypt, 2003. p.197.

228 Michael A. Hoffman, Egypt before the Pharaohs, pp.290-291.

229 Larkin Mitchell, Earliest Egyptian Glyphs, Archaeology Magazine,, Vol.52, No.2, 1999.

230 David Wengrow, The Invention of Writing in Egypt. In Emily Teeter (ed.), Before the Pyramids: The Origin of Egyptian Civilization, The Oriental Institute of the University of Chicago, 2011. pp.99-103, https://oi.uchicago.edu/sites/oi.uchicago.edu/files/uploads/shared/docs/oimp33.pdf; Richard Mattessich, The Oldest Writings, and Inventory Tags of Egypt, Accounting Historians Journal, Vol.29, No.1, 2002., http://www.accountingin.com/accounting-historians-journal/volume-29-number-1/the-oldest-writings-and-inventory-tags-of-egypt/.

231 G. Dreyer, Umm el-Qaab I. Das prädynastische Königsgrab U-j und seine frühen, Mainz, Schriftzeugnisse Germany: Philip von Zabern, 1998. pp.17-18; 이 유적지 조성 시기가 기원전 3300년까지 거슬러 올라간다는 것은 최근 탄소 동위 원소법으로 확인했다. Jochen Görsdorf & Günter Dreyer & Ulrich Hartung, New 14C Dating of the Archaic Royal Necropolis Umm El-Qaab at Abydos (Egypt), Radiocarbon, Vol.40, Issue 2, (16th International Radiocarbon Conference June 16-20, 1997. Part 2: Applications, Conference Editors: Willem G. Mook Johannes van der Plicht), 1998. pp.641-647.

232 Larkin Mitchell, Earliest Egyptian Glyphs, Archaeology Magazine. Vol.52, No.2, March/April 1999., http://www.archaeology.org/9903/newsbriefs/egypt.html; Ilona Regulski, The Origins and Early Development of Writing in Egypt, 2016., http://www.oxfordhandbooks.com/view/10.1093/oxfordhb/9780199935413.001.0001/oxfordhb-9780199935413-e-61.

233 Georges Ifrah, From One to Zero: A Universal History of Numbers, Penguin

Books, 1988. pp.200-213.

234 Beatrice Lumpkin, Algebra Activities from Many Cultures, Walch Publishing, 1997. p.10; Mostafa Elshamy, Ancient Egypt: The Primal Age of Divine Revelation: Volume I Genesis Revised Edition, Mostafa Elshamy, 2015. p.186.

235 Neeraj Anant Pande, Numeral Systems of Great Ancient Human Civilization, Journal of Science and Arts Year 10, No.2, No.13, 2010. pp.209-210; H. L. Resnikoff & R. O. Wells Jr. Mathematics in Civilization. New York: Dover Publications, 1984. p.23; Andrij Rovencha, Numerical Notation in Africa, 2012., https://www.afrikanistik-aegyptologie-online.de/archiv/2012/3553/.

236 Annette Imhausen, Mathematics in Ancient Egypt: A Contextual History, Princeton University Press, 2016. pp.29; 100만을 나타내는 상형문자는 중왕국 이후 사라지고 10만에 10을 곱하는 방식으로 표현하고 있다. T. Eric Peet, Rhind Mathematical Papyrus, 1990. p.9; O. A. W. Dilk, Mathematics and Measurement, 1987. p.8 참조. 제테Sethe는 이를 발전이라 말하지만(Annette Imhausen, Mathematics in Ancient Egypt: A Contextual History, Princeton University Press, 2016. p.21 참조) 다른 더 복잡한 체계엔 사실상 아무 변화가 없었으므로 단지 편의성을 위한 약간의 수정이라고 표현하는 것이 적절하다.

237 B. Lumpkin, The Zero Concept in Egypt. In Proceedings of the International Seminar and Colloquium on 1500 Years of Aryabhateeyam, 2002. pp.161 – 68; Kochi: Kerala Sastra Sahitya Parishad; George Gheverghese Joseph, The Crest of the Peacock: Non-European Roots of Mathematics, 3rd Ed., p.86.

238 G. Dreyer, Umm el-Qaab I: Das Prädynastische Königsgrab U-j und seine frühen Schriftzeugnisse, 1998. pp.115-117, pp.193-194; Annette Imhausen, Mathematics in Ancient Egypt: A Contextual History, Princeton University Press, 2016. pp.22-3, p.29, https://www.slideshare.net/CineMice/mathematics-in-ancient-egypt.

239 J. E. Quibell, Archaic Objects. Vol.2 (Catalogue général des antiquités égyptiennes du Musée du Caire, Vol.24), plate 43, 1904.

240 Stephen Chrisomalis, Numerical Notation: A Comparative History, Cambridge University Press, 2010. p.37; Annette Imhausen, Mathematics in Ancient Egypt: A Contextual History, Princeton University Press, 2016. p.23.

241 George Gheverghese Joseph, The Crest of the Peacock: Non-European Roots of Mathematics, 3rd Ed., pp.81-83, http://www.ms.uky.edu/~sohum/

ma330/files/Crest_of_the_peacock.pdf.

242 The World's Oldest Papyrus and What It Can Tell Us About the Great Pyramids: Ancient Egyptians leveraged a massive shipping, mining and farming economy to propel their civilization forward. Smithsonian.com, http://www.smithsonianmag.com/history/ancient-egypt-shipping-mining-farming-economy-pyramids-180956619/.

243 George Gheverghese Joseph, The Crest of the Peacock: Non-European Roots of Mathematics, 3rd Ed., pp.88-99, http://www.ms.uky.edu/~sohum/ma330/files/Crest_of_the_peacock.pdf. 나눠떨어지지 않고 나머지가 남는 경우 고대 이집트인은 이를 2/3를 제외한 모든 경우 1/N 형태인 분수의 합으로 표시했다. 예를 들어 2/59=1/36+1/236+1/531 같은 식이다. 오늘날 우리는 나눗셈 결과를 소수 형태로 나타내면서 '순환마디'를 사용한다. 수의 크기를 직접 비교하는 데는 분수식 표현이 알기 쉽다.

244 Abdulrahman A. Abdulaziz, On the Egyptian Method of Decomposing 2/n into Unit Fractions, Historia Mathematica, Vol.35, 2008. pp.1-18, https://ac.els-cdn.com/S0315086007000274/1-s2.0-S0315086007000274-main.pdf?_tid=0196655e-c285-11e7-a13b-00000aab0f26&acdnat=1509926397_bfcfbc867ddfc7c4e745f4a1feb37fe0.

245 Mathematics in the Time of the Pharaohs, By Richard J. Gillings, https://mitpress.mit.edu/books/mathematics-time-pharaohs.

246 Richard J. Gillings, Mathematics in the Time of the Pharaohs, Massachusetts Institute of Technology, 1972. p.16; H. Peter Aleff, Ancient Creation Stories told by the Numbers, 1982., http://www.recoveredscience.com/const130egymathcontributions.htm#_edn35.

247 UCL Petrie Museum's Tarkhan Dress: World's Oldest Woven Garment, UCL News (15 February 2016), http://www.ucl.ac.uk/news/news-articles/0216/150216-tarkhan-dress.

248 Alice Stevenson & Michael W. Dee, Confirmation of the World's Oldest Woven Garment: the Tarkhan Dress, Project Gallery article of Antiquity (Issue 349, February 2016), http://antiquity.ac.uk/projgall/stevenson349.

249 W. B. Emery, Archaic Egypt. 1961. p.222.

250 Kathryn A. Bard, An Introduction to the Archaeology of Ancient Egypt, John Wiley & Sons, 2015. pp.186-187.

251 Jill Elish, World's oldest ship timbers found in Egyptian desert, EurekAlert! (6-MAR-2006), https://www.eurekalert.org/pub_releases/2006-03/fsu-wos030606.php.

252 Nancy Jenkins, The Boat Beneath the Pyramid: King Cheops' Royal Ship, New York: Holt, Rinehart and Winston, 1980., http://www.gizapyramids.org/static/pdf%20library/jenkins_boat.pdf.

253 John M. Coles, Experimental Archaeology, 1980. pp.50-51.

254 Philippe Bohstrom, Divers Uncover World's Oldest Harbor, in Red Sea: Archaeologists find monumental harbor built by King Cheops 4600 years ago at Wadi el-Jarf to import stuffs to build the Great Pyramid of Giza, 2016., http://www.haaretz.com/jewish/archaeology/1.754616; Rossella Lorenzi, World's Oldest Port, Archaeology (December 10, 2013), https://www.archaeology.org/issues/116-1401/features/1584-wadi-el-jarf-port-papyrus-khufu-cheops.

255 Paul Johnstone, The Sea-craft of Prehistory, Psychology Press, 1988. p.xv.

256 Cheryl Ward, From River to Sea: Evidence for Egyptian Seafaring Ships, Journal of Ancient Egyptian Interconnections, Vol.2, no.3, 2010. pp.42-49.

257 Richard Pierce, After 5000 Year Voyage, World's Oldest Built Boats Deliver-Archeologists' First Look Confirms Existence Of Earliest Royal Boats At Abydos. Science Daily (November 2, 2000), https://www.sciencedaily.com/releases/2000/11/001101065713.htm; D. O'Connor, Boat Graves and Pyramid Origins: New Discoveries at Abydos, Egypt. Expedition, Vol.33, no.3, 1991. pp.5-17, https://www.penn.museum/documents/publications/expedition/PDFs/33-3/Boat.pdf.

258 Frank Joseph & Laura Beaudoin, Opening the Ark of the Covenant: The Secret Power of the Ancients, the Knights Templar Connection, and the Search for the Holy Grail, Career Press, 2007. pp.72-73, p.92.

259 Pearce Paul Creasman, Ship Timber and the Reuse of Wood in Ancient Egypt, Journal of Egyptian History, Vol.6, 2013 pp.152-176, Ian Onvlee, The Great Dating Problem, Part 2 -Radiocarbon Dates and Early Egypt, p.34.

260 Ernest Moyer, Rock Boats-Part I, Egyptian Origins, http://www.egyptorigins.org/rockboats.htm.

261 Dirk Huyge, Rock Art, 2009. p.5. In Willeke Wendrich (ed.), UCLA Encyclopedia of Egyptology, Los Angeles, http://escholarship.org/uc/

item/4qx7k7pz.

262 Cyndi Wallace-Murphy & Tim, Rex Deus: The Families of the Grail, Grave Distractions Publications, 2016. pp.39-40. 이런 주장은 여러 정황상 성립하지 않는다. 맹성렬,《아담의 문명을 찾아서》, pp.69-74 참조.

263 Toby Wilkinson, Genesis of the Pharaohs: Dramatic New Discoveries Rewrite the Origins of Ancient Egypt, 2003. p.152.

264 F. David Lankester, Predynastic & Pharaonic Era Rock-Art in Egypt's Central Eastern Desert: Distribution, Dating & Interpretation, 2012. p.37. Durham theses, Durham University, https://core.ac.uk/download/pdf/9640094.pdf.

265 맹성렬,《아담의 문명을 찾아서》, pp. 226-230.

266 F. J. Ascaso & J. Lizana & J. A Cristóbal, Cataract surgery in ancient Egypt. J. Cataract Refract Surg., Vol.35, no.3, 2009. pp.607-608; P. Blomstedt, Cataract surgery in ancient Egypt, J. Cataract Refract Surg, Vol.40, no.3, 2014. pp.485-9.

267 Egyptian Mathematics and Science, Egypt before 664 B.C., Chapter 2: Valley of the Pharaohs, Part I, A History of Africa, http://xenohistorian.faithweb.com/africa/egypt1.html#Memphis.

268 Richard Sullivan, A Brief Journey into Medical Care and Disease in Ancient Egypt, Journal of the Royal Society of Medicine, Vol.88, 1995. pp.141-145, https://www.ncbi.nlm.nih.gov/pmc/articles/PMC1295132/pdf/jrsocmed00072-0025.pdf.

269 A. G. Filler, A Historical Hypothesis of the First Recorded Neurosurgical Operation: Isis, Osiris, Thoth and the Origin of the Djed Cross, Neurosurg Focus. Vol.23, no.1, 2007. p.E6.

270 A. Ocklitz, Artificial Respiration with Technical Aids Already 5000 Years Ago?, Anaesthesist. Vol.45, no.1, 1996. pp.19-21; A. Ocklitz, Cardiopulmonary Resuscitation Already in Egypt 5000 Years Ago?, Wien Klin Wochenschr, Vol.109, no.11, 1997. pp.406-12.

271 Charles Savona-Ventura, Ancient Egyptian Medicine, Lulu.com, 2017. pp.23-26, 나는《오시리스의 죽음과 부활》에서 고대 이집트인이 정자가 군대처럼 무리지어 경쟁한다는 사실을 알고 있었을 가능성을 언급했다. 맹성렬,《오시리스의 죽음과 부활》, 2009. pp.244-245 참조.

272 John F. Nunn, Ancient Egyptian Medicine, 1996. p.11; J. T. Rowling, The

Rise and Decline of Surgery in Dynastic Egypt, Antiquity Vol.63, issue 239, 1989. pp.312-319.

273 J. M. Enoch & V. Lakshminarayanan, Duplication of Unique Optical Effects of Ancient Egyptian Lenses from the IV/V Dynasties: Lenses Fabricated ca 2620-2400 BC or Roughly 4600 Years Ago, Ophthalmic Physiological Optics, Vol.20, no.2, 2000. pp.126-30.

274 12장에서 고경도의 돌로 만든 항아리는 모두 4, 5왕조 시대가 아니라 그 이전에 만들어졌음을 밝힌다. 이는 수정 렌즈도 4, 5왕조 시대에 만들어진 것이 아닐 가능성을 드러낸다.

275 J. M. Enoch, First known lenses originating in Egypt about 4600 years ago!, Hindsight, Vol.31, no.2, 2000. pp.9-17.

276 Robert Temple, The Crystal Sun: Rediscovering a Lost Technology of the Ancient World, London: Century, pp.85-88; Vincent Ilardi, Renaissance Vision from Spectacles to Telescopes, American Philosophical Society, 2007. pp.34-35.

277 Dendera Light, https://en.wikipedia.org/wiki/Dendera_light; Jon Austin, Rare hieroglyphs showing 'Egyptians with electrical light bulbs are proof of time travel', Daily Express, Thu, Oct 6, 2016., https://www.express.co.uk/news/weird/649920/Rare-hieroglyphs-showing-Egyptians-with-electrical-light-bulbs-are-proof-of-time-travel.

278 Peter Tomkins, Secrets of the Great Pyramid, 1997. p.219.

279 맹성렬,《지적 호기심을 위한 미스터리 컬렉션》, 2017. pp.149-156.

280 두 연구자는 당시 우연한 발견으로 전기를 사용했을 것이라고 주장한다. Colin G. Fink & Arthur H. Kopp, Ancient Egyptian Antimony Plating on Copper Object, Metropolitan Museum Studies, Vol.4, No.2, 1933. p.167 참조.

281 A. Lucas & J. Harris, Ancient Egyptian Materials and Industries, Courier Corporation, 2012. p.199; Mark Gilberg, Alfred Lucas: Egypt's Sherlock Homes. Journal of the American Institute of Conservation. Vol.36, No.1, 1997. pp.31-48, http://cool.conservation-us.org/jaic/articles/jaic36-01-003_4.html; 맹성렬,《지적 호기심을 위한 미스터리 컬렉션》, 2017. pp.167-168.

282 Colin G. Fink & Arthur H. Kopp, Ancient Egyptian Antimony Plating on Copper Object, Metropolitan Museum Studies, Vol.4, No.2, 1933. pp.163-

167.

283 Karl Cole, Endlessly Engaging (Ancient) Egypt, Curator's Corner, 2015., http://www.curatorscorner.com/2015/12/endlessly-engaging-ancient-egypt.html.

284 Alfred Lucas, Egyptian Predynastic Stone Vessels, The Journal of Egyptian Archaeology, Vol.16, No.3/4, 1930. p.212.

285 Flinders Petrie, The Arts & Crafts of Ancient Egypt, p.12. 1996.(originally 1909), pp.78-9.

286 Andrew Bevan, Stone Vessels and Values in the Bronze Age Mediterranean, Cambridge University Press, 2007. p.41.

287 Archae Solenhofen, Ancient Egyptian Stoneworking Tools and Methods: Stone Vessel Making. Last modified December 10, 2002., http://www.oocities.org/unforbidden_geology/ancient_egyptian_stone_vase_making.html.

288 탄소 공구강으로도 모스 경도 6~7인 석재를 제대로 가공할 수 없고, 오늘날 경성 경도의 석재 가공에는 끝에 다이아몬드가 박힌 탄소 공구강을 사용한다.

289 Leanne May Mallory, Predynastic and First Dynasty Egyptian Basalt Vessels, Ph.D thesis of University of Toronto, Bibliothèque nationale du Canada, 2002. p.3, http://www.nlc-bnc.ca/obj/s4/f2/dsk1/tape2/PQDD_0020/NQ53818.pdf.

290 Leonard Gorelick and John A. Gwinnet, Ancient Egyptian Stone-Drilling: An Experimental Perspective on Scholarly Disagreement, Expedition, Vol.25, No.3, 1983. pp.40-47, https://www.penn.museum/documents/publications/expedition/PDFs/25-3/Ancient.pdf.

291 Denys A. Stocks, Experiments in Egyptian Archaeology: Stoneworking Technology in Ancient Egypt, 2003. pp.126-127.

292 John M. Coles, Experimental Archaeology, 1980. p.21.

293 W. M. Flinders Petrie, The Arts & Crafts of Ancient Egypt, 1996.(originally 1909), p.78.

294 Stephen Quirke & Jeffrey Spencer (ed.). 1996. pp.176-177.

295 Joseph Davidovits & Margie Morris, The Pyramids: An Enigma Solved, 1988. p.7; Members of the David H. Koch Pyramids Radiocarbon Project. 1999.

296 W. B. Emery, Archaic Egypt, 1961. p.214.

297 토크T는 회전체에서 회전 반경r×회전 운동 접선 방향으로 가해지는 힘F으로

정의한다. 분당 회전수를 n이라 할 때 출력W은 다음과 같다.
$W=F\times(2\pi r)\times\frac{n}{60s}=\frac{\pi rn}{30}/s\approx0.1rn/s$. 따라서 출력이 일정할 경우 토크와 분당 회전수는 반비례의 관계에 있다.

298 S. K. Doherty, The Origins and Use of the Potter's Wheel in Ancient Egypt, Archaeopress Archaeology, 2015.

299 Franz Reuleaux, The Kinematics of Machinery: Outlines of a Theory of Machines, Macmillan, 1876. pp.212-213.

300 K. Lange, Des Pyramides, des Sphinx, des Pharaons, 1956. pp.169-174.

301 Sarah Richards, Eighteenth-century Ceramics: Products for a Civilised Society, Manchester University Press, 1999. p.81.

302 Gordon Elliott, Aspects of Ceramic History: A Series of Papers Focusing on the Ceramic Artifact As Evidence of Cultural and Technical Developments, Gordon Elliott, pp.77-78. 선반을 사용하는 주목적은 도자기에 기하학적이고 규칙적이며 정교한 무늬를 새겨 넣는 데 있었다. David Harris Cohen & Catherine Hess, Looking at European Ceramics: A Guide to Technical Terms, Getty Publications, 1993. p.33 참조.

303 E. A. Barber, The Pottery and Porcelain of the United States, Рипол Классик, 1976. p.8 참조.

304 Lorna Weatherill, The Pottery Trade and North Staffordshire, 1660-1760, Manchester University Press, 1971. pp.33-34.

305 Yash Shah, Engine Turning Lathe Machine: Adaptations in Pottery Industry, 2015., http://machinetools.bhavyamachinetools.com/engine-turning-lathe-machines-adaptations-in-pottery-industry/.

306 Ibrahim Al-Bahadly & Roger Latimer, Variable Speed Drive for Wood Turning Lathe, 2014. p.4.

307 Customized Spindle Motor and CNC for Cutting Stone Large Dimension, Five-axis Machining Center for Fine-detail Production and Reproduction, American Machinist (Apr 27, 2011), http://www.americanmachinist.com/machining-cutting/customized-spindle-motor-and-cnc-cutting-stone.

308 Frank L. Wood, The World of British Stoneware: It's History, Manufacture and Wares, Troubador Publishing Ltd, pp.26-27.

309 W. M. Flinders Petrie, The Arts & Crafts of Ancient Egypt, 1996.(originally 1909), p.12.

310 W. M. Flinders Petrie, The Pyramids and Temples of Gizeh, 1883. p.77.

311 Christopher Dunn, The Giza Powe Plant: Technologies of Ancient Egypt, 1998. p.82; Colin Wilson, From Atlantis to Sphinx: Recovering the Lost Wisdom of the Ancient World, 1996. p.38.

312 W. B. Emery, Archaic Egypt, 1961. p.215; 오늘날 탄성이 있는 철사 절삭 공구와 연마재로 중간 경도의 돌항아리 배 부분 안쪽을 파내는 방법을 적용하면 가공 속도가 매우 느리긴 해도 경성 경도의 항아리도 가공이 가능하다는 주장이 있다. Archae Solenhofen, Solenhofen Can narrow-necked stone vases be made today?, http://www.oocities.org/unforbidden_geology/modren_stone_vases.html 참조.

313 Joseph Davidovits & Margie Morris, The Pyramids: An Enigma Solved, 1988. p.119.

314 G. A. Wainwright, Iron in Egypt, The Journal of Egyptian Archaeology, Vol.18, No.1/2, 1932. pp.3-15.

315 A. Lucas & J. Harris Ancient Egyptian Materials and Industries, Courier Corporation, 2012.(originally 1926), p.237; Diane Johnson & Joyce Tyldesley & Tristan Lowe & Philip J. Wither & Monica M. Grady, Analysis of a Prehistoric Egyptian Iron Bead with Implications for the Use and Perception of Meteorite Iron in Ancient Egypt, Meteoritics & Planetary Science, Vol.48, No.6, 2013. pp.997-1006, http://onlinelibrary.wiley.com/doi/10.1111/maps.12120/pdf; Thilo Rehren et al. 5000 Years Old Egyptian Iron Beads Made from Hammered Meteoritic Iron, Journal of Archaeological Science, Vol.40, 2013. pp.4785-4792; Colin Schultz, The Ancient Egyptians Had Iron Because They Harvested Fallen Meteors: Modern chemical analysis confirms that ancient Egyptians used iron from meteorites, smithsonian.com (May 30, 2013), http://www.smithsonianmag.com/smart-news/the-ancient-egyptians-had-iron-because-they-harvested-fallen-meteors-86153874/#vo2y6jIlp57rsry0.99.

316 Edmund Connolly, The Meteoric Origins of Egypt's First Ironwork, Museum & Collections Blog, UCL, 2013., https://blogs.ucl.ac.uk/museums/2013/09/01/23856/.

317 이종민, '철 이야기' 무한한 가치의 금속 니켈, 2014., https://www.posri.re.kr/ko/board/content/12920.

318 H. Howard-Vyse, Operations Carried Out at the Pyramids of Gizeh in 1837,

Vol.1, 1840. pp.275-276; Larry Orcutt, The Iron Plate in the Great Pyramid, Catchpenny Mysteries 2000., http://www.catchpenny.org/iron.html.

319 Charles Rigano, Pyramids of the Giza Plateau, Author House, p.33.

320 W. M. Flinders Petrie, The Pyramids and Temples of Gizeh, 1883. pp.212-213.

321 Emmet John Sweeney, The Pyramid Age, Algora Publishing, p.55; Dieter Arnold, Building in Egypt: Pharaonic Stone Masonry, Oxford University Press, 1991. p.257.

322 W. M. Flinders Petrie, The Arts and Crafts of Ancient Egypt, 2nd Edition with Additional Chapter, London & Edinburgh, 1910. p.104, http://www.gutenberg.org/files/52830/52830-h/52830-h.htm#Page_98.

323 G. A. Reisner, Mycerinus, London, Humphrey Milford, 1931. p.36.

324 G. A. Wainwright, Iron in Egypt, The Journal of Egyptian Archaeology, Vol.18, No.1/2, 1932. pp.3-15.

325 Christopher F. C. Hawkes, Early Iron in Egypt, Antiquity, Vol.10, 1936. pp.355-357.

326 Dows Dunham & William J. Young, An Occurrence of Iron in the Fourth Dynasty, Journal of Egyptian Archaeology, Vol.28, 1942. pp.57-58, http://www.gizapyramids.org/static/pdf%20library/dunham-young_jea_28_1942.pdf.

327 Dows Dunham & William J. Young, An Occurrence of Iron in the Fourth Dynasty, Journal of Egyptian Archaeology, Vol.28, 1942. pp.57-58.

328 A. Lucas & J. Harris, Ancient Egyptian Materials and Industries, 1962. p.237.

329 북아프리카에서는 고대 이집트 왕국이 거의 망해가던 기원전 500년경 철기 시대에 접어들었다는 것이 정설이다. Roland Anthony Oliver & Brian M. Fagan, Africa in the Iron Age: C.500 BC-1400 AD, Cambridge University Press, 1975. pp.1-11.

330 El Sayed El Gayar & M. P. Jones, Metallurgical Investigation of an Iron Plate Found in 1837 in the Great Pyramid at Gizeh, Egypt, Journal of the Historical Metallurgy Society, Vol.23, no.2, 1989. pp.75-83.

331 Paul Craddock & Janet Lang Lang, Gizeh Iron Revisited, Journal of the Historical Metallurgy Society, Vol.27 No.2, 1993. pp.57-59.

332 George Brinton Phillips, The Antiquity of Use of Iron, American Anthropologist,

Vol.26, 1924. pp.176-177, http://onlinelibrary.wiley.com/doi/10.1525/aa.1924.26.2.02a00030/pdf.

333 Cyril Aldred, Egypt to the End of the Old Kingdom, 1965. p.57.

334 V. K. Manglik, Elements of Mechanical Engineering. PHI Learning Pvt. Ltd., 2013. p.510.

335 Cyril Aldred, Egypt to the End of the Old Kingdom. London: Thames and Hudson Ltd., 1965. p.57.

336 Galal Ali Hassaan, Mechanical Engineering in Ancient Egypt, Part XIII: Stone Vessels (Predynastic to Old Kingdom Periods), International Journal of Recent Engineering Science, Vol.19, 2016. p.17.

337 Farid. Atiya, Ancient Egypt, American Univ. in Cairo Press, pp.126-129.

338 6왕조 파라오 테티의 피라미드에 부속으로 지은 사카라의 5미터 높이 피라미드에서 테티의 왕비 것으로 보이는 미라의 잔해가 나왔다. 이를 예로 들어 피라미드를 무덤 용도로 사용한 것이 틀림없다는 주장이 제기되었다(Andrew Bossone, Queen's Mummy Found In 4300-Year-Old Pyramid, National Geographic News(January 14, 2009), http://news.nationalgeographic.com/news/2009/01/090114-mummy-egypt-queen.html 참조). 이것은 아주 특별한 경우이고 대부분의 피라미드에는 빈 관만 있다. 그래도 피라미드는 파라오의 무덤용이라는 주장이 나오고 있는데 그 중요한 근거가 5, 6왕조 때의 피라미드 내벽에 쓰여 있는 이른바 '피라미드 텍스트'다(Fiona McDonald, Here's How Scientists Know The Pyramids Were Built to Store Pharaohs, Not Grain: Because ancient Egyptians could write, SicenceAlert (6 Nov. 2015), https://www.sciencealert.com/here-s-how-scientists-know-the-pyramids-were-built-to-store-pharaohs-not-grain 참조. 그러나 피라미드 텍스트는 장례 문서 위주로 되어 있어 피라미드 안에서 장례 의식을 치렀을 가능성과 특별한 날에 파라오 미라를 동원한 종교 의식을 치렀을 가능성은 인정하지만 파라오의 미라를 영구 안장했다는 결정적 증거로 받아들이기는 어렵다.

339 고대 이집트의 왕권 계승 전통으로 미루어 피라미드가 죽은 파라오의 장례와 관련이 있었으리라는 것은 틀림없어 보인다. 상당 기간 거기에 죽은 파라오의 미라를 보관했을 가능성도 있다. 이에 따라 후대 사람들이 피라미드를 무덤의 개념으로 받아들였을 수는 있다. 그렇다고 그곳을 죽은 파라오의 영구 무덤으로 볼 수는 없다. 죽은 파라오를 미라로 만든 주목적은 정해진 때에 치러야 하는 종교 의식을 위해 원형을 보존할 필요가 있었기 때문이다. 죽은 파라오의

시신은 오시리스의 카를 담는 용기로 사용했다. 고대 이집트인에게 이 의식은 굉장히 중요했고 오시리스와 관련이 없는 죽은 파라오의 시신 보관은 부차적인 것이었다. 그들은 죽은 다음 육신은 썩고 영혼은 흩어지는 것이 당연하다고 여겼다. 반면 본질적인 카는 영원히 존재한다고 믿었다.

340 Herodotus on Khufu, An Introduction to the History and Culture of Pharaonic Egypt, http://www.reshafim.org.il/ad/egypt/herodotus/kheops.htm; Josef Wegner & Jennifer Houser Wegner, The Sphinx That Traveled to Philadelphia: The Story of the Colossal Sphinx in the Penn Museum, University of Pennsylvania Press, 2015. p.140.

341 최근 람세스 3세 미라의 단층촬영CT 조사로 그가 살해당한 것으로 밝혀졌다. 정이나, '3000년 만에 풀린 람세스 3세 사인, 자객에 의한 암살', 〈뉴스1〉(2012. 12. 18.), http://news1.kr/articles/?939391 참조.

342 W. B. Emery, Archaic Egypt, 1961. p.165.

343 J. A. S. Evans, Father of History or Father of Lies: The Reputation of Herodotus, The Classical Journal, Vol.64, No.1, 1968. pp.11-17; Marlise Simons, Himalayas Offer Clue to Legend of Gold-Digging 'Ants', The New York times (Nov. 25, 1996), http://www.nytimes.com/1996/11/25/world/himalayas-offer-clue-to-legend-of-gold-digging-ants.html?mcubz=0.

344 Marlise Simons, Himalayas Offer Clue to Legend of Gold-Digging 'Ants', The New York times (Nov. 25, 1996), http://www.nytimes.com/1996/11/25/world/himalayas-offer-clue-to-legend-of-gold-digging-ants.html?mcubz=0.

345 Zahi Hawass, The Khufu Statuette: Is it an Old Kingdom Sculpture? In Paule Posener-Kriéger (ed.). Mélanges Gamal Eddin Mokhtar, Vol.1, Institut français d'archéologie orientale du Caire, 1985. p.383.

346 Herodotus & William Beloe, Herodotus, Translated from the Greek: with Notes and Life of the Author, Thomas Wardle, 1839. p.112; Moustafa Gadalla, Pyramid Handbook, 2000. p.121.

347 Edward F. Malkowski, Before the Pharaohs: Egypt's Mysterious Prehistory, 2010. p.116.

348 Nevine El-Aref, Symbolic Tomb Discovered in Giza, Al-Ahram Weekly, 3-9 June 1999, Issue No.432, 1999., http://weekly.ahram.org.eg/archive/1999/432/tr1.htm; 맹성렬, 《오시리스의 죽음과 부활》, 2009. p.38.

349 Herodotus & William Beloe, Herodotus, Translated from the Greek: with

Notes and Life of the Author, Thomas Wardle, 1839. pp.111-113.

350 노르웨이 과학기술대학교NTNU의 건축 및 미술학부 교수 올레 브린Ole J. Bryn은 고대 이집트 초기 왕조 시대의 30여 개 피라미드를 연구한 결과 건축에 들어가기 전에 격자 구조인 위치를 나타내고자 기준 선망을 먼저 그렸다고 주장한다. 그의 이론대로라면 대피라미드를 비롯한 고대 이집트 피라미드들은 사전 설계 도면을 바탕으로 주도면밀하게 '건축'한 결과물이다. Ancient Egypt's pyramids: Norwegian researcher unlocks construction secrets, ScienceDaily (September 24, 2010), https://www.sciencedaily.com/releases/2010/09/100924084615.htm.

351 Jana Dipayan, Evidence from Detailed Petrographic Examinations of Casing Stones from the Great Pyramid of Khufu, a Natural Limestone from Tura, and a Man-made (Geopolymeric) Limestone, Proceedings of the Twenty-ninth Conference on Cement Microscopy, Quevec City, PQ, Canada, May 20-24, 2007. p.236.

352 Elsa S. O. Bourguignon, Study of Deterioration Mechanisms and Protective Treatments for the Egyptian Limestone of the Ayyubid City Wall of Cairo, A Thesis in Historic Preservation Presented to the Faculties of University of Pennsylvania in Partial Fulfillments of the Requirements for the Degree of Master of Science, 2000. p.19, http://repository.upenn.edu/cgi/viewcontent.cgi?article=1137&context=hp_theses; William H. Stiebing, Ancient Near Eastern History and Culture, Routledge, 2016. p.141; Robert M. Schoch, Redating the Great Sphinx of Giza, KMT, a Modern Journal of Ancient Egypt, Vol.3, No.2, 1992. pp.52-59, http://www.robertschoch.net/Redating%20the%20Great%20Sphinx%20of%20Giza.htm; 기자 대스핑크스는 주류 학계에서 인정하는 것보다 더 수천 년 전에 건축했다는 주장이 나오기도 했는데, 이는 심하게 풍화된 흔적 때문이다(Paul Jordan, Riddles of Sphinx, Sutton Publishing, 1998. pp.144-161 참조). 기자 대피라미드는 고왕국 4왕조 카프레 시절에 건축했다는 것이 정설이며 풍화를 문제 삼는 이들은 카프레가 심하게 풍화된 대스핑크스를 보수했다고 주장한다(Robert M. Schoch, Redating the Great Sphinx of Giza, KMT, a Modern Journal of Ancient Egypt, Vol.3, No.2, 1992. pp.66-70 참조). 고대 이집트 선왕조 시대의 기술 발달 수준을 감안할 때 수천 년까지는 아니어도 기원전 4000년경 대스핑크스를 만들었을 가능성은 충분히 있다.

353 신왕국의 파라오가 기자 대피라미드의 외장재를 보수했다는 기록이나 증거

는 현재 남아 있지 않다. 그러나 신왕국 18왕조의 투트모스 4세는 모래에 묻혀 있던 기자 대스핑크스를 복구했고, 이를 기념해 '꿈의 석비Dream Stele'를 남겼다. 당시 심하게 풍화된 부분을 보수했다는 증거도 나왔다. Zahi Hawass, The Secrets of the Sphinx: Restoration Past and Present, pp.24-26 참조.

354 자히 하와스는 그의 통치가 기원전 2571년에 시작되었다고 본다. Zahi Hawass, The Khufu Statuette: Is it an Old Kingdom Sculpture? In Paule Posener-Kriéger (ed.), Mélanges Gamal Eddin Mokhtar, Vol.1, Institut français d'archéologie orientale du Caire, 1985. p.381 참조.

355 Thomas Schneider, Lexikon der Pharaonen, Albatros, Düsseldorf, 2002. pp.100-104.

356 Pierre Tallet & Gregory Marouard, Wadi al-Jarf: An Early Pharaonic Harbour on the Red Sea Coast, Egyptian Archaeology, Vol.40, 2012. pp.40-43.

357 J. G. Wilkinson, Note on a part of the Eastern Desert of Upper Egypt, Journal of the Royal Geographical Society, Vol.2, 1832. pp.28-34, https://ia601903.us.archive.org/31/items/jstor-1797753/1797753.pdf.

358 Alexander Stille, The World's Oldest Papyrus and What It Can Tell Us About the Great Pyramids: Ancient Egyptians Leveraged a Massive Shipping, Mining and Farming Economy to Propel Their Civilization Forward, Smithsonian Magazine (Oct. 2015), http://www.smithsonianmag.com/history/ancient-egypt-shipping-mining-farming-economy-pyramids-180956619/.

359 Charles F. Baker & F. Rosalie, Ancient Egyptians: People of the Pyramids, Oxford University Press, 2001. p.30.

360 Zahi Hawass, The Khufu Statuette: Is it an Old Kingdom Sculpture? In Paule Posener-Kriéger (ed.). Mélanges Gamal Eddin Mokhtar, Vol.1, Institut français d'archéologie orientale du Caire, 1985. pp.379-394, http://www.gizapyramids.org/pdf_library/hawass_fs_mokhtar.pdf.

361 W. M. Flinders Petrie, Abydos II, London: Egypt Exploration Fund, 1903. p.10.

362 John Anthony West, The Traveler's Key to Ancient Egypt: A Guide to the Sacred Places of Ancient Egypt, London: Harrap Columbus, 1989. p.107.

363 비록 쿠푸가 주도적으로 건설하지 않았더라도 그가 시기적으로 기자 대피라미드와 깊은 연관이 있다면 고대 이집트 역사에서 그는 여전히 큰 비중을 차지하는 존재다. 상징적인 중요한 종교 의례를 그의 주도 아래 치렀을 것이기 때문이다. 결국 그가 폭군이었을 가능성은 없어 보인다. 그의 자취가 감춰진

것은 어쩌면 고대 이집트의 종교적 비밀주의와 관련이 있을지도 모른다.

364 Mark Lehner, Archaeologist, Oriental Institute of the University of Chicago, and Harvard Semitic Museum, Pyramids, NOVA, PBS.Org, http://www.pbs.org/wgbh/nova/pyramid/explore/howold2.html.

365 Graham Hancock & Robert Bauval, The Message of the Sphinx, 1996. p.301; Edgar Cayce Foundation Egypt/Sphinx Research Project Report 1976-1982, ARE Press 1983.; How Old Are the Pyramids? Ancient Egypt Research Associates (2006), http://www.aeraweb.org/projects/how-old-are-the-pyramids/; Members of the David H. Koch Pyramids Radiocarbon Project. 1999. Dating the Pyramids, Archaeology, Vol.52, No.5, September/October 1999., http://archive.archaeology.org/9909/abstracts/pyramids.html. 1980년대에 이 문제를 제기한 레너 박사는 이후 피라미드 건설자들이 오래전에 벌목한 나무로 지은 건축물을 태워 재를 만들어 쓰는 바람에 그렇게 되었을 것이라는 식의 대체 가설을 내세웠다.

366 Joseph Davidovits & Margie Morris, The Pyramids: An Enigma Solved, 1988. p.23, pp.231-2.

367 Georges Bonani & Herbert Haas & Zahi Hawass & Mark Lehner et al., 2001. Radiocarbon Dates of Old and Middle Kingdom Monuments in Egypt, Radiocarbon, Vol.43, issue 3, 2001. pp.1297-1320, https://journals.uair.arizona.edu/index.php/radiocarbon/article/viewFile/3874/3299; Felix Höflmayer, Radiocarbon Dating and Egyptian Chronology—From the "Curve of Knowns" to Bayesian Modeling, Oxford Handbooks Online, 2016., http://www.oxfordhandbooks.com/view/10.1093/oxfordhb/9780199935413.001.0001/oxfordhb-9780199935413-e-64?print=pdf.

368 Sturt W. Manning, Radiocarbon Dating and Egyptian Chronology, 2006. In E. Hornung & R. Krauss & D. A. Warburton, Ancient Egyptian Chronology, 2006. pp.338-350.

369 Members of the David H. Koch Pyramids Radiocarbon Project. 1999. Dating the Pyramids, Archaeology, Vol.52, no.5, September/October 1999., http://archive.archaeology.org/9909/abstracts/pyramids.html.

370 Robert M. Schoch & Robert Aquinas McNally, Voyages of the Pyramid Builders, Penguin, 2004. pp.16-18; Ian Onvlee, The Great Dating Problem, Part 2 – Radiocarbon Dates and Early Egypt, p.31.

371 James Bonwick, The Great Pyramid of Giza: History and Speculation, Courier Corporation, 2003.(originally 1877), p.145; Jason Colavito (ed.), Pyramidiots: Outrageous Theories about the Great Pyramid (James Bonwick and Others), Lulu.com, 2012. pp.43-44.

372 Aristotle, On the Generation of Animals (Translated by Arthur Platt), Book V, 1; D. W. Hughes, On Seeing Stars Especially up Chimneys, Quarterly Journal of the Royal Astronomical Society, Vol.24, no.3, 1983. p.246, http://adsabs.harvard.edu/full/1983QJRAS..24..246H; Gianfranco Bertone, Behind the Scenes of the Universe: From the Higgs to Dark Matter, OUP Oxford, 2013. p.105. 파리 천문대를 비롯해 근대에 건축한 천문대의 부속 건물로 지하까지 이르는 긴 갱도로 구성한 주간 별 관측 건물이 있었다. 이는 아랍권의 영향을 받은 것이며 아랍의 천문학 지식은 고대 그리스에서 왔다. 이러한 과학기술 전통은 고대 이집트 시에네에 존재했다는 천문 관측용 우물까지 추적 가능한데, 태양뿐 아니라 낮에 별관측용으로 사용했을 가능성이 있다. Sung-Lyul Maeng, A Study on the Role of Cheomseongdae as a Star-gazing Well-tower for Day-time Use, Convergence Research Letter, Vol.3, No.1, 2017. pp.357-360 참조.

373 V. Trimble, Astronomical investigations concerning the so called air shafts of Cheops pyramid, Mitteilungen Istituts fur Orientforschung Akademie der Wissenshaften zu Berlin, Vol.10, 1964. pp.183-87, https://erenow.com/ancient/the-orion-mystery-unlocking-the-secrets-of-the-pyramids/15.html; A. Badawy, The Stellar Destiny of Pharaoh and the so-called Air-Shafts of Cheop's Pyramid, Mitteilungen Istituts fur Orientforschung Akademie der Wissenshaften zu Berlin, Vol.10, 1964. pp.189-206.

374 Giulio Magi, Mysteries and Discoveries of Archaeoastronomy: From Giza to Easter Island, Springer Science & Business Media, 2009. pp.349-351.

375 Robert Bauval & Adrian Gilbert, The Orion Mystery: Unlocking the Secrets of the Pyramids, 1994. pp.172-173; G. Magli, From Giza to the Pantheon: Astronomy as a Key to the Architectural Projects of the Ancient Past, The Role of Astronomy in Society and Culture, Proceedings of the International Astronomical Union, IAU Symposium, Vol.260, 2009. p.275; 나아가 바우벌은 기자 피라미드군이 오리온성좌의 가운데에 위치해 '오리온 벨트'로 불리는 세 별을 지상에 구현했다고 주장했다. Robert G. Bauval, A Master-Plan for the Three Pyramids of Giza Based on the Configuration of the Three Stars of the Belt of Orion, Discussions in Egyptology, Vol.13, 1989. pp.7-18, http://gizamedia.rc.fas.harvard.edu/documents/bauval_de_13_1989.pdf 참조.

376 이 시기는 대략 멘카우레 시기와 일치한다. 이러한 사실은 쿠푸 왕의 피라미드로 알려진 대피라미드의 성좌 정렬이 쿠푸 왕 시대를 가리키도록 만든 게 아니라 기자의 세 피라미드를 모두 완성하는 시기를 가리키도록 계획했을 수 있음을 시사한다. 바우벌 등이 기자 피라미드군은 오리온성좌의 벨트를 상징한다고 주장한 바 있다. 즉, 대피라미드 성좌 정렬은 이 지상 벨트를 완성하는 시기를 가리키는 것처럼 보인다.

377 곽민수, 〈고고학자와 함께하는 이집트 유적 기행 (2화): 3000여 년의 세월, 고대 이집트의 역사〉, 2016., http://www.thefirstmedia.net/ko/archives/11605.

378 맹성렬, 《오시리스의 죽음과 부활》, 2009. pp.140-144.

379 Dorte Quist, Sandpit of Royalty: Hawass Reveals Further Details on Find of 'Osiris's Grave', Ekstra Bladet (Copenhagen), January 31, 1999., https://groups.google.com/forum/#!topic/fido7.ru.ufo/zLSL7oSBon0; Nevine El-Aref, Symbolic Tomb Discovered in Giza, Al-Ahram Weekly, 3-9 June 1999, Issue No.432, 1999., http://weekly.ahram.org.eg/archive/1999/432/tr1.htm.

380 Henri Frankfort, Kingship and the Gods: A Study of Ancient Near Eastern Religion as the Integration of Society and Nature (Oriental Institute Essays), 1978.(originally 1948), p.153. 헨리 프랭크포르트는 세티 1세의 가묘Cenotaph라고 표현하고 있으나 오늘날에는 오시레이온으로 널리 알려져 있다.

381 맹성렬, 《오시리스의 죽음과 부활》, 2009. p.201.

382 기자 대피라미드의 왕의 방에는 원래 쿠푸 왕의 미라를 안치하고, 여왕의 방에는 그의 '카'를 나타내는 조각상을 안치했을 것이라는 주장이 있다(Rowan Hooper, First Images from Great Pyramid's Chamber of Secrets, New Scientists (25 May 2011), https://www.newscientist.com/article/mg21028144-500-first-images-from-great-pyramids-chamber-of-secrets/. 그러나 원래 고대 이집트인은 죽으면 육신은 썩어 없어지는 것으로 인식했으므로 이를 굳이 신주 모시듯 할 이유는 없었다. 미라를 만든 것은 본래 시신을 영구 보존하려는 게 아니라 오시리스의 카를 작동시키는 종교 의례에서 카의 용기로 사용하기 위함이라는 것이 내 결론이다(맹성렬, 《오시리스의 죽음과 부활》, 2009. pp.174-184 참조).

383 Preston Peet, New Claims About The Great Pyramid, Citing The Oldest Papyrus Ever Found: Do The Claims Stand Up?, 2016., https://grahamhancock.com/

peetp1/.

384 맹성렬,《오시리스의 죽음과 부활》, 2009 pp.118-119.

385 Michael A. Hoffman, Egypt before the Pharaohs, p.289, p.346.

386 Alan Gardiner, Egypt of the Pharaoh: An Introduction, 1964. p.56.

387 맹성렬,《오시리스의 죽음과 부활》, 2009. pp.251-265 참조.

388 Bruce Williams & Thomas J. Logan & William J. Murnane, The Metropolitan Museum Knife Handle and Aspects of Pharaonic Imagery before Narmer, Journal of Near Eastern Studies, Vol.46, No.4, 1987. pp.245-285.

389 기원전 2700년부터 기원전 2450년 사이에 네 차례 있었던 일식 현상을 고대 이집트의 피라미드 시대 도래와 캘린더 제작의 시발로 보는 견해가 있다. Alex A. Gurshtein, The Evolution of the Zodiac in the Context of Ancient Oriental History, Vistas in Astronomy, Vol.41, Issue 4, 1997. pp.507-525 참조. 그렇지만 이 견해는 고대 이집트 문명을 과학기술 측면이 아닌 태양 숭배나 점성술 등 신앙적 측면에서만 바라보려는 태도를 반영한다. 나중에 그것이 신앙적 측면으로 흘렀을지 모르지만 최소한 피라미드 시대의 고대 이집트는 과학기술적 측면에서 평가받아 마땅하다.

390 Robert Bauval, The Star Shafts of the Cheops Pyramid, in Alessandra Nibbi (ed.), Discussions in Egyptology, 1994. pp.23-28.

391 R. T. Rundle Clark, The Legend of the Phoenix, Part I, 1949. pp.1-17.

392 Robert Bauval & Adrian Gilbert, The Orion Mystery: Unlocking the Secrets of the Pyramids, 1994. p.188.

393 그레이엄 핸콕은 헤로도토스가 "태양이 두 번은 현재 지고 있는 곳에서 떴고, 두 번은 현재 뜨고 있는 곳에서 졌다"라고 한 표현을 세차 운동 반주기인 1만 3000년과 연관짓는다. 그의 해석에 따르면 헤로도토스 시대의 춘분에 태양이 양자리에서 뜨고 12시간 후 천칭자리에서 졌다면, 세차 운동 장주기 시계를 절반 돌려놓은 시점인 헤로도토스 시대로부터 1만 3000년 전에는 춘분의 태양이 천칭자리에서 뜨고 12시간 뒤 양자리에서 졌다는 것이다. 반주기인 1만 3000년을 더 거슬러 올라가 헤로도토스 시대로부터 2만 6000년 전엔 다시 춘분의 태양이 양자리에서 뜨고 천칭자리에서 졌다. 마지막 반주기를 더 돌려 헤로도토스 시대로부터 3만 9000년 전에는 춘분의 태양이 천칭자리에서 뜨고 양자리에서 졌다. 결국 헤로도토스의 설명은 3만 9000년 전부터 있었던 세차 운동의 정확한 기록이라는 얘기다. 그레이엄 핸콕 저, 이경덕 역,《신의 지문: 사라진 문명을 찾아서(하)》, 까치, 1996. pp.519-520 참조. 한편 핸콕은 오

리온성좌와 관련해 세차 운동 주기를 거론했는데 로버트 바우벌과의 대화에서 그는 세차 운동 1주기마다 오리온성좌가 최저점에 위치한다는 사실로부터 오시리스의 최초의 때가 기원전 1만 450년뿐 아니라 그로부터 세차 운동 1주기에 해당하는 2만 6000년 전인 기원전 3만 6450년일 가능성을 제기했다. 이처럼 핸콕은 세차 운동 주기를 오리온성좌의 부침과 연결했으면서 왜 기자 대피라미드의 환기구들이 지향하는 별자리가 세차 운동 반주기와 관련이 있을 것이라는 생각은 하지 않았는지 궁금하다. 그레이엄 핸콕 저, 이경덕 역, 《신의 지문: 사라진 문명을 찾아서(하)》, 까치, 1996. pp.600-601 참조.

394 플루타르코스 기록에 따르면 오시리스는 태양이 전갈자리에 있을 때 죽었다고 한다(The Golden Bough by James Frazer: Chapter 38. The Myth of Osiris, https://en.wikisource.org/wiki/The_Golden_Bough/The_Myth_of_Osiris 참조). 이를 태양이 춘분점에 머물던 시기라고 해석하면 오시리스가 죽은 때는 기원전 1만 7340년에서 기원전 1만 5180년 사이이다.

395 Robin Derricourt, Pyramidologies of Egypt: a Typological Review, Cambridge Archaeological Journal, Vol.22, Issue 3, 2012. pp.353-363.

396 Graham Hancock, Fingerprints of the Gods: The Quest Continues; New Edition, 2001. pp.459-460.

397 Livio C. Stecchini, 'Notes on the Relation of Ancient Measures to the Great Pyramid', in Tompkins, Peter. Secrets of the Great Pyramid, pp.236-45.

398 그레이엄 핸콕 저, 이경덕 역, 《신의 지문(상)》, 1996. pp.579-580.

399 그레이엄 핸콕 저, 이종인 역, 《신의 사람들》, 까치, 2016. p.443.

400 Roger Herz-Fischler, The Shape of the Great Pyramid, Wilfrid Laurier University Press, 2000. p.193; Ole J. Bryn, Retracing Khufu's Great Pyramid, Nordic Journal of Architectural Research, Vol.22, no.1/2, 2010. p.138.

401 W. M. Flinders Petrie, The Pyramids and Temples of Gizeh, London: Leadenhall Press, 1883. p.11; H. J. Cole, Determination of the Exact Size and Orientation of the Great Pyramid at Giza, Survey of Egypt, Cairo, 1925. p.6; Dorner, Die Absteekung und Astronomische Orientierung Ägyptischer Pyramiden, Dissertation, University of Innsbruck, 1981. pp.74-77; D. Goodman & M. Lehner, The Survey: The Beginning, in M. Lehner & W. Wetterstrom (eds.), Giza Reports: Giza Plateau Mapping Project. Volume1: Project History, Survey, Ceramics and Main Street and Gallery III.4 Operations, Boston, MA: AERA, 2007. pp.97-98; Glen Dash, New

Angles on the Great Pyramid, AERAGRAM, Vol.13, no.2, 2012. pp.10-19; Glen Dash, The Great Pyramid's Footprint: Results from Our 2015 Survey, AERAGRAM, Vol.16, no.2, 2016. pp.8-14; Hans-Joachim Trumpp, Master Plan of the Pyramid of Cheops: Meaning, shape and size better understood, BoD – Books on Demand, 2014. p.46.

402 실제로 계산해보면 0.52355미터가 나온다. 이 수치는 다음의 논문에서도 확인해주고 있다. Ole J. Bryn, Retracing Khufu's Great Pyramid, Nordic Journal of Architectural Research, Vol.22, no.1/2, 2010. p.138.

403 앞서 논의한 기본적인 사실 외에도 에드워드 말코브스키가 고대 이집트의 기후 환경과 관련해 좀 더 심도 있게 논의한 바 있다. 그에 따르면 석회암은 그 경도에 따라 1000년에 22밀리미터에서 100밀리미터까지 풍화가 일어난다고 한다. 기자 대피라미드 외장재로 쓰인 투라 석회암의 경도는 매우 높으므로 이 기준을 적용하면, 4500년 동안 약 100밀리미터의 풍화를 일으켰어야 한다 (Edward F. Malkowski, Before the Pharaohs: Egypt's Mysterious Prehistory, 2010. pp.56-62 참조). 물론 내가 가정한 것처럼 그 사이에 외장 석재를 대대적으로 보수했다면 이보다 훨씬 덜 풍화되었을 수 있다.

404 Bernd Fitzner & Kurt Heinrichs, Damage diagnosis on stone monuments – weathering forms, damage categories and damage indices. In R. Prikryl & H. A. Viles (eds.), Understanding and Managing Stone Decay, Proceedings of the International Conference 'Stone Weathering and Atmospheric Pollution Network, Praha, Czech Republic, 2001., http://citeseerx.ist.psu.edu/viewdoc/download;jsessionid=452A4742EBABEF3B6EDD21413D090D26?doi=10.1.1.610.6890&rep=rep1&type=pdf; Bernd Fitzner & Kurt Heinrichs & D. La Bouchadiere, Limestone Weathering of Historical Monuments in Cairo, Egypt. In S. Siegesmund & T. Weiss & A. Volbrecht (eds.), Natural Stone Weathering Phenomena, Conservation Strategies and Case Studies, Geological Society London, Special Publication, Vol.205, pp.217-239, http://www.stone.rwth-aachen.de/limestone_cairo.pdf. 대피라미드 외장재 표면 침식에 따른 측정 오차를 다룬 저술을 찾아보기 힘들지만 이 문제를 고려한 듯한 표현이 담긴 다음의 저술이 있다. Basil Stewart, The Great Pyramid: Its Construction Symbolism and Chronology, Health Research Books, 1996. (originally published in 1927), p.7; 일반적으로 석회암의 표면 침식을 언급한 논문은 아래와 같다. R. Kozłowski et al. Influence of water contained in porous limestone on corrosion, Atmospheric Environment. Part A. General Topics, Vol.26, issue 18, 1992. pp.3241-3248; Kikuo Kishimoto et al., Effect of Water Chemical Corrosion on Strength and Cracking Characteristics of Rocks-A Review, Key Engineering Materials, Vols.261-263, 2004. pp.1355-1360; Carlos Rodriguez-Navarro & Eric Doehe, Salt Weathering: Influence of Evaporation Rate, Supersaturation and Ctrystalization Pattern, Earth Surface Processes and Landforms, Vol.24, 1999. pp.191-209, https://www.researchgate.net/profile/Eric_Doehne/publication/215758940_Salt_Weathering_Influence_of_Evaporation_Rate_Supersaturation_and_Crystallization_Pattern/links/00b7d515106de213db000000/Salt-Weathering-Influence-of-Evaporation-Rate-Supersaturation-and-Crystallization-Pattern.pdf.

405 Glen Dash, New Angles on the Great Pyramid, AERAGRAM, Vol.13, no.2, 2012. pp.10-19; Glen Dash, The Great Pyramid's Footprint: Results from Our 2015 Survey, AERAGRAM, Vol.16, no.2, 2016. pp.8-14.

406 W. M. Flinders Petrie, The Pyramids and Temples of Gizeh, 1990. p.13; Somers Clarke & R. Engelbach, Ancient Egyptian Construction and Architecture, Dover Publication, Inc., 1990.(originally 1930), p.118; John Bains & Jaromir Malek, Atlas of Ancient Egypt, Oxford: Adromeda, 1984. p.139; Mark Lehner, The Complete Pyramids, Thames and Hudson, 1997. p.108. 소머스 클라크 등의 수치는 실측치라기보다 이론치에 가깝다. 그들은 고대 이집트인이 원주율이 무리수인 줄 몰랐을 것이므로 그 각도가 tan(14/11)였을 것으로 추정했다. 실제로 설계 도면상에 밑변과 높이가 각각 220 왕의 큐빗, 280 왕의 큐빗이었을 것으로 보이며 이런 추정은 상당히 근거가 있다.

407 Jessica Priestley, Herodotus and Hellenistic Culture: Literary Studies in the Reception of the Histories, OUP Oxford, 2014. p.88.

408 바빌론 성벽은 6세기에 알렉산드리아 등대로 교체되었다. 알렉산드리아 등대는 14세기 초까지 알렉산드리아 파로스에 원형을 유지한 채 서 있었으나 이집트를 휩쓴 두 차례의 강진으로 완전히 파괴되었다. 같은 지진에도 대피라미드를 비롯한 기자의 피라미드군은 거의 손상을 입지 않았다.

409 Jonathan Glancey, Mortal Mortar, The Independent (8 Nov. 1996), 1996. pp.6-7.

410 Diodorus Siculus (56 BC) from Book I, 63.4-64.14: http://www.ancient-wisdom.com/Ghizppendices.htm#diodorus.

411 Herodotus, 'The Histories', Vol.II: 124. By Sir. Henry Rawlinson, http://

www.ancient-wisdom.com/Ghizppendices.htm#herodotus.

412 Diodorus Siculus (56 BC) from Book I, 63.4-64.14: http://www.ancient-wisdom.com/Ghizppendices.htm#diodorus.

413 Joseph Davidovits & Margie Morris, The Pyramids: An Enigma Solved, p.94.

414 W. M. Flinders Petrie, The Arts & Crafts of Ancient Egypt, pp.81-2.

415 Charles W. J. Withers, Zero Degrees: Geographies of the Prime Meridian, Harvard University Press, p.109, pp.131-136.

416 이 제안은 피아치 스미스와 그의 주변 인물들을 '피라미드 바보'로 경멸하던 미국과학진흥협회의 주요 회원들이 거부했다. Charles W. J. Withers, Zero Degrees: Geographies of the Prime Meridian, Harvard University Press, p.188.

417 이런 내용은 윌리엄 디트리히의 소설 《나폴레옹의 피라미드》(이창식 역, 예담, 2008.)에 잘 묘사되어 있다. 여기에 나폴레옹이 데려간 측지학자들의 대화 내용이 등장하는데 역사 속에서 프랑스의 유명한 고고학자이자 지도학자인 조마르가 기자 대피라미드의 네 면 방위 정렬이 나침반으로 정한 수준이 아니라 천문 관측 기법에 따른 초정밀 측지로 구현했음을 지적한다. 그때 주인공은 대피라미드를 포함한 기자의 피라미드들을 일종의 측지 기준점Geodetic Landmark으로 건설했다고 보느냐고 질문한다. Scott Creighton & Gary Osborn, The Giza Prophecy: The Orion Code and the Secret Teachings of the Pyramids, Inner Traditions/Bear & Co, 2012.

418 사실 영국 런던 그리니치 천문대의 자오선 빌딩은 건설할 때부터 정확한 위치에 있지 않았다. 지구의 중력장 분포는 지상에서 변하는데 그 이유는 지구 내부의 물질 분포가 균일하지 않기 때문이다. 그리니치에서 지구 중력장은 수직 하방으로 작용하지 않으며 결국 그리니치는 지구 무게 중심 위에 있지 않다. 실제로 지구 무게 중심에 수직으로 위치한 지점은 자오선 빌딩에서 동쪽으로 100여 미터 떨어진 곳으로 거기로 진짜 주자오선이 지난다. Charles Q. Choi, Why the Prime Meridian of the World' Shifted Hundreds of Feet, Live Science (August 18, 2015), http://www.livescience.com/51894-prime-meridian-shifts.html.

419 Assem Dief, Mathematics in Ancient Egypt: Did the Ancient Egyptians Possess an Ingenious Skill for Calculation? Al-Ahram Weekly Online. Issue No.829 (25-31 January 2007), http://weekly.ahram.org.eg/Archive/2007/829/hr1.htm.

420 건축물의 허용 오차-네이버캐스트(출처) 작성일 16-08-20, http://hu4510.

s13.make24.kr/bbs/board.php?bo_table=table40&wr_id=36&device=mobile. 한국에서는 건축법상 건축 높이와 길이, 출구 너비 등에 2퍼센트 이내의 허용 오차를 인정한다. 복도 폭에는 1퍼센트의 허용 오차를 인정한다. 벽의 두께에는 3퍼센트의 허용 오차를 인정한다.

421 David Kent Ballast, Handbook of Construction Tolerances, John Wiley & Sons, 2007. pp.2-4.

422 Giulio Magli, Architecture, Astronomy and Sacred Landscape in Ancient Egypt, NewYork: Cambridge University Press, 2013. p.90.

423 그동안 고고학자들은 간과했으나 글렌 대시는 태양 그림자를 이용해 동·하지나 춘분에 긴 막대기의 그림자 변화를 측정해 진북을 정확히 결정할 수 있다고 주장한다. Glen Dash, Did the Egyptians Use the Sun to Align the Pyramids?, http://dashfoundation.com/archaeology/working-papers.html#sthash.O2MA6v8c.dpbs, 2014. Glen Dash, Occam's Egyptian Razor: the Equinox and the Alignment of the Pyramids, The Journal of Ancient Egyptian Architecture, Vol.2, 2017. pp.1-8, http://www.egyptian-architecture.com/JAEA2/article6/JAEA2_Dash.pdf 참조.

424 Giulio Magli, On the astronomical orientation of the IV dynasty Egyptian pyramids and the dating of the second Giza pyramid, 2003., https://arxiv.org/ftp/physics/papers/0307/0307100.pdf; Robert Bauval, A brief evaluation of Kate Spence's article in NATURE, Vol.408, 16 November 2000, 2001. pp.320-324. Ancient Egyptian Chronology and the Astronomical Orientation of Pyramids, http://robertbauval.co.uk/articles/articles/spence.html#13.

425 Kate Spence, Ancient Egyptian Chronology and the Astronomical Orientation of Pyramids, Nature, Vol.408, 2000. pp.320-324; 케빈 잭슨·조너선 스탬프 저, 정주현 역,《피라미드, 상상 그 너머의 세계》, 샘터, 2006. p.30.

426 Hazel Muir, Pyramid precision, Daily News, New Scientist (15 November 2000), https://www.newscientist.com/article/dn174-pyramid-precision/; 만일 세차 운동으로 더 이상 북극점이 두 별을 잇는 선상에 놓이지 않으면 두 별의 위치가 바뀌면서 수평선에 수직인 두 별을 잇는 선의 위치도 바뀐다. 이 경우 북극점은 두 선의 중앙선상에 위치한다. Owen Gingerich, Plotting the Pyramids, Nature, Vol.408, 2000. pp.297-298, http://www.astro.umd.edu/~peel/CPSP118D_101/content/Nature_Pyramids_Article.pdf 참조.

427 I. E. S. Edwards, The Pyramid of Egypt. p.247; Suzanne Raynaud & Henri de la Boisse & Farid Mahmoud Makroum & Joël Bertho, Geological and Geomorphological study of the original hill at the base of Fourth Dynasty Egyptian monuments, 2008., http://hal.archives-ouvertes.fr/docs/00/31/95/86/PDF/PyramidsSR.pdf; http://www.catchpenny.org/control.html.

428 Glen Dash, The Great Pyramid's Footprint: Results from Our 2015 Survey, AERAGRAM, Vol.16, no.2, 2016. pp.8-14, http://dashfoundation.com/downloads/archaeology/as-published/AERAGRAM16_2_GDash.pdf.

429 E. C. Krupp, Echoes of the Ancient Skies: The Astronomy of Lost Civilizations, p.102; Petrie detected an angular twist of only 1' 40" in a counterclockwise direction, W. M. F. Petrie, 1883. The Pyramids and Temples of Gizeh, p.97 참조.

430 Maurizio Forte & Alberto Siliotti (ed.), Virtual Archeology: Re-creating Ancient Worlds, p.18.

431 W. M. Flinders Petrie, The Arts & Crafts of Ancient Egypt, pp.81-2.

432 Maurizio Forte & Alberto Siliotti (ed.), Virtual Archeology: Re-creating Ancient Worlds, p.18.

433 Hugh C. Mitchell, Definitions of Terms Used in Geodetic and Other Surveys, U.S. Government Printing Office, 1948. p.30, http://citeseerx.ist.psu.edu/viewdoc/download?doi=10.1.1.739.6711&rep=rep1&type=pdf.

434 I. E. S. Edwards, The Pyramid of Egypt. p.247.

435 D. Johnson & J. Tyldesley & T. Lowe & P. J. Withers & M. M. Grady, Analysis of a prehistoric Egyptian iron bead with implications for the use and perception of meteorite iron in ancient Egypt, Meteorit. Planet. Sci., Vol.48, Issue 6, 2013. pp.997-1006; Jo Marchant, Iron in Egyptian Relics Came from Space Meteorite Impacts Thousands of Years Ago May Have Helped to Inspire Ancient Religion, Nature.com. 2013., http://www.nature.com/news/iron-in-egyptian-relics-came-from-space-1.13091.

436 A. Ocklitz, Artificial Respiration with Technical Aids Already 5000 Years Ago?, Anaesthesist. Vol.45, no.1, 1996. pp.19-21.

437 C. Piazzi Smyth, The Great Pyramid: It's Secret and Mysteries Revealed, pp.78-9.

438 Crichton E. M. Miller, Cross Staff and Plumbline and the Great Pyramid:

Revealing the discovery of a geometrical, spherical measuring instrument in the Pyramid of Khufu, 2011., http://www.touregypt.net/egypt-info/magazine-mag03012001-magf7.htm; C. Piazzi Smyth, The Great Pyramid: It's Secret and Mysteries Revealed, pp.78-9.

439 Sarah Dry, The Newton Papers: The Strange and True Odyssey of Isaac Newton's Manuscripts, Oxford University Press, 2014. pp.112-116.

440 Daniel Kuehn, Keynes, Newton and the Royal Society: the events of 1942 and 1943, Notes and Records: The Royal Society Journal of the History of Science, Vol.67, no.1, 2013. pp.25-36, https://www.ncbi.nlm.nih.gov/pmc/articles/PMC3645201/ 케인스는 1921년부터 1946년까지 킹스칼리지의 기금 관리를 담당했다. 케임브리지대학교 본부와 칼리지들은 재정적으로 독립적이라 그는 칼리지를 설득해 뉴턴의 유고를 구입할 수 있었다. 케인스는 벤저민 프랭클린, 데이비드 흄, 애덤 스미스, 볼테르 같은 18세기 뉴턴주의자들이 뉴턴을 이성과 합리주의의 선구자로 평가하는 것과 달리 그의 저서《인간 뉴턴Newton, the Man》에서 마지막 신비주의자로 평가했다. Deborah A. Redman, The Rise of Political Economy as a Science: Methodology and the Classical Economists, MIT Press, 1997. p.59 참조.

441 Richard Henry Popkin, The Third Force in Seventeenth Century Thought, BRILL, 1992. pp.190-191; Richard H. Popkin, Newton's Bibilical Theology and His Theological Physics. In Paul B. Scheurer & G. Debrock (ed.), Newton's Scientific and Philosophical Legacy, 1988. p.82; Book Reviews/Saving Isaac Newton: How a Jewish Collector Brought the Physist's Paper to America, Tablet (May 5, 2014), http://www.tabletmag.com/jewish-arts-and-culture/books/170960/saving-isaac-newton.

442 Tony Kushner, The Jewish Heritage in British History: Englishness and Jewishness, Routledge, 2012. p.63.

443 Steve Shapin, Scientific Revolution, pp.76.

444 Richard H. Popkin, Newton's Bibilical Theology and His Theological Physics. In Paul B. Scheurer & G. Debrock (ed.), Newton's Scientific and Philosophical Legacy, 1988. p.87.

445 Deborah A. Redman, The Rise of Political Economy as a Science: Methodology and the Classical Economists, MIT Press, 1997. p.60.

446 Tessa Morrison, Isaac Newton's Temple of Solomon and his Reconstruction of Sacred Architecture, Springer Science & Business Media, pp.65-66.

447 Flavius Josephus, The Genuine Works of Flavius Josephus, the Jewish Historian: Containing Twenty Books of the Jewish Antiquities, Seven Books of the Jewish War, and the Life of Josephus, Written by Himself, Vol.1, S. Walker, Newbury-Street. 1821. p.63.

448 Biblical Archaeology Society Staff. The Exodus: Fact or Fiction?: Evidence of Israel's Exodus from Egypt, Bible History Dairy (4 Feb. 2017), https://www.biblicalarchaeology.org/daily/biblical-topics/exodus/exodus-fact-or-fiction/; 유대인의 엑소더스가 사실은 고대 이집트 신왕국 15왕조 시대인 기원전 15세기 경 힉소스인 축출 기억을 차용한 것이란 주장도 있다. Irena Štěpánová, Newton: Kosmos, Bios, Logos, Charles University in Prague, Karolinum Press, 2014. p.61 참조.

449 Isaac Newton, Newton's Revised History of Ancient Kingdoms: A Complete Chronology, New Leaf Publishing Group, 2009. p.19.

450 Sir Isaac Newton's Dissertation on Cubits, in C. Piazzi Smyth, Life and Work at the Great Pyramid during the Months of January, February, March, and April, A.D. 1865: with a Discussion of the Facts Ascertained, Vol.2 1867. pp.361-2.

451 Petko Nikolic Vidusa, The Great Pyramid and the Earth, Petko Nikolic, 2005. p.15; Robin Heath & John Michell, The Lost Science of Measuring the Earth: Discovering the Sacred Geometry of the Ancients, Adventures Unlimited Press, pp.16-17 참조; Isaac Newton & Florian Cajori, Sir Isaac Newton's Mathematical Principles of Natural Philosophy and His System of the World, University of California Press, 1946. p.663 참조.

452 Sir Isaac Newton's Dissertation on Cubits, in C. Piazzi Smyth, Life and Work at the Great Pyramid during the Months of January, February, March, and April, A.D. 1865: with a Discussion of the Facts Ascertained, Vol.2, 1867. pp.347-355.

453 James Young Simpson, Is the Great Pyramid of Gizeh a Metrological Monument?, pp.41-42; John Stuart & James Young Simpson, Archaeological Essays; Tessa Morrison, Isaac Newton's Temple of Solomon and his Reconstruction of Sacred Architecture, p.66; Sir Isaac Newton's Dissertation on Cubits, in C. Piazzi Smyth, 1867. Life and Work at the Great Pyramid during the Months of January, February, March, and April, A. D. 1865: with a Discussion of the Facts Ascertained, Vol.2, pp.361-2.

454 John Herivel, The Background to Newton's Principia: a study of Newton's dynamical researches in the years 1664-84, Oxford: Clarendon Press, 1965. p.196.

455 달의 속도를 v_M, 달의 공전 주기를 T_M, 달의 공전 반경을 L_M이라 할 때 달의 원심 가속도는 $a_M=v^2_M/L_M=(2\pi L_M/T_M)^2/L_M=4\pi^2 L_M/T^2_M=4\pi^2(60R_E)/T^2_M$ 이다. T_M=2,360,580초(27일 7시간 43분)를 대입해 정리하면 $a_M=4.2508\times10^{-10}R_E$ s-2가 되어 이 지표면에서의 중력 가속도 g의 몇 배인지 알려면 지구 반지름 R_E를 알아야 한다.

456 《프린키피아Principia》 초판 발행 당시 알려진 지표면에서의 중력 가속도는 g=9.780ms^{-2}였다. Subrahmanyan Chandrasekhar, Newton's Principia for the Common Reader, Clarendon Press, 1995. p.359 참조.

457 맹성렬,《아담의 문명을 찾아서》, 김영사, 2015. p.43.

458 Michael Allaby, Earth Science: A Scientific History of the Solid Earth, Infobase Publishing, 2009. p.26; Christopher Baker, Absolutism and the Scientific Revolution, 1600-1720: A Biographical Dictionary, Greenwood Publishing Group, 2002. p.356; Lucio Russo (translated by Silvio Levy), 2003. The Forgotten Revolution: How Science Was Born in 300 BC and Why it Had to Be Reborn, Springer Science & Business Media, pp.273-274; Richard Wellesley Rothman, History of Astronomy, Baldwin and Cradock, 1829. pp.59-60.

459 Isaac Newton & Florian Cajori, Sir Isaac Newton's Mathematical Principles of Natural Philosophy and His System of the World, p.663.

460 Robin Heath & John Michell, The Lost Science of Measuring the Earth: Discovering the Sacred Geometry of the Ancients, pp.16-17.

461 Shinko Aoki, The Moon-Test in Newton's Principia: Accuracy of Inverse-Square Law of Universal Gravitation, Archive for History of Exact Sciences, Vol.44, 1992. p.169.

462 뉴턴은 태양이 달에 미치는 중력에 따른 가속도를 $a_S=1.5155\times10^{-5}ms^{-2}$라고 어림했다. 이에 따라 g=$1.5303\times10^{-6}\bullet R_E sec^{-2}+0.0546ms^{-2}$가 된다. 여기에 $R_E=6,372km$를 대입하면, g=9.806ms^{-2}가 얻어진다. 이 값은 당시 호이겐스가 측정한 g=9.807ms^{-2}보다 0.017퍼센트 작다. Steffen Ducheyne, The main Business of natural Philosophy: Isaac Newton's Natural-Philosophical

Methodology, Springer Science & Business Media, 2010. pp.137-138 참조. 뉴턴이 고려한 태양이 달을 잡아끄는 힘은 실제보다 너무 크다. 또 당시 달이 지구 중심을 도는 게 아니라 지구 중심에서 4700킬로미터 정도 지표 쪽으로 치우친 지구와 달의 무게 중심점을 돈다는 사실을 계산에 제대로 반영하지 못했다. 여기에다 지표면에서의 중력 가속도는 원심력이 작용하지 않는 극지에서 잰 중력 가속도 $g=9.832ms^{-2}$를 기준으로 해야 한다. 오늘날 알려진 지구 중심에서 달까지의 거리는 $60.27R_E$이고 지구의 평균 반지름은 6360킬로미터다. 이 모든 사실을 고려하면 0.017퍼센트 이내에서 정확히 만유인력 법칙을 증명한 것은 일종의 해프닝이었다. 맹성렬, 〈뉴턴 만유인력 법칙의 '달 시험'은 어디서 잘못되었나?〉, Asia-pacific Journal of Multimedia Services Convergent with Art, Humanities, and Sociology, Vol.7, No.6, June (2017), 2017. pp.287-295 참조.

463 Robin Heath & John Michell, The Lost Science of Measuring the Earth: Discovering the Sacred Geometry of the Ancients, p.15.

464 Daniel J. Boorstin, Afterlives of the Great Pyramid, Wilson Quarterly, XVI/3, 1992. p.133.

465 Peter Tompkins, Secrets of the Great Pyramid, 1978. pp.45-48; John Romer, The Great Pyramid: Ancient Egypt Revisited, 2007. pp.20-26; A Message for Our Generation: The Mysterious Secrets of the Great Pyramid, http://www.triumphpro.com/great-pyramid.pdf.

466 Gabriel Johnson & Bharath Sriraman & Rachel Saltzstein, Where are the Plans: A Socio-critical and Architectual Survey of Early Egyptian Mathematics. In Bharath Sriraman (ed.), Crossroads in the History of Mathematics and Mathematics Education, 2012. p.231.

467 Otto Neugebauer, The Exact Science in Antiquity, p.96.

468 John Taylor, The Battle of the Standards: The Ancient, of Four Thousand Years, against the Modern, of the Last Fifty Years, The Less Perfect of the Two. London: Longman, 1864. pp.10-12. 1인치가 2.54센티미터니 25인치를 1 영국 큐빗이라고 하면 그 값은 0.6350미터가 된다. 현재 통용되는 1 영국 큐빗은 18인치인 0.4572미터다. British-American System Of Units, The Physics Hypertextbook, http://physics.info/system-english/ 참조.

469 Steven L. Griffing, The Golden Section: An Ancient Egyptian and Grecian Proportion, Xlibris Corporation, 2007. pp.30-31.

470 Roger Herz-Fischler, The Shape of the Great Pyramid, Wilfrid Laurier Univ. Press, 2009. pp.71-73.

471 대피라미드의 높이를 H, 한 밑변 길이를 L, 경사 각도를 θ라 하면 존 테일러의 주장은 높이를 반지름으로 하는 원의 원주 둘레 길이가 네 밑변 길이와 같다는 것이다. 이를 수식으로 표현할 경우 $2\pi H=4L$이므로 $\pi=\frac{2L}{H}=4\frac{(L/2)}{H}=4\cot\theta$가 된다. θ=51도51분14초=51.8539도를 위 식에 넣고 계산해 소수점 아래 다섯째 자리에서 반올림하면 π=3.1416이 나와 실제 원주율 값을 소수점 아래 다섯째 자리에서 반올림한 값과 일치한다. 반면 θ=51도 50분=51.8333도를 대입해 풀고 소수점 아래 다섯째 자리에서 반올림하면 π=3.1439가 나와 실제 원주율보다 0.07퍼센트 큰 값이 된다. 가장 최근 측정한 대피라미드 경사면의 각도 51도 50분 40초=51.8444도를 이 관계에 대입해 푼 뒤 소수점 다섯째 자리에서 반올림하면 π=3.1427이 되어 그 오차는 0.03퍼센트로 줄어든다.

472 다무라 사부로 저, 손영수 역, 《프랑스 혁명과 수학자들》, 전파과학사, 2016.; P. Agnoli & G. D'Agostini, Why Does the Meter Beat the Second?, 2005. p.9, arXiv:physics/0412078 [physics.hist-ph], https://arxiv.org/pdf/physics/0412078.pdf"%3B>%3B.

473 Michael A. Clark, Britain's God-given Scientific Heritage Destroyed by Metrication Madness, p.4, http://www.britishisrael.co.uk/national_faith/21.pdf.

474 Charles W. J. Withers, Zero Degrees: Geographies of the Prime Meridian, Harvard University Press, p.133.

475 O. J. Eggen, Charles Piazzi Smyth, Monthly Notes of the Astronomical Society of South Africa, Vol.14, p.62.

476 Margaret S. Drower, Flinders Petrie: A Life in Archaeology, University of Wisconsin Press, 1995. p.28.

477 Robert P. Crease, Critical Point: Pyramid Metrologists, Physics World (January 2011), 2011. p.19; Margaret S. Drower, Flinders Petrie: A Life in Archaeology, 1995. p.28.

478 C. Piazzi Smyth, Life and Work at the Great Pyramid during the Months of January, February, March, and April, A.D. 1865: with a Discussion of the Facts Ascertained, Vol 2. Numerical Observations, 1867. pp.233-5.

479 C. Piazzi Smyth, Our Inheritance in the Great Pyramid: Including All the Most Important Discoveries up to the Present Time, 1874. p.xiv.

480 Alice Stevenson, 'We seem to working in the same line'. A. H. L. F. Pitt Rivers and W. M. F. Petrie, Bulletin of the History of Archaeology, Vol.22, no.1, 2012. pp.4-13. 플린더스 페트리에게 고대 유적의 치수를 정확히 재야겠다는 동기를 부여한 것은 아이작 뉴턴이 쓴 《큐빗에 관한 논고A Dissertation on Cubits》다. Margaret S. Drower, Flinders Petrie: A Life in Archaeology, 1995. p.26 참조.

481 Margaret S. Drower, Flinders Petrie: A Life in Archaeology, 1995. p.27.

482 같은 책, pp.30-31.

483 같은 책, pp.31-33.

484 W. M. Flinders Petrie, The Pyramids and Temples of Gizeh, 1883. pp.23-24, p.189.

485 페트리는 이 사실을 벽감의 북쪽 끝이 피라미드의 중심에서 북쪽으로 0.1549미터 떨어져 있고, 여왕의 방 천장 꼭대기가 피라미드의 중심에서 북쪽으로 0.0076미터 떨어져 있다는 식으로 간접적으로 표현했다. 여기서 벽감의 북쪽 끝이 여왕의 방 중앙에서 0.1473미터 떨어져 있음을 계산해낼 수 있다. W. M. Flinders Petrie, The Pyramids and Temples of Gizeh, 1883. p.22 참조.

486 C. Piazzi Smyth, New Measures of the Great Pyramid, 1884. pp.56-7, http://wtarchive.svhelden.info/archive/en/others/1884_C_Piazzi_Smith_New_Measures_of_the_Great_Pyramid_by_a_new_Measurer.pdf.

487 Peter Lemesurier, The Great Pyramid, Your Personal Guide: From Exploration to Initiation, p.143.

488 W. M. Flinders Petrie, Inductive Metrology: Or, the Recovery of Ancient Measures from the Monuments, 1877. p.134.

489 Richard J. Blakely, Potential Theory in Gravity and Magnetic Applications, 1996. p.135.

490 1790년대 초 미터법 제정을 추진한 임시위원회는 프랑스 화학자 앙투안 로랑 라부아지에Antoine-Laurent de Lavoisier가 위원장이었고 라플라스는 샤를 오귀스탱 드 쿨롱Charles Augustin de Coulomb, 조반니 도메니코 카시니Giovanni Domenico Cassini, 가스파르 몽주Gaspard Monge 등과 함께 12명의 위원 중 한 명이었다(Emmet Kennedy, A Cultural History of the French Revolution, Yale University Press, 1989. p.193 참조). 1793년 라부아지에는 정치적 이유로 라플라스, 쿨롱 등과 함께 위원회에서 축출되었고 1794년 반역죄로 사형당했다.

491 Robert Tavernor, Smoot's Ear: The Measure of Humanity, Yale University

Press, 2007. p.96.

492 이 위원회에는 수학자 앙드리앵 마리 르장드르Andrien Marie Legendre도 위원으로 참여했다. 처음에 그는 위원회에서 배제되었는데 이는 그가 프랑스 대혁명에 비협조적인 인사였기 때문이다. 그는 자오선 길이를 정밀 측정할 때 결정적 역할을 한 수학적 방법을 제안해 위원이 될 수 있었다. C. Doris Hellman, Legendre and the French Reform of Weights and Measures, Osiris, Vol.1. 1936. pp.314-340.

493 이 국제회의에는 바타비아공화국Batavian Republic, 치살피나공화국Cis-Alpine Repulic, 리구리아공화국Ligurian Republic, 사르데냐왕국Sardinia, 로마와 투스카니아공화국들Roman and Tuscan Republics, 덴마크, 스페인, 스위스 등 당시 프랑스 위성국가와 그 세력 아래에 있던 나라가 참여했다. Ronald Edward Zupko, Revolution in Measurement: Western European Weights and Measures Since the Age of Science, American Philosophical Society, 1990. pp.166-167; Maurice Crosland, The Congress on Definitive Metric Standards, 1798-1799: The First International Scientific Conference?, Isis, Vol.60, 1969. pp.226-231; Adler Ken, The Measure of All Things: The Seven-Year Odyssey and Hidden Error That Transformed the World, Simon and Schuster, 2014., https://erenow.com/modern/the-measure-of-all-things-the-seven-year-odyssey/10.html.

494 Charles Coulston Gillispie, Science and Polity in France: The Revolutionary and Napoleonic Years, Princeton University Press, 2014. p.474; Roger Hahn, The Laplacean View of Calculation, in Tore Frängsmyr & J. L. Heilbron & Robin E. Rider, The Quantifying Spirit in the 18th Century, University of California Press, 1990. p.370.

495 M. Norton Wise, The Values of Precision, Princeton University Press, 1997. p.47.

496 1791년 3월 프랑스 과학아카데미는 사분자오선 길이의 천만 분의 1을 1미터로 하자는 안건을 프랑스 의회에 정식 제안했다. 그 측정을 진행해 최종 입법된 시기는 1799년 6월이다. 이렇게 시간이 많이 걸린 이유는 과학자들이 파리를 중심으로 측정할 때 여러 난관이 있었기 때문이다. Charles Coulston Gillispie, Science and Polity in France: The Revolutionary and Napoleonic Years, Princeton University Press, 2014. pp.237-238 참조.

497 장 바티스트-조제프 들랑브르Jean-Baptiste-Joseph Delambre와 피에르-프랑

수아-앙드레 메셍Pierre-Francois-Andre Mechain이 정확한 자오선 길이를 측정하기 위해 1792년 6월 각각 파리의 북쪽과 남쪽으로 떠났다. 우여곡절 끝에 이들의 측량 결과는 1799년 6월 프랑스 법령에 따라 국가 표준으로 지정되면서 결실을 맺었다. 켄 애들러 저, 임재서 역,《만물의 척도: 프랑스 혁명보다 위대한 미터법 혁명》, 사이언스북스, 2008.; 유기현, '수많은 희생 끝에 탄생한 미터법', 〈한겨레신문〉(2011. 12. 12.), http://www.hani.co.kr/arti/science/kistiscience/509745.html#csidx62316e3ddaeead99403916151644f4a.

498 Pat Naughtin, Commentary on John Wilkins' 'Of Measure.', 2007., http://www.metricationmatters.com/docs/CommentaryOnWilkinsOfMeasure.pdf.

499 Anne Rooney, The History of Mathematics, The Rosen Publishing Group, 2012. p.65; Was the Metre Invented by the Ancient Egyptians 4500 years ago? Metric Views.

500 William A. Smeaton, The Foundation of the Metric System in France in the 1790s: The Importance of Etienne Lenoir's Platinum Measuring Instruments, Platinum Metals Rev., Vol.44, No.3, 2000. p.129.

501 Stillman Drake, Galileo at Work: His Scientific Biography, Courier Corporation, 1978. p.384.

502 Robert Tavernor, Smoot's Ear: The Measure of Humanity, Yale University Press, 2007. p.39.

503 P. Agnoli & G. D'Agostini, Why Does the Meter Beat the Second?, 2005. p.9, arXiv:physics/0412078 [physics.hist-ph], https://arxiv.org/pdf/physics/0412078.pdf"%3B>%3B; M. A. Clements (Ken) & Nerida F. Ellerton, Thomas Jefferson and his Decimals 1775-1810: Neglected Years in the History of U.S. School Mathematics, Springer, 2014. p.85.

504 Jeffrey Huw Williams, Defining and Measuring Nature: The Make of All Things, Morgan & Claypool Publishers.

505 Nicholas Dew, The Hive and the Pendulum: Universal Metrology and Baroque Science, Baroque Science workshop, 15-17 February 2008, Unit for History and Philosophy of Science, University of Sydney, 2008., http://sydney.edu.au/science/hps/baroque_science/docs/February_2008_papers/Dew_The_Hive_and_the_Pendulum.pdf.

506 Ronald A. Brown & Alok Kumar, A New Perspective on Eratosthenes' Measurement of the Earth, The Physics Teacher, Vol.49, 2011. pp.445-447, http://citeseerx.ist.psu.edu/viewdoc/download?doi=10.1.1.408.704&rep=rep1 &type=pdf.

507 Excerpt from Cosmos by Carl Sagan. http://www.k12science.org/noonday/oldbackuppages/cosmos.html; Eratosthenes and the Circumference of the Earth by Carl Sagan. https://vimeo.com/70467220.

508 시에네는 북위 24도 5분에 위치하는 반면 에라토스테네스 시대의 북회귀선은 23도 43분에 위치했다. 시에네가 북회귀선상에 놓여 있다는 에라토스테네스의 주장에는 각도로 22분의 오차가 있다. 이는 태양의 각반지름 15분보다 크므로 에라토스테네스 시대의 하지 정오에 시에네에서는 그림자가 생겼다. R. R. Newton, The Sources of Eratosthenes Measurement of the Earth, Quarterly Journal of the Royal Astronomical Society, Vol.21, 1980. p.379.

509 에라토스테네스의 가정에는 여러 문제점이 있는데, 알렉산드리아와 시에네는 경도에 3도 정도 차이가 나서 동일 자오선상이라는 가정부터 엉터리다. 또 태양 빛은 평행하지 않고 최대 각도 0.5도 차이가 나므로 에라토스테네스식으로 알렉산드리아와 시에네 간의 위도 차를 7.2도라고 결정하는 것은 불가능하다. 맹성렬, 《아담의 문명을 찾아서》, pp.33-44 참조; Christian Irigaray, How the Ancient Egyptians Had Calculated the Earth's Circumference between 3750-1500 BC: a Revision of the Method Used by Eratosthenes.

510 Pierre-Simon Laplace, Exposition du systeme du monde, vol.6, Oeuvres completes, bk.5, chap.2, 1884. p.412. 에라토스테네스 시대의 하지 정오에 시에네에서 그림자가 사라지지 않았다는 사실을 인정하는 학자 중 일부는 당시 천문학자들이 시에네에서 측정한 것이 아니라 시에네에서 가까운 북회귀선이 지나는 곳에서 측정했을 거라고 주장한다. 그리고 시에네를 중심으로 직경 300스타디아 이내 지역에서 그림자가 사라졌다는 기록은 태양의 각지름이 30분이라 발생한 사건을 그들이 직접 체험한 내용이라고 말한다(Lucio Russo, The Forgotten Revolution: How Science Was Born in 300 BC and Why it Had to Be Reborn, Springer Science & Business Media, 2003. pp.274-275 참조). 그러나 기록에는 엄연히 시에네 인근이 아닌 시에네에서 측정했다고 언급되어 있다. 이와 관련해 나는 세이건과 라플라스의 추정이 옳다고 생각한다.

511 Jorge A. Trench, Geometrical Model for the Ascending and Decending Corridors of Great Pyramid, in Proceedings of the First International Symposium on the Application of Modern Technology to Archaelogical Explorations at the Giza Necropolis, Cairo, December 14-17, 1987. (Ministry of Culture

Egyptian Antiquities Organization), p.283.

512 O. A. W. Dilke, Mathematics and Measurement, p.9; Robert Lawlor, Ancient Temple Architecture, in Christopher Bamford et. al. Rediscovering Sacred Science, p.99.

513 David Gilman Romano, Athletics and Mathematics in Archaic Corinth: The Origins of the Greek Stadion, American Philosophical Society, 1993. p.78; Ian Shaw, Ancient Egyptian Technology and Innovation, Bloomsbury Publishing, 2015. p.21.

514 John Neal, The Measuring Units Of Ancient Egypt And Their Application, Ancient Metrology Series Vol.3, p.10.

515 W. M. Flinders Petrie, The Pyramids and Temples of Gizeh, 1883. p.27, http://www.ronaldbirdsall.com/gizeh/petrie/c7.html.

516 같은 책. p.28.

517 W. M. Flinders Petrie, Inductive Metrology: Or, the Recovery of Ancient Measures from the Monuments, 1877. pp.178-179; Mark H. Stone, The Cubit: A History and Measurement Commentary, Journal of Anthropology, Vol.2014, Article ID 489757, 2014., http://dx.doi.org/10.1155/2014/489757.

518 Somers Clark & R. Engelbach, Ancient Egyptian Construction and Architecture, p.63; Mark H. Stone, The Cubit: A History and Measurement Commentary, Journal of Anthropology, Vol.2014, Article ID 489757, 2014. p.11, http://dx.doi.org/10.1155/2014/489757; D. I. Lightbody, Biography of a Great Pyramid Casing Stone, The Journal of Ancient Egyptian Architecture, Vol.1, 2016. pp.42-43; Glen Dash, The Great Pyramid's Footprint: Results from Our 2015 Survey, AERAGRAM, Vol.16, no.2, 2016. pp.10-11.

519 Charles W. J. Withers, Zero Degrees: Geographies of the Prime Meridian, Harvard University Press, p.112. 1950년 발표한 사분자오선 평균값도 10,002,288미터로 19세기와 크게 다르지 않다. Francis Birch & John Frank Schairer & Herbert Cecil Spicer, Handbook of Physical Constants, Geological Society of America, 1950. p.104 참조.

520 Jeffrey H. Williams, Quantifying Measurement: The Tyranny of Numbers, Morgan & Claypool Publishers, 2016. pp.1-4.

521 Anne Godlewska, Geography Unbound: French Geographic Science from Cassini to Humboldt, University of Chicago Press, 1999. p.138.

참고문헌

Aaboe, Asger. 1997. Episodes from the Early History of Mathematics, The Mathematical Association of America; Reprint edition.

Abdulaziz, Abdulrahman A. 2008. On the Egyptian Method of Decomposing 2/n into Unit Fractions, Historia Mathematica, Vol.35, pp.1-18, https://ac.els-cdn.com/S0315086007000274/1-s2.0-S0315086007000274-main.pdf?_tid=0196655e-c285-11e7-a13b-00000aab0f26&acdnat=1509926397_bfcfbc867ddfc7c4e745f4a1feb37fe0.

Abreu, Anthony. 2012. How did Eratosthenes Measure the Circumference of the Earth?, http://todaslascosasdeanthony.com/2012/07/03/eratosthenes-earth-circumference/.

Agnoli, P. & D'Agostini, G. 2005. Why Does the Meter Beat the Second?, arXiv:physics/0412078 [physics.hist-ph], https://arxiv.org/pdf/physics/0412078.pdf"%3B>%3B.

Agrawal, D. P. Navigation, Math and Astronomy: The Pagan Knowledge, http://www.indianscience.org/essays/15-%20E—Navigation%20&%20Math.pdf.

Aldred, Cyril. 1965. Egypt to the End of the Old Kingdom. London: Thames and Hudson Ltd.

Alegria, M. F. & Daveau, S. & Garcia, J. C. & Relaño, F., 38. Portuguese Cartography in the Renaissance. in Woodward, David (ed.). 2007. The History of Cartography, Volume 3, University of Chicago Press, pp.975-1068, http://

www.press.uchicago.edu/books/HOC/HOC_V3_Pt1/HOC_VOLUME3_Part1_chapter38.pdf.

Allaby, Michael. 2009. Earth Science: A Scientific History of the Solid Earth, Infobase Publishing.

Allen, Jim. 2014. Atlantis and the Persian Empire, CreateSpace Independent Publishing Platform; 1 edition.

Ambros, Eva. 2001. Egypt, Hunter Publishing, Inc.

American Education Society. 1833. Quarterly Register and Journal of the American Education Society, Vol.5, Boston: Perkins & Marvin.

Aoki, Shinko. 1992. The Moon-Test in Newton's Principia: Accuracy of Inverse-Square Law of Universal Gravitation, Archive for History of Exact Sciences, Vol.44, pp.147-190.

Arago, P. 1834. Astronomie Populaire. Vol.1, Paris, pp.302-3.

Aristotle & Ross, W. D. 1963. The Works of Aristotle, Vol.1, Oxford University Press; reprint edition.

Atiya, Farid. 2006. Ancient Egypt, American Univ in Cairo Press.

Atkinson, David. 2007. Bolivia, Bradt Travel Guides.

Arnold, Dieter. 1991. Building in Egypt: Pharaonic Stone Masonry, Oxford University Press.

Atiya, Farid. Ancient Egypt, American Univ. in Cairo Press.

Austi, Allen. 2011. The Middle of the Earth. Xulon Press.

Axelson, Eric. 1961. Prince Henry the Navigator and the Discovery of the Sea Route to India, The Geographical Journal, Vol.127, No.2, pp.145-155, http://history.msu.edu/hst321/files/2010/07/prince-henry.pdf.

Axelson, Eric. 1988. The Dias Voyage, 1487-1488: Toponomy and Padroes, UC Biblioteca Geral 1.

Bacon, Sir Francis. 2003. The New Atlantis, 11th Edition, http://www.fcsh.unl.pt/docentes/rmonteiro/pdf/The_New_Atlantis.pdf.

Badawy, A. 1964. The Stellar Destiny of Pharaoh and the so-called Air-Shafts of Cheop's Pyramid, Mitteilungen Istituts fur Orientforschung Akademie der Wissenshaften zu Berlin, Vol.10, pp.189-206.

Bains, John & Malek, Jaromir. 1984. Atlas of Ancient Egypt, Oxford: Adromeda.

Baker, Charles F. & Rosalie F. 2001. Ancient Egyptians: People of the Pyramids,

Oxford University Press.

Baker, Christopher. 2002. Absolutism and the Scientific Revolution, 1600-1720: A Biographical Dictionary, Greenwood Publishing Group.

Baldridge, Jason. 1996. Moving and Lifting the Construction Blocks of the Great Pyramid, http://www.ling.upenn.edu/~jason2/papers/pyramid.htm.

Ballast, David Kent. 2007. Handbook of Construction Tolerances, John Wiley & Sons.

Bamford, Christopher & Critchlow, Keith & Macaulay, Anne. 1994. Rediscovering Sacred Science, Floris Books.

Barber, E. A. 1976. The Pottery and Porcelain of the United States, Рипол Классик.

Bard, Kathryn A. 1994. The Egyptian Predynastic: A Review of the Evidence. Journal of Field Archaeology, Vol.21, No.3, pp.265-288.

Bard, Kathryn A. 2015. An Introduction to the Archaeology of Ancient Egypt, John Wiley & Sons.

Barder, Nabil. A. 2014. Honeycomb Weathewring of Limestone Buildings in the Archaeological Sites of Leptis Magna (Libya): Causes, Process and Damages, International Journal of Conservation Science, Vol.5, issue 2, pp.189-202, http://www.academia.edu/19590477/HONEYCOMB_WEATHERING_OF_LIMESTONE_BUILDINGS_IN_THE_ARCHAEOLOGICAL_SITES_OF_LEPTIS_MAGNA_LIBYA_CAUSES_PROCESSES_AND_DAMAGES.

Bauval, Robert G. 1989. A Master-Plan for the Three Pyramids of Giza Based on the Configuration of the Three Stars of the Belt of Orion, Discussions in Egyptology, Vol.13, pp.7-18, http://gizamedia.rc.fas.harvard.edu/documents/bauval_de_13_1989.pdf.

Bauval, Robert G. 1994. The Star Shafts of the Cheops Pyramid, Discussions in Egyptology, Vol.29. pp.23-28, http://www.gizapyramids.org/pdf_library/bauval_de_29_1994.pdf.

Bauval, Robert G. & Gilbert, Adrian. 1994. The Orion Mystery: Unlocking the Secrets of the Pyramids, New York: Crown Trade Paperbacks.

Bauval, Robert G. 2001. Carbon-14 Dating the Giza Pyramids? The Small Relics Found Inside The Pyramids, Discussions in Egyptology, Oxford, Vol.49. pp.6-21, http://robertbauval.co.uk/articles/articles/DE49.html.

Bauval, Robert G. 2001. A brief evaluation of Kate Spence's article in NATURE,

Vol.408, 16 November 2000, pp.320-324. Ancient Egyptian Chronology and the Astronomical Orientation of Pyramids, http://robertbauval.co.uk/articles/articles/spence.html#13.

Bauval, Robert G. 2007. The Egypt Code, Red Wheel Weiser.

Bauval, Robert G. & Brophy, Thomas. 2011. Black Genesis: The Prehistoric Origins of Ancient Egypt, Inner Traditions/Bear & Co.

Bayliss, A. et al. 1997. Dating Stonehenge, Proceedings of the British Academy, Vol.92, pp.39-59, http://www.britac.ac.uk/pubs/proc/files/92p039.pdf.

Bell, A. E. 1950. The Life of Christian Huygens. Edward Arnold, London. p.35, https://archive.org/stream/christianhuygens029504mbp#page/n41/mode/2up.

Belmonte, Juan Antonio & Shaltout, Mosalam. 2010. Keeping Ma'at: An Astronomical Approach to the Orientation of the Temples in Ancient Egypt, Advances in Space Research, Vol.46, Issue 4, pp.532-539.

Bennighof, Mike. 2016. Dreams of Empire: Napoleon and the Sphinx, Avalanche Press, http://www.avalanchepress.com/Sphinx.php

Berlitz, Charles. 1996(originally1969). The Mystery of Atlantis, Souvenir Press.

Bernstein, William J. 2009. A Splendid Exchange: How Trade Shaped the World. Grove Press.

Berti, Monica & Costa, Virgilio. 2009. The Ancient Library of Alexandria: A Model for Classical Scholarship in the Age of Million Book Libraries, International Symposium on the Scaife Digital library (held at the VisCenter of the University of Kentucky), Lexington Kentucky, USA, March 13 2009., http://www.perseus.tufts.edu/publications/Berti-Costa_Alexandria_Kentucky.pdf.

Bevan, Andrew. 2007. Stone Vessels and Values in the Bronze Age Mediterranean, Cambridge University Press. Biello, David. 2009. Did a Comet Hit Earth 12,000 Years Ago? Nanodiamonds found across North America suggest that major climate change could have been cosmically instigated, Scientific American (January 2, 2009), https://www.scientificamerican.com/article/did-a-comet-hit-earth-12900-years-ago/.

Birch, Francis & Schairer, John Frank & Spicer, Herbert Cecil. 1950. Handbook of Physical Constants, Geological Society of America.

Black, Jeremy. 2013. From Louis XIV to Napoleon: The Fate of a Great Power,

Routledge.

Blakely, Richard J. 1996. Potential Theory in Gravity and Magnetic Applications, Cambridge University Press.

Boda, Sharon La. 1996. International Dictionary of Historic Places. Vol.4: Middle East and Africa, Fitzroy Dearborn Publishers.

Bonani, Georges & Haas, Herbert & Hawass, Zahi & Lehner, Mark et al., 2001. Radiocarbon Dates of Old and Middle Kingdom Monuments in Egypt, Radiocarbon, Vol.43, issue 3, 2001, pp.1297-1320, https://journals.uair.arizona.edu/index.php/radiocarbon/article/viewFile/3874/3299.

Bonaparte, Napoleon. 1819. Correspondance Inédite, Officielle et Confidentielle, Vol.3, C. L. F. Panckoucke.

Bonwick, James. 2003(originally 1877). The Great Pyramid of Giza: History and Speculation, Courier Corporation, http://gizamedia.rc.fas.harvard.edu/documents/bonwick_pyramid.pdf.

Boorstin, Daniel J. 1992. Afterlives of the Great Pyramid, Wilson Quarterly, XVI/3, pp.130-138, http://archive.wilsonquarterly.com/sites/default/files/articles/WQ_VOL16_SU_1992_Article_04_2.pdf.

Bourguignon, Elsa S. O. 2000. Study of Deterioration Mechanisms and Protective Treatments for the Egyptian Limestone of the Ayyubid City Wall of Cairo, A Thesis in Historic Preservation Presented to the Faculties of University of Pennsylvania in Partial Fulfillments of the Requirements for the Degree of Master of Science, http://repository.upenn.edu/cgi/viewcontent.cgi?article=1137&context=hp_theses.

Bourrienne, Louis Antoine Fauvelet de. 1832. The Life of Napoleon Bonaparte, Carey and Lea.

Brack-Bernsen, Lis & Hunger, Hermann. 1999. The Babylonian Zodiac: Speculations on its invention and significance, Centaurus, Vol.41, Issue 4, pp.280-292.

Brewer, Douglas J. 2005. Ancient Egypt: Foundations of a Civilization, Pearson Education Limited.

Brewer, Douglas J. 2012. The Archaeology of Ancient Egypt: Beyond Pharaohs, Cambridge University Press.

Brewer, Douglas J. 2014. Ancient Egypt: Foundations of a Civilization, Routledge.

Brotton, Jerry. 1997. Trading Territories: Mapping the Early Modern World, Reaktion Books.

Brown, Loyd A. 1979(originally published in 1949). The Story of Maps. New York: Dover publications.

Brown, Ronald A. & Kumar, Alok. 2011. A New Perspective on Eratosthenes' Measurement of the Earth, The Physics Teacher, Vol.49, pp.445-447, http://citeseerx.ist.psu.edu/viewdoc/download?doi=10.1.1.408.704&rep=rep1&type=pdf.

Bruce, James. 1805. Travels to Discover the Source of the Nile, In the Years 1768, 1769, 1770, 1771, 1772 and 1773, Second edition, Ed., Alexander Murray.

Brunner, Wendel. 2005. Longitude by the Method of Lunar Distance, http://www.starpath.com/resources2/brunner-lunars.pdf.

Brück, Mary T. 1995. Can the Great Pyramid be astronomically dated? Journal of the British Astronomical Association, Vol.105, no.4, p.161-164, http://articles.adsabs.harvard.edu/cgi-bin/nph-iarticle_query?1995JBAA..105..161B&data_type=PDF_HIGH&whole_paper=YES&type=PRINTER&filetype=.pdf.

Bryn, Ole J. 2010. Retracing Khufu's Great Pyramid, Nordic Journal of Architectural Research, Vol.22, no.1/2, pp.135-144, https://www.alphagalileo.org/AssetViewer.aspx?AssetId=33581&CultureCode=en.

Buchwald, Jed Z. 2003. Egyptian Stars under Paris Skies, Engineering & Science, No.431, pp.20-31.

Buchwald, Jed Z. & Josefowicz, Diane Greco. 2010. The Zodiac of Paris: How an Improbable Controversy Over an Ancient Egyptian Artifact Provoked a Modern Debate Between Religion and Science, Princeton University Press.

Buchwald, Jed Z. & Feingold, Mordechai. 2013. Newton and the Origin of Civilization, Princeton University Press.

Buchwald, Jed Z. 2015. Hieroglyphics, Astronomy and Religion in Napoleonic France and Restoration France, or The Dendera Affair, Seminar Exploring 19th and 20th centuries historiographies of mathematics in the ancient world, 2014-2016. The SAW Project, http://sawerc.hypotheses.org/seminars/internal-seminar-historiography-2015/2.

Budge, E. A. Wallis. 1969. Gods of Egyptians, Vol.2 (revised edition), Dover

Publications.

Buissere, David. 2003. The Mapmakers' Quest: Depicting New Worlds in Renaissance Europe, Oxford University Press.

Buissere, David. 2010. Secret Science: Spanish Cosmography and the New World (review), Technology and Culture, Vol.51, No.4, pp.1021-1023.

Bywater, R. & Lacroix, J.-P., 2004. Ancient East Asian Shorelines in the Northwestern Region of the Piri Reis Chart of 1513, Journal of Spatial Science, Vol.49, Issue 1, pp.13-23.

Casale, Giancarlo. 2003. The Ottoman 'Discovery' of the Indian Ocean in the Sixteenth Century: The Age of Exploration from an Islamic Perspective, Seascapes, Littoral Cultures, and Trans-Oceanic Exchanges Conference, Library of congress, Washinton DC, 12-15 Febrary 2003.

Chandrasekhar, Subrahmanyan. 1995. Newton's Principia for the Common Reader, Clarendon Press.

Choi, Charles Q. 2015. Why the Prime Meridian of the World' Shifted Hundreds of Feet, Live Science (August 18, 2015), http://www.livescience.com/51894-prime-meridian-shifts.html.

Chrisomalis, Stephen. 2010. Numerical Notation: A Comparative History, Cambridge University Press, p.37.

Clark, Kelly James. 2014. Religion and the Sciences of Origins: Historical and Contemporary Discussions, Springer.

Clark, Michael A. Britain's God-given Scientific Heritage Destroyed by Metrication Madness, The British-Israel-World Federation, http://www.britishisrael.co.uk/national_faith/21.pdf.

Clark, Somer & Engelbach, R., 1990 (originally in 1930 by Oxford University Press). Ancient Egyptian Construction and Architecture, New York: Dover Publications Inc.

Colavito, Jason. 2011. Strabo and Aristotle on Atlantis: What Alternative Historians Don't Know, http://www.jasoncolavito.com/blog/strabo-and-aristotle-on-atlantis-what-alternative-historians-dont-know.

Colavito, Jason (ed.). 2012. Pyramidiots, Lulu.com, Cole, H. J. 1925. Determination of the Exact Size and Orientation of the Great Pyramid at Giza, Survey of Egypt, Cairo.

Coles, John M. 1980. Experimental Archaeology. Academic Press.

Colins, Andrew. 2002. Eden of Gods: Egypt's Lost Legacy and the Genesis of Civilization, Bear & Company.

Collins, Andrew. 2014. Göbekli Tepe: Genesis of the Gods: The Temple of the Watchers and the Discovery of Eden, Inner Traditions/Bear & Co.

Columbus, Christopher & Rusconi, Roberto. 2004. The Book of Prophecies, Wipf and Stock Publishers.

Conlin, Joseph R. 2009. The American Past: A Survey of American History, Volume I: To 1877, Cengage Learning.

Courtenay, Edward H. 1837. On the Difference of Longitude of Several Places in the United States, as Determined by Observations of the Solar Eclipse of November 30th, 1835, Transactions of the American Philosophical Society, Vol.5, pp.343-346, http://www.jstor.org/stable/1004952?seq=2.

Craddock, Paul & Lang, Janet Lang. 1993. Gizeh Iron Revisited, Journal of the Historical Metallurgy Society, Vol.27 No.2, pp.57-59.

Crease, Robert P. 2011. Critical Point: Pyramid Metrologists, Physics World (January 2011), p.19, http://www.robertpcrease.com/wp-content/uploads/2014/09/PWJan11critical-Pyramid-Physics.pdf.

Creasman, Pearce Paul. 2013. Ship Timber and the Reuse of Wood in Ancient Egypt, Journal of Egyptian History, Vol.6, pp.152-176.

Creighton, Scott & Osborn, Gary. 2012. The Giza Prophecy: The Orion Code and the Secret Teachings of the Pyramids, Inner Traditions/Bear & Co.

Crosland, Maurice. 1969. The Congress on Definitive Metric Standards, 1798-1799: The First International Scientific Conference?, Isis, Vol.60, pp.226-231.

Cuvier, Georges. 1831. A discourse on the revolutions of the surface of the globe, and the changes thereby produced in the animal kingdom, Carey & Lea.

Dani, S. G. 20012. Ancient Indian Mathematics: A Conspectus, Resonace (March 2012), pp.236-246, http://www.ias.ac.in/article/fulltext/reso/017/03/0236-0246.

Daniken, Erich von. 1999. Chariot of the Gods? Berkley Trade, http://sites.matrix.msu.edu/pseudoarchaeology/files/2010/08/Erich-Von-Daniken-Chariots-Of-The-Gods.pdf.

Darling, David. 2004. The Universal Book of Mathematics: From Abracadabra to

Zeno's Paradoxes, John Wiley & Sons.

Dash, Glen. 2012. New Angles on the Great Pyramid, AERAGRAM, Vol.13, no.2, pp.10-19, http://www.aeraweb.org/wp-content/uploads/2015/01/aeragram13_2.pdf.

Dash, Glen. 2016. The Great Pyramid's Footprint: Results from Our 2015 Survey, AERAGRAM, Vol.16, no.2, pp.8-14, http://dashfoundation.com/downloads/archaeology/as-published/AERAGRAM16_2_GDash.pdf.

Dash, Glen. 2017. Occam's Egyptian Razor: the Equinox and the Alignment of the Pyramids, The Journal of Ancient Egyptian Architecture, Vol.2, pp.1-8, http://www.egyptian-architecture.com/JAEA2/article6/JAEA2_Dash.pdf.

Davidovits, Joseph, & Morris, Margie. 1988. The Pyramids: An Enigma Solved, Hippocrene Books.

Derricourt, Robin. 2012. Pyramidologies of Egypt: a Typological Review, Cambridge Archaeological Journal, Vol.22, issue 3, pp.353-363.

Dew, Nicholas. 2008. The Hive and the Pendulum: Universal Metrology and Baroque Science, Baroque Science workshop, 15-17 February 2008, Unit for History and Philosophy of Science, University of Sydney, http://sydney.edu.au/science/hps/baroque_science/docs/February_2008_papers/Dew_The_Hive_and_the_Pendulum.pdf.

Dief, Assem. 2007. Mathematics in Ancient Egypt: Did the Ancient Egyptians possess an ingenious skill for calculation? Al-Ahram Weekly Online. Issue No.829. 25-31 January, http://weekly.ahram.org.eg/2007/829/hr1.htm.

Diffie, Bailey Wallys & Winius, George D. 1977. Foundations of the Portuguese Empire, 1415-1580, The University of Minnesota Press.

Dietrich, William. 2011. Napoleon's Pyramids, Allison & Busby.

Dilke, O. A. W. 1987. Mathematics and Measuremen, British Museum Press.

Dorner. 1981. Die Absteekung und Astronomische Orientierung Ägyptischer Pyramiden, Dissertation, University of Innsbruck.

Drake, Stillman. 1978. Galileo at Work: His Scientific Biography, Courier Corporation.

Dreyer, G. 1998. Umm el-Qaab I. Das prädynastische Königsgrab U-j und seine frühen Schriftzeugnisse, Mainz, Germany: Philip von Zabern.

Dreyer, J. L. E. 1914. The well of Eratosthenes, The Observatory, Vol.37, pp.352-

353, http://adsabs.harvard.edu/full/1914Obs....37..352D.

Drower, Margaret S. 1995. Flinders Petrie: A Life in Archaeology, University of Wisconsin Press.

Dry, Sarah. 2014. The Newton Papers: The Strange and True Odyssey of Isaac Newton's Manuscripts, Oxford University Press.

Dubavin, Paul. 2003. Atlantis of the West: The Case for Britain's Drowned Megalithic Civilization, Constable & Robinson Ltd.

Ducheyne, Steffen. 2010. The main Business of natural Philosophy: Isaac Newton's Natural—Philosophical Methodology, Springer Science & Business Media.

Dunham, Dows & Young, William J. 1942. An Occurrence of Iron in the Fourth Dynasty, Journal of Egyptian Archaeology, Vol.28, pp.57-58, http://www.gizapyramids.org/static/pdf%20library/dunham-young_jea_28_1942.pdf.

Dunn, Christopher. 1998. The Giza Powe Plant: Technologies of Ancient Egypt, Bear & Company Publishing.

Dušanić, Slobodan. 1982. Plato's Atlantis, L'antiquité classique Année, Vol.51, no.1, pp.25-52, http://www.persee.fr/doc/antiq_0770-2817_1982_num_51_1_2060.

Dutch, Steve. 1998. Piri Reis Map, http://www.uwgb.edu/dutchs/PSEUDOSC/PiriRies.HTM.

Edson, Evelyn. 2011. The World Map, 1300-1492: The Persistence of Tradition and Transformation, JHU Press.

Edwards, I. E. S. 1987. The Pyramid of Egypt, Viking Adult (3rd edition).

Eggen, O. J. Charles Piazzi Smyth, Monthly Notes of the Astronomical Society of South Africa, Vol.14, pp.61-63, http://articles.adsabs.harvard.edu/cgi-bin/nph-iarticle_query?1955MNSSA..14...61E&data_type=PDF_HIGH&whole_paper=YES&type=PRINTER&filetype=.pdf.

Ehrlich, Carl S. (ed.) 2009. From an Antique Land: An Introduction to Ancient Near Eastern Literature, Rowman & Littlefield Publishers.

Eisler, Robert. 1949. The Polar Sighting-Tube, Archives Internationales d'Histoire des Sciences, Vol.28, no.6, pp.312-332.

El-Abbadi, Mostafa & Fathallah, Omnia (eds.) 2008. What Happened to the Ancient Library of Alexandria?, Brill.

El-Aref, Nevine. 1999. Symbolic Tomb Discovered in Giza, Al-Ahram Weekly,

3-9 June 1999., Issue No.432, http://weekly.ahram.org.eg/archive/1999/432/tr1.htm.

Elliott, Gordon. Aspects of Ceramic History: A Series of Papers Focusing on the Ceramic Artifact As Evidence of Cultural and Technical Developments, Gordon Elliott.

Ellis, Ralph. 1997. Thoth, Architect of the Universe: The henges and pyramids are ancient maps, Edfu Books.

Ellis, Ralph. 2015. The Grail Cypher: The secrets of Arthurian history revealed, Edfu Books Ltd.

Elshamy, Mostafa. 2015. Ancient Egypt: The Primal Age of Divine Revelation, Volume I Genesis Revised Edition, Mostafa Elshamy.

Emery, W. B. 1961. Archaic Egypt, Penguin Books.

Emiralioglu, Asst Prof Pinar. 2014. Geographical Knowledge and Imperial Culture in the Early Modern Ottoman Empire, Ashgate Publishing, Ltd.

Engels, Donald. 1985. "The Length of Eratosthenes' Stade". American Journal of Philology (The Johns Hopkins University Press) Vol.106 No.3, pp.298-311. 10.2307/295030. JSTOR 295030.

Enoch, J. M. 2000. First known lenses originating in Egypt about 4600 years ago!, Hindsight, Vol.31, no.2, pp.9-17.

Enoch, J. M. & Lakshminarayanan, V. 2000. Duplication of Unique Optical Effects of Ancient Egyptian Lenses from the IV/V Dynasties: Lenses Fabricated ca 2620-2400 BC or Roughly 4600 Years Ago, Ophthalmic Physiol Opt., Vol.20, no.2, pp.126-30.

Eratosthenes & Roller, Duane W. 2010. Eratosthenes' "Geography", Princeton University Press.

Evans, Harry R. 1895. The Great Pyramid And Napoleon: A Masonic Study, Hartman & Cadick, Printers, http://www.iapsop.com/ssoc/1895__evans___the_great_pyramid_and_napoleon.pdf.

Evans, J. A. S. 1968. Father of History or Father of Lies: The Reputation of Herodotus, The Classical Journal, Vol.64, No.1, pp.11-17.

Fandel, Jennifer. 2006. The Metric System, The Creative Company.

Ferguson, R. James. 2008 (originally 1998). From Hecataeus to Herodotus: Essays in History, Politics and Culture. Journey to the West: Essays in History, Politics and Culture, http://www.international-relations.com/History/Herodotus.pdf.

Fernandez-Armesto, Felipe. 2001. Civilizations: Culture, Ambition, and the Transformation of Nature, Simon and Schuster.

Filler, A. G. 2007. A Historical Hypothesis of the First Recorded Neurosurgical Operation: Isis, Osiris, Thoth, and the Origin of the Djed Cross, Neurosurg Focus. Vol.23, no.1, p.E6.

Fink, Colin G. & Kopp, Arthur H. 1933. Ancient Egyptian Antimony Plating on Copper Object, Metropolitan Museum Studies, Vol.4, No.2, pp.163-167, http://www.jstor.org/stable/1522797.

Flem-Ath, Rand& Rose. 1995. When the Sky Fell: In Search of Atlantis, St. Martin's Press.

Flem-Ath, Rand. 2003. How Old Is the Piri Reis Map? Looking at New Evidence of High-Tech Source, Atlantis Rising, No.38, March/April 2003, pp.62-64.

Flem-ath, Rand & Rose, 2009. The Secret Search for the Missing Map of Columbus, Atlantis Rising, Nov/Dec (No.78), pp.42-43, 69-70.

Flinders, W. M. 2003. The Arts & Crafts of Ancient Egypt, Kessinger Publishing.

Force, J. E. & Popkin, R. H. 2012. Essays on the Context, Nature, and Influence of Isaac Newton's Theology, Springer Science & Business Media.

Force, James E. & Popkin, Richard H. (ed.) 2013. The Books of Nature and Scripture: Recent Essays on Natural Philosophy, Theology, and Biblical Criticism in the Netherlands of Spinoza's Time and the British Isles of Newton's Time, Springer Science & Business Media.

Forte, Maurizio & Siliotti, Alberto (ed.). 1997. Virtual Archeology: Re-creating Ancient Worlds, NY: Harry N. Abrams, Inc., Publishers.

Francini, Antonietta. Seeking Health and Joy: Overcoming Cancer and Embracing the Path of Yoga for Forgiveness and Peaceful Aging, iUniverse.

Frankfort, Henri. 1978 (originally 1948). Kingship and the Gods: A Study of Ancient Near Eastern Religion as the Integration of Society and Nature (Oriental Institute Essays), Chicago & London: The Chicago University Press, https://oi.uchicago.edu/sites/oi.uchicago.edu/files/uploads/shared/docs/kingship.pdf.

Freeth, Tony & Bitsakis, Y. & Moussas, X. & Edmunds, M. G. 2006. "Decoding the ancient Greek astronomical calculator known as the Antikythera Mechanism", Nature, vol.444, No.7119, pp.587-591, http://www.nature.com/nature/journal/v444/n7119/abs/nature05357.html.

Gadalla, Moustafa. 1999. Historical Deception: The Untold Story of Ancient Egypt, Tehuti Research Foundation.

Gadalla, Moustafa. 2000. Pyramid Handbook, Greesboro, Tehuti Research Foundations.

Gadalla, Moustafa. 2001. Egyptian Cosmology: The Animated Universe, Tehuti Research Foundation.

Galilei, Galileo & Scheiner, Christoph. 2010. On Sunspots, University of Chicago Press.

Gallo, Isaac Moreno. 2006. Roman Surveying (translated by Brian R. Bishop), http://www.traianvs.net/pdfs/surveying.pdf.

Gardiner, Alan. 1964. Egypt of the Pharaoh: An Introduction, Oxford University Press.

Garrison, Tom. 2006. Enhanced Essentials of Oceanography, Cengage Learning.

Garrison, Tom S. 2009. Oceanography: An Invitation to Marine Science, Cengage Learning.

Garvey, Tom. 2008. Plato's Atlantis Story: A Prose Hymn to Athena, Greek, Roman, and Byzantine Studies, Vol.48, pp.381-392, http://grbs.library.duke.edu/article/viewFile/1011/1091.

Gayar, El Sayed El & Jones, M. P. 1989. Metallurgical investigation of an iron plate found in 1837 in the Great Pyramid at Gizeh, Egypt. Journal of Historical Metallurgy Society, Vol.23, No.2, pp.75-83.

Gazalé, Midhat J. 1999. Gnomon: From Pharaohs to Fractals, Princeton University Press.

Gerber, Albrecht. 2010. Deissmann the Philologist, Berlin/New York: Walter de Gruyter GmbH & Co. KG.

Gilberg, Mark. 1997. Alfred Lucas: Egypt's Sherlock Homes. Journal of the American Institute of Conservation, Vol.36, No.1, pp.31-48, http://cool.conservation-us.org/jaic/articles/jaic36-01-003_4.html.

Gillings, Richard J. 1972. Mathematics in the Time of the Pharaohs, Massachusetts Institute of Technology.

Gillispie, Charles Coulston & Grattan-Guinness, Ivor. 2000. Pierre-Simon Laplace, 1749-1827: A Life in Exact Science, Princeton University Press.

Gillispie, Charles Coulston. 2014. Science and Polity in France: The Revolutionary and Napoleonic Years, Princeton University Press.

Gilmore, Kenneth O. 1955. Columbus Did'nt Start 'Round World' Idea. Sarasota Journal (Oct 3, 1955), http://news.google.com/newspapers?nid=1798&dat=19551003&id=ZwUdAAAAIBAJ&sjid=wYoEAAAAIBAJ&pg=5372,491742.

Gladstone, William Ewart. 2010 (originally 1858). Studies on Homer and the Homeric Age, Cambridge University Press.

Glancey, Jonathan. 1996. Mortal Mortar, The Independent (8 Nov. 1996), pp.6-7.

Glick, Thomas F. & Livesey, Steven & Wallis, Faith. 2014. Medieval Science, Technology, and Medicine: An Encyclopedia, Routledge.

Godlewska, Anne. 1999. Geography Unbound: French Geographic Science from Cassini to Humboldt, University of Chicago Press.

Godwin, Joscelyn. 2010. Atlantis and the Cycles of Time: Prophecies, Traditions, and Occult Revelations, Inner Traditions/Bear & Co.

Gorelick, Leonard and A. John Gwinnet, 1983. Ancient Egyptian Drill-working, Expedition, spring.

Gotkowitz, Laura. 2011. Histories of Race and Racism: The Andes and Mesoamerica from Colonial Times to the Present, Duke University Press.

Grafton, Anthony & Most, Glenn W. & Settis, Salvatore. 2010. The Classical Tradition, Harvard University Press.

Green, Theodore A. The Deliberate Design of Destiny: A Scientific and Bible Supported Theory on the Origins and Purpose of Creation, Theodore A Green.

Greer, John Michael. 2007. Atlantis: Ancient Legacy, Hidden Prophecy, Llewellyn Worldwide.

Greaves, John. 1737. Miscellaneous works of Mr. John Greaves, Vol.II, London: Published by Dr. Thomas Birch, printed by J. Hughes for J. Brindley and C. Corbett.

Griffing, Steven L. 2007. The Golden Section: An Ancient Egyptian and Grecian Proportion, Xlibris Corporation.

Griffiths, Ieuan Ll. 1995. The African Inheritance, Psychology Press.

Görsdorf, Jochen & Dreyer, Günter & Hartung Ulrich. 1998. New 14C Dating of the Archaic Royal Necropolis Umm El-Qaab at Abydos (Egypt), Radiocarbon,

Vol.40, Issue 2, (16th International Radiocarbon Conference June 16-20, 1997 Part 2: Applications, Conference Editors: Willem G. Mook Johannes van der Plicht), pp.641-647.

Gulbekian, Edward. 1987. The Origin and Value of the Station Unit used by Eratosthenes in the Third Century BC. Archive for History of Exact Sciences, Vol.37, pp.359-363.

Gunn, Geoffrey C. 2003. First Globalization: The Eurasian Exchange, 1500 to 1800, Rowman & Littlefield.

Guō, Mòruò et al. 1982. 郭沫若全集-考古編-第一卷 [Complete works of Guō Mòruò, Archeological works, Vol.1], Beijing: Kēxué 科學出版社.

Gurshtein, Alex A. 1997. The Evolution of the Zodiac in the Context of Ancient Oriental History, Vistas in Astronomy, Vol.41, Issue 4, pp.507-525.

Hale, J. R. 1968. Renaissance Exploration, Norton and Company, Inc.

Halleux, R. 1981. 'Les alchimistes grecs. I: Papyrus de Leyde, Papyrus de Stockholm, fragments de recettes,' Editions Budé, Paris. pp.84-109.

Hamdani, Abbas. 1981. Ottoman Response to Discovery of America and New Route to India, Journal of the American Oriental Society, Vol.101, no.3, pp.323-330.

Hancock, Graham. 1993. Sign and the Seal: The Quest for the Lost Ark of the Covenant, Simon and Schuster.

Hancock, Graham. 1995. Fingerprints of the Gods: The Evidence of Earth's Lost Civilization, William Heinemann, Ltd.

Hancock, Graham. 1996. Fingerprints of the Gods: The Evidence of Earth's Lost Civilization, Three Rivers Press; Reissue Edition, http://megpugh.com/files/Graham_Hancock_FINGERPRINTS_OF_THE_GODS.pdf.

Hancock, Graham. 2001. Fingerprints of the Gods: The Quest Continues; New Edition, Century Books.

Hancock, Graham & Bauval, Robert. 1996. The Message of the Sphinx, New York: Three Rivers Press.

Hapgood, C. H. 2015(originally 1958). Path of the Pole, Adventures Unlimited Press.

Hapgood, Charles H. 1996(originally 1966). Maps of the Ancient Sea Kings: Evidence of Advanced Civilizations in the Ice Age, Adventures Unlimited

Press.

Harding, Arthur M. 1935. Astronomy, Garden City, NY.

Harley, J. B. & Woodward, David (ed.), 1992. The History of Cartography Vol.2, Book 1: Cartography in the Traditional Islamic and South Asian Societies, Chicago: University of Chicago Press, http://www.press.uchicago.edu/books/HOC/HOC_V2_B1/Volume2_Book1.html.

Hart-Davis, Adam. 2005. What the Past Did for Us: A Brief History of Ancient Invention, BBC Books.

Hassaan, Galal Ali. 2016. Mechanical Engineering in Ancient Egypt, Part XIII: Stone Vessels (Predynastic to Old Kingdom Periods), International Journal of Recent Engineering Science, Vol.19, pp.14-24, http://scholar.cu.edu.eg/?q=galal/files/me_part_xiii_ijres.pdf.

Hawkes, Christopher. 1936. Early Iron in Egypt, Antiquity, Vol.10, pp.355-357.

Hawass, Zahi. The Khufu Statuette: Is it an Old Kingdom Sculpture? In Posener-Kriéger, Paule (ed.). 1985. Mélanges Gamal Eddin Mokhtar, Vol.1, Institut français d'archéologie orientale du Caire, pp.379-394, http://www.gizapyramids.org/pdf_library/hawass_fs_mokhtar.pdf.

Hawass, Zahi. The Secrets of the Sphinx: Restoration Past and Present, The America University in Cairo Press, http://www.gizapyramids.org/pdf_library/hawass_sphinx.pdf.

Headrick, Daniel R. 2012. Power over Peoples: Technology, Environments, and Western Imperialism, 1400 to the Present, Princeton University Press.

Heath, Robin & Michell, John. 2006. The Lost Science of Measuring the Earth: Discovering the Sacred Geometry of the Ancients, Adventures Unlimited Press.

Heller, Henry. 2006. The Bourgeois Revolution in France, 1789-1815, Berghahn Books.

Hellman, C. Doris. 1936. Legendre and the French Reform of Weights and Measures, Osiris, Vol.1. pp.314-340.

Hendrickx, Stan & Adams, Barbara (eds.). 2004. Egypt at Its Origins: Studies in Memory of Barbara Adams: Proceedings of the International Conference "Origin of the State, Predynastic and Early Dynastic Egypt," Krakow, 28 August-1st September 2002, Peeters Publishers.

Herivel, John. 1965. The Background to Newton's Principia: a study of Newton's dynamical researches in the years 1664-84, Oxford: Clarendon Press.

Herodotus, Vol.2. Chapter 4, http://perseus.mpiwg-berlin.mpg.de/GreekScience/hdtbk2.html.

Herodotus & Beloe, William. 1839. Herodotus, Translated from the Greek: with Notes and Life of the Author, Thomas Wardle.

Herodotus, George Rawlinson, ed. and tr. 1862. The History of Herodotus, vol.3. London: John Murray, Albemarle Street.

Herz-Fischler, Roger. 2000. The Shape of the Great Pyramid, Wilfrid Laurier University Press.

Heyde, C. C. & Seneta, E. 2001. Statisticians of the Centuries, Springer Science & Business Media.

Hoffman, Michael A. 1979. Egypt before the pharaohs: The Prehistoric Foundations of Egyptian Civilization, Marboro Books.

Hofmann-Wellenhof, B. & Legat, K. & Wieser, M. Wieser. 2011. Navigation: Principles of Positioning and Guidance, Springer Science & Business Media.

Hogg, F. S. 1942. Navigation by the Stars (Presidential Address), Journal of the Royal Astronomical Society of Canada, Vol. 36, No.3, pp.81-96, http://adsbit.harvard.edu/cgi-bin/nph-iarticle_query?1942JRASC..36...81H&classic=YES.

Horne, Richard Henry (ed.). 1841. The History of Napoleon, Vol.1, London: Robert Tyas, 8 Paternoster Row.

Horowitz, Wayne. 1998. Mesopotamian Cosmic Geography, Eisenbrauns.

Horowitz, Wayne. 2015. The Mesopotamian Wind-Star Directions and a Compass Card from Uruk, Journal of Skyscape Archaeology, Vol.1, No.2, 10.1558/jsa.v1i2.28256.

Howard-Vyse, H. 1840. Operations Carried Out at the Pyramids of Gizeh in 1837, Vol.1, London: J. Fraser, http://watchtowerdocuments.org/documents/1840_Operations_Carried_Out_at_the_Pyramids_of_Gizeh_vol_01_Howa.pdf.

Howse, Christopher. 2014. Exodus: the Evidence for the Bible Story, The Telegraph (30 Dec 2014), http://www.telegraph.co.uk/culture/film/film-news/11307733/Exodus-the-evidence-for-the-Bible-story.html.

Huffman, Carl A. Philolaus of Croton: Pythagorean and Presocratic: A

Commentary on the Fragments and Testimonia with Interpretive Essays, Cambridge University Press.

Huyge, Dirk. 2009. Rock Art, p.5. In Wendrich, Willeke (ed.), UCLA Encyclopedia of Egyptology, Los Angeles, http://escholarship.org/uc/item/4qx7k7pz.

Ifrah, Georges. 1988. From One to Zero: A Universal History of Numbers, Penguin Books.

Ihde, Aaron J. 1970. The Development of Modern Chemistry, Courier Corporation.

Ilardi, Vincent. 2007. Renaissance Vision from Spectacles to Telescopes, American Philosophical Society.

Imhausen, Annette. 2016. Mathematics in Ancient Egypt: A Contextual History, Princeton University Press, https://www.slideshare.net/CineMice/mathematics-in-ancient-egypt.

Irwanto, Dhani. 2015. Atlantis: The lost city is in Java Sea, Indonesia Hydro Media.

Isler, Martin. 1989. An Ancient Method of Finding and Extending Direction, Journal of the American Research Center in Egypt, Vol.26, pp.191-206, http://archaeopoject.pbworks.com/w/file/fetch/46946175/MIsler%252520ancient%252520directions.pdf.

Jack, Malcolm. 2010. Dendera Zodiac The Worlds First Horoscope? Scott.net (May 7, 2010), https://www.sott.net/article/208774-Dendera-Zodiac-The-Worlds-First-Horoscope.

Jackson, John G. 1985(originally 1939). Ethiopia and the Origin of Civilization, Black Classic Press.

Jackson, John G. 1941. Pagan Origins of the Christ Myth, http://www.nbufront.org/MastersMuseums/JGJackson/ChristMyth/ChristMythPart4.html.

Jacobson, D. M. 2000. Corinthian Bronze and the Gold of the Alchemists, Gold Bulletin, Vol.33. p.60, http://www.scribd.com/doc/71325018/Gold-Dealloying-Historical-Selective-Leaching-parting-depletion-gilding-corrosion.

Jaks, Anton. 2010. Astrology Handbook, Lulu.com.

James, George G. M. 1992(Originally 1954). Stolen Legacy: Greek Philosophy is Stolen Egyptian Philosophy, Africa World Press, Inc.

James, Peter. 1996. Sunken Kingdom: The Atlantis Mystery Solved. PIMLICO (New Ed edition).

Jana, Dipayan. 2007. Evidence from Detailed Petrographic Examinations of Casing Stones from the Great Pyramid of Khufu, a Natural Limestone from Tura, and a Man-made (Geopolymeric) Limestone, Proceedings of the Twenty-ninth Conference on Cement Microscopy, Quebec City, PQ, Canada, May 20-24, 2007, pp.207-266.

Jenkins, Nancy. 1980. The Boat Beneath the Pyramid: King Cheops' Royal Ship, New York: Holt, Rinehart and Winston, http://www.gizapyramids.org/static/pdf%20library/jenkins_boat.pdf.

Jennie, Michael. 2013. Does this map from 1418 prove historian's controversial claim that the New World was discovered by the CHINESE 70 years before Columbus? Mail Online News. 8 Oct. 2013., http://www.dailymail.co.uk/news/article-2449265/Who-Discovered-America—Controversial-historian-Gavin-Menzies-claims-Chinese-reached-New-World-first.html.

Johnson, D. & Tyldesley, J. & Lowe, T. & Withers, P. J. & Grady, M. M. 2013. Analysis of a Prehistoric Egyptian Iron Bead with Implications for the Use and Perception of Meteorite Iron in Ancient Egypt, Meteorit. Planet. Sci., Vol.48, Issue 6, pp.997-1006.

Josefowicz, Diane Greco. The Zodiac at Dendera and the debate over the age of the earth, http://www.victorianweb.org/science/denderazodiac.html.

Johansen, Thomas K. 1998. Truth, Lies and History in Plato's Timaeus-Critias, Histos, Vol.2, pp.192-215, http://research.ncl.ac.uk/histos/documents/1998.08JohansenTruthLiesandHistory192215.pdf.

Johnson, Diane & Tyldesley, Joyce & Lowe, Tristan & Wither, Philip J. & Grady, Monica M. 2013. Analysis of a Prehistoric Egyptian Iron Bead with Implications for the Use and Perception of Meteorite Iron in Ancient Egypt, Meteoritics & Planetary Science, Vol.48, No.6, pp.997-1006, http://onlinelibrary.wiley.com/doi/10.1111/maps.12120/pdf.

Johnstone, Paul. 1988. The Sea-craft of Prehistory, Psychology Press.

Jongeneel, Jan A. B. 2009. Jesus Christ in World History: His Presence and Representation in Cyclical and Linear Settings, Peter Lang.

Jones, Prudence J. 2017. Africa: Greek and Roman Perspectives from Homer to Apuleius, Center for Hellenic Studies, Harvard University, https://chs.harvard.edu/CHS/article/display/6535.

Jordan, Paul. 1998. Riddles of Sphinx, Sutton Publishing.

Joseph, Frank & Beaudoin, Laura. 2007. Opening the Ark of the Covenant: The Secret Power of the Ancients, the Knights Templar Connection, and the Search for the Holy Grail, Career Press.

Joseph, George Gheverghese. The Crest of the Peacock: Non-European Roots of Mathematics, 3rd Edition, Princeton University Press, http://jornalggn.com.br/sites/default/files/documentos/joseph-george-gheverghese-2011-the-crest-of-the-peacock-non-european-roots-of-mathematics_0.pdf.

Josephus, Flavius. 1821. The Genuine Works of Flavius Josephus, the Jewish Historian: Containing Twenty Books of the Jewish Antiquities, Seven Books of the Jewish War, and the Life of Josephus, Written by Himself, Vol.1, S. Walker, Newbury-Street.

Kahle, Paul. 1933. A Lost Map of Columbus, The Geographical Review, Vol.23, pp.621-638.

Kamil, Jill. 1985. Sakkara: A Guide to the Necropolis of Sakkara and the site of Memphis, Longman.

Kamil, Jill. 2007. Labib Habachi: The Life and legacy of an Egyptologist, American University in Cairo Press.

Kappel, Dana. 2013. Soldiers and Savants: an Enlightened Despot Discovers Egypt, Seton Hall University Dissertations and Theses (ETDs), Paper 1869, http://scholarship.shu.edu/dissertations/1869.

Katz, V. 1998. A History of Mathematics: An Introduction. 2nd ed. Reading, MA: Addison Wesley.

Ken, Adler. 2014. The Measure of All Things: The Seven-Year Odyssey and Hidden Error That Transformed the World, Simon and Schuster, https://erenow.com/modern/the-measure-of-all-things-the-seven-year-odyssey/10.html.

Kennedy, Emmet. 1989. A Cultural History of the French Revolution, Yale University Press.

Kenyon, J. Douglas. 2016. Unseen Forces: A Guide for the Truly Attentive, Red Wheel/Weiser.

Kishimoto, Kikuo et al. 2004. Effect of Water Chemical Corrosion on Strength and Cracking Characteristics of Rocks-A Review, Key Engineering Materials, Vols. 261-263, pp.1355-1360.

Knapton, Sarah. 2017. Ancient stone carvings confirm how comet struck Earth in 10,950 BC, sparking the rise of civilisations, Daily Telegraph (21 April 2017), http://www.telegraph.co.uk/science/2017/04/21/ancient-stone-carvings-confirm-comet-struck-earth-10950bc-wiping/.

Knippers, R. 2009. Map Projections, http://kartoweb.itc.nl/geometrics/map%20projections/mappro.html.

Kozłowski, R. et al. 1992. Influence of water contained in porous limestone on corrosion, Atmospheric Environment. Part A. General Topics, Vol.26, issue 18, pp.3241-3248.

Krebs, Robert E. & Carolyn A. 2003. Groundbreaking Scientific Experiments, Inventions, and Discoveries of the Ancient World, Greenwood Publishing Group.

Krupp, E. C. (ed.) 1978. In Search of Ancient Astromomies, McGrow-Hill Book Company, http://www.honors.umd.edu/216/Krupp.pdf.

Krupp, E. C. 2003. Echoes of the Ancient Skies: The Astronomy of Lost Civilizations, Dover Publications.

Kuehn, Daniel. 2013. Keynes, Newton and the Royal Society: the events of 1942 and 1943, Notes and Records: The Royal Society Journal of the History of Science, Vol.67, no.1, pp.25-36, https://www.ncbi.nlm.nih.gov/pmc/articles/PMC3645201/.

Kushner, Tony. 2012. The Jewish Heritage in British History: Englishness and Jewishness, Routledge.

Lachman, Gary. 2016. Beyond the Robot: The Life and Work of Colin Wilson, Penguin.

Lacroix, Jean-Pierre & Bywater, Robert. 2004. East Asian Shorelines on the Piri Reis map of AH 919 (AD 1513), http://www.ancientcartography.net/PiriReis/PiriReis.pdf.

Lacroix, Jean-Pierre & Bywater, Robert. 2005. Map Projections Used in Selected Portolan Style Maps Including the Piri Reis Map of 1513. Australian Map Circle 33rd Annual Conference, The University of Melbourne Graduate

House 6-9 February 2005, http://ancientcartography.net/Portulan-Projections.pdf.
Laidler, Keith James. 2002. Energy and the Unexpected, Oxford University Press.
Lange, K. 1956. Des Pyramides, des Sphinx, des Pharaons. Ed. Plon, Paris.
Lankester, F. David. 2012. Predynastic & Pharaonic Era Rock-Art in Egypt's Central Eastern Desert: Distribution, Dating & Interpretation, Durham theses, Durham University, https://core.ac.uk/download/pdf/9640094.pdf.
Laplace, Pierre-Simon. 1884. Exposition du systeme du monde, Vol.6, Paris: Oeurres completes.
Laskar, J. 1999. The Limits of Earth Orbital Calculations for Geological Time Scale Use, Phil. Trans. R. Soc. Lond. A., Vol.357, pp.1735-1759.
Law, John (ed). 1986. Power, Action and Belief: A New Sociology of Knowledge? Sociological Review Monograph, Vol.32, Routledge, Henley, pp.234-263.
Lawson, Russell M. 2004. Science in the Ancient World: An Encyclopedia, ABC-CLIO.
Lehner, Mark. 1997. The Complete Pyramids, Thames and Hudson.
Lehner, M. & Wetterstrom, W. (Eds.), Giza Reports: Giza Plateau Mapping Project. Volume 1: Project History, Survey, Ceramics and Main Street and Gallery III.4 Operations, Boston, MA: AERA.
Lemesurier, Peter. 1991. The Great Pyramid, Your Personal Guide: From Exploration to Initiation, Element Books Ltd.
Lepré, J. P. 1990. The Egyptian Pyramids: a Comprehensive, Illustrated Reference. North Carolina: McFarland & Company, Inc.
Lesko, Barbara S. 1999. The Great Goddesses of Egypt, University of Oklahoma Press.
Levathes, Louise, 1994. When China Ruled the Seas-The Treasure Fleet of the Dragon Throne 1405-1433, New York: Simon & Shuster.
Lewis, James R. 2003. The Astrology Book: The Encyclopedia of Heavenly Influences, Visible Ink Press.
Lightbody, D. I. 2016. Biography of a Great Pyramid Casing Stone, The Journal of Ancient Egyptian Architecture, Vol.1, pp.39-56, http://www.egyptian-architecture.com/JAEA1/article3/JAEA1_Lightbody.pdf.
Little, Donald P. (ed.) 1976. Essays on Islamic Civilization: Presented to Niyazi

Berkes, Brill Archive.

Livingstone, David. 2013. Black Terror White Soldiers: Islam, Fascism & the New Age, David Livingstone.

Lloyd, Alan B. 1993. Herodotus Book 2, Commentary 99-182, BRILL.

Lloyd, G. E. R. 1975. Greek Science After Aristotle. W. W. Norton & Company.

Lockyer, J. Norman. 1992. Dawn of Astronomy, Kessinger Publishing, LLC; Facsimile edition.

Lowe, J. H. 1966. Diffusionism and Archaeology, American Antiquity, vol.31, no.3, pp.334-337.

Lubicz, R. A. Schwaller de. 1998. The Temple of Man, Vols.1,2. Inner Tradition.

Lucas, Alfred. 1930. Egyptian Predynastic Stone Vessels, The Journal of Egyptian Archaeology, Vol.16, No.3/4, pp.200-212.

Lucas, A. & Harris, J. 1962. Ancient Egyptian Materials and Industries, London: E. Arnold.

Lucas, A. & Harris, J. 2012(originally 1926). Ancient Egyptian Materials and Industries, Courier Corporation.

Lumpkin, Beatrice. 1997. Algebra Activities from Many Cultures, Walch Publishing.

Lunan, Duncan. 2012. The Stones and the Stars: Building Scotland's Newest Megalith, Springer Science & Business Media.

MacIsaac, Tara. 2014. Piri Reis Map: Evidence of a Very Advanced Prehistoric Civilization? Epoch Times (December 28, 2014), http://www.theepochtimes.com/n3/1165572-piri-reis-map-evidence-of-a-very-advanced-prehistoric-civilization/.

MacLeod, Roy. 2005. The Library of Alexandria: Centre of Learning in the Ancient World, I. B. Tauris.

Maeng, Sung-Lyul. 2017. A Study on a Problem of the Isaac Newton's "Moon Test" of the Law of Gravitation, Convergence Research Letters, Vol.3, no.1, pp.203-206.

Maeng, Sung-Lyul. 2017. A Study on the Role of Cheomseongdae as a Star-gazing Well-tower for Day-time Use, Convergence Research Letter, Vol.3, no.1, pp.357-360.

Magli, Giulio. 2004. On the Possible Discovery of Precessional Effects in Ancient

Astronomy, https://arxiv.org/ftp/physics/papers/0407/0407108.pdf.
Magli, Giulio. 2009. Mysteries and Discoveries of Archaeoastronomy: From Giza to Easter Island, Springer Science & Business Media.
Magli, Giulio. 2009. From Giza to the Pantheon: Astronomy as a Key to the Architectural Projects of the Ancient Past, The Role of Astronomy in Society and Culture, Proceedings of the International Astronomical Union, IAU Symposium, Vol.260, pp.274-281, http://articles.adsabs.harvard.edu//full/2011IAUS..260..274M/0000274.000.html.
Magli, Giulio. 2013. Architecture, Astronomy and Sacred Landscape in Ancient Egypt, NewYork: Cambridge University Press.
Malkowski, Edward F. 2010. Before the Pharaohs: Egypt's Mysterious Prehistory, Inner Traditions/Bear & Co.
Mallery, Arlington & Harrison, Mary Roberts. 1979(originally 1951). The Rediscovery of Lost America. A Dutton Paperback, E. P. Dutton, New York.
Mallory, Leanne May. 2002. Predynastic and First Dynasty Egyptian Basalt Vessels, Ph.D thesis of University of Toronto, Bibliothèque nationale du Canada, http://www.nlc-bnc.ca/obj/s4/f2/dsk1/tape2/PQDD_0020/NQ53818.pdf.
Malte-Brun, Conrad. 1824. Universal Geography: Or a description of all parts of the world, Vol.6, Boston: Wells and Lilly.
Manglik, V. K. 2013. Elements of Mechanical Engineering, PHI Learning Pvt. Ltd.
Mann, G. S. 1966. Navigation through the Ages, Irish Astronomical Journal, Vol.7, Issue 7/8, pp.231-256.
Manning, Sturt W. 2006. Radiocarbon Dating and Egyptian Chronology. In Hornung, E. & Krauss, R. & Warburton, D. A. 2006. Ancient Egyptian Chronology, Leiden: Brill, pp.327 – 355, https://dendro.cornell.edu/articles/manning2006a.pdf.
Marchant, Jo. 2010. Mechanical inspiration, Nature vol.468, pp.496-498, http://www.nature.com/news/2010/101124/full/468496a.html.
Marchant, Jo. 2013. Iron in Egyptian Relics Came from Space Meteorite Impacts Thousands of Years Ago May Have Helped to Inspire Ancient Religion, Nature.com, http://www.nature.com/news/iron-in-egyptian-relics-came-

from-space-1.13091.

Masseti, M. & Veracini, C. 2016. The zoomorphic representations of the Pîrî Reis map (1513), Anthropozoologica, Vol.51, no.1, pp.41-54, http://sciencepress.mnhn.fr/sites/default/files/articles/pdf/az2016n1a3.pdf.

Mathew, K. M. 1988. History of the Portuguese Navigation in India, 1497-1600, Mittal Publications.

Mattessich, Richard. 2002. The Oldest Writings, and Inventory Tags of Egypt, Accounting Historians Journal, Vol.29, No.1, http://www.accountingin.com/accounting-historians-journal/volume-29-number-1/the-oldest-writings-and-inventory-tags-of-egypt/.

Matthews, Michael. 2012. Time for Science Education: How Teaching the History and Philosophy of Pendulum Motion can Contribute to Science Literacy, Springer Science & Business Media.

McCants, William F. 2012. Founding Gods, Inventing Nations: Conquest and Culture Myths from Antiquity to Islam, Princeton University Press.

McDurmon, Joel. 2008. Zeitgeist: The Movie Exposed, American Vision.

McPhail, Cameron. 2011. Reconstructing Eratosthenes' Map of the World: A Study in Source Analysis. A Thesis Submitted for the Degree of Master of Arts at the University of Otago, Dunedin, New Zealand, February 2011., https://ourarchive.otago.ac.nz/bitstream/handle/10523/1713/McPhailCameron2011MA.pdf.

McGrayne, Sharon Bertsch. 2011. The Theory that Would Not Die: How Bayes' Rule Cracked the Enigma Code, Hunted Down Russian Submarines, & Emerged Triumphant from Two Centuries of Controversy, Yale University Press.

McIntosh, Gregory C. 2000. The Piri Reis Map of 1513, University of Georgia Press.

McKenzie, Judith. 2007. The Architecture of Alexandria and Egypt, C. 300 B.C. to A.D. 700, Vol.63, Yale University Press.

McNeil, William F. 2004. Visitors to Ancient America: The Evidence for European and Asian Presence in America Prior to Columbus, McFarland & Company.

McPherran, Mark L. (ed.) 2011. Plato's Republic: A Critical Guide, Cambridge

University Press.

Members of the David H. Koch Pyramids Radiocarbon Project. 1999. Dating the Pyramids, Archaeology, Vol.52, No.5, September/October 1999., http://www.archaeology.org/9909/abstracts/pyramids.html.

Menzies, Gavin. 2002. 1421, The Year China Discovered the World, Bantam Press.

Metcalf, Alida C. 2012. Amerigo Vespucci and the Four Finger (Kunstmann II) World Map, e-Perimetron, Vol.7, No.1, p.39, http://www.e-perimetron.org/vol_7_1/metcalf.pdf.

Mira-Pérez, Jorge & Bará, Salvador X. 2005. Determining Longitude: A Brief History, Physics Today, Vol.58, no.10, p.15, http://www.usc.es/fagms/Mira/images/pdf/lonxitude.pdf.

Mitchell, Larkin. 1999. Earliest Egyptian Glyphs, Archaeology Magazine. Vol.52, No.2, March/April 1999., http://www.archaeology.org/9903/newsbriefs/egypt.html.

Mitchell, Mary Ames. 2015. Columbus and Longitude, Crossing the Ocean Sea, http://www.crossingtheoceansea.com/OceanSeaPages/OS-66-Longitude.html.

Mitchell, Mary Ames. 2015. 1482-Diogo Cão Reaches the Congo, Crossing the Ocean Sea, http://www.crossingtheoceansea.com/OceanSeaPages/OS-51-DiogoCaoCongo.html.

Molander, Arne. 2012. The Horizons of Christopher Columbus: Using the Heavens to Map America, Lulu.com, pp.246-247.

Morgan, Kathryn A. 1998. Designer History: Plato's Atlantis Story and Fourth-Century Ideology, The Journal of Hellenic Studies, Vol.118, pp.101-118.

Morrison, Tessa. 2010. Isaac Newton's Temple of Solomon and his Reconstruction of Sacred Architecture, Springer Science & Business Media.

Murdock, D. M. & Acharya, S. 2008. Christ in Egypt: The Horus-Jesus Connection, Stellar House Publishing.

Mure, William. 1832. A Dissertation on the Calendar and Zodiac of Ancient Egypt: with Remarks on the First Introduction and Use of the Zodiac among the Greeks, Bell & Bradfute.

Nah, Wong Lee. 2001. The Mathematics of the Longitude, An academic exercise presented in partial fulfilment for the degree of Bachelor of Science with Honours in Mathematics (Supervisor: Associate Professor Helmer Aslaksen), Department of Mathematics, National University of Singapore, http://www.math.nus.edu.sg/aslaksen/projects/wln.pdf.

Narrien, John. 1833. An historical account of the origin and progress of astronomy: With plates illustrating chiefly the ancient systems, Baldwin.

Naughtin, Pat. 2007.Commentary on John Wilkins' 'Of Measure.', http://www.metricationmatters.com/docs/CommentaryOnWilkinsOfMeasure.pdf.

Needham, Joseph. 1959. Science and Civilisation in China, Vol.III. Mathematics and the Sciences of the Heavens and the Earth, Cambridge University Press.

Needham, Joseph. 1970. Clerks and Craftsmen in China and the West, Cambridge University Press.

Needham, Joseph. 1971. Science and Civilisation in China, Vol.IV Civil Engineering and Nautics, Cambridge University Press.

Needham, Joseph. 1986. The Shorter Science and Civilisation in China, Vol.3, Cambridge University Press.

Neugebauer, Otto, 1969. The Exact Science in Antiquity, Courier Corporation.

Newton, Isaac & Cajori, Florian. 1946. Sir Isaac Newton's Mathematical Principles of Natural Philosophy and His System of the World, University of California Press.

Newton, Isaac (Cohen, I. Bernard et al. tr.), 1999. The Principia: Mathematical Principles of Natural Philosophy, University of California Press.

Newton, Isaac. 2009. Newton's Revised History of Ancient Kingdoms: A Complete Chronology, New Leaf Publishing Group.

Newton, R. R. 1980. The Sources of Eratosthenes Measurement of the Earth, Quarterly Journal of the Royal Astronomical Society, Vol.21, pp.379-387, http://adsbit.harvard.edu//full/1980QJRAS..21..379N/0000380.000.html.

Nicastro, Nicholas. 2008. Circumference: Eratosthenes and the Ancient Quest to Measure the Globe, St. Martin's Press.

Nicholson, Paul T. and Shaw, Ian (ed.). 2009. Ancient Egyptian Materials and Technology, Cambridge University Press.

Niece, S. L.1995. Depletion gilding from Third Millennium B.C. Ur, IRAQ, Vol.57. pp.41-48.

Noorbergen, Rene. 2001. Secrets of the Lost Races: New Discoveries of Advanced Technology in Ancient Civilizations, TEACH Services, Inc., http://www.aquiziam.com/ancient-electricity.html.

Nordenskiöld, A. E. 1897. Periplus: an Essay on the Early History of Charts and Sailing-Directions, Stockholm: P.A. Norstedt & soner.

Norland, Eric. 2013. From Four Royal Persian Stars to Jesus and the Sun, iUniverse.

North, John. 2007. Stonehenge, Simon and Schuster.

North, John. 2008. Cosmos: An Illustrated History of Astronomy and Cosmology, University of Chicago Press.

Nunn, George E. 1937. Marinus of Tyre's Place in the Columbus Concepts, Imago Mundi: The International Journal for the History of Cartography, Vol.2, No.1. pp.27-36.

Nunn, John F. 1996. Ancient Egyptian Medicine, British Museum Press.

Ocklitz, A. 1996. Artificial Respiration with Technical Aids Already 5000 Years Ago?, Anaesthesist, Vol.45, no.1, pp.19-21.

Ocklitz, A. 1997. Cardiopulmonary Resuscitation Already in Egypt 5,000 Years Ago?, Wien Klin Wochenschr, Vol.109, no.11, pp.406-12.

O'Connor, D. 1991. Boat Graves and Pyramid Origins: New Discoveries at Abydos, Egypt. Expedition, Vol.33, no.3, pp.5-17, https://www.penn.museum/documents/publications/expedition/PDFs/33-3/Boat.pdf.

O'Connor, J. J. & Robertson, E. F. 1997. Longitude and the Académie Royale, MacTutor History of Mathematics, http://www-groups.dcs.st-and.ac.uk/~history/PrintHT/Longitude1.html.

Oliver, Roland Anthony & Fagan, Brian M. 1975. Africa in the Iron Age: C.500 BC-1400 AD, Cambridge University Press.

Orcutt, Larry. 2000. The Iron Plate in the Great Pyramid, http://www.catchpenny.org/iron.html.

Paipetis, S. A. (ed.) 2008. Science and Technology in Homeric Epics, Springer Science & Business Media.

Pande, Neeraj Anant. 2010. Numeral Systems of Great Ancient Human Civilization, Journal of Science and Arts Year 10, No.2 (13), pp.209-222, http://www.icstm.ro/DOCS/josa/josa_2010_2/a.01_numeral_systems_of_

great_ancient_human_civilizations.pdf.

Parry, John Hoarce. 1963. The Age of Reconnaissance: Discovery, Exportation and Settlement, 1450-1650, UK: Weidenfeld and Nicolson.

Parry, John Horace. 1981. The Discovery of the Sea, University of California Press.

Pászthory, Emmerich. 1989. "Electricity: Generation or magic? The analysis of an unusual group of finds from Mesopotamia" in Fleming, Stuart J. & Schenck, Helen R. MASCA: History of Technology: The role of metals, Vol.6, pp.31-38.

Peet, T. Eric. 1990. Rhind Mathematical Papyrus. Periodicals Service Co.

Peterson, Ivars. 2006. The Eclipse That Saved Columbus, Science News (Oct. 4, 2006), https://www.sciencenews.org/article/eclipse-saved-columbus.

Petrie, W. M. Flinders. 1877. Inductive Metrology: Or, the Recovery of Ancient Measures from the Monuments, H. Saunders.

Petrie, W. M. Flinders. 1896. Six Temples at Thebes, London: Quaritch.

Petrie, W. M. F. 1903. Abydos II, London: Egypt Exploration Fund.

Petrie, W. M. Flinders. 1996(originally 1909). The Arts & Crafts of Ancient Egypt, London: Bracken Books.

Petrie, W. M. Flinders. 1910. The Arts and Crafts of Ancient Egypt, 2nd Edition with Additional Chapter, London & Edinburgh, p.104, http://www.gutenberg.org/files/52830/52830-h/52830-h.htm#Page_98.

Petrie, W. M. Flinders. 1990(originally 1883). The Pyramids and Temples of Gizeh, London: Histories & Mysteries of Man LTD.

Phillips, George Brinton. 1924. The Antiquity of Use of Iron, American Anthropolist, Vol.26, pp.176-177, http://onlinelibrary.wiley.com/doi/10.1525/aa.1924.26.2.02a00030/pdf.

Pickering, Keith A. 1996. Columbus's Method of Determining Longitude: An Analytical View, Journal of Navigation, Vol.49, No.1, pp95-111.

Pierce, Richard. 2000. After 5,000 Year Voyage, World's Oldest Built Boats Deliver-Archeologists' First Look Confirms Existence Of Earliest Royal Boats At Abydos. Science Daily (November 2, 2000), https://www.sciencedaily.com/releases/2000/11/001101065713.htm.

Pilotte, R. 2009. Earth, Man, & Devolution, Trafford Publishing.

Plato & Archer-Hind, R. D. 1888. The Timaeus of Plato, Macmillan and Co., http://www.math.upatras.gr/~streklas/public_html/timaeusofplato00platiala.pdf.

Pogo, A. 1930. The Astronomical Ceiling Decoration of the Tomb of Sennut (XVIIIth Dynasty), Isis, Vol.14, No.2, pp.301-325.

Popkin, Richard Henry. 1992. The Third Force in Seventeenth Century Thought, BRILL.

Priestley, Jessica. 2014. Herodotus and Hellenistic Culture: Literary Studies in the Reception of the Histories, OUP Oxford.

Quibell, J. E. 1904. Archaic Objects. Vol.2 (Catalogue général des antiquités égyptiennes du Musée du Caire, Vol.24), Cairo: Impr. de l'Institut Français d'Archaéologie Orientale, http://dlib.nyu.edu/awdl/sites/dl-pa.home.nyu.edu.awdl/files/archaicobjects02quib/archaicobjects02quib.pdf.

Quill, Elizabeth. 2015. Did This Map Guide Columbus?: Researchers decipher a mystifying 15th-century document, Smithonian Magazine (June, 2015), http://www.smithsonianmag.com/history/did-this-map-guide-columbus-180955295/#LTADF3PWYGKHHKAC.99.

Quirke, Stephen (ed.) & Spencer, Jeffrey (ed.), 1996. The British Museum Book of Ancient Egypt, Thames & Hudson.

Raju, C. K. 2007. Cultural Foundations of Mathematics: The Nature of Mathematical Proof and the Transmission of the Calculus from India to Europe in the 16th c. CE. Pearson Education India, http://ckraju.net/IndianCalculus/Education/Kamal_pages.pdf.

Randles, W. G. L. 1985. Portuguese and Spanish Attempts to Measure Longitude in the 16th Century. In Beer, P. & Meadows, A. J. & Roy, A. E. (eds.) 2016. Vistas in Astronomy, Vol.28, Elsevier, pp.235-241.

Randles, W. G. L. 1990. The Evaluation of Columbus' 'India' Project by Portuguese and Spanish Cosmographers in the Light of the Geographical Science of the Period, Imago Mundi, Vol.42, pp.50-64, http://www.tau.ac.il/~corry/teaching/histint/download/Randles_Columbus.pdf.

Randles, W. G. L. 1993. The Alleged Nautical School Founded in the Fifteenth Century at Sagres by Prince Henry of Portugal Called the 'Navigator', Imago Mundi, Vol.45, pp.20-28.

Ratner, Bruce. 2009. Pythagoras: Everyone knows his famous theorem, but not who discovered it 1000 years before him, Journal of Targeting, Measurement and Analysis for Marketing, Vol.17, Issue 3, pp.229-242, http://link.springer.com/article/10.1057/jt.2009.16.

Rawlinson, George. 1862. History of Herodotus, London: John Murray, Albemarle Street.

Raynaud, Suzanne & Boisse, Henri de la & Makroum, Farid Mahmoud & Bertho, Joël. 2008. Geological and Geomorphological study of the original hill at the base of Fourth Dynasty Egyptian monuments, http://hal.archives-ouvertes.fr/docs/00/31/95/86/PDF/PyramidsSR.pdf.

Redman, Deborah A. 1997. The Rise of Political Economy as a Science: Methodology and the Classical Economists, MIT Press.

Regulski, Ilona. 2016. The Origins and Early Development of Writing in Egypt, http://www.oxfordhandbooks.com/view/10.1093/oxfordhb/9780199935413.001.0001/oxfordhb-9780199935413-e-61.

Rehren, Thilo et al. 2013. 5,000 Years Old Egyptian Iron Beads Made from Hammered Meteoritic Iron, Journal of Archaeological Science, Vol.40, pp.4785-4792, http://ac.els-cdn.com/S0305440313002057/1-s2.0-S0305440313002057-main.pdf?_tid=71990030-7697-11e7-9aab-00000aacb35f&acdnat=1501578028_2bec4964bd3b25d75c8b7d824dbc8ca4.

Reisner, G. A. 1931. Mycerinus, London, Humphrey Milford, p.36.

Renfrew, Colin. 1972. The Emergence of Civilization: The Cyclades and Aegean in the Third Millenium B.C. London: Methuen and Co.

Resnikoff, H. L., & Wells, R. O. Jr. 1984. Mathematics in Civilization, New York: Dover Publications.

Rigano, Charles. 2014. Pyramids of the Giza Plateau, Author House.

Rice, Michael. 2002. The Archaeology of the Arabian Gulf, Routledge.

Richards, Sarah. 1999. Eighteenth-century Ceramics: Products for a Civilised Society, Manchester University Press.

Robillard, Walter G. & Wilson, Donald A. 2004. Evidence and Procedures for Boundary Location, John Wiley & Sons.

Robinson, Andrew. 2010. Excavating the puzzle of the Paris zodiac, Nature, Vol.465, p.551, https://www.nature.com/nature/journal/v465/n7298/

pdf/465551a.pdf.

Rodriguez-Navarro, Carlos & Doehe, Eric. 1999. Salt Weathering: Influence of Evaporation Rate, Supersaturation and Ctrystalization Pattern, Earth Surface Processes and Landforms, Vol.24, pp.191-209, https://www.researchgate.net/profile/Eric_Doehne/publication/215758940_Salt_Weathering_Influence_of_Evaporation_Rate_Supersaturation_and_Crystallization_Pattern/links/00b7d515106de213db000000/Salt-Weathering-Influence-of-Evaporation-Rate-Supersaturation-and-Crystallization-Pattern.pdf.

Rodriguez-Navarro, Carlos & Doehne, Eric & Sebastian, Eduardo, 1999. Origins of honeycomb weathering: The role of salts and wind, GSA Bulletin, Vol.111, no.8, pp.1250-1255, http://www.colby.edu/geology/GE254/Rodriguez-Navarro.pdf.

Rollin, Charles. 1829. The History of the Arts and Sciences of the Ancients, Blackie, Fullarton.

Romano, David Gilman. 1993. Athletics and Mathematics in Archaic Corinth: The Origins of the Greek Stadion, American Philosophical Society.

Romer, John. 2007. The Great Pyramid: Ancient Egypt Revisited, Cambridge University Press.

Romer, John & Elizabeth. 1996. The Seven Wonders of the World: A History of the Modern Imagination, Michael Omara.

Rooney, Anne. 2012. The History of Mathematics, The Rosen Publishing Group.

Rosenmeyer, T. G. 1956. Plato's Atlantis Myth: "Timaeus" or "Critias"?, Phoenix, Vol.10, no.4, pp.163-172.

Rothman, Richard Wellesley. 1829. History of Astronomy, Baldwin and Cradock.

Rowan, Hooper. 2011. First Images from Great Pyramid's Chamber of Secrets, New Scientists (25 May 2011), https://www.newscientist.com/article/mg21028144-500-first-images-from-great-pyramids-chamber-of-secrets/.

Rowling, J. T. 1989. The Rise and Decline of Surgery in Dynastic Egypt, Antiquity Vol.63, issue 239, pp.312-319.

Ruggles, Clive. 2003. Records in Stone: Papers in Memory of Alexander Thom, Cambridge University Press.

Rundle Clark, R. T. 1949. The Legend of the Phoenix, Part I, University of Birmingham Press.

Russell, Jeffrey Burton. 1997. The Myth of the Flat Earth, The American Scientific Affiliation Annual Meeting at Westmont College (August 4, 1997), http://www.asa3.org/ASA/topics/history/1997Russell.html.

Russo, Lucio (translated by Silvio Levy). 2003. The Forgotten Revolution: How Science Was Born in 300 BC and Why it Had to Be Reborn, Springer Science & Business Media.

Sachs, Abraham J. 1988. Astronomical diaries and related texts from Babylonia, Vol.1,2,3. Verlag der osterreichischen Akademie der Wissenschaften: WIEN.

Santos, Arysio. 2011. Atlantis: The Lost Continent Finally Found, North Atlantic Books.

Sarchet, Penny. 2014. Earth's Navel: Stare into an Eye-wateringly Big Hole, Scientist (24 September 2014), https://www.newscientist.com/article/mg22329880-100-earths-navel-stare-into-an-eye-wateringly-big-hole/.

Sarton, G. 1952. A History of Science Through the Golden Age of Greece, 3 Vols. I, Part 1, Harvard University Press.

Savage, Stephen H. 2001. Some Recent Trends in the Archaeology of Predynastic Egypt. Journal of Archaeological Research, Vol.9, No.2, pp.101-155.

Schaefer, B. E. 2000. The Heliacal Rise of Sirius and Ancient Egyptian Chronology, Journal for the History of Astronomy, Vol.31, Part 2, pp.149-155, http://adsabs.harvard.edu/full/2000JHA....31..149S.

Scheurer, Paul B. & Debrock, G. (ed.) 1988. Newton's Scientific and Philosophical Legacy, Springer Science & Business Media.

Schmandt-Besserat, Denise. 1992. How Writing Came About. University of Texas Press.

Schneider, Thomas. 2002. Lexikon der Pharaonen, Albatros, Düsseldorf.

Schoch, Robert M. 1992. Redating the Great Sphinx of Giza, KMT, a Modern Journal of Ancient Egypt, Vol.3, No.2, pp.52-59, pp.66-70, http://www.robertschoch.net/Redating%20the%20Great%20Sphinx%20of%20Giza.htm.

Schoch, Robert M. & McNally, Robert Aquinas. 2005. Pyramid Quest: Secrets of the Great Pyramid and the Dawn of Civilization, Penguin.

Seale, Joyce. 2001. Critical Review of the Charles Hapgood's Interpretation of the Antarctic Continent on the Piri Reis Map of the 1513, http://www.anta.canterbury.ac.nz/documents/GCAS_3/Seale_J_Lit.Review.pdf.

Sears, M. et al. (eds.). 1980. Oceanography: The Past, The Past, New York: Springer.

Seed, Patricia. 2008. The Cone of Africa … Took Shape in Lisbon, Humanities, January/February, Vol.29, No.6, http://www.neh.gov/humanities/2008/januaryfebruary/feature/the-cone-africa-took-shape-in-lisbon.

Sertima, Ivan Van. 1976. They Came before Columbus, New York: Random House.

Sertima, Ivan V. 1995. Egypt: Child of Africa, Transaction Publishers.

Sezgin, Fuat. 2006. The pre-Columbian discovery of the American continent by muslim seafarers, excepted from Geschichte arabischen schrifttums, Vol.XIII, Institute for the History of Arabic-Islamic Science at the Johann Wolfgang Goethe University, Frankfurt am Main.

Shalve, Zur. 2002. Measure of All Things: John Greaves (1602-1652), the Great Pyramid, and Early Modern Metrology, Journal of the History of Ideas, Vol.63, No.4, pp.555-575, http://research.haifa.ac.il/~zshalev/Articles/63.4shalev.pdf.

Shapin, Steve. 2008. Scientific Revolution, University of Chicago Press.

Shaw, Ian. 2015. Ancient Egyptian Technology and Innovation, Bloomsbury Publishing.

Silverman, David P. 2003. Ancient Egypt, Oxford University Press.

Simpson, James Young. 1868. Is the Great Pyramid of Gizeh a Metrological Monument? A. and C. Black.

Sitchin, Zecharia. 1983. The Stairway to Heaven, Avon Books.

Slack, Walter. 2015. White Athena: A Critique of Afrocentrist Claims, 2 Volume, iUniverse.

Smeaton, William A. 2000. The Foundation of the Metric System in France in the 1790s: The Importance of Etienne Lenoir's Platinum Measuring Instruments, Platinum Metals Rev., Vol.44, No.3, pp.125-134.

Smith, Ernie.2015. We're Literally Navel-Gazing: A good sign that you're a human is the existence of a belly button. Everyone has one, and everyone participates in acts of navel gazing sometimes, http://tedium.co/2015/05/12/were-literally-navel-gazing/.

Smyth, C. Piazzi. 1867. Life and Work at the Great Pyramid during the Months of January, February, March, and April, A.D. 1865: with a Discussion of the Facts Ascertained, Vol.2. Numerical observations, Edinburgh, Edmonston and Douglas, http://watchtowerdocuments.org/documents/1867_Life_and_Work_at_the_Great_Pyramid_02_Smyth_bw.pdf.

Smyth, C. Piazzi. 1874. Our Inheritance in the Great Pyramid: Including All the Most Important Discoveries up to the Present Time, London: Isbister.

Smyth, C. Piazzi. 1884. New Measures of the Great Pyramid, R. Banks, http://wtarchive.svhelden.info/archive/en/others/1884_C_Piazzi_Smith_New_Measures_of_the_Great_Pyramid_by_a_new_Measurer.pdf.

Smyth, C. Piazzi. 1994. The Great Pyramid: It's Secret and Mysteries Revealed. Bell Publishing Co. (4th edition).

Snyder, John P. 1987. Map projections: A Working Manual, U.S. Government Printing Office, https://pubs.usgs.gov/pp/1395/report.pdf.

Snyder, John P. 1993. Flattening the Earth: Two Thousand Years of Map Projections, University of Chicago Press.

Sobel, Dava. 1995. Longitude: The True Story of a Lone Genius Who Solved the Greatest Scientific Problem of His Time, New York: Penguin.

Sobel, Dava. 1998. A Brief History of Early Navigation, Johns Hopkins APL Technical Digest, Vol.19, no.1, pp.11-13, http://www.jhuapl.edu/techdigest/td/td1901/sobel.pdf.

Soucek, S. 1996. Piri Reis & Turkish Mapmaking after Columbus: The Khalili Portolan Atlas, London: Nour Foundation and Oxford University Press.

Spence, Kate. 2000. Ancient Egyptian Chronology and the Astronomical Orientation of Pyramids, Nature, Vol.408, pp.320-324.

Sriraman, Bharath (ed.). 2012. Crossroads in the History of Mathematics and Mathematics Education, IAP.

Steele, John M. 2000. Eclipse Prediction in Mesopotamia, Archive for History of Exact Sciences, Vol.54.

Steele, John M. ed. 2010. Calendars and Years II: Astronomy and Time in the Ancient and Medieval World, Oxford: Oxbow Books.

Štěpánová, Irena. 2014. Newton: Kosmos, Bios, Logos, Charles University in Prague, Karolinum Press.

Stevenson, Alice & Dee, Michael W. 2016. Confirmation of the World's Oldest

Woven Garment: the Tarkhan Dress, Project Gallery article of Antiquity (Issue 349, February 2016), http://antiquity.ac.uk/projgall/stevenson349.
Stewart, Basil. 1996(originally published in 1927). The Great Pyramid: Its Construction Symbolism and Chronology, Health Research Books.
Stiebing, William H. 2016. Ancient Near Eastern History and Culture, Routledge.
Stocks, Denys A. 2003. Experiments in Egyptian Archaeology: Stoneworking Technology in Ancient Egypt, Routledge.
Stone, Mark H. 2014. The Cubit: A History and Measurement Commentary, Journal of Anthropology, Vol.2014, Article ID 489757, p.11, http://dx.doi.org/10.1155/2014/489757.
St. Onge, Joseph. 2000. The Geography of Exploration: A Study in the Process of Physical Exploration and Geographical Discovery, All Graduate Theses and Dissertations. 6581, Utah State University, http://digitalcommons.usu.edu/etd/6581.
Strabo (Translated by H. C. Hamilton). Geography, http://www.perseus.tufts.edu/hopper/text?doc=Perseus%3Atext%3A1999.01.0239%3Abook%3D1%3Achapter%3D4%3Asection%3D6.
Strathern, Paul. 2007. Napoleon in Egypt, New York: Bantam Books Trade Paperback.
Stray, Geoff. 2007. The Mayan and Other Ancient Calendars, Bloomsbury Publishing.
Stuart, John & Simpson, James Young. 1872. Archaeological Essays, Library of Alexandria.
Stunkel, Kenneth R. 1967. Reviewed Work: Maps of the Ancient Sea Kings: Evidence of Advanced Civilization in the Ice Age by Charles Hapgood, Geographical Review, Vol.57, No.3, pp.440-442, https://www.jstor.org/stable/212645?seq=1#page_scan_tab_contents.
Sullivan, Richard. 1995. A Brief Journey into Medical Care and Disease in Ancient Egypt, Journal of the Royal Society of Medicine, Vol.88, pp.141-145, https://www.ncbi.nlm.nih.gov/pmc/articles/PMC1295132/pdf/jrsocmed00072-0025.pdf.
Sweeney, Emmet John. The Pyramid Age, Algora Publishing.
Tait, John. 2003. Never Had the Like Occurred: Egypt's View a/its Past, London:

Cavendish Publishing Limited.

Talber, Richard J. A. 2014. Ancient Perspectives: Maps and Their Place in Mesopotamia, Egypt, Greece, and Rome, University of Chicago Press.

Tallet, Pierre & Marouard, Gregory. 2012. Wadi al-Jarf: An Early Pharaonic Harbour on the Red Sea Coast, Egyptian Archaeology, Vol.40, pp.40-43.

Tavernor, Robert. 2007. Smoot's Ear: The Measure of Humanity, Yale University Press.

Taylor, John. 1684. The Battle of the Standards: The Ancient, of Four Thousand Years, against the Modern, of the Last Fifty Years, The Less Perfect of the Two. Longman, Green, Longman, Roberts & Green, http://www.a2z.org/wtarchive/docs/1864_The_Battle_Of_The_Standards.pdf.

Teeter, Emily (ed.). 2011. Before the Pyramids: The Origin of Egyptian Civilization, The Oriental Institute of the University of Chicago.

Temple, Robert. The Crystal Sun: Rediscovering a Lost Technology of the Ancient World, London: Century.

Thacher, John Boyd. 1903. Christopher Columbus: His Life, His Work, His Remains, New York and London: G. P. Putnam's Sons, Vol.1.

Theophrastus of Eresus & Symons, G. J. & Wood, J. G. 1894. Theophrastus of Eresus on Winds and on Weather Signs, Edward Stanford.

Thrope, Nick & James, Peter. 1995. Ancient Inventions, Ballantine Books.

Thurston, Harry. Secrets of the Sands: The Revelations of Egypt's Everlasting Oasis, Arcade Publishing.

Tompkins, Peter. 1978. Secrets of the Great Pyramid, Harper & Row.

Thomson, J. Oliver. 2013. History of Ancient Geography, Cambridge University Press.

Trench, Jorge A. 1987. Geometrical Model for the Ascending and Descending Corridors of Great Pyramid, in Proceedings of the First International Symposium on the Application of Modern Technology to Archaelogical Explorations at the Giza Necropolis, Cairo, December 14-17, 1987.

Trimble, Virginia. 1964. Astronomical investigations concerning the so called air shafts of Cheops pyramid, Mitteilungen Istituts fur Orientforschung Akademie der Wissenshaften zu Berlin, Vol.10, pp.183-87, https://erenow.com/ancient/the-orion-mystery-unlocking-the-secrets-of-the-

pyramids/15.html.
Trimble, Virginia et al. (eds.), 2007. Biographical Encyclopedia of Astronomers, Springer Science & Business Media.
Trompf, Garry. Isaac Newton and the Kabbalistic Noah: Natural Law Between Mediaevalia and the Enlightenment, Aries vol.5 issue 1, July 1, pp.91-118.
Vagnon, Emmanuelle & Hofmann, Catherine. 2012. Cartes marines: d'une technique à une culture, Actes du colloque du 3 décembre 2012., CFC.
Vezzoli, L. & Acocella, V. 2006. Geological and structural evolution of Easter Island (Chile), Geophysical Research Abstracts, Vol.8, 06569, http://meetings.copernicus.org/www.cosis.net/abstracts/EGU06/06569/EGU06-J-06569.pdf.
Vidusa, Petko Nikolic. 2005. The Great Pyramid and the Earth, Petko Nikolic.
Vignaud, Henry. 1902. Toscanelli and Columbus: The Letter and Chart of Toscanelli. London: Sands & Co.
Virk, Zakaria. 2010. Brief History of Observatories In the Islamic World, http://islamquranscience.org/2010/08/a-brief-history-of-observatories-in-the-islamic-world/.
Vogt, Roland et al. (eds.), 2014. European National Identities: Elements, Transitions, Conflicts, Routledge.
Volney, C. F. 1926(originally 1802). The Ruins: or, Meditations on the Revolutions of Empires: and the Law of Nature, New York: Peter Eckler.
Wainwright, G. A. 1932. Iron in Egypt, The Journal of Egyptian Archaeology, Vol.18, No.1/2, pp.3-15.
Walkup, Newlyn. 2005. Eratosthenes and the Mystery of the Stades, http://mathdl.maa.org/mathDL/46/?pa=content&sa=viewDocument&nodeId=646&pf=1.
Wallace-Murphy, Cyndi & Tim. 2016. Rex Deus: The Families of the Grail, Grave Distractions Publications.
Ward, Cheryl. 2010. From River to Sea: Evidence for Egyptian Seafaring Ships, Journal of Ancient Egyptian Interconnections, Vol.2, no.3, pp.42-49.
Waters, David. 1970. The Iberian Bases of the English Art of Navigation in the Sixteenth Century, Coimbra, http://www.portalbarcosdobrasil.com.br/bitstream/handle/01/689/003164.pdf?sequence=1.

Watson, Pat, 1998. Finding your way-Night or Day. Canadian Guider, March / April, p.9, http://www.calgarygirlguides.com/CA/compass-skills.pdf.

Weise, Arthur James. 1884. Discoveries of America to 1525, New York: G. P. Putnum's Sons.

Wegner, Josef & Jennifer Houser. 2015. The Sphinx That Traveled to Philadelphia: The Story of the Colossal Sphinx in the Penn Museum, University of Pennsylvania Press.

West, Delno C. & Kling, August. 1991. The Libro de las profecías of Christopher Columbus, Gainesville: University of Florida Press.

West, John Anthony. 1989. The Traveler's Key to Ancient Egypt: A Guide to the Sacred Places of Ancient Egypt, London: Harrap Columbus.

West, John Anthony. 1993. The Serpent in the Sky: the High Wisdom of Ancient Egypt (2 Sub edition), Quest Books.

White, J. E. Manchip. 1970. Ancient Egypt: Its Culture and History, Dover Publications.

White, Pamela & Stewar, John & Isserman, Maurice. 2005. Exploration in the World of the Middle Ages, 500-1500, Infobase Publishing.

Whitfield, Peter. 1998. New Found Lands: Maps in the History of Exploration, Routledge.

Wilford, John Noble. 2001. The Mapmakers, (revised ed.) Vintage.

Wilkinson, Toby. 2003. Genesis of the Pharaohs: Dramatic New Discoveries Rewrite the Origins of Ancient Egypt, Thames & Hudson; 1st edition.

Williams, Bruce & Logan, Thomas J. & Murnane, William J. 1987. The Metropolitan Museum Knife Handle and Aspects of Pharaonic Imagery before Narmer, Journal of Near Eastern Studies, Vol.46, No.4, pp.245-285.

Williams, Jeffrey Huw. 2014. Defining and Measuring Nature: The Make of All Things, Morgan & Claypool Publishers.

Williams, Jeffrey Huw. 2016. Quantifying Measurement: The Tyranny of Numbers, Morgan & Claypool Publishers.

Wilson, Colin. 1996. From Atlantis to Sphinx: Recovering the Lost Wisdom of the Ancient World, Virgin Books.

Wilson, Nigel Guy. 2006. Encyclopedia of Ancient Greece, Psychology Press.

Wilson, Robert. 2003. Astronomy Through the Ages: The Story of The Human

Attempt to Understand the Universe, CRC Press.

Wise, M. Norton. 1997. The Values of Precision, Princeton University Press.

Withers, Charles W. J. Zero Degrees: Geographies of the Prime Meridian, Harvard University Press.

Wolff, E. W. 1990. Signals of Atmospheric Pollution in Polar Snow and Ice, Antarctic Science, Vol.2, Issue 3, pp.189-205.

Woolley, C. Leonard & Moorey, P. R. S. 1982. Ur of the Chaldees: Revised and Updated Edition of Sir Leonard Woolley's Excavations at Ur. Cornell University Press.

Worthen, Thomas. 1997. Herodotos's Report on Thales' Eclipse, Electronic Antiquity: Communicating the Classics, Vol.3, No.7, http://scholar.lib.vt.edu/ejournals/ElAnt/V3N7/worthen.html.

Young-Sánchez, Margaret. 2004. Tiwanaku: Ancestors of the Inca, U of Nebraska Press.

Zaba, Zbynek. 1953. L'orientation astronomique dans l'ancienne Egypte et la precession de l'axe du monde, Prague, Ed. de l'Academie tchecoslovaque des sciences, https://arxiv.org/ftp/physics/papers/0407/0407108.pdf.

Zada, John, 2012. Muhammed al-Idrisi, http://www.theplanisphere.com/2012/muhammed-al-idrisi/.

Zupko, Ronald Edward. 1990. Revolution in Measurement: Western European Weights and Measures Since the Age of Science, American Philosophical Society.

개빈 멘지스, 조행복 역, 《1421 중국, 세계를 발견하다》, 사계절, 2004.

그레이엄 핸콕, 이경덕 역, 《신의 지문: 사라진 문명을 찾아서(상),(하)》, 까치, 1996.

그레이엄 핸콕, 이종인 역, 《신의 사람들》, 까치, 2016.

다무라 사부로, 손영수 역, 《프랑스혁명과 수학자들》, 전파과학사, 2016.

데이비드 롤, 김석희 역, 《문명의 창세기》, 해냄, 2001.

로버트 바우벌·아드리안 길버트, 도반 역, 《오리온 미스터리》, 열림원, 1999.

맹성렬, 《초 고대문명(상,하)》, 넥서스, 1997.

맹성렬, 《오시리스의 죽음과 부활》, 르네상스, 2009.

맹성렬, '기원전 1만년, 누가 바다를 정복했을까', '돌하르방과 모아이가 닮은 까닭은?', 〈신동아〉(2013년 10월호)

맹성렬, '과대평가된 영웅들, 콜럼버스와 다가마(2)', 네이버캐스트, 2014.

맹성렬,《아담의 문명을 찾아서》, 김영사, 2015.
맹성렬, '라플라스의 뉴턴주의에 진짜 뉴턴은 없었다', 〈한겨레신문〉(2016년 9월 3일자).
맹성렬,《지적 호기심을 위한 미스터리 컬렉션》, 김영사, 2017.
맹성렬, 뉴턴 만유인력 법칙의 '달 시험'은 어디서 잘못되었나?, Asia-pacific Journal of Multimedia Services Convergent with Art, Humanities, and Sociology, Vol.7, No.6, pp.287-295, 2017.
미야 노리코, 김유영 역,《조선이 그린 세계 지도: 몽골 제국의 유산과 동아시아》, 소와당, 2010.
만프레드 클라우스, 임미오 역,《알렉산드리아》, 생각의나무, 2004.
베른하르트 카이, 박계수 역,《항해의 역사》, 북폴리오, 2006.
오상학, '혼일강리역대국제지도 해제', 중앙유라시아연구소 2009년도 문명아카이브 해제 프로젝트, 2009.
오지 도시아키, 송태욱 역,《세계지도의 탄생》, 알마, 2010.
유기현, '수많은 희생 끝에 탄생한 미터법', 〈한겨레신문〉(2011년 12월 12일).
이기백, '필롤라오스의 세 가지 근본 원리와 수', 시대와 철학 13권 2호, pp.175-207, 2002.
이종호, '도전받는 플라톤의 아틀란티스: 이종호의 과학이 만드는 세상-과학이 찾은 아틀란티스 대륙(8)', Science Time(2006. 09. 04.)
정규영, '고대 이집트 문명과 그리스 문명: 종교와 철학 측면에서 그리스가 받은 영향', 지중해지역연구, 제7권 제1호 (2005. 4.), pp.45-60, 2005.
케빈 잭슨·조너선 스탬프, 정주현 역,《피라미드, 상상 그 너머의 세계》, 샘터, 2006.
켄 애들러, 임재서 역,《만물의 척도: 프랑스 혁명보다 위대한 미터법 혁명》, 사이언스북스, 2008.
KBS 〈문명의 기억 지도〉 제작팀, '문명의 기억, 지도', 중앙북스, 2012.

PYRAMID CODE